河北省社會科學基金項目

丁義娟——著

肩水金關漢簡
法律資料輯錄與研究

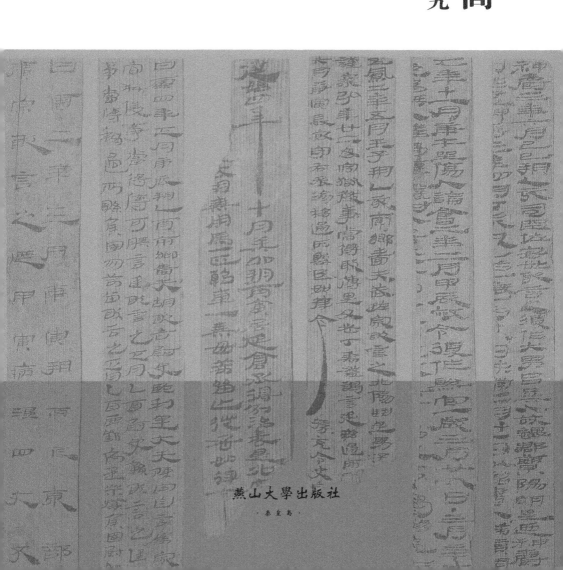

燕山大學出版社
·秦皇島·

圖書在版編目（CIP）數據

肩水金關漢簡法律資料輯錄與研究 / 丁義娟著. —
秦皇島：燕山大學出版社，2022.12
　ISBN 978-7-5761-0403-5

　Ⅰ.①肩… Ⅱ.①丁… Ⅲ.①居延漢簡－研究②漢律
－研究　Ⅳ.①K877.54②D929.34

中國版本圖書館CIP數據核字（2022）第177476號

肩水金關漢簡法律資料輯錄與研究
JIANSHUI JINGUAN HANJIAN FALÜ ZILIAO JILU YU YANJIU

丁義娟　著

出 版 人：陳　玉	
責任編輯：柯亞莉	責任印製：吳　波
封面設計：方志强	排　　版：保定萬方數據處理有限公司
出版發行：燕山大學出版社 YANSHAN UNIVERSITY PRESS	地　　址：河北省秦皇島市河北大街西段438號
郵政編碼：066004	電　　話：0335-8387555
印　　刷：英格拉姆印刷(固安)有限公司	經　　銷：全國新華書店

幅面尺寸：155 mm×230 mm	印　　張：33.75
版　　次：2022年12月第1版	印　　次：2022年12月第1次印刷
書　　號：ISBN 978-7-5761-0403-5	字　　數：340千字
定　　價：88.00元	

序

　　法律是一個複雜的價值判斷系統。中國傳統法律是中華傳統文化的有機組成部分，是幾千年來中華核心價值體系的具體表現。經過春秋戰國諸子百家的爭鳴與秦漢帝國的歷史淘澄，秦漢帝國的法律與其説是受法家或儒家思想的陶冶影響，毋寧説是鎔鑄百家才形成的大一統帝國核心價值體系的法律表達。從秦漢律到明清律，其内在的精神和價值一直都未曾發生過真正的變化，這是中國傳統法律發展史的"精神"或萬變不離其宗的"根本"。

　　從中國第一律的秦律、承秦而來的漢律，經過魏晉南北朝的發展，再到成熟穩定"得古今之平"的唐律，中國法律史的上半場實際上應是法律技術變遷史，最大的變化在於制定、編纂法律以及解釋解讀法律技巧的變化。從刑名到罪名，從刑罰體系、適用原則到以罪名分類的篇目體例，從專有名詞術語到法律通例，從闡明立法意圖及律意的律中小注到預見司法疑難以便劃一司法的疏議問答，無不是立法技術在不斷進步提升的體現。正是立法技術的日益純熟和司法實踐經驗的不斷累積，中國法律也從秦漢的律令不分、律令繁雜以致"典者不能遍睹"，"律令凡三百五十九章，大辟四百九條，千八百八十二事，死罪決事比萬三千四百七十二事"，發展到隋唐的律令格式形式齊備，功能互補，而且律文簡明，條文僅五百餘條，闊節疏目，要而不繁。可以説，中國法律史的主要變化實際上是法律技術的變化，從秦漢律到唐律的變化尤其如此。

但客觀地講，學術界對唐以前的法律史的認識仍然是模糊不清的，這主要是“文獻不足徵也”的緣故。因此，從清末薛允升《漢律輯存》、沈家本《漢律摭遺》，到民國時期程樹德《九朝律考》，大家都在做史料的搜羅爬剔工作。程樹德《九朝律考》從《漢律考》開始，對於秦律幾近乎無考。到睡虎地秦墓竹簡發現，馬非百先生編著《秦集史》，竟然能補作《法律志》，這都是得益於出土文獻之助。自睡虎地秦墓竹簡以後，大量的秦漢法律簡牘陸續出土，如張家山漢墓竹簡、長沙五一廣場東漢簡、荆州胡家草場西漢簡，還有從國內盜掘出土後來被嶽麓書院收購收藏的嶽麓秦簡等。這些簡牘的出土極大地改變了秦漢法律研究史料缺乏的枯窘狀態。可以説，今後秦漢法律史的研究離不開對法律簡牘等出土文獻的高度依賴，在這裏，法律史研究與簡牘學研究高度契合嵌入。這就是秦漢法律史研究不同於其他斷代法律史研究的最大特點。當然，這一特點也成了研究的最大難點之一。

從目前已經整理公布的簡牘資料來看，整理者的水準參差不齊。1975 年 12 月發現了睡虎地秦墓竹簡，1976 年《文物》上就分期刊出了釋文，1977 年 10 月睡虎地秦墓竹簡整理小組就完成了簡裝本的注釋和譯文，1978 年得以出版，具有極高的學術水準，應該是後來簡牘文獻整理的範本，也爲後來的出土文獻整理注釋樹立了圭臬。此後的簡牘整理儘管採用了先進的技術手段如紅外綫，但在簡牘的綴合編連、簡文的注釋整理等方面還有進一步提升和加强的空間。從某種意義上講，這種現狀對從事秦漢法律史的研究者提出了更高的要求，他們必須具備一定的簡牘學專業知識，否則難以有所作爲。

肩水金關是漢代張掖郡肩水都尉所轄的一處關隘，肩水金關遺址位於今甘肅省金塔縣北部。20 世紀 30 年代，該遺址曾出土漢簡八百五十餘枚，包含在“居延漢簡”（即“居延舊簡”）之中。70 年代，該遺址又出土漢簡一萬一千餘枚，以《肩水金關漢簡（壹—伍）》出版公布。丁義娟博士鑒於肩水金關漢簡“零散浩繁，一直僅零星使用。心底裏發願有一天要全面梳理零散漢簡中的法律資料”。因此，其新著《肩水金關漢簡法律資料輯録與研究》正是這一心願的施行。

丁義娟爲河北科技師範學院的講師，性格堅毅，好學深思，爲我以前在吉林大學指導的博士生。博士畢業後，又追隨朱紅林教授開展有關秦漢法律史的博士後研究工作，并主持中國博士後科學基金項目，出版有個人專著《肩水金關漢簡初探》。今丁義娟的《肩水金關漢簡法律資料輯録與研究》將在燕山大學出版社付梓，索序於我，欣然草此以爲導引。

閆曉君
二〇二二年六月二十八日，時暑熱難耐，疫情未退

前　言

　　"肩水金關漢簡法律資料輯録"是我 2015 年 10 月博士後進站後進行的課題，2019 年出站後我進一步將研究擴展成"肩水金關漢簡法律資料輯録與研究"。輯録漢簡法律資料的想法則出現得更早。我博士階段時，閆曉君師在進行張家山漢簡《二年律令》系列研究。追隨老師的研究，我主要利用《二年律令》以及睡虎地秦簡等較集中的法律資料。對西北漢簡等，苦於其零散浩繁，一直僅零星使用。心底裏發願有一天要全面梳理零散漢簡中的法律資料。因此，肩水金關漢簡法律資料輯録正是這一心願的施行。

　　肩水金關遺址位於今甘肅省金塔縣北部，是漢代張掖郡肩水都尉所轄肩水金關所在地。該遺址共出土兩批漢簡，包括 20 世紀 30 年代該遺址出土漢簡八百五十餘枚，及 20 世紀 70 年代該遺址出土漢簡一萬一千餘枚，前者包含在"居延漢簡"（即"居延舊簡"）之中，後者以《肩水金關漢簡（壹—伍）》出版公布。原計劃將 30 年代該遺址出土簡牘一并收入，怎奈到目前這項工作並未完成，只得以後再對居延舊簡中肩水金關遺址所出漢簡法律資料單獨整理。

　　肩水金關遺址在漢代是多機關聚合之地，包括肩水金關、騂北亭，在一定時期爲肩水候官所在地，所出漢簡内容包含關隘管理、候望、郵書傳遞、日常吏卒事務管理等，其中有豐富的漢代法律相關内容。本書包括法律資料輯録和法律資料研究兩方面内容。

一、法律資料輯録

本研究首要目標是從一萬一千餘枚漢簡中全面輯録法律資料，爲研究者提供方便。輯録可展示肩水金關漢簡法律資料全貌，也有助於改善目前漢簡研究因資料零散造成的碎片化局面。

（一）法律資料界定

何爲"法律資料"較難清晰界定。典型的、核心的法律資料較容易辨別，指以各種形式存在的法律規範以及法律實施過程中形成的各種材料。界定法律資料主要有兩個難題。一是一般性制度與法律的區别。比如一些行政管理制度是否是法律，不能一概而論，隨著秦漢律令的大量發現，我們知道了原來認爲是行政管理規章制度的其實在當時是以法律形式存在的。因此我們只能根據現有基於簡牘的最新認識加以辨别，是否屬於法律資料有時只能酌情取捨，其中定會有不當之處或諸家不同認識的情形。二是法律資料與日常用語的界限。有些資料自身内容不是在説法律問題，但其中涉及的詞語對解讀相關法律制度有重要意義，如"嬰"字的含義、"大女""小女""使女""未使女"等。對此類詞語本書僅選擇了一些表示身份的名詞詞條加以輯録，這部分資料本身不是直接的法律資料，屬於與法律相關的資料。

法律資料可從不同角度界定。從法律部門的角度来看，法律调整刑事、民事、行政、經濟、軍事等方面的社會關係。從法律存在形態角度看，法律包括静態的法律形式，主要包括具有規範性、不針對特定人與事的詔書，以及律、令、品約、式、地方法令等，也包括動態的法律運行環節，主要包括法律的制定與修改、法律的公布、法律實施中司法者、司法指導思想、職業中的法律技能要求等方面内容。

（二）關於輯錄體例

已有西北漢簡資料的匯集研究，代表性的有從文書形式角度出發進行的整理。① 就專門的法律資料内容整理而言，有對單批簡小規模律令輯佚考析，② 李均明、劉軍《漢代屯戍遺簡法律志》（1994）則是對西北簡中律令、債券、司法文書等全面梳理的代表性成果。當然，該書出版於 1994 年，之後又新公布了不少西北漢簡資料。下面結合已有整理成果，重點就整理體例來予以討論。

在整理中，如何把資料歸類并系統呈現最費思量。已有漢律資料的分類輯錄大致有兩種方式。一是根據漢律的原本律令名進行整理。如依照盜律、賊律、捕律、具律等律篇，將輯錄

---

① 如永田英正以出土地爲單位對簿籍文書分類集成整理（［日］永田英正著，張學鋒譯：《居延漢簡研究》，廣西師範大學出版社 2007 年版），李天虹對居延漢簡中簿籍文書按十大類分類輯錄研究（李天虹：《居延漢簡簿籍分類研究》，科學出版社 2003 年版）。有從專項文書角度進行的，如武航宇對契約類文書分類整理（武航宇：《西北漢簡所見經濟類文書輯解》，知識産權出版社 2018 年版）。

② 如［日］大庭脩著，徐世虹等譯：《秦漢法制史研究》，中西書局 2017 年版；高恒：《秦漢簡牘中法制文書輯考》，社會科學文獻出版社 2008 年版；徐世虹：《居延新簡漢律佚文考》，《政法論壇》1992 年第 3 期；徐世虹：《肩水金關漢簡〈功令〉令文疏證》，中國文化遺産研究院編：《出土文獻研究（第十八輯）》，中西書局 2019 年版；張瑛：《河西漢簡所見〈漢律〉散簡輯證》，《西北師範大學學報（社會科學版）》2016 年第 4 期等。

出的資料歸入相應篇章。如沈家本《漢律摭遺》主要依據律、令篇名，篇下設置條目，輯錄資料。這一方法的優點是體現漢律原有體系。但目前實施困難重重。漢律篇目所知有限（新近有大的長進，但多僅知篇名，細節有限），資料歸屬多難確定。同時，按律令篇目歸類會使有些資料無法收入。如刑罰資料，沈家本《漢律摭遺》中雖在《具律》中列有刑名，但實際并沒有輯錄相關資料，因爲刑罰資料很多，沈家本是將刑罰資料另由《歷代刑法考》收錄。又如債務等有關資料也不好收錄。李均明、劉軍輯錄漢簡法律資料的《漢代屯戍遺簡法律志》，是按照律令科品等篇目輯錄漢簡資料的①，但對應篇目下僅輯錄律令科品佚文，大量的相關資料則是按照其他方式輯錄，一部分以附錄形式編入"坐罪與刑罰"，一部分編入第二編"司法文書"，主要是舉劾審訊文書，而"債務"等相關內容又是以附錄的形式編入"債"。該書另外用第三編編入與法律有關的其他文書。總體來說，該書輯錄資料比較全面，但分類方式還是比較雜亂，很多重要內容只能以附錄形式編入。以上情況是由於我們對漢律體系及具體內容瞭解還很有限造成的。

另一種整理方式是按照現代理論體系，從不同的法律部門，如刑法、民法等，以及各部門法中各自內在的理論結構來進行整理。這也是一種漢律研究常用的方法。如《中國法制通史·戰國秦漢卷》在論述漢代法制時，分別有"兩漢時期的行政組織法""兩漢時期的官吏管理法""兩漢時期的民事與經濟法律""兩漢時期的刑罰體系與刑法原則""兩漢時期的司法組織""兩漢時期的訴訟程式"等，基本可以與現代法律

---

① 李均明、劉軍：《漢代屯戍遺簡法律志》，科學出版社 1994 年版。

部門劃分相對應。

應該說，兩種做法各有利弊。輯錄中本人經歷了左右搖擺的過程。博士後出站報告按照刑事、民事、行政及其他分類。在博士後出站報告會上評審專家即指出，這種分類有以現代理論肢解歷史現象之嫌，所言極是。因此在出站後的後續研究與修訂中一度想改用上述第一種方式輯錄，但試行後感覺按漢律原本律令名整理目前還不具備實現條件。雖有了關於漢律結構的很多新資料，但還不足以揭示漢律的基本體系構成，這一基本問題不清楚，更別說將其作爲歸類的依據了。此外，西北漢簡編連散亂，又往往殘斷，有時是過關文書中含一個刑徒名稱，有時殘簡中有某種刑罰名稱，這種情況下，很難將這些資料歸入哪種律令名中，將會導致不少資料無法歸類。相比之下，如果根據現代法律理論體系進行分類，可將全部法律資料分別歸入刑事、民事、行政等法律資料中。雖傳統法律結構與現代法律體系有很大不同，但就內在成分來說仍存共通之處，刑事、民事、行政體系內部的法律制度、法律關係在漢代法律中均有體現，可以實現資料分類的對接。當然還是要根據漢代法律資料的特點，安排具體分類類別。如在行政法律資料中，根據涉及的事項，分有烽火法律制度、行書法律制度、行塞法律制度、功勞法律制度等專題。

本書依刑事、民事、行政等劃分法律資料類別，同時本書也試圖在體現漢律原有律篇體系方面作一些努力，在關鍵字"題解"部分一般會對沈家本《漢律摭遺》中此類資料的篇章所屬略作說明。資料篇章歸屬研究是日後漢律復原工作的基礎。

（三）關於輯録詞條

以詞條爲綫索對西北漢簡進行整理的方式以往研究已多有採用。如京都大學人文科學研究所簡牘研究班《漢簡語彙　中國古代木簡辭典》，① 收録約 1600 字、5400 詞，是字詞典的性質，分述字詞的多個不同意項，每一項下説明含義，一般列舉典籍、簡牘各 1 例用例。② 該書以解讀漢簡字詞含義为主，而不是對同一字、詞的相關漢簡資料的匯集。被稱爲該書姊妹篇的富谷至編《漢簡語彙考證》，③ 其中第三部分爲 “語彙考證”，是列出部分字、詞條，主要是對其含義、相關制度等進行考證，也不是相關資料的匯集。沈剛的《居延漢簡語詞匯釋》以詞條爲綱，該書專注於集釋，在漢簡詞條下匯集相關研究對該詞語的各種解釋，④ 也不是漢簡資料的匯集。

本書以漢簡法律資料原文中關鍵詞語作爲詞條，包括表徵罪名、刑罰、訴訟環節、法律關係、法規形式等的詞語，詞條下輯録同類資料内容，資料全面而集中，便於查找。

二、法律資料研究

原有計劃將全書分爲資料輯録和資料研究兩部分。因時間緊迫，研究部分獨立成章的設想未實現，目前采用輯録與研究混編方式。在每一詞條下輯録原始資料，在 “題解” 和 “注”

---

① ［日］京都大學人文科學研究所簡牘研究班：《漢簡語彙　中國古代木簡辭典》，岩波書店 2015 年版。

② 參見劉欣寧：《〈漢簡語彙　中國古代木簡辭典〉及其成書背景介紹》，台灣 “中央研究院” 歷史語言研究所《古今論衡》編輯小組：《古今論衡》（第 29 期），台灣 “中央研究院” 歷史語言研究所 2016 年版。

③ ［日］富谷至編，張西艷譯：《漢簡語彙考證》，中西書局 2018 年版。

④ 沈剛：《居延漢簡語詞匯釋》，科學出版社 2008 年版。

中載明研究心得，內容包括釋文校正、詞語釋義、制度考證等。其中簡文注釋方面，僅選取少量詞語加以注釋，不是全面的簡文詞語注解和集釋，讀者可進一步查閱相關研究予以參考。有些詞語或制度的考證內容可能稍多了一些，與別的詞條的注解在比例上可能會顯得略有失衡。

需特別説明一點，肩水金關漢簡中各種過關文書，有些是文書原件，有些是關吏在核驗時抄寫或登記形成的文件。在對簡文分析時，本書一般不去區分是抄件還是原件，徑稱爲過關文書。但讀者在使用時，如進行文書的功能等的分析時，應注意到其中的差別有時是實際存在的。

在目録部分我們顯示了所有輯録詞條，以方便讀者查找使用。

總之，本書的主要目標是實現分散漢簡法律資料的集中與系統化呈現，使讀者不僅能查閱資料細節，也能了解漢簡法律資料整體情況，爲研究者提供便利。

因學力有限，錯誤、紕漏之處肯定很多，敬請批評指教。

目次

凡　例

一、使用《肩水金關漢簡（壹—伍）》簡文時，一般僅標
注簡號，不再注明卷數和頁碼。《肩水金關漢簡（壹—伍）》
每卷分上、中、下三冊，分別爲彩圖版、紅外綫圖版、釋文。
各卷簡號分布情況如下：

第壹卷　　　73EJT1—T10；

第貳卷　　　73EJT11—T24：（1—500）；

第叁卷　　　73EJT24：（501—1006）—T32；

第肆卷　　　73EJT33—T37，73EJH1，73EJH2，73EJF1；

第伍卷　　　73EJF2，73EJF3，73EJT4H，73EJD，73EJC，
　　　　　　72EDAC，72ECC，72ECNC，72EDIC，72EBS7C，
　　　　　　72EBS9C。

二、引用各類簡牘釋文時，一般保持釋文出處對釋文的處
理方式，不作統一調整。通用的表示方法有，簡牘殘斷處以
“☑”表示；無法釋讀的文字，一個“□”表示一個字；不能
確定字數的，以“……”表示。

第一章　刑法類資料輯録

　　刑法是規定犯罪和刑罰的法律規範。書中輯録的肩水金關漢簡中的刑法類資料，主要包括與罪名和刑罰有關的資料。此外，需説明的是，本書輯録資料中訴訟資料主要涉及刑事案件的告劾、逮捕、審訊等，因此這裏將訴訟主要放在“刑法類”資料內，而在民事和行政法律資料中不再特別設置民事和行政訴訟類分類。

第一節　罪名

　　本輯録中的罪名是對漢律中犯罪行爲的學理概括，概括力求能反映犯罪行爲特徵，便於識別。輯録中列出 40 餘條詞條。這些關鍵字詞條不一定是漢代罪名原名，這裏僅爲方便標識資料，便於讀者查找。有的資料印證或補充了傳統文獻資料，如“大逆無道”“格殺”等，有的資料屬於首次出現，如“拾遺物不謁廷”等。

不道、大逆無道、大逆

【解題】

不道，又稱“無道”，指特別嚴重的違背天道人倫的罪行。這一概念的特點是，它不是對犯罪行爲的直接描述，而是對犯罪性質的表徵。《晉書·刑法志》引張斐《律表》曰："逆節絕理，謂之不道。"① 何者屬於"不道"并没有明確的界限。漢代，"不道無正法，以所犯劇易爲罪，臣下承用失其中"。② "不道"適用範圍極廣，謀反叛逆、罔上附下、干亂朝政、巫蠱、妖言惑衆、毆辱鳩杖主、臧百萬以上、殺一家三人以上等，均可稱爲"不道"。③ "大逆不道"，又稱"大逆無道""大逆"，是"不道"中相對更嚴重者，一般指背叛、危及皇族統治、危害天子的行爲。④

　　刑罰方面，《漢書·景帝紀》："襄平侯嘉子恢説不孝，謀反，欲以殺嘉，大逆無道。"注引如淳曰："律，大逆不道，父母妻子同産皆棄市。"⑤《晉書·刑法志》引漢賊律曰："但以言語及犯宗廟園陵，謂之大逆無道，腰斬。家屬從坐，不及祖父母、孫。"⑥ 不少學者注意到西漢早期和西漢中晚期在處罰"不道"罪上家屬從坐方面發生了變化。陳乃華認爲"西漢中後期處罰不道罪中的妻、子的'棄市'刑已爲徙邊刑所替代"。⑦ 吕麗認爲"父母妻子同産無少長皆棄市"到宣、成之

---

① （唐）房玄齡等：《晉書·刑法志》，中華書局1974年版，第928頁。
② （漢）班固：《漢書·陳湯傳》，中華書局1962年版，第3026頁。
③ 相關研究參見：［日］大庭脩著，林劍鳴等譯：《秦漢法制史研究》，上海人民出版社1991年版，第二篇第三章《漢律中"不道"的概念》；陳乃華：《秦漢"不道"罪考述》，《中國史研究》1991年第1期。
④ 對此，學界也有不同觀點。如吕麗認爲"謀反"和"大逆"不同，二者又均屬於"大逆不道"。吕麗：《漢"謀反"、"大逆"、"大逆不道"辨析》，《社會科學戰綫》2003年第6期。
⑤ （漢）班固：《漢書·景帝紀》，中華書局1962年版，第142頁。
⑥ （唐）房玄齡等：《晉書·刑法志》，中華書局1974年版，第925頁。
⑦ 陳乃華：《秦漢"不道"罪考述》，《中國史研究》1991年第2期。

際及其之後多爲"父母妻子同産皆棄市","無少長"不再出現可能與漢有關的"矜老憐幼"詔令出台直接相關。[1] 不道罪一般常赦所不原,赦令中常有"謀反大逆無道不用此書"。[2] 沈家本《漢律摭遺·賊律一》有"大逆無道"條目,下列有謀反、大逆、誹謗妖言、祝詛、謗毀宗室、造作圖讖、惡逆、非所宜言、大不敬、不敬、廢格詛誹、左道、媚道、持喪葬築蓋嫁娶卜數文書使民倍禮違制、降敵等多個項目。[3]

1. 甘露二年五月己丑朔甲辰朔丞相少史充御史守少史仁以請詔有逐驗大逆無道（1）故廣陵王胥御者惠同

産弟故長公主蓋卿大婢外人移郡大守逐得試知外人者故長公主大奴千秋等曰外人一名麗戎字中夫前大子守觀

奴嬰齊妻前死麗戎從母捐之字子文私男弟偃居主馬市里弟捐之姊子故安道侯奴材取不審縣里男子字游爲麗戎

釺（2）以牛車就載籍田倉（3）爲事始元二年中主女孫爲河閒王后與捐之偕之國後麗戎游從居主机菜弟養男孫丁子沱元鳳元年

中主死絕户奴婢没入詣官麗戎游俱亡麗戎脱籍疑變更名字匿走絕迹更爲人妻介罪民閒若死無從知麗戎此

時年可廿三四歲至今年可六十所爲人中狀黃色小頭黑髮隋面拘頤常戚額胸頻狀身小長詐麃少言書到二千石遣毋害都吏

73EJT1:1

---

① 參見吕麗:《漢"謀反"、"大逆"、"大逆不道"辨析》,《社會科學戰綫》2003年第 6 期。
② 如漢明帝永平十六年九月詔。
③ (清)沈家本:《歷代刑法考》,中華書局 1985 年版,第 1413—1433 頁。相關研究還有〔日〕大庭脩著,徐世虹譯:《漢簡研究》,廣西師範大學出版社 2001 年版等。

嚴教屬縣官令以下嗇夫吏正父老襍驗問鄉里吏民賞取婿及
免婿以爲妻年五十以刑狀類麗戎者問父母昆弟本誰生子務

得請（4）實發生從迹毋督聚煩擾民大逆同産當坐（5）
重事推迹未窮毋令居部界中不覺得者書言白報以郵亭行詣長安
傳舍重事當奏聞必謹密之毋留如律令

六月張掖大守毋適丞勳敢告部都尉卒人（6）謂縣寫移書
到趣報如御史書律令敢告卒人／掾很守卒史禹置佐財

73EJT1：2

七月壬辰張掖肩水司馬陽以秩次兼行都尉事謂候城尉寫移
書到廋索部界中毋有以書言會廿日如律令／掾遂守屬況

七月乙未肩水候福謂候長廣宗□寫□□到廋索界中毋有以
書言會月十五日須（7）報府毋□□如律令／令史□

73EJT1：3

2. ☐□捕不道罪名明☐　　　　　73EJT4：145

【注】

1. 相關注釋可參見鄔文玲文章，[①] 這裏僅就幾個不易理解
的詞簡要注解。（2）聟，“婿”的俗字。（3）籍田之倉，籍
田，天子親躬帥耕之田，收穫的糧食主要用於祭祀，儲存糧食
的倉庫稱爲“籍田倉”。[②]（4）請，通“情”。（6）卒人，公
文中的示敬提稱語，多用於指郡級長官。鄔文玲指出卒人爲
“示敬提稱語，相當於侍前、坐前、執事之類，通常用於將軍、

---

① 鄔文玲：《〈甘露二年御史書〉校讀》，中國政法大學法律古籍整理研究所：《中國
古代法律文獻研究（第五輯）》，社會科學文獻出版社 2012 年版，第 57 頁。
② 參見許青松：《“甘露二年逐驗外人簡”考釋中的一些問題》，《中國歷史博物館館
刊》1986 年第 8 期。

都尉等軍事長官的提稱”。① 汪桂海認爲“敢告卒人”是表示對對方的禮敬而避免直指其名的文書用語。漢簡“敢告卒人”一語主要出現在三種情況：郡太守間移文，郡太守向本郡諸都尉、校尉發文，郡向所屬縣發文。② （7）須，之後將要。《康熙字典》：“《爾雅·釋詁》：‘須，待也。又資也，用也。與需通。’”③“須報府”，之後要上報太守府。類似辭例如居延漢簡112.28“□副别之移書會己酉夕須集移府毋☑”④，肩水金關漢簡73EJT23：620簡有“移爰書都尉府會二月廿五日須報大守府毋忽它如律令”。

（1）（5）兩處有“大逆（無道）”，是指長公主、廣陵王，還是指麗戎而言，學者對案情存在不同理解。⑤ 大逆同産當坐，同産當指“麗戎”，由此可知簡中“大逆”指“惠”追隨劉胥謀反的行爲。麗戎因“同産當坐”，印證了傳世文獻和出土簡牘家屬連坐的規定。麗戎的刑罰很可能是棄市。

以上三枚簡即所謂《甘露二年丞相御史書》簡册，是漢宣帝甘露二年（前52年）逐級轉發的緝捕文書。涉及兩個歷史事件。廣陵王劉胥（漢武帝之子）宣帝五鳳四年（前54年）巫蠱事發，自殺國除，“麗戎”是其侍從“惠”的胞妹，

① 鄔文玲：《〈甘露二年御史書〉校讀》，中國政法大學法律古籍整理研究所：《中國古代法律文獻研究（第五輯）》，社會科學文獻出版社2012年版。
② 參見汪桂海：《漢代官文書制度》，廣西教育出版社1999年版，第100—101頁。“卒人”研究又如陳偉：《秦平行文書中的“令史”與“卒人”》，中國古文字研究會等編：《古文字研究》，中華書局2016年版，第443—448頁。
③ 《康熙字典》，同文書局1887年版，中華書局1922年印，第1399頁。
④ 謝桂華、李均明、朱國炤：《居延漢簡釋文合校》，文物出版社1987年版，第183頁。
⑤ 鄔文玲：《〈甘露二年御史書〉校讀》，中國政法大學法律古籍整理研究所：《中國古代法律文獻研究（第五輯）》，社會科學文獻出版社2012年版。

作爲其近衛侍的同産被追捕。"故長公主蓋卿"即武帝之女，昭帝之姊鄂邑蓋長公主，元鳳元年（前 80 年）與燕王劉旦等合謀誅除霍光，事敗自殺。長公主死後户絶，婢女麗戎本應没官，脱籍逃亡，到本通緝下發時已有二十六年。

另有居延新簡 EPT43：92 簡與上述 73EJT1：1—3 爲同一事項的詔捕文書，殘缺較多。表明張掖郡將文書分别下轉到居延都尉和肩水都尉，并在各自轄區内一直傳達到基層。①

---

① 73EJT1：1—3 簡木牘圖版首見甘肅省文物考古研究所、西北師範大學歷史系編：《簡牘學研究》（第二輯），甘肅人民出版社 1998 年版，所附彩色插頁，題爲"甘露二年《丞相御史律令》册"。比較清晰的圖版以及放大圖，見馬建華主編《河西簡牘》（重慶出版社 2003 年版）。因公布較早，相關研究論文較多，如甘肅居延考古隊：《居延漢代遺址的發掘和新出土的簡册文物》，《文物》1978 年第 1 期；伍德煦：《居延出土〈甘露二年丞相御史律令〉簡牘考釋》，《甘肅師大學報（哲學社會科學版）》1979 年第 4 期，初師賓：《居延簡册〈甘露二年丞相御史律令〉考述》，《考古》1980 年第 2 期；徐元邦、曹延尊：《居延新出土的甘露二年"詔所逐驗"簡考釋》，《考古與文物》1980 年第 3 期；裘錫圭：《關於新出甘露二年御史書》，《考古與文物》1981 年第 1 期；裘錫圭：《關於〈新出甘露二年御史書〉一文的更正信》，《考古與文物》1981 年第 3 期；朱紹侯：《對〈居延簡册甘露二年丞相御史律令考述〉的商榷》，《河南師範大學學報（哲學社會科學版）》1982 年第 4 期；初師賓、伍德煦：《居延甘露二年御史書册考述補》，《考古與文物》1984 年第 4 期；許青松：《"甘露二年逐驗外人簡"考釋中的一些問題》，《中國歷史博物館館刊》1986 年第 8 期；裘錫圭：《再談甘露二年御史書》，《考古與文物》1987 年第 1 期；張小鋒：《甘露二年丞相御史書探微》，《首都師範大學學報（哲學社會科學版）》2000 年第 5 期；楊媚：《〈甘露二年丞相御史律令〉册釋文輯校》，甘肅省文物考古研究所、西北師範大學歷史系編：《簡牘學研究（第四輯）》，甘肅人民出版社 2004 年版；趙寵亮：《〈甘露二年丞相御史書〉册考釋補議》，張德芳主編：《甘肅省第二屆簡牘學國際學術研討會論文集》，上海古籍出版社 2012 年版；鄔文玲：《〈甘露二年御史書〉校讀》，中國政法大學法律古籍整理研究所：《中國古代法律文獻研究（第五輯）》，社會科學文獻出版社 2012 年版；方勇：《讀金關漢簡小劄（二則）》，《魯東大學學報（哲學社會科學版）》，2012 年第 2 期。

賊殺

【解題】

賊殺，故意殘害他人性命。張斐《注律表》謂“無變斬擊謂之賊”。《説文解字·戈部》：“賊，敗也。”段玉裁注：“敗者，毀也。毀者，缺也。”[1] 劉曉林指出：“賊的主要含義是破壞、毀壞。”指出秦漢時期“賊”既有“殺人行爲”的含義，又表示“無變斬擊”、無故殺人的主觀心態，是故意殺人的一種具體形式。[2] 漢律《二年律令·賊律》21 簡有“賊殺人、鬬而殺人，棄市。其過失及戲而殺人，贖死；傷人，除”。[3] 故漢代殺人有“賊殺”“鬬殺”“過失殺”“戲殺”以及“謀殺人”等。沈家本《漢律摭遺·賊律三》有“賊殺人”“賊鬬殺人”條。[4] 其中“賊鬬殺人”，當爲“賊殺”和“鬬殺”之合稱。

1. ☑宣曲胡騎（1）蘇大已坐賊殺☑　　　73EJT1：176

2. ☑置廚二千石傳乘用傳馬抱者☑☑蔡鳳

☑嘉怒賊殺臨母☑☑以縣官事（1）☑☑轂亭（2）☑

73EJT23：153

---

① （漢）許慎撰，（清）段玉裁注，許惟賢整理：《説文解字注》，鳳凰出版社 2015 年版，第 1095 頁。

② 劉曉林：《從“賊殺”到“故殺”》，《蘇州大學學報》2015 年第 1 期。

③ 彭浩、陳偉、［日］工藤元男：《二年律令與奏讞書：張家山二四七號漢墓出土法律文獻釋讀》，上海古籍出版社 2007 年版，第 98 頁。

④ （清）沈家本：《歷代刑法考》，中華書局 1985 年版，第 1463、1465 頁。“賊殺”相關研究參見劉曉林：《從“賊殺”到“故殺”》，《蘇州大學學報》2015 年第 1 期。

3. 本始元年十二月癸酉張掖大守=（守守）① 卒史薛則督盜賊□□□☑（觚） 　　　　　73EJT23:797A

　　嗇夫安世亭長息憲上書安世息言變事告（1）侍報檄到☑（觚） 　　　　　73EJT23:797B

　　亡自賊殺傷給法所當得（2）詔獄重事爲疑□□☑（觚） 　　　　　73EJT23:797C

　　……☑（觚） 　　　　　73EJT23:797D

4. ☑擊殺護其☑ 　　　　　73EJT24:401

5. 逐殺人賊賈賀酒泉張掖武威郡中當舍傳舍從者如律令/兼掾豐守令史□☑ 　　　　　73EJT37:722

6. ……

　　追殺人賊□賀酒泉張掖武威郡中當舍傳舍從者如律令 　　　　　73EJT37:981②

【注】

1.（1）宣曲胡騎，宣曲校尉所統領的胡騎。《漢書·百官公卿表》："長水校尉，掌長水宣曲胡騎。又有胡騎校尉，掌池陽胡騎，不常置。"③ 馬智全在前人王先謙考證基礎上，認爲應校正爲"屯長水者，謂之長水校尉；屯宣曲者，謂之宣曲校尉，各爲營校"，認爲西漢曾在關中設置"宣曲校尉"，

---

① 簡文"守"下爲重文號，本書用括號内文字表示"字與重文號"組合應代表的文字。下同，不再説明。

② 姚磊指出□缺字當爲賈。姚磊：《讀〈肩水金關漢簡〉劄記（叁）》，簡帛網 2016 年 1 月 19 日，http://www.bsm.org.cn/show_article.php?id=2449。

③（漢）班固：《漢書·百官公卿表》，中華書局 1962 年版，第 737—738 頁。

由車騎將軍領屬，管理胡騎事務。①

本簡爲胡人坐罪賊殺的實例。

2.（1）縣官事，公事。《史記·絳侯周勃世家》：“庸知其盜買縣官器，怒而上變告子，事連汙條侯。”《索隱》曰：“縣官謂天子也。所以謂國家爲縣官者，《夏官》王畿内縣即國都也。王者官天下，故曰縣官也。”②《二年律令·賊律》46簡有“以縣官事毆若詈吏，耐。所毆詈有秩以上，及吏以縣官事毆詈五大夫以上，皆黥爲城旦舂。長吏以縣官事詈少吏”。③其刑罰重於私人糾紛。（2）毄亭，拘押在亭。亭，漢代爲有一定建築的基層機構，具有候望、行書、治安等功能。

本簡爲賊殺實例。似嘉因公事糾紛而殺害臨的母親。

3.（1）變事告，見後文“變事告”條。（2）給法所當得，常爲“縣次續食給法所當得”之意，一般在出行傳文書中對依法應由沿途提供飲食的人員作這樣的説明，對沿途提出提供飲食的要求。本簡中“給法所當得”與前後文在文意聯繫上頗費解。

---

① 參見馬智全：《肩水金關漢簡中的“宜曲校尉”》，《商丘師範學院學報》2021 年第 7 期，第 69—70 頁。關於漢簡中“胡騎”含義的相關研究如初世賓：《再釋秦胡——兼與胡小鵬諸先生商榷》手寫影印稿，張德芳主編：《甘肅省第二屆簡牘學國際學術研討會》，上海古籍出版社 2012 年版；邢義田：《〈肩水金關漢簡（壹）〉初讀劄記之一》，武漢大學簡帛研究中心：《簡帛（第七輯）》，上海古籍出版社 2012 年版等。

② （漢）司馬遷：《史記·絳侯周勃世家》，中華書局 1982 年版，第 2079 頁。

③ 彭浩、陳偉、［日］工藤元男：《二年律令與奏讞書：張家山二四七號漢墓出土法律文獻釋讀》，上海古籍出版社 2007 年版，第 108 頁。

格殺

格殺，指拒捕或相互搏鬭時一方將對方殺死的行爲。張家山漢簡《二年律令·捕律》152 簡有"捕盜賊、罪人，及以告劾逮捕人，所捕挌（格）鬭而殺傷之，及窮之而自殺也，殺傷者除"。[1] 漢律又有"無故入室宅廬舍上人車船牽引人欲犯法者其時格殺之無罪"，《漢律摭遺》收此在《賊律》中。[2] 五一廣場東漢簡 J1③:169 簡有"格殺"。[3]

　　☐☐格殺☐　　　　　　　　　　　　73EJT23:464

賕

【解題】

賕，《康熙字典》："《説文》：以財枉法相謝也。徐鍇《説文繫傳》：非理而求之也。《史記·滑稽傳》：又恐受賕枉法。"[4] 沈家本《漢律摭遺·盜律》有"受財枉法"條。[5]

　　☐施刑士（1）張廣等發行爲巧詐亡☐

　　☐傷一人☐☐賕獄未論四人亡未得眛死奏（2）名牒☐

　　　　　　　　　　　　　　　　　　73EJT23:362

---

① 彭浩、陳偉、[日] 工藤元男：《二年律令與奏讞書：張家山二四七號漢墓出土法律文獻釋讀》，上海古籍出版社 2007 年版，第 151 頁。
② （清）沈家本：《歷代刑法考》，中華書局 1985 年版，第 1473—1474 頁。
③ 相關研究參見閆曉君：《唐律"格殺勿論"淵流考》，《現代法學》2009 年第 4 期；吳雪飛：《長沙五一廣場東漢木牘相關法律用語探析》，中國政法大學法律古籍整理研究所：《中國古代法律文獻研究（第九輯）》，社會科學文獻出版社 2015 年版；朱群傑：《長沙五一廣場簡所見董種案中的"格殺"》，《中國法律史學會 2021 年年會論文集》（2021 年）。
④ 《康熙字典》，同文書局 1887 年版，中華書局 1922 年印，第 1209 頁。
⑤ （清）沈家本：《歷代刑法考》，中華書局 1985 年版，第 1406 頁。

【注】

（1）施刑士，因赦去掉身上刑具、罪衣的刑徒。具體見"施刑士"條。（2）昧死奏，上行官文書習語。薛英群指出，《漢書·高帝紀》有"趙王張傲、燕王臧荼昧死再拜言"。張晏注："秦以爲人臣上書當言昧犯死罪而言，漢遂遵之。"逐漸成爲臣下奏聞、下級對上級官文書中的習慣用語。①

本簡爲上報文書。簡文因文字缺失，不知賕獄與亡罪是否涉及同一主體。"賕"前面缺字，未知是指行賕還是受賕。

伏匿殺略

☐☐入塞伏匿丁酉殺略今☐

……   73EJT24：719

【注】

本簡是對潛入塞的外寇殺人搶掠的描述。

傷人

【解題】

傷，指出現創傷。《二年律令·賊律》25—28 簡："賊傷人，及自賊傷以避事者，皆黥爲城旦舂。鬬而以釰（刃）及金鐵銳、錘、樺（錐）傷人，皆完爲城旦舂。其非用此物而□人、折枳（肢）、齒、指，胅體，斷胅（決）鼻、耳者，耐。"② 可知漢初傷人有賊傷與鬬傷，鬬傷又分爲以利器鬬傷

---

① 薛英群：《居延漢簡通論》，甘肅教育出版社 1991 年版，第 207 頁。

② 彭浩、陳偉、［日］工藤元男：《二年律令與奏讞書：張家山二四七號漢墓出土法律文獻釋讀》，上海古籍出版社 2007 年版，第 100 頁。

和其他的鬪傷。沈家本《漢律撫遺·賊律》有"鬪以刃傷人完爲城旦舂其賊加罪一等與謀者同罪"條。① 《漢律撫遺·盜律》有《賊傷》條，不過說的是"盜傷"。②

1. ☑□擊刺傷宗右手左脾右掖下各一所亡時廣宗安所居不☑　　　　　　　　　　　　　　　　73EJT26:95

2. ☑□虜隧長王豐以大刀刃擊傷中部守候長（1）朱餘右肩　　　　　　　　　　　　　　　　　73EJT37:57

3. 居延部終更已事未罷（1）坐傷人亡命（2）今聞命籍（3）在頓丘邑（4）獄即③自詣它如爰書七月甲辰入
　　　　　　　　　　　　　　　73EJT37:776A

元康四年伏地再拜伏伏伏伏再它再拜伏拜　　　（習字）
　　　　　　　　　　　　　　　73EJT37:776B

4. 五鳳三年十二月癸卯朔庚申守令史安世敢言之復作（1）大男彭千秋陳留郡陳留高里坐傷人論會神爵四年三月丙辰赦

令復作縣官一歲十月十日作日備免爲庶人道自致謁移陳留過所縣道河津函谷關毋苛留止如律令敢言之

十二月庚申居延令弘守丞安世移過所縣道河津函谷關毋苛留止如律令掾守令史安世　　　　　73EJT34:6A

章曰居令延印　　　　　　　　　　73EJT34:6B

5. 永光四年六月己酉朔癸丑倉嗇夫勃敢言之徒故潁川郡

---

① （清）沈家本：《歷代刑法考》，中華書局1985年版，第1466頁。
② （清）沈家本：《歷代刑法考》，中華書局1985年版，第1409頁。
③ 原釋文爲"願"，據秦鳳鶴文改爲"即"。秦鳳鶴：《〈肩水金關漢簡〉（肆）釋文校訂》，中國古文字研究會等編：《古文字研究（第三十二輯）》，中華書局2018年版，第531頁。

陽翟宜昌里陳犬永光三年十二月中坐傷人論鬼新會

二月乙丑赦令免罪復作以詔書贖免爲庶人歸故縣調移過所河津關毋苛留止縣次贖食（1）　　　　　　73EJT37：526

6.　神爵三年六月己巳朔乙亥司空佐安世敢言之復作大男呂異人故魏郡繁陽明里迴神爵元年十一月庚午坐傷人論會二年二月甲辰赦令復

作縣官一歲三月廿九日‧三月辛未

罰作盡（1）神爵三年四月丁亥凡巳作一歲一月十八日未備二月十一日以詔書入錢贖罪免爲庶人謹爲偃檢（2）封入居延調移過所　　　　　　　　　　73EJH1：3A

之伏居延令地從子平元長伏爲地爲地伏元子

　　　　　　　　　　　　　　　　73EJH1：3B

7.　坐傷人　　　　　　　73EJT1：287

8.　☐鬬犯法今南部守候（1）☐　　　73EJT7：75

9.　河平五年正月己酉朔壬戌橐他守尉勵以私印行事移肩水

金關莫當戍卒閭被自言家父龐護戍肩水候官爲人所傷今遣被持藥視護書到

出內如律令　　　　　　　73EJD：42

【注】

1.　簡文有案情、傷情的詳細描述，似爲劾狀等司法文書。

2.　（1）中部守候長，郭偉濤指出肩水候官塞分設東、西、南、北、中、左前、左後、右前、右後九個部①。這裏朱餘爲中部守候長。

_____

① 郭偉濤：《漢代肩水塞部隧設置研究》，《文史》2018 年第 1 輯。

簡文有器具、傷情的詳細描述，似爲劾狀等司法文書，臨近的 73EJT37：355 +56 簡有"五月戊戌除補肩水中部候史以主領吏卒徼迹備盜賊"①，屬於劾狀文書用語。

1、2 簡都是"以刃傷"的情形。

3.（1）終更已事未罷，似指更戍已到期但尚未遣歸。罷，指戍卒期滿歸鄉。（2）坐傷人亡命，犯傷人罪後逃亡被通緝。（3）命籍，對逃亡人員論罪緝捕的檔案。詳見"命籍"條。（4）頓丘邑，屬東郡。

本簡爲命者（被通緝者）自行歸案，由官方發給的回原籍歸案之過關文書的登記。

5.（1）贖，圖版是"贖"，釋文也作"贖"，當用作"續"。縣次續食，秦漢出行文書中的常用語，指沿途縣依次按規定提供飲食。張家山漢簡《二年律令·傳食律》235 簡規定，對依律享有傳食者，沿途"縣各署食盡日，前縣以誰（推）續食"。②秦律中也見有此制度，如《秦律十八種·屬邦》201 簡有"道官相輸隸臣妾、收人，必署其已稟年日月，受衣未受，有妻毋（無）有。受者以律續食衣之"。③

6.（1）盡，《玉篇》："終也。"《小爾雅·廣言》："止也。"這裏指到某日期爲止。（2）偃檢，一種帶有凹槽、部分内容可密封的過關通行文書。漢簡所見偃檢多在有"縣次續食"的情況使用，應該密封的部分爲行程日期，起到防備篡改

---

① 姚磊：《〈肩水金關漢簡（肆）〉綴合及釋文訂補（十一則）》，中國文化遺産研究院編：《出土文獻研究（第十六輯）》，中華書局 2017 年版，第 267—268 頁。

② 彭浩、陳偉、[日]工藤元男：《二年律令與奏讞書：張家山二四七號漢墓出土法律文獻釋讀》，上海古籍出版社 2007 年版，第 184 頁。

③ 睡虎地秦墓竹簡小組編：《睡虎地秦墓竹簡》，文物出版社 1990 年版，第 65 頁。

作用，以便縣據此給食。肩水金關漢簡 73EJT3:55 簡中有"律曰徒事已毋糧謹故官爲封偃檢縣次續食給法所當得"。前往客田的途中也常用偃檢。如 73EJT9:65 "☐□誼自言欲取偃檢客田"，居延舊簡 505.37 簡有"善居里男子丘張自言與家買客田居/延都亭部欲取檢謹案張等更賦皆給當得取檢謁移居延如律令敢言之"①。不過 505.37 簡稱"檢"，且未提"續食"待遇。

本簡内容有助揭示復作制度，相關詳解見"復作"條。

本簡爲復作期滿歸鄉的過關文書。

4、5、6 三簡均爲期滿刑徒歸鄉過關文書抄録。受刑原因均爲傷人犯罪。三簡都有傷人罪罪犯實際執行的時間和過程，非常珍貴。其中 5 簡 73EJT37:526 簡中的傷人罪論處的刑罰爲"鬼薪"，另兩簡的原有刑徒身份推測當均爲"城旦舂"。推導方式參見"復作"條。

8.（1）南部守候，郭偉濤指出肩水候官塞分設東、西、南、北、中、左前、左後、右前、右後九個部②。這裏簡中爲南部守候。

簡中"鬬犯法"，可能指"鬬傷人犯法"。

9. 本簡中父子均在邊地服役。"爲人所傷"説明有人可能犯了"傷人"罪。

自賊刺頸

死罪屋闌（1）游徼當禄里張彭祖以胡刀自賊刺頸各一所以辜（2）立死

---

① 謝桂華、李均明、朱國炤：《居延漢簡釋文合校》，文物出版社 1987 年版，第 607 頁。
② 郭偉濤：《漢代肩水塞部隧設置研究》，《文史》2018 年第 1 輯。

元康二年三月甲午械毄（3）屬國（4）各在破胡受盧水
（5）男子翁□當告　　　　　　　　　　73EJT30：6

【注】

（1）屋闌，張掖郡屬縣。　（2）辜，指保辜制度。詳見
"辜"條。（3）械毄，加刑具以拘禁。詳見"毄、械毄"條。
（4）屬國，漢政府爲安置匈奴等歸降的少數民族而置屬國，
使其各長其長。（5）盧水，張掖盧水（今黑河中上游）。居住
在盧水一帶的諸民族，被稱爲盧水胡。

該簡與 73EJT30：170＋144 簡"死罪屋闌游徼□□□□
□……坐與游徼彭祖捕縛盧水男子因籍田都當故屬國千人辛君
大奴宜馬□"可能屬同一簡册。① 二簡結合，大致可知張彭祖
的罪與捕縛屬國胡人盧水男子致其在一段時間内死亡有關。

毄、毄笿

【解題】

毄，在漢律中指擊打他人，没有器官損傷或僅是淤腫等的
行爲。《二年律令》27—28 簡有"鬥而以釼（刃）及金鐵鋭、
錘、椎（錐）傷人，皆完爲城旦舂。其非用此物而□人，折枳
（肢）、齒、指，胅體，斷決鼻、耳者，耐。其毋傷也，下爵毆
上爵，罰金四兩。毆同死〈列〉以下，罰金二兩；其有疻痏及
□，罰金四兩"。② 可知，折肢、齒等爲傷，毆與傷相銜接，
指未出現創傷或僅僅是淤腫等的擊打。漢律中的毆，影響定罪

① 綴合根據伊强：《肩水金關漢簡中的"囚録"及相關問題》，李學勤主編：《出土
　文獻（第七輯）》，中西書局 2015 年版。
② 彭浩、陳偉、〔日〕工藤元男：《二年律令與奏讞書：張家山二四七號漢墓出土法
　律文獻釋讀》，上海古籍出版社 2007 年版，第 100 頁。

的主要是傷情輕重以及毆的緣由是公事還是私事。《漢律摭遺·賊律三》有"痏痍"條。① 毆笞,漢律中"毆"和"笞"未見連在一起使用的情形。

1. 鬼新蕭登　故爲甲渠守尉坐以縣官事毆笞戍卒尚勃讞爵減(1)

元延二②十一月丁亥論　故觻得安漢里正月辛酉入
                                                    73EJT3:53

2. 大守=(守守)屬禹劾曰案日勒(1)言斷獄北部都尉屬禹劾候長曹宣以縣官事簿問以它毆(2)戍卒陳禹等長
                                                    73EJT31:149

3. 以所帶劍對毆種戍卒王奉親肩背皆青黑雍種廣衰各半所得以會　　　　　　　　　　73EJT5:73

【注】

1.(1)爵減,見"爵減"條按語。

該簡爲刑徒鬼新蕭登過關記録。蕭登獲罪緣由是毆笞戍卒。毆、笞都是擊打他人。笞,指以杖等擊打。《荀子·正論篇》:"捶笞、臏脚。"注:"捶、笞,皆杖擊也。"③《漢書·夏侯嬰傳》:"高祖戲而傷嬰。人有告高祖,高祖時爲亭長,重坐傷人。"顏引如淳曰:"爲吏傷人,其罪重。"④《二年律令·賊律》46簡有:"以縣官事毆若詈吏,耐。所毆詈有秩以上,

---

① (清)沈家本:《歷代刑法考》,中華書局1985年版,第1467頁。
② "二"後脱"年"。參見胡永鵬:《西北邊塞漢簡編年及相關問題研究》,吉林大學2016年博士學位論文,第357頁。
③ (清)王先謙撰,沈嘯寰、王星賢點校:《荀子集解》,中華書局1988年版,第342頁。
④ (漢)班固:《漢書·夏侯嬰傳》,中華書局1962年版,第2076頁。

及吏以縣官事毆詈五大夫以上，皆黥爲城旦舂。長吏以縣官事詈少吏。"① 《二年律令》該簡關於吏毆詈卒的規定後半段殘缺。懸泉漢簡Ⅱ0215①:76："·諸吏宦官及比者同秩而敢詈之毆、宫廷中，至其上秩；若以縣官事毆詈五大夫以上或一歲吏比者，有將辨治。若不督五大夫以上……"② 吏因毆笞卒獲罪的案例如居延舊簡4.9簡"故甲渠候長唐博叩頭死罪博前爲甲渠鉼庭候長今年正月中坐搒卒繫獄七月廿☒"。③ 靳騰飛指出，"這一時期的法律規定中，因縣官事遭毆詈的對象其品秩和爵位更低，法律適用和保護對象的範圍擴大了，不僅限於'吏''有秩'和'五大夫以上'，還包括了'卒'和'戍卒'"。④ 本簡73EJT3:53簡是又一吏毆卒獲罪實例，本案例表明吏毆笞卒要處以較重刑罰。蕭登爵減後爲鬼薪，原刑罰可能爲完城旦舂或髡鉗城旦舂，是較重的刑罰。

2. （1）日勒，張掖郡屬縣。（2）以它毆，即不是因"縣官事"毆。

本簡爲訴訟舉劾案驗文書。北部都尉屬舉劾候長曹宣毆戍卒。

3.《二年律令》28簡有"毆同死〈列〉以下，罰金二兩；其有疕痏及□，罰金四兩"。⑤ 本簡"青黑雍種"即爲"疕痏"的情形。簡中記録了毆所用工具、雍腫顔色及面積。

① 彭浩、陳偉、[日]工藤元男：《二年律令與奏讞書：張家山二四七號漢墓出土法律文獻釋讀》，上海古籍出版社2007年版，第108頁。
② 胡平生、張德芳編：《敦煌懸泉漢簡釋粹》，上海古籍出版社2001年版，第12頁。
③ 謝桂華、李均明、朱國炤：《居延漢簡釋文合校》，文物出版社1987年版，第5頁。
④ 靳騰飛：《秦漢簡牘所見基層官員毆詈現象探析》，《江漢論壇》2016年第11期。
⑤ 彭浩、陳偉、[日]工藤元男：《二年律令與奏讞書：張家山二四七號漢墓出土法律文獻釋讀》，上海古籍出版社2007年版，第100頁。

詐、詐偽、詐封致

【解題】

詐，張斐《注律表》："背信藏巧謂之詐。"沈家本《漢律摭遺·賊律二》有"詐偽"條。[1] 沈家本認爲"欺謾與詐偽義頗相通，以張斐之言分別之，則欺謾者，事之對於君上者也，詐偽者，事之對於人民者也"。[2]

1. ☒久卧官（1）不輒轉爲巧詐不亡調書不主廩不乏興☒

　　　　　　　　73EJT22:65 +87[3]

2. ☒施刑士張廣等發行爲巧詐亡☒

☒傷一人☐☐贖獄未論四人亡未得昧死奏名牒☒

　　　　　　　　　73EJT23:362

3. 十月戊辰詐封（1）致（2）與關詐罪當俱出關以責（3）士吏牛放爲名……趙君候以日出五千所出關日食時牛放與趙君男孺卿俱來入關候故行至官以戊辰卿☒官士吏王當皆夜見謁☒　　　73EJT30:179 +180[4]

4. ☒☐而亡若盜去署及爲詐偽以辟事（1）☒

　　　　　　　　73EJF3:525A

☒便毋復來與候良亡☐☒　　73EJF3:525B

【注】

1.（1）卧官，伊強認爲是對爲官者的肯定之語。伊強指

---

① （清）沈家本：《歷代刑法考》，中華書局1985年版，第1439頁。

② （清）沈家本：《歷代刑法考》，中華書局1985年版，第1436頁。

③ 伊強：《〈肩水金關漢簡（貳）〉綴合五則》，中國文化遺産研究院編：《出土文獻研究（第十五輯）》，中西書局2016年版，第383頁。

④ 姚磊：《〈肩水金關漢簡（叁）〉綴合（叁）》，簡帛網2016年12月2日，http://www.bsm.org.cn/show_article.php?id=2676。

出："'臥官'，《漢書・汲黯傳》'顧淮陽吏民不相得，吾徒得君之重，臥而治之'，可參照。簡文'不輾轉爲巧詐、不亡調書、不主廩、不乏興'，當是對'久臥官'者的肯定稱述。"①意見可供參考。

2. 注釋可參見"賖"條。

本簡爲上報的逃亡文書。施刑士張廣等以巧詐的手段逃亡。

3.（1）封，封緘文書。（2）致，過關文書中的一種。（3）責，通"債"，這裏指收債。

"詐封致與關"，將虛假的過關文書出示給守關人員。"以責士吏牛放爲名"，以向士吏收債爲名。"趙君男孺卿"，趙的兒子孺卿。本簡爲司法文書。

4.（1）辟事，避事。睡虎地秦墓竹簡《法律答問》："伍人相告，且以辟罪，不審，以所辟罪罪之。"整理小組注："辟，《爾雅・釋詁》：'罪也'。一説，辟應讀爲避。"②

盜

【解題】

盜罪，《史記・高祖本紀》："傷人及盜抵罪。"③ 沈家本《漢律摭遺・盜律》："盜之情狀非一二端之所可罄，故但言各當其罪，示必持平，不復用秦之酷法也……今將盜事重大者分

---

① 伊強：《〈肩水金關漢簡（貳）〉綴合五則》，中國文化遺產研究院編：《出土文獻研究（第十五輯）》，中西書局 2016 年版，第 383 頁。
② 睡虎地秦墓竹簡整理小組編：《睡虎地秦墓竹簡》，文物出版社 1990 年版，第 116 頁。
③ （漢）司馬遷：《史記・高祖本紀》，中華書局 1982 年版，第 362 頁。

列于先……其輕者更列于後。"① 盜罪并非僅以贓值多少定罪。

1. 不知何人（1）盜☐ 　　　　　　　73EJT23：446

2. ☐者雖不爲盜賊一人當小盜一人爲郡中最☐☐

　　　　　　　　　　　　　　　73EJT23：566＋689②

3. 守屬員蓋之收責盜臧居延乘家所占用馬當舍傳舍從者
如律令☐ 　　　　　　　　　73EJT37：1097A

　張掖大守章☐

　……☐ 　　　　　　　　　　73EJT37：1097B

4. 胡亭長詡記曰女子閒永桼（1）月十二日夜亡衣物疑乘
山隧長張彭厈竟隧長李樂金城隧　　　73EJF3：165

【注】

1.（1）不知何人，慣用語，用來指代不明身份的人，這
里指未歸案之逃犯。類似的簡如居延新簡 EPT5：16 簡 "☐朔乙
酉萬歲候長宗敢言之官下名捕詔書曰清河不知何七男子共賊燔
男子李／☐强盜兵馬及不知何男子凡六十九人點謀更☐☐☐怨
攻盜賊燔人舍攻亭"。③

　　此簡可能爲通緝文書或案情上報文書、獄計文書等。

3. 本簡爲去居延收債的過關文書。肩水金關漢簡中此類
收債過關文書較多，參見第二章 "收債" 條。惟本簡爲 "收
責盜臧"，不知是收 "債" 和 "盜臧"，還是所收之債即爲
"盜臧"。

4.（1）桼，即 "七"，新莽時期寫法。

――――――――

① （清）沈家本：《歷代刑法考》，中華書局 1985 年版，第 1393 頁。
② 姚磊：《肩水金關漢簡綴合》，天津古籍出版社 2020 年版，第 96 頁。
③ 馬怡、張榮强主編：《居延新簡釋校》，天津古籍出版社 2013 年版，第 27 頁。

本簡內容爲對女子"聞永"丟失衣物案件的追查。

盜布烽①、鎧裏

【解題】

盜布烽、鎧裏，所盜爲守御之物。沈家本《漢律摭遺·盜律》有"盜武庫兵"，輯錄了《六貼》中提到《春秋決獄》"律曰，此邊鄙兵所賦，值百錢者，當坐棄市"。② 不過本書這裏輯錄的內容雖與軍事有關，但不是典型的兵器。另外定罪量刑時不知邊郡這一條件是否會有影響。

1. 始建國三年正月癸亥執　東望隧卒成循盜隧布蓬一盜第六隧鎧□☑　　　　　　　　　73EJT7：50 +73EJF3：557③

2. 林三五月二日盜萬福布章　三└二十八日盜第六隧鎧裏二六月泰日☑　　　　　　　　　　　73EJF3：242

3. 驪喜布蓬一持歸隧突中至　泰月中爲吏所□☑
　　　　　　　　　　　　　　　　　　　73EJF3：417

4. □□要虜隧承弦三盜東望隧布蓬一└二十□☑
　　　　　　　　　　　　　　　　　　　73EJF3：455

5. 鎧裏二□□□□□☑　　　　　　73EJF3：567④

---

① 漢簡中有"烽""蓬"不同寫法，本書中簡文原釋文按原整理者採用的寫法，本書注釋中均統一使用"烽"，不再區分不同寫法。

② （清）沈家本：《歷代刑法考》，中華書局1985年版，第1397頁。

③ 綴合根據姚磊：《讀〈肩水金關漢簡〉劄記（二十八）》，簡帛網2017年10月16日，http：//www. bsm. org. cn/show_article. php？id＝2925。

④ 王錦城：《〈肩水金關漢簡〉校讀劄記（叁）》，簡帛網2017年10月15日，http：//www. bsm. org. cn/？hanjian/7662。

【注】

相關簡編聯成簡册有姚磊、王錦城兩種意見。① 王錦城認爲2、3、4、5四簡"其筆迹完全一致，亦當爲同一書手書寫。内容上來看，都是對盜取'布烽''鎧裏'等烽燧器物的記録。因此四簡當可編聯爲一册，或可稱之爲'盜簿'"。②

盜馬

塞吏疑子功絶從肩水界中過盜馬使昭武（1）移書沙頭（2）驗問不應律案相等皆吏知子功　　　　73EJT5：71

【注】

（1）昭武縣，屬張掖郡，有昭武獄。肩水都尉轄區的案件一般移昭武獄處理，如肩水金關漢簡73EJF3：471＋302＋73EJF2：43＋73EJF3：340"肩水候史昭武安新里辛壽桼月癸未除盡九月晦積九十日因亡不詣官案壽乘邊迹候吏別/……辟吏私自便利不平端逐捕未得/始建國五年九月壬午朔辛亥候長勁移昭武獄以律令從事"。③

（2）沙頭，肩水金關遺址駐有驛北亭，沙頭亭（隧）爲其郵書傳遞綫路往南緊鄰亭（隧）。郭偉濤指出："肩水塞的郵書，自北而南存在驛北——沙頭——驛馬的傳遞路綫。沙頭

---

① 王錦城：《〈肩水金關漢簡〉校讀劄記（叁）》，簡帛網2017年10月15日，http://www.bsm.org.cn/?hanjian/7662；姚磊：《〈肩水金關漢簡（伍）〉綴合（叁）》，簡帛網2016年9月5日，http://www.bsm.org.cn/show_article.php?id=2626。

② 王錦城：《〈肩水金關漢簡〉校讀劄記（叁）》，簡帛網2017年10月15日，http://www.bsm.org.cn/?hanjian/7662。

③ 姚磊：《〈肩水金關漢簡（伍）〉綴合（叁）》，簡帛網2016年9月5日，http://www.bsm.org.cn/show_article.php?id=2626。

第一章　刑法類資料輯録　　｜　　23

距驒北不足 3 公里，驒馬距沙頭約 5 公里。"①

本簡内容似塞吏懷疑盜馬案件調查中沙頭隧協查不力，相關"吏"因此被舉劾的文書。邊塞"盜馬"不知是否與一般盜竊相同。

共盜

【解題】

共盜，普通共同犯罪。秦漢時期有"共盜"與"群盜"的區分。睡虎地秦墓竹簡《法律答問》："夫、妻、子五人共盜，皆當刑城旦，今中〈甲〉盡捕告之，問甲當購○幾可（何）？人購二兩。"②"群盜"，更强調組織性和暴力性，屬於"攻盜"。《二年律令·盜律》："盜五人以上相與功（攻）盜，爲群盜。"③

1. 耐罪屋闌……坐與同縣富昌里男子吕湯共盜大原郡於縣始昌☑

……□□□☑　　　　　　　　　　73EJT24:131④

2. □□職□正月甲寅當井隧□詡代□□隧畢與循共盜官米一斛亡畢未得循爲吏

73EJT24:12

---

① 郭偉濤：《漢代肩水塞部隧設置研究》，《文史》2018 年第 1 輯，第 54—55 頁。

② 睡虎地秦墓竹簡整理小組編：《睡虎地秦墓竹簡》，文物出版社 1990 年版，第 125 頁。

③ 彭浩、陳偉、［日］工藤元男：《二年律令與奏讞書：張家山二四七號漢墓出土法律文獻釋讀》，上海古籍出版社 2007 年版，第 114 頁。

④ 伊强指出：上端"耐罪屋闌"，《肩水金關漢簡（貳）》釋文未釋。其下文字由於筆畫殘損過甚不易辨認。伊强：《肩水金關漢簡中的"囚錄"及相關問題》，李學勤主編：《出土文獻（第七輯）》，中西書局 2015 年版，第 245—246 頁。

【注】

1. 肩水金關漢簡中有 73EJT30∶264 簡 "屋蘭元康二年閏月囚録"，73EJT30∶6 簡 "死罪屋蘭游徼當禄里張彭祖以胡刀自賊刺頸各一所以辜立死／元康二年三月甲午械敦屬國各在破胡受盧水男子翁□當告"。伊强認爲，73EJT30∶264 簡和 73EJT30∶6 及本簡 73EJT24∶131 等文字書寫風格上較爲一致，73EJT30∶264 簡爲標題類簡，後二者爲正文類簡。正文簡書寫格式，上端大字單行書寫 "某罪某地某人"，下段則小字分幾行書寫，主要是因何得罪及被論處的結果。①

2. 畢和循等共盜官米，畢在逃，循的身份爲吏。沈家本《漢律摭遺·盜律》有 "主守盜" 條。《漢書·陳咸傳》有 "主守盜"，如淳注："律，主守而盜直十金棄市。"② 本簡或與此有關，惜殘缺。此外，案件發生在邊郡也可能影響定罪量刑。《漢後書·光武帝紀》建武十八年詔："今邊郡盜穀五十斛，罪至於死，開殘吏妄殺之路，其蠲除此法，同之内郡。"③ 説明邊郡盜穀刑罰重於内郡。只是不知建武詔所説之法在西漢是否已有。

斬髮

【解題】

斬髮，斷他人髮。秦律 "拔其鬚眉" "斬人髮結" 被處以

---

① 伊强：《肩水金關漢簡中的 "囚録" 及相關問題》，李學勤主編：《出土文獻（第七輯）》，中西書局 2015 年版，第 245—246 頁。

② （漢）班固：《漢書·陳咸傳》，中華書局 1962 年版，第 2902 頁。

③ （南朝宋）范曄撰，（唐）李賢等注：《後漢書·光武帝紀》，中華書局 1965 年版，第 69 頁。

"完城旦"的重刑。睡虎地秦墓竹簡《法律答問》："或與人鬭，縛而盡拔其須麋（眉），論可（何）殹（也）？當完城旦。"[①] "士五（伍）甲鬭，拔劍伐，斬人髮結，可（何）論？當完爲城旦。"[②] 日本學者堀毅認爲自古中國人斷髮或黥面，被視爲不孝，或爲夷狄，排除於社會之外。因此髮須被毀，就傷了人的"面子"。統治者利用這種潛在意識設置了刑罰[③]。高敏認爲"能否促使形體的完整確是一個至關重要的問題"[④]。曹旅寧認爲古人對身體髮膚有一種迷信的觀念，認爲髮須是人體精氣所在，與身體有同感關係，其毀損會使人自身的壽命及健康受到影響[⑤]。

不過《二年律令·賊律》27—28 簡"傷人"條，65—66 簡"群盜"條，[⑥] 所述罪行涉及對人身體部位的傷害，都没有提到髮須。

本簡簡文殘缺，但"斬髮皆完爲城旦"似與秦簡規定内

① 睡虎地秦墓竹簡整理小組編：《睡虎地秦墓竹簡》，文物出版社 1990 年版，第 112 頁。

② 睡虎地秦墓竹簡整理小組編：《睡虎地秦墓竹簡》，文物出版社 1990 年版，第 113 頁。"斬法"相關研究有［日］堀毅：《秦漢賊律考》，氏著《秦漢法制史論考》，法律出版社 1998 年版；高敏：《評（日）堀毅著〈秦漢法制史論考〉》，李學勤主編：《簡帛研究（第二輯）》，法律出版社 1996 年版；曹旅寧：《釋秦律"拔其鬚眉"及"斬人髮結"兼論秦代的髠刑》，氏著《秦律新探》，中國社會科學出版社 2002 年版等。

③ ［日］堀毅：《秦漢賊律考》，氏著《秦漢法制史論考》，蕭紅燕等譯，法律出版社 1988 年版，第 318—319 頁。

④ 高敏：《評（日）堀毅著〈秦漢法制史論考〉》，李學勤主編：《簡帛研究（第二輯）》，法律出版社 1996 年版，第 400 頁。

⑤ 曹旅寧：《釋秦律"拔其鬚眉"及"斬人髮結"兼論秦代的髠刑》，氏著《秦律新探》，中國社會科學出版社 2002 年版，第 216 頁。

⑥ 彭浩、陳偉、［日］工藤元男：《二年律令與奏讞書：張家山二四七號漢墓出土法律文獻釋讀》，上海古籍出版社 2007 年版，第 100、115 頁。

容相同。

▨□耳賊斬髮皆完爲城旦　　　　　　　73EJH1：28

【注】

本簡簡文殘缺，但“斬髮皆完爲城旦”與秦簡規定的刑罰相同。

亡、逃

【解題】

亡，逃也。肩水金關漢簡所見有民、吏卒、奴婢、刑徒等的逃亡。《亡律》不見於傳世文獻。嶽麓書院藏秦簡和張家山漢簡《二年律令》均有《亡律》。嶽麓書院藏秦簡《亡律》、張家山漢簡《二年律令·亡律》均表明，秦漢律對不同身份的人，定罪條件不同，刑罰不同。肩水金關漢簡中的逃亡屬邊郡地區的逃亡。敦煌漢簡983簡有“《捕律》：亡入匈奴、外蠻夷，守棄亭障烽燧者，不堅守降之及從塞徼外來降而賊殺之，皆要斬。妻子耐爲司寇作如”。① 可知亡入匈奴外蠻夷的外逃行爲，要比一般的逃亡處罰重。

1. 甘露二年五月己丑朔甲辰朔丞相少史充御史守少史仁以請詔有逐驗大逆無道故廣陵王胥御者惠同

産弟故長公主蓋卿大婢外人（省略）外人一名麗戎（省略）元鳳元年

中主死絶户奴婢没入詣官麗戎游俱亡麗戎脱籍疑變更名字匿走絶迹更爲人妻介罪民間若死無從知（省略）

73EJT1：1

---

① 甘肅省文物考古研究所編：《敦煌漢簡》，中華書局1992年版，第256—257頁。

2. ☐宜（1）逐捕亡民安樂里發赤張掖☐☐

　　　　　　　　　　　　　　　73EJT1:86①

3. ☐☐延錢百迫昨亡☐　　　　　73EJT21:289

4. ☐謂不予或逃匿不可見乃自言丞☐御＝史＝（御史御史）爲趣（1）郡收責不能備得所責主名縣或報毋令

　　　　　　　　　　　　　73EJT23:677＋658②

5. 鴻嘉元年六月庚午東部（1）候史長敢言之謹辟問☐
（觚）　　　　　　　　　　　　73EJT22:11A

　　日出三分蘭入表（2）一通（3）時桴付萬福卒工（觚）

　　　　　　　　　　　　　　　73EJT22:11B

　　六月己巳府告官閒居延有亡入廣地北界隧舉赤表（4）或留遲府曰☐自今以來廣地北界隧舉表☐☐（觚）

　　　　　　　　　　　　　　　73EJT22:11C

　　……彙佗肩水各令界中傳相付受移報府如詬表火（5）☐
☐（觚）　　　　　　　　　　　73EJT22:11D

　　彙佗☐☐☐（觚）　　　　　73EJT22:11E

6. ☐三月乙亥亡人赤表☐　　　　73EJT7:124

7. 本始元年十二月癸酉張掖大守＝（守守）卒史薛則督盜☐☐☐☐（觚）　　　　　　　73EJT23:797A

　　嗇夫安世亭長息憲上書安世息言變事告侍報檄到☐（觚）

　　　　　　　　　　　　　　　73EJT23:797B

---

① 何茂活認爲"赤"當釋爲"告"。何茂活：《〈肩水金關漢簡（壹）〉釋文訂補》，復旦大學出土文獻與古文字研究中心網站 2014 年 11 月 28 日，http://www.gwz.fudan.edu.cn/srcshow.asp?src_id=2392。
② 姚磊：《〈肩水金關漢簡（貳）〉綴合（六）》，簡帛網 2016 年 11 月 7 日，http://www.bsm.org.cn/show_article.php?id=2663。

亡自賊殺傷給法所當得詔獄重事爲疑□□（觚）

73EJT23:797C

……（觚）　　　　　　　　　73EJT23:797D

8．□□□□毋令亡人得出□　　　　73EJT24:111

9．顯處（1）令吏民卒徒奴婢盡知之各相牽證任（2）毋舍匿出已爰書銅臧縣廷令可案（3）毋令留居部界中□

不得胡人亡重事如法律令敢言之／九月丙子車騎將軍宣曲校尉當肩丞讓敢告典屬國卒人（4）寫移□□73EJT24:245

10．□□出亡居延謹案□　　　　　73EJT24:803

11．□……年卅一 ＝（一一）二歲長七尺一、二寸大壯赤色去時衣綌複襜褕縑單襜褕　　73EJT30:94A

□……騹牡馬大婢恩御恩年十五 ＝（五五）六歲

73EJT30:94B0

12．雲陽不審里（1）汝雲年卅六七中壯板身汙面短髯長三寸所衣白布單衣□□　　73EJT37:901+660①

13．·循客張掖和平里孫立字君功年卅四五短壯黑色細身小頭方面小頾少須身端直初亡時黑幘 73EJT37:675+688②

14．往亡寅巳申□　　　　　　　　73EJT4H:17

15．觀津亭里㮑便字子孝尊年卅三長七尺爲人中狀黑色長面深目亡時衣布皁襌衣　　　73EJD:8A

廿六　　　　　　　　　　　　　73EJD:8B

16．閏月丙申驪軒（1）長樂亡移書報府所（削衣）

73EJT1:199

---

① 姚磊：《〈肩水金關漢簡（肆）〉綴合（十五）》，簡帛網2016年4月12日，http://www.bsm.org.cn/show_article.php?id=2516。

② 姚磊：《肩水金關漢簡綴合》，天津古籍出版社2020年版，第254頁。

17. 張掖郡肩水部肩水（1）當井隧戍卒夏非人‧亡□□☑

　　　　　　　　　　　　　　　73EJT1：36

18. 河東安邑下葉里家慶到居延＝（延延）水常为官山薪
今年二月甲申去署亡＝（亡亡）時齋孰飯數斗　　73EJT7：3

19. ☑柰月庚寅亡　　　　　　　　73EJT7：44

20. ☑三月午辰亡　　　　　　　　73EJT7：45

21. 要害隧卒莊歆三月乙亥亡☑　　73EJF3：317

22. ☑隧長孫昌去署亡　　　　　　73EJT37：1387

23. ☑六月戊子亡☑　　　　　　　73EJT37：343

24. 高顯隧卒楊相丿亡　　　　　　73EJF3：145

25. ☑甲戌亡　　　　　　　　　　73EJF3：223

26. 如意隧卒尹嚴三月戊戌亡☑　　73EJF3：318

27. 禽寇隧卒莊宏六月庚申亡　　　73EJF3：323

28. 鄉利隧卒孟利三月丙寅亡☑　　73EJF3：444

29. □□職□正月甲寅當井隧□詡代□□隧畢與循共盜官
米一斛亡畢未得循爲吏　　　　　73EJT24：12

30. 水門隧長當乘始安邑夷胡隧……章當欲裘徒恐吏不聽
辛丑去署亡裘□　　　　　73EJT24：523＋521①

31. 狀（1）公乘氏池（2）先定里年卅六歲姓樂氏故北庫
嗇夫五鳳元年八月甲辰以功次遷爲肩水士吏以主塞吏卒爲職☑

　　戍卒趙國柏人希里馬安漢等五百六十四人戍詣張掖署肩水
部至□□到酒泉沙頭隧（3）閱具簿（4）□☑

　　　　　　　　　　　　　　　73EJT28：63A

────────────

① 綴合根據姚磊：《〈肩水金關漢簡（叁）〉綴合（十）》，簡帛網 2017 年 3 月 17 日，
　　http：//www.bsm.org.cn/show_article.php?id＝2760。

迺五月丙辰戍卒趙國柏人希里馬安漢戍謁張掖署肩水部行
到沙頭隧閱具簿□□□□□亡滿三（5）☑

甘露二年六月己未朔庚申肩水士吏弘（6）別迎三年戍
卒……候以律令從事□□□　　　　　73EJT28：63B①

32．☑未塞尉宣敢言之官移居延所移肩水書曰卅井☑
☑月乙酉署累胡隧某耐不詣隊去署亡蘭入肩水塞案☑
　　　　　　　　　　　73EJT30：215＋217

33．☑□辟逃吏私□☑　　　　　73EJT31：71

34．居延部終更已事未罷坐傷人亡命今聞命籍在頓丘邑獄
即②自詣它如爰書七月甲辰入　　73EJT37：776A

元康四年伏地再拜伏伏伏伏再它再拜伏拜（習字）
　　　　　　　　　　　73EJT37：776B

35．南部候史居延安故里郭循年廿八追亡卒□月辛卯兼
（1）亭長並（2）出　　　　73EJT37：1026＋1515③

36．錢入其縣邊（1）以見錢（2）取庸（3）往者（4）
姦黠民受錢爲庸去署亡犯法不已事樂不可長諸庸卒不已事
　　　　　　　　　　　73EJT37：1164

37．始建國天鳳三年三月壬戌朔丁……
蕭邊尉史刑張等追亡吏卒范戚等名如牒書到出入如律令
　　　　　　　　　　　73EJF3：171

---

① 甘肅簡牘博物館等編：《肩水金關漢簡（叁）》（上冊），中西書局2013年版，第
　133頁。
② 原釋文爲“願”，據秦鳳鶴文改爲“即”。秦鳳鶴：《〈肩水金關漢簡〉（肆）釋文
　校訂》，中國古文字研究會等編：《古文字研究（第三十二輯）》，中華書局2018
　年版，第531頁。
③ 姚磊：《〈肩水金關漢簡（肆）〉綴合考釋研究（十二則）》，李學勤主編：《出土
　文獻（第九輯）》，中西書局2016年版。

38. ☑卒二人亡☑　　　　　　　　　　73EJF3：588

39. 肩水候史昭武安新里辛壽秦月癸未除盡九月晦積九十日因亡不詣官案壽乘邊（1）迹候吏別

　　……辟吏私自便利不平端（2）逐捕未得

　　始建國五年九月壬午朔辛亥候長劾移昭武獄以律令從事

　　　　　　73EJF3：471＋302＋73EJF2：43＋73EJF3：340①

40. ☑□□作亡　　　　　　　　　　73EJT23：544

41. ☑不相見成不知亡卒☑　　　　　73EJT37：124

42. 綏和二年十二月甲子朔己丑宛邑（1）市（2）丞華移過所縣……☑

　　諸責人亡賊處自如（3）弘農三輔張掖居延郡界中當舍傳舍……☑　　　　　　　73EJT37：1454

43. 始建國天鳳元年十二月己巳朔己卯己曹史陽□

　　鞮穀顧以令取傳謹案宣冊官獄徵事當得以令取傳謁移

　　……城司馬守丞以右尉印封守馬丞郎寫移□□

　　　　　　　　　　　　　　73EJF3：179A

　　婦獨付它人來它今爲尹子春……衣者欲寄往……不得致之今肩水

　　吏及尹子春皆亡去尹（1）府調氏池庶士（2）□子河守肩水候至……迫秋寒到家室

　　分襓衣被皆盡新卒又不來不知當奈何辭泉食不可□□□數□知曉　　　　　　　　73EJF3：179B

44. 望泉吏耿尚見段放見（1）　　　治渠卒郭建見　　猛

---

① 姚磊：《〈肩水金關漢簡（伍）〉綴合（叁）》，簡帛網 2016 年 9 月 5 日，http：//www.bsm.org.cn/show_article.php?id＝2626。

胡吏王相見丿

減胡卒杜惲見安長受三月□　　　第六吏　　夷胡吏

□如意吏封憲見　　收降吏

□辟非吏　　受降吏

　　　　　73EJF3：251A＋636B＋562A＋234A＋445A

□丿平樂吏六月亡弩三　　受降吏王晏見

□萬福吏周望見毋卒

登山吏二月亡弩三　　彊新吏王護六月十三日亡卒賈惲見

要虜吏六月亡弩三　　憙吏來舉亡

　　　　　73EJF3：251B＋636A＋562B＋234B＋445B

45.　□□王詡亡以何日蘭入何日爲破虜　　73EJF3：443

46.　□人張博省官

□□已亡　　　　　　　　　　　　　73EJF3：563

47.　□亡　　　　　　　　　　　　　73EJF3：579

48.　遂亡□昭賜□□　　　　　　　　73EJT4H：79

49.　□施刑士張廣等發行爲巧詐亡□

□傷一人□□賕獄未論四人亡未得眛死奏名牒□

　　　　　　　　　　　73EJT23：362

50.　□亡命（1）□□就還（2）□□獄遣守尉萬年

　　　　　　　　　73EJT24：517A

□□□□□　　　　　　73EJT24：517B

51.　□擊刺傷宗右手左脾右掖下各一所亡時廣宗安所居不□

　　　　　　　　　73EJT26：95

52.　□□守丞宮移過所縣□

亭長范勳逐殺（1）　　□中當舍傳舍從者□

/兼掾豊令史譚佐業☒　73EJT37：450

53．逐殺人賊賈賀酒泉張掖武威郡中當舍傳舍從者如律令

/兼掾豊守令史□□　　　　　　　73EJT37：722

54．追殺人賊□賀酒泉張掖武威郡中當舍傳舍從者如律令

73EJT37：981①

55．☒□猛還捕亡猛狗猛不責捕□☒　　73EJD：251

56．五鳳四年十二月丁酉朔甲子佐安世敢言之遣第一亭長

護衆逐命（1）張掖酒泉敦煌武威金城郡中與從者安樂里

齊赦之

乘所占用馬一匹軺車一乘謁移過所縣道河津金關勿苛留如

律令敢言之

十二月甲子居延令弘丞移過所如律令/令史可置佐安世正

月己卯入　　　　　　　　　　　　72EBS7C：1A

（塗抹）　　　　　　　　　　　　72EBS7C：1B

57．□亡長斧刃一枚破瓦斗少一枚四戶毋戉侖嬰少一枚汲

瓴毌　　　　　　　　　　　　　　73EJF3：289

58．仁罪容姦力以□廢不以爲意……亡罪☒

……　　　　　　　　　73EJT37：1355＋682②

【注】

1．有關完整簡内容見本章“大逆無道”條。大婢外人

（麗戎）不是單純的亡罪，而是負罪而亡。

---

① 姚磊：□缺字當爲賈。姚磊：《讀〈肩水金關漢簡〉劄記（叁）》，簡帛網2016年
1月19日，http://www.bsm.org.cn/show_article.php?id=2449。

② 綴合根據姚磊：《肩水金關漢簡綴合》，天津古籍出版社2020年版，第306頁。簡
中“廢”字原整理者釋爲“鳳”，本書作者改釋。類似文例如73EJT30：204簡有
“廢不以爲意”。

2.（1）宜，人名。

本簡當爲逐捕亡民者的過關文書。

4.（1）趣，《説文解字・走部》："疾也。從走，取聲。"①
指催督完成某項工作。簡文中指中央督促郡協助私人收
取債務。

根據簡文内容，簡中"逃匿不可見"指債主的逃亡。

5.（1）東部，肩水候官所屬部。（2）蘭入表，蘭，通
闌。闌入表，烽燧候望者發現有闌越人員迹象時所舉的向其他
烽燧傳遞信息的信號旗幟。參見"闌入"條。（3）通，表示
次數的量詞，"遍""次"之意。（4）赤表，即亡人赤表，烽
燧候望者發現有亡人時所舉的向其他烽燧傳遞信息的信號旗
幟。（5）詬表火，又稱詬表、詬火，程喜霖認爲"詬可作爲
斥責解，用表號警告某烽違紀行爲，大概是對烽火滯留失誤的
督責信號"。② 可備一説。

該簡中日期"己巳"爲"庚午"的前一天。己巳日收到
上級核查舉表火情況的要求，庚午日東部候長上報核查情況。

9.（1）顯處，顯見之處。指將緝捕告示置於明顯易見之
處。緝捕公文常用語。（2）相牽證任，本人和他人相互證明。
（3）"爰書錮臧縣廷令可案"讀爲"爰書錮臧縣廷，令可案"，
其意思與73EJT23：620 簡"移爰書都尉府會"以及73EJT23：
955 簡"具移……（爰書）"的作用相同，都在指明"相牽證
任毋舍匿"之"爰書"應由何機關保存的問題。（4）卒人，

① （漢）許慎撰，（清）段玉裁注，許惟賢整理：《説文解字注》，鳳凰出版社 2015
　　年版，第 111 頁。
② 程喜霖：《漢唐烽燧制度研究》，三秦出版社 1990 版，第 56 頁。

注釋參見"大逆不道"條73EJT1：2 簡注釋。

這是一份緝捕逃亡胡人的文書。

12．（1）不審里，慣用語，表示不能確定里名。

16．（1）驪靬縣，屬漢張掖郡，位於今甘肅省永昌縣西南。

17．（1）肩水部肩水，郭偉濤認爲，根據出土簡肩水候官塞下未設置"肩水部"，肩水都尉府遺址（A35）等出土數枚"肩水部"文書中"肩水部"指"肩水部都尉"，認爲本簡中肩水部指"肩水部都尉"。"肩水部肩水"指肩水都尉所轄肩水塞之意。①

18．本簡當爲逃亡劾狀文書或緝捕文書。

19—21 三簡中"柒""弎"字樣是新莽時期或光武初年"七""四"字的寫法。

26—28 簡，格式相同，當爲逃亡吏卒名籍簡。

31．（1）狀，劾狀的狀辭。常以"·狀辭曰"形式開頭，記明舉劾人的言辭。詳見"劾"條。（2）氏池，張掖郡屬縣。（3）酒泉沙頭隧，《漢書·地理志》酒泉有池頭縣。② 《後漢書·郡國志》酒泉有沙頭縣。據此人們得出西漢池頭縣在東漢改成沙頭縣的認識。出土漢簡表明西漢酒泉即有沙頭縣。《漢書》中"池頭"系"沙頭"傳寫之誤。又出土簡牘顯示，肩水候官下有沙頭亭，此簡文内容表明戍卒戍署張掖肩水，沙頭隧應即指此沙頭亭，因此"酒泉"二字在這裏令人費解，黎明釗認爲"考慮 B 面内容不見'酒泉'，或許'酒泉'爲衍

---

① 參見郭偉濤：《漢代肩水塞部隧設置研究》，《文史》2018 年第 1 輯。
② （漢）班固：《漢書·地理志》，中華書局 1962 年版，第 1614 頁。

文"。① 意見可從。（4）閲具簿，按名單清點人數。《康熙字典》："《説文》：具數于門中。《徐曰》：春秋大閲，簡車馬也。具數，一一數之也。《玉篇》：簡軍實也。《周禮·夏官·大司馬》：中冬教大閲。注：大閲，簡軍實。"② 居延舊簡502·7簡有"橐他驕南驛建平元年八月驛馬閲具簿"。③（5）亡滿三，黎明釗認爲"亡滿三□"是"戍卒馬安漢不知何故離開同伍戍卒，走出關'滿三□'，超過三（？）日，結果被肩水士吏樂弘劾告"。④ 筆者認爲此處的時間規定的是時限與吏的舉劾責任有關，亡滿三日舉劾責任人未舉劾。⑤（6）肩水士吏弘，即前面所述樂氏，爲肩水士吏樂弘。

從本簡殘存簡文看，趙國到張掖肩水屯戍的戍卒，行至沙頭隧，在清點人數時發現戍卒馬安漢逃亡不見，逃亡時間爲五月二十八日。六月二日肩水士吏前來接應趙國戍卒，對逃亡情況提出劾狀。簡中的"□□□□亡滿三☑"應是"吏毋告劾亡滿三日五日以上"的殘存，是指五月二十八日逃亡發生後負有舉劾責任的吏未按時限要求舉劾。

32. 姚磊文中引用張俊民觀點，張俊民認爲73EJT30:213簡"☑光元年八月中以久□☑/☑□ 累胡隧某耐不詣☑"與73EJT30:215＋217簡所言爲一事，"'某耐'可釋爲'果耐'，作人名理解較妥"。對於73EJT30:213簡的時間，胡永鵬認爲

---

① 黎明釗：《肩水金關漢簡的趙地戍卒》，《邯鄲學院學報》2014年第4期。

② 《康熙字典》，同文書局1887年版，中華書局1922年印，第1336頁。

③ 謝桂華、李均明、朱國炤：《居延漢簡釋文合校》，文物出版社1987年版，第599頁。

④ 黎明釗：《肩水金關漢簡的趙地戍卒》，《邯鄲學院學報》2014年第4期。

⑤ 丁義娟：《肩水金關漢簡初探》，第五章第二節，中國農業科學技術出版社2019年版。

"兩漢年號與之相合者僅有永光"。此外，姚磊認爲由於73EJT30:215+217 簡與 73EJT30:213 所言爲一事，故兩簡的時間也當一致，可能是"永光"。①

34. 本簡注詳解見"傷人"條。

該簡爲肩水金關關吏登記的過關人員信息。一名傷人逃亡被通緝者聽説自己的定罪、通緝檔案在頓丘邑獄，向有關機關申請了前往投案的通行文書。

35.（1）兼，兼任，不是正官。《漢書·王莽傳》："縣宰缺者，數年守兼。"師古注曰："不拜正官，權令人守兼也。"②（2）並，人名。

簡文爲南部屬卒逃亡，由候史郭循進行逐捕的出關記録。

36.（1）邊，邊郡。（2）見錢，"見"通"現"，"見錢"即"現錢"。（3）取庸，雇庸。庸，詳見"庸"條。（4）往者，之前。

簡文内容涉及庸戍制度中庸卒的逃亡問題。參見"庸"條。

39.（1）乘邊，守邊。《史記·高祖本紀》："興關内卒乘塞。"李奇曰："乘，守也。"③《鹽鐵論·本議》："内空府庫之藏，外乏執備之用，使備塞乘城之士，饑寒于邊，將何以贍之?"④（2）私自便利不平端，在公務中徇私不公正。詳見"私自便利不平端"條。

本簡是新莽時期對逃亡官吏的劾狀文書。肩水候史辛壽逃

① 姚磊：《讀〈肩水金關漢簡〉劄記（三十一）》，簡帛網 2017 年 11 月 23 日，http://www.bsm.org.cn/show_article.php?id=2940。
② （漢）班固：《漢書·王莽傳》，中華書局 1962 年版，第 4140—4141 頁。
③ （漢）司馬遷：《史記·高祖本紀》，中華書局 1982 年版，第 372 頁。
④ 聶濟東：《鹽鐵論集解》，鳳凰出版社 2018 年版，第 9 頁。

亡，在逐捕未得的情況下，候長提起劾狀文書。根據劾狀文書的結構和舉劾程式，劾狀文書是由肩水候官轉呈給審判機關——昭武縣獄。

42.（1）宛邑，屬南郡。（2）市，固定的商品交易場所。市丞爲市的管理官吏。[①]（3）自如，行爲人前往。《康熙字典》："如，往也，至也。"[②]

此簡爲宛邑市丞華簽發的通行文書，持傳人前往弘農三輔張掖居延界中，去向躲避債務的債務人追討。

43.（1）尹、（2）庶士皆爲新莽時職官。《漢書·王莽傳》：始建國元年"改郡太守曰大尹"，"更名秩百石曰庶士"。[③] 天鳳元年，"莽以周官、王制之文，置卒正、連率、大尹，職如太守"。[④]

簡正面爲傳文書，背面則似爲書信。信中寫到肩水吏和尹子春都逃亡離開了，郡調了氐池吏守肩水候。天氣漸冷，沒有足够御寒的衣被。應該輪換值守的新的戍卒沒有按時到來。

44.（1）見，《集成》（九）："即經查驗而確有者。"[⑤]
簡的內容有各隧吏卒在崗情況以及兵器存亡情況。

49. 注釋可參見"賕"條。
本簡爲上報逃亡的文書，施刑士張廣等行爲巧詐而逃亡。

50.（1）亡命，被緝捕的逃犯。詳見"命"條。（2）就

---

① 關於宛的集市，可參見蔣波、周世霞：《〈肩水金關漢簡（肆）〉中的"南陽簡"試釋》，《洛陽考古》2016年第4期，第50頁。
② 《康熙字典》，同文書局1887年版，中華書局1922年印，第255頁。
③ （漢）班固：《漢書·王莽傳》，中華書局1962年版，第4103頁。
④ （漢）班固：《漢書·王莽傳》，中華書局1962年版，第4136頁。
⑤ 中國簡牘集成編委會編：《中國簡牘集成》（九），敦煌文藝出版社2001年版，第33頁。

逯，前往接受逮捕。詳解見"逯"條。

52.（1）"殺"後當可補出"〔人賊〕"。

本簡爲過關文書。

53、55 兩簡可能均爲追捕殺人逃犯賈賀的過關文書。

56.（1）命，這裏指被緝捕的逃犯，詳見"命"條。

本簡爲過關記録。一亭長與一隨從持通行文書到附近諸郡逐捕逃亡罪犯。

57. 不好判斷此處"亡"指人還是器物，暫録於此。

擅離署、私留擅去

擅離署、私留擅去，指擅離工作單位、工作崗位。胡仁智指出："吏卒'不在署''私去署''擅去署''離署''私歸'等，均屬程度不同的擅離職守行爲。……嚴重的擅離職守行爲要受到刑事處罰。"[1]《秦律雜抄》35 簡有"冗募歸，辭曰日已備，致未來，不如辭，貲日四月居邊"。[2]"致未來"之"致"是戍卒官署發給他的返程文書，致未到，説明是没有合法手續的歸來。里耶秦簡 9-644+9-732 簡有"·發徵律曰：戍去其宿宿它宿及不☒"[3]。嶽麓書院藏秦簡中見有《興律》，多與發徵有關。《二年律令·興律》398 簡有"戍盗去署及亡過一日到七日，贖耐；過七日，耐爲隸臣；過三月，完爲城

---

① 相關研究可參見胡仁智：《由簡牘文書看漢代職務罪規定》，《法商研究》2001 年第 3 期。

② 睡虎地秦墓竹簡整理小組編：《睡虎地秦墓竹簡》，文物出版社 1990 年版，第 88 頁。

③ 陳偉主編：《里耶秦簡牘校釋（第二卷）》，武漢大學出版社 2018 年版，第 170 頁。

旦"。①從里耶秦簡9－644＋9－732簡與《二年律令·興律》398簡看，二者似乎有較明顯的繼承關係，是否説明秦律《發徵律》與後來秦漢律中的《興律》有演變繼承關係？居延舊簡中285·10有"第十候史楊平罷卒在正月四日到部私留一日適運菱五百束致候官會八日旦"。②曹旅寧指出《唐律疏議》458條"防人向防及在防亡：諸防人向防及防未滿而亡者，一日杖八十，三日加一等"，與秦律"其間的淵源關係十分明顯"。③

1. □擅去署三宿   73EJT5：37

2. 延不監部客出鯥得私留擅去官三宿以上自☒

    73EJT21：212

3. ☒□高武年廿四長七尺三☒   73EJT22：36A

   ☒□擅持出擅□☒   73EJT22：36B

4. □定世擅去署壹宿□□□毋它以☒   73EJT23：403

5. ☒坐擅離署☒

   ☒地節三年五月丙辰朔丁巳守丞畢獄□☒ 73EJT27：52

6. ☒□而亡若盜去署及爲詐僞以辟事☒ 73EJF3：525A

   ☒便毋復來與候良亡□☒   73EJF3：525B

【注】

1、2簡均爲擅去署"三宿"，4爲擅去署"一宿"，當有

① 彭浩、陳偉、[日] 工藤元男：《二年律令與奏讞書：張家山二四七號漢墓出土法律文獻釋讀》，上海古籍出版社2007年版，第243頁。
② 謝桂華、李均明、朱國炤：《居延漢簡釋文合校》，文物出版社1987年版，第480頁。
③ 曹旅寧：《秦漢亡律考》，氏著《秦律新探》，中國社會科學出版社2002年版，第299頁。相關研究如李振宏：《小議居延漢簡中的"私去署"問題》，《鄭州大學學報（哲學社會科學版)》2001年第5期。

不同的處罰檔次。5 簡中"擅離署"構成罪，由獄處理。

闌出、闌入

【解題】

闌出、闌入，非法出入關門的行爲。《説文解字·門部》："闌，門遮也。"① 又有"闟，妄入宮亦也。從門縊聲，讀若闌"，段玉裁注："亦，舊作掖。師古注《漢》曰：'掖門在兩旁。如人臂掖。'依許字例，當作亦也。《漢書》以闌爲闟字之叚借。《成帝紀》：'闌入尚方掖門。'應劭曰：'無符籍妄入宮曰闌。'又或作'蘭'。《列子》：'宋有蘭子。'張湛注曰：'凡物不知生之主曰蘭。'殷敬順曰：'《史記》：無符傳出入謂之闌。此蘭子謂以技妄遊。'"② 楊樹達云："按史傳多作闌，縊者亂也。凡不當入而入謂之縊，不必專指宮掖。其字從門，門非宮掖所獨有也。"③《二年律令·津關令》有"越塞""闌關"之別。"闌出入塞之津關，黥爲城旦舂；越塞，斬左止（趾）爲城旦"④，可知不當出入關津通道而出入爲"闌""闌關"，從塞牆、天田非法出入爲"越"，越塞、越天田。有時則泛稱爲"闌越"，如"無闌越塞天田迹"。《晉書·刑法志》："其輕狡、越城、博戲、借假不廉、淫侈踰制以爲《雜律》一

---

① （漢）許慎撰，（清）段玉裁注，許惟賢整理：《説文解字注》，鳳凰出版社 2015 年版，第 1024 頁。

② （漢）許慎撰，（清）段玉裁注，許惟賢整理：《説文解字注》，鳳凰出版社 2015 年版，第 1025—1026 頁。

③ 楊樹達：《積微居金文説》，科學出版社 1959 年版，第 35 頁。

④ 彭浩、陳偉、〔日〕工藤元男：《二年律令與奏讞書：張家山二四七號漢墓出土法律文獻釋讀》，上海古籍出版社 2007 年版，第 305 頁。

篇"。① 沈家本《漢律摭遺·雜律》有 "越城" 條, 但云:
"無事可證, 缺之。"② 現在看來,《晉書》所謂 "越城" 可能
就是指此類非法出入, 與此處之 "闌" "闌越" 相類。

1. ☑☑☑☑☑☑☑☑
☑以長所不當得爲候聽闌出關法……甚將軍言使☑ (削衣)
☑☑☑☑☑☑☑   73EJT6:180＋183③
2. 鴻嘉元年六月庚午東部候史長敢言之謹辟問☑ (觚)
                              73EJT22:11A

日出三分闌入表一通時椑付萬福卒工 (觚)

                              73EJT22:11B

六月己巳府告官闌居延有亡入廣地北界隧舉赤表或留遲府
曰☑自今以來廣地北界隧舉表☑☑ (觚)   73EJT22:11C
……橐佗肩水各令界中傳相付受移報府如詤表火☑☑
(觚)   73EJT22:11D

橐佗☑☑ (觚)   73EJT22:11E

3. 皆驗證案譚取牛闌越塞天田出 (1) 丿遣丹罰

                              73EJT24:140

4. ☑界亭去署亡持囊一飯二斗闌越肩水駟北 (1) ☑

                              73EJT25:47

5. ☑名闌越駟北亭塞☑   73EJT34:28

6. 通長生先以亡人命者闌渡關津☑☑☑☑☑

                              73EJT25:193

① （唐）房玄齡等:《晉書·刑法志》, 中華書局1974年版, 第922頁。
② （清）沈家本:《歷代刑法考》, 中華書局1985年版, 第1523頁。
③ 姚磊:《肩水金關漢簡綴合》, 天津古籍出版社2020年版, 第47頁。

7. ☐未塞尉宣敢言之官移居延所移肩水書曰卅井☐

☐月乙酉署累胡隧某耐不詣隧去署亡蘭入肩水塞案☐

73EJT30:215 +217

8. ☐甲候印一詣觻得一詣靡谷候官四月癸卯☐

☐延井候印旦鹿候官　　卒朋夜食時☐☐

蘭　　　　　　　　　　　　　　　　73EJT33:13 +4①

9. 執胡隧長田☐二月乙丑病卒王臨二月壬寅病居延蓬卑
一尺戶更西鄉汲垂少一

卒☐惲炅　　蘭入表塋卑小　　弩皆不☐持

賦藥各五齋亡人赤表塋單垣不齋壺

狗少一　　園韭五畦　　　　　　　73EJT23:765

10. ☐☐☐☐☐☐☐☐

☐甲午蘭入表行☐☐　　　　　　　73EJT27:60A

……☐　　　　　　　　　　　　　73EJT27:60B

11. 迺壬辰夜不知何二步入迹蘭越肩水金關隧塞天田入☐
五鳳三年五月丙子朔癸巳肩水候長則☐☐

73EJT29:107

12. ☐☐王詡亡以何日蘭入何日爲破虜　　73EJF3:443

13. 候追蘭入迹　　　　　　　　　　　73EJC:606

【注】

1. 聽，放任。《漢書·景帝紀》後元三年春："吏發民若
取庸采黃金珠玉者，坐臧爲盜。二千石聽之，與同罪。"②

_____

① 何有祖：《讀肩水金關漢簡劄記（一則）》，簡帛網2016年1月9日，http://www.
bsm. org. cn/show_article. php?id =2416。

② （漢）班固：《漢書·景帝紀》，中華書局1962年版，第153頁。

本簡"候聽闌出關",指守關官吏放縱非法出關行爲。《二年律令》有對關吏放縱、幫助越塞闌關以及盜出財物行爲的處罰,基本原則是"與同罪"。《二年律令·津關令》488—499簡有"一、御史言:越塞闌關,(省略)吏卒主者弗得,贖耐;令、丞、令史罰金四兩。智(知)其請(情)而出入之,及假予人符傳,令以闌出入者,與同罪(省略)"。① 《二年律令·盜律》74—75簡有"盜出財物於邊關徼,及吏部主智(知)而出者,皆與盜同法;弗智(知),罰金四兩。使者所以出,必有符致,毋符致,吏智(知)而出之,亦與盜同法"② 。76簡有"盜出黃金邊關徼,吏卒徒部主者智(知)而出及弗索,與同罪;弗智(知),索弗得,戍邊二歲"③ 。

2. 本簡詳解見"亡、逃"條。

3.(1)"蘭(闌)越塞天田出",非法越過塞牆或天田。居延地區出土漢簡中常有"無闌越塞天田迹",表示與此相反的情況。

本簡簡文似爲舉劾類司法文書。

4、5兩簡均有"駧北亭"。(1)肩水駧北,即爲"駧北亭"。侯旭東認爲駧北亭就在肩水金關內側的塢內,認爲73EJT34:28表明駧北亭管理與肩水金關相連的部分塞牆。④

① 彭浩、陳偉、[日]工藤元男:《二年律令與奏讞書:張家山二四七號漢墓出土法律文獻釋讀》,上海古籍出版社2007年版,第305頁。
② 彭浩、陳偉、[日]工藤元男:《二年律令與奏讞書:張家山二四七號漢墓出土法律文獻釋讀》,上海古籍出版社2007年版,第119頁。
③ 彭浩、陳偉、[日]工藤元男:《二年律令與奏讞書:張家山二四七號漢墓出土法律文獻釋讀》,上海古籍出版社2007年版,第120頁。
④ 侯旭東:《西漢張掖郡肩水候官駧北亭位置考》,《湖南大學學報(社會科學版)》2016年第4期。

6. 本簡涉及逃亡人員非法通過關卡渡口等情形。

8. 姚磊指出，張俊民認爲 73EJT30：213 簡 “☑光元年八月中以久☐☐/☐☐累胡隧某耐不詣☑” 與 73EJT30：215 ＋217簡所言爲一事，“‘某耐’可釋爲‘果耐’，作人名理解較妥”。關於 73EJT30：213 號簡的時間，胡永鵬認爲 “兩漢年號與之相合者僅有永光”。①

本簡某耐構成 “去署亡” 和 “闌入” 兩種罪行。

2、9、10 簡均有 “闌入表”，是一種與闌入有關的信號標識。

藏匿

秩名九服依倚橐黔吏民闖窳藏匿吏☑　　73EJT10：367A

甲子己亥☐☑　　　　　　　　　　　73EJT10：367B

冒代

【解題】

冒代，假冒他人名義。冒，《康熙字典》：“《説文》：蒙而前也。從冒目，以物自蒙而前也。謂貪冒若目無所見也。《前漢・翟方進傳》：冒濁苟容。注師古曰：貪蔽也。《食貨志》：舉陵夷廉恥相冒。注：冒，蔽也。”② 《王力古漢語字典》：“冒，假冒。《漢書・衛青傳》：故青冒姓衛氏。”③

長沙尚德街東漢簡牘 254/2011CSCJ482③：3 － 5 正面有

① 姚磊：《讀〈肩水金關漢簡〉劄記（三十一）》，簡帛網 2017 年 11 月 23 日，http：//www.bsm.org.cn/show_article.php?id ＝2940。
② 《康熙字典》，同文書局 1887 年版，中華書局 1922 年印，第 129 頁。
③ 王力：《王力古漢語字典》，中華書局 2000 年版，第 61 頁。

"發遣衛士不得令相冒代，棄市"①。唐律中有繼承自此的"冒代"。《唐律疏議》62 條："諸宿衛者，以非應宿衛人冒名自代及代之者，入宮內，流三千里；殿內，絞。" 228 條："諸征人冒名相代者，徒二年；同居親屬代者，減二等。"秦漢簡中與"冒代"相類的有"詐代""擅相代"。《二年律令·户律》319 簡"田宅當入縣官而詐（詐）代其户者，令贖城旦，没入田宅"。②《嶽麓書院藏秦簡（肆）》182—183 簡"·戍律曰：下爵欲代上爵、上爵代下爵及毋（無）爵欲代有爵者戍，皆許之。以弱代者及不同縣而相代，勿許。［不當相代］而擅相代。貲二甲；雖當相代而不謁書於吏，其庸代人者及敢代者，貲各一甲"。③

　　因毋裘衣糧食疑客等阿爲强健聽姦□　（1）　私以貧弱相冒代　　　　　　　　　　　　　　　73EJT23:910

【注】

（1）秦鳳鶴認爲"□"當釋爲"請"，用爲"情"。《後漢書·杜欒劉李劉謝列傳第四十七》："州郡官府，各自考事，姦情賕賂，皆爲吏餌。"④ 意見可從。

辭謾、令辭

【解題】

　　謾，有意不説實話，欺瞞官府的行爲。《説文解字》：

---

① 長沙市文物考古研究所：《長沙尚德街東漢簡牘》，嶽麓書社 2016 年版，第 224 頁。
② 彭浩、陳偉、〔日〕工藤元男：《二年律令與奏讞書：張家山二四七號漢墓出土法律文獻釋讀》，上海古籍出版社 2007 年版，第 219 頁。
③ 陳松長主編：《嶽麓書院藏秦簡（肆）》，上海辭書出版社 2015 年版，第 128 頁。
④ 秦鳳鶴：《〈肩水金關漢簡〉（壹）（貳）釋文校訂》，《漢字漢語研究》2018 年第 2 期，第 90 頁。

"謾，欺也。"① 賈誼《新書·道術篇》："期果言當謂之信，反信爲謾。"② 《晉書·刑法志》引張斐《律表》："違忠欺上謂之謾。"③ 里耶秦簡更名方有"更詑爲謾"。④ 《二年律令·賊律》12 簡有"諸上書及有言也而謾，完爲城旦舂"。⑤ 劉樂賢指出"'謾'在秦漢時期是一個用來表示欺蒙官府的行爲或罪名的法律用語"。⑥ 令，《康熙字典》："善也。《詩·大雅》：令聞令望。《左傳·成十年》：忠爲令德，非其人猶不可，況不令乎。"⑦ 《論語·學而》："巧言令色，鮮矣仁。"朱熹："令，善也。好其言，善其色，致飾於外，務以悦人。"⑧ 沈家本《漢律摭遺·賊律二》有"謾"條，指出"欺謾與詐僞義頗相通，以張斐之言分別之，則欺謾者，事之對於君上者也，詐僞者，事之對於人民者也"。⑨

  ·辭謾若令辭者罰金一斤　　　　　　　　73EJT37:1429A

  十三　　　　　　　　　　　　　　　　73EJT37:1429B

① （漢）許慎撰，（清）段玉裁注，許惟賢整理：《説文解字注》，鳳凰出版社 2015 年版，第 172 頁。
② （漢）賈誼撰，閻振益、鍾夏校注：《新書校注》，中華書局 2000 年版，第 303 頁。
③ （唐）房玄齡等：《晉書·刑法志》，中華書局 1974 年版，第 928 頁。
④ 陳偉主編：《里耶秦簡牘校釋（第一卷）》，武漢大學出版社 2012 年版，第 156—157 頁。
⑤ 彭浩、陳偉、［日］工藤元男：《二年律令與奏讞書：張家山二四七號漢墓出土法律文獻釋讀》，上海古籍出版社 2007 年版，第 95 頁。
⑥ 劉樂賢：《秦漢行政文書中的"謾"字及相關問題》，武漢大學簡帛研究中心：《簡帛（第十五輯）》，上海古籍出版社 2017 年版，第 133 頁。該文對秦漢簡中的"謾"有細緻的探討。
⑦ 《康熙字典》，同文書局 1887 年版，中華書局 1922 年印，第 93 頁。
⑧ （宋）朱熹：《四書章句集注》，中華書局 2012 年版，第 48 頁。
⑨ （清）沈家本：《歷代刑法考》，中華書局 1985 年版，第 1436 頁。

【注】

该简内容爲法律規定。關於辭謾的刑罰，《二年律令・賊律》12 簡有 "諸上書及有言也而謾，完爲城旦舂。其誤不審，罰金四兩"。[1] 漢書中有相關事例。《漢書・王子侯表》："平城侯禮……免，復謾，完爲城旦。"[2] "離石侯，坐上書謾，耐爲鬼新（薪）。"[3] 根據《二年律令・具律》82 簡的規定可知，鬼薪由 "城旦" 爵減而來，此材料與《二年律令》規定相符。而 "新利侯偃，坐上書謾，免"[4]，衆利侯郝賢，"坐……上計謾，免"，則僅止于免侯。[5] 肩水金關本簡辭謾是罰金一斤。

亡毀傷兵器

【解題】

亡毀傷兵器，指丟失、損壞兵器。漢簡中令有稱爲 "折傷兵" 的，指損壞的兵器。如居延新簡 EPT56：334 有 "☐候長蘇良六石具弩一傷左樞"[6]，是個人的折傷兵明細。居延舊簡 45・7A "☐長湯敢言之謹移折傷兵名☐"[7]，是部門 "折傷兵名籍" 的移送。兵器在使用中的損壞不可避免，一般不屬於應受刑罰的情況。但下面殘簡中是 "亡毀傷兵器"，似指丟失和

① 彭浩、陳偉、［日］工藤元男：《二年律令與奏讞書：張家山二四七號漢墓出土法律文獻釋讀》，上海古籍出版社 2007 年版，第 95 頁。
② （漢）班固：《漢書・王子侯表》，中華書局 1962 年版，第 449 頁。
③ （漢）班固：《漢書・王子侯表》，中華書局 1962 年版，第 453 頁。
④ （漢）班固：《漢書・王子侯表》，中華書局 1962 年版，第 493 頁。
⑤ 相關研究有劉樂賢：《秦漢行政文書中的 "謾" 字及相關問題》，武漢大學簡帛研究中心：《簡帛（第十五輯）》，上海古籍出版社 2017 年版。
⑥ 馬怡、張榮强主編：《居延新簡釋校》，天津古籍出版社 2013 年版，第 520 頁。
⑦ 謝桂華、李均明、朱國炤：《居延漢簡釋文合校》，文物出版社 1987 年版，第 78 頁。

故意毀壞兵器，則是需懲罰的行爲。《晉書·刑法志》載《魏律序》有“《金布律》有毀傷亡失縣官財物”。①《漢律撫遺·金布律》有“毀傷亡失縣官財物”條，“此目無事可證”。②

　　☑……亡毀傷兵器☑　　　　　　　　73EJT31:43

失寇

【解題】

失寇，指看管敵寇時失職致其逃亡。

　　1. 獄至大守府絶匿房誼辭起居萬年不識皆故劾房誼失寇乏☑敢告之謹先以不當得告誣人律辯告（1）乃更

　　今將告者詣獄長孟女已願以律移旁近二千石官治（1）以律令從事敢言之　　　　　　　　73EJT21:59

　　2. 失寇捕毄房誼東候☑　　　　　　73EJT24:852

　　3. ☑□失寇捕毄房誼東　　　　　　73EJT24:927

　　4. ☑獄訊問房誼☑　　　　　　　　73EJT24:813

【注】

　　1.（1）“謹先以不當得告誣人律辯告”爲訴訟用語，是在接受告訴時告知告發者“不當告發”會帶來的法律責任，詳見“不當得告誣人律”“辨告”條。（2）移旁近二千石官治，是審判機關的變更。詳見“移旁近二千石官治”條。

　　本簡案情大體是有人誣告房誼，但告發人後來又更改了告辭，因誣告被送至審判機關。73EJT24:852 告發房誼的理由是“失寇乏□”。

---

① （唐）房玄齡等：《晉書·刑法志》，中華書局 1974 年版，第 924 頁。

① （唐）房玄齡等：《晉書·刑法志》，中華書局 1974 年版，第 924 頁。
② （清）沈家本：《歷代刑法考》，中華書局 1985 年版，第 1685 頁。

2、3、4 簡殘缺較多，内容應與簡 1 相關。

不日迹

【解題】

不日迹，不履行日迹職責。日迹，指邊塞戍守人員每日巡察天田有無出入痕迹的活動。各隧在本隧日迹，候史、候長日迹所轄各隧，按月匯總吏卒日迹簿，再由候官匯總成每月的候官卒日迹簿。由於候史、候長等軍吏要根據日迹來計功勞，所以每人一年中各月的日迹數最終也要匯總，另製成一份簿籍，作爲日後計功勞的依據。日迹中可能會出現違規行爲，如"匿不言迹"，EPT51:411 簡："日迹行廿三里久視天田中目玄有亡人越塞出入☑它部界中候長候史直日迹卒坐匿不言迹☑"。[1]

　　1. ☑☐☐☐☐肩水候官☐☐張普……坐不日迹☐☐

　　　　　　　　　　　　　　　　73EJT23:361A

　　☑掾忠兼獄史敢☑　　　　　　3EJT23:361B

　　2. 十一月五要虜卒☐始不迹……

　　十一月十五日卒樂安世不迹……

　　八月十五日金關卒☐當迹吏代十二月五日卒☐當迹吏代☐☐迹　　　　　　　　　　73EJT29:111

不敬循行、行塞不審

【解題】

循行，漢代中央和地方官員定期或不定期到所屬郡縣進行

---

[1]　馬怡、張榮强主編：《居延新簡釋校》，天津古籍出版社2013年版，第319頁。日迹制度可參見張俊民：《漢代邊境巡邏制度淺析》，《西北史地》1989年第2期。

視察監督，在史書中多稱"行""案行""循行""巡行""行春""行縣""行部""行郡國"等。①《墨子·號令》："大將信人行守，長夜五循行，短夜三循行。"② 秦簡中也有"循行"，如《嶽麓書院藏秦簡（肆）》124 簡："·金布律曰：市衛術者，没入其賣殹（也）于縣官，吏循行弗得，貲一循〈盾〉。"③ 326 簡有"令部吏有事縣道者循行之，毋過月歸（?）"④《漢書·文帝紀》元年三月詔："二千石都吏循行，不稱者督之。"⑤

漢邊郡有障塞者，循行邊郡又稱"行塞""行邊""行徼""行障塞"等。⑥《漢書·匈奴傳》載武帝時"單于即入漢塞……時雁門尉史行徼，見寇，保此亭，單于得，欲刺之。尉史知漢謀，乃下，具告單于"。師古曰："漢律，近塞郡皆置尉，百里一人，士史、尉史各二人巡行徼塞也。"⑦ 居延新簡中著名的《候史廣德坐不循行部檄》即候史廣德所管轄六個烽燧守禦器多數殘缺，不合要求，結果候史廣德"坐不循行部"罪受到處罰。

不敬循行，指不認真履行循行職務。⑧ 審，《康熙字典》："《說文》：悉也。徐鉉曰：宀，覆也。釆，別也。能包覆而深別

---

① 朱慈恩：《漢代邊防職官行塞制度述論》，華東師範大學 2006 年碩士學位論文。
② 岑仲勉：《墨子城守各篇簡注》，中華書局 1958 年版，第 101 頁。
③ 陳松長主編：《嶽麓書院藏秦簡（肆）》，上海辭書出版社 2015 年版，第 164 頁。
④ 陳松長主編：《嶽麓書院藏秦簡（肆）》，上海辭書出版社 2015 年版，第 226 頁。
⑤ （漢）班固：《漢書·文帝紀》，中華書局 1962 年版，第 113 頁。
⑥ 朱慈恩：《漢代邊防職官行塞制度述論》，華東師範大學 2006 年碩士學位論文。
⑦ （漢）班固：《漢書·匈奴傳》，中華書局 1962 年版，第 3765—3766 頁。
⑧ "不敬循行"之"不敬"，張俊民有不同的釋讀，見本節 73EJT25:151 簡的注。

之也。《增韻》詳也，熟究也。"① 不審，未詳察知悉不當行爲。

1. 以檄警糒買布爲名尉備等不敬循行留☑

　　　　　　　　　　　　　　　　　　73EJT25:151

2. ☑□午朔癸丑張掖肩水都尉惲丞謂候往告（1）亭隧☑
☑循行廢不以爲意（2）甚不稱前遣丞行塞所舉如牒☑

　　　　　　　　　　　　　　　　　　73EJT30:204

3. ……
□吏行塞不審何☑　　　　　　73EJT21:185A
□已請買鑭並歸叩☑　　　　　　73EJT21:185B
4. □卿行塞不□☑　　　　　　73EJT23:219

【注】

1. 張俊民認爲此簡中"檄"當作"糴"，"備"爲"禹"，"敬循"應釋作"數循"。② 居延漢簡 326.7 簡有"等不數循行甚毋狀未忍行罰/君行塞毋令有不辦毋忽如□律令"，③ 可知確有"不數循行"辭例。

本簡當爲對違法違紀行爲的舉書。

2.（1）往告，之前曾告諭過。（2）不以爲意，慣用語，《集成》（九）："辦公馬虎不認真。"④

本簡是對與循行有關行爲的舉劾，應有具體的牒書與之配套。

_____

① 《康熙字典》，同文書局 1887 年版，中華書局 1922 年印，第 291 頁。
② 張俊民：《〈肩水金關漢簡（叁）〉釋文獻疑》，簡帛網 2015 年 1 月 19 日，http://www.bsm.org.cn/show_article.php?id=2138。
③ 謝桂華、李均明、朱國炤：《居延漢簡釋文合校》，文物出版社 1987 年版，第 518 頁。
④ 中國簡牘集成編輯委員會編：《中國簡牘集成》（九），敦煌文藝出版社 2001 年版，第 94 頁。

田有爲不省

【解題】

省，省視、省察之意。田有爲不省，不省視農田的失職行爲。①

☐里知章坐田有爲不省四月

☐金四兩   73EJT30：150

职事毋状、毋状

【解題】

職事毋狀，又稱毋狀，行爲不合法律或禮儀等要求。有時也在上行文書中作自責語。《史記·夏本紀》："治水無狀。"《索隱》："言無功狀。"② 王志勇認爲漢代"無狀"在不同情況下可有"無功""失禮"和"失職"三種含義。③《集成》（九）："亦作'無狀'。漢代文書公牘中常用斥責之語，猶'有罪''很壞''不像樣子'等。"④ 徐世虹指出，"在司法行政文書當中……所謂毋狀，就是指違反禁令、觸犯律條的行爲"，在漢代"不是一個具體罪名"，但可以"適用一切違禁犯律行爲"。⑤ 漢簡中有"職事毋狀""毋狀"的簡很多，如居延新簡 EPT50：154"趙臨開備藏内户盜取卒閣錢二千四百謹已

---

① 相關研究如常耀華：《卜辭的"省田"與"觀獵"》，《殷都學刊》2010 年第 4 期。

② （漢）司馬遷：《史記·夏本紀》，中華書局 1982 年版，第 50 頁。

③ 參見王志勇：《〈史記〉新考》，南京師範大學 2017 年博士學位論文，第 40 頁。

④ 中國簡牘集成編輯委員會編：《中國簡牘集成》（九），敦煌文藝出版社 2001 年版，第 50 頁。

⑤ 徐世虹：《漢簡中的"毋狀"和"狀辭"》，汪聖鐸、金鋒主編：《出土文獻研究》（第四輯），中華書局 1998 年版。

劾僦職事無狀",① 居延舊簡 264·39 "日迫奉書不及以失期毋
狀當坐罪當☑",② 是涉及不同罪名的舉劾文書。也有失職者本
人的自述文書,如居延舊簡 33·5A 有 "叩頭死罪死罪職事毋
狀當坐罪當"。③ 其含義均可按 "失職" 義項解。

1. ☑職事毋狀罪當☑   73EJT23:831

2. ☑職事毋狀罪當☑   73EJT37:109

3. □者事中卿毋狀可(削衣)   73EJT4:121

4. ☑□□田不能捕得毋狀當坐叩﹦頭﹦(叩頭叩頭)死罪
敢☑   73EJF3:353

5. 調有餘給不足不民所疾苦也可以便安百姓者問計長吏
守丞條對☑

臣光奉職無狀頓首頓首死罪死罪臣方進臣光前對問上計弘
農大守丞□☑   73EJF1:2

6. 時願錄毋狀當並坐免叩頭死罪再拜白

73EJT23:909B

7. ☑□身不忠毋德不憂職叩頭死罪死罪漢視□□□□二
月誠有毋年六十常□□復   73EJT6:82

8. 月己未朔爰利親會月廿六日不到甚毋狀

73EJT9:102A

柎七枚入十八   73EJT9:102B

9. 毋狀檄到安世司馬以□☑   73EJT21:453

10. 堅塊不脩治封圬堚陜小解隨甚毋狀以責尉部候長檄到

① 馬怡、張榮強主編:《居延新簡釋校》,天津古籍出版社 2013 年版,第 253 頁。
② 謝桂華、李均明、朱國炤:《居延漢簡釋文合校》,文物出版社 1987 年版,第 441 頁。
③ 謝桂華、李均明、朱國炤:《居延漢簡釋文合校》,文物出版社 1987 年版,第 51 頁。

賢友等各令　　　　　　　　　　　　73EJT29：98

11．東部候長厶再拜言

教驗問治關門餘木厶後夫子發侍坐之謹驗問關嗇夫歃亭長
當卒蠻承叩頭對曰九月中　　　　　　　73EJT23：909A

……

時願録毋狀當並坐免冠叩頭死罪再拜白73EJT23：909B

【注】

5．本簡爲永始三年詔書簡文（73EJF1：1—16）之一部分。
該簡册内容參見本書第四章第二節中的“除律詔書”條。“奉
職無狀”爲上行文書中的謙辭慣用語。

私自便利不平端

【解題】

私自便利，指對自己有利的違規行爲。居延新簡 EPT
53.77有“☐舍至甲子乃至隧宗私自便利”，該簡集釋：“私自
便利，漢律罪名之一，私下作對自己有利的事情。《墨子・尚
同中》：‘萬民之所便利，而能强從事焉，則萬民之親可得
也。’《漢書・張敞傳》：‘天子薄其罪，欲令敞得自便利，即
先下敞前坐楊惲不宜處位奏，免爲庶人。’”① 平，《康熙字
典》：“《廣韻》：平，正也。《增韻》：平，坦也……《易・乾
卦》：雲行雨施，天下平也。疏：言天下普得其利，而均平，
不偏陂……《史記・張釋之傳》：廷尉，天下之平也。”② 《漢
書・百官公卿表》廷尉條，“宣帝地節三年初置左右平，秩六

---

① 馬智全：《居延新簡集釋（肆）》，甘肅文化出版社2016年版，第308頁。
② 《康熙字典》，同文書局1887年版，中華書局1922年印，第339頁。

百石"。① 端，直也，正也。《漢書・賈誼傳》："選天下之端士
孝悌博聞有道術者以衞翼之。"② 不平端，指執事不正，偏頗。
懸泉漢簡 II T0214③:23 簡有 "或自次不示其長書皆以不平端
論所辟重於不平端以所辟論之置丞臨官職事/狀何如嗇夫忠病
不關丞所徑移書廷移非實書到趣令視事言視"，③ 簡中稱 "以
不平端論"，則漢律中有 "不平端" 罪名，或爲一類罪的統
稱。懸泉該簡的案情是長官嗇夫生病，丞未經長官同意私自移
送文書的行爲，可知該簡中 "私自便利" 指的是未按照規定
的程式辦事。

1. 肩水候史昭武安新里辛壽夌月癸未除盡九月晦積九十
日因亡不詣官案壽乘邊迹候吏別

……辟吏私自便利不平端逐捕未得

始建國五年九月壬午朔辛亥候長劾移昭武獄以律令從事

　　　　73EJF3:471 +302 +73EJF2:43 +73EJF3:340④

2. ☐利不平端大司徒屬☐ 　　　　　73EJC:359

【注】

1. 本簡語詞注釋參見 "亡、逃" 條41 簡注。

本簡爲對逃亡的肩水候史辛壽的舉劾文書。辛壽履職中存
在爲了私利而沒有正直合理處理公務的行爲，目前逃亡，經逐
捕未得，由候長提出舉劾。根據劾狀文書的結構和舉劾程式，
劾狀文書由肩水候官轉呈給審判機關——昭武縣獄。

① （漢）班固：《漢書・百官公卿表》，中華書局 1962 年版，第 730 頁。

② （漢）班固：《漢書・賈誼傳》，中華書局 1962 年版，第 2248 頁。

③ 張俊民：《簡牘學論稿——聚沙篇》，甘肅教育出版社 2014 年版，第 442 頁。

④ 姚磊：《〈肩水金關漢簡（伍）〉綴合（叁）》，簡帛網 2016 年 9 月 5 日，http://
www.bsm.org.cn/show_article.php?id=2626。

2. 根據前面的那枚肩水金關漢簡，可知這裏"利"前面還可以補釋"私自便"。

不當得爲

【解題】

不當得爲，于法于理不應爲。《二年律令·賊律》14—15 簡有："☑諸詐（詐）增減券書，及爲書故詐（詐）弗副，其以避負償，若受賞賜財物，皆坐臧（贓）爲盜。其以避論，及所不當〔得爲〕，以所避罪罪之。所避毋罪名，罪名不盈四兩，及毋避也，皆罰金四兩。"整理小組注："《漢書·昌邑王傳》：'昌邑哀王歌舞者張脩等十人，王薨當罷歸，太傅豹等擅留以爲哀王園中人，所不當得爲。'注：'於法不當然。'"① 沈家本認爲"不當"猶《唐律·雜律》"諸不應得爲之者"之"不應"。

上述《二年律令·賊律》條，漢律中"所不當得爲"同時包含法有正條和法無正條的情況。法無正條時，直接依據法律對"所不當得爲"條規定的刑罰。《唐律疏議》450 條不應得爲"謂律令無條，理不可爲者"，則是將漢律中"法有正條"的情況予以排除，僅作爲"庶補遺闕"的條款，② 結構更加簡潔合理。

☑☐☐☐☐☐☐☐☑

☑以長所不當得爲候聽蘭出關法……甚將軍言使☑（削衣）

☑☐☐☐☐☐☑　　　　　　　73EJT6：180＋183③

---

① 彭浩、陳偉、〔日〕工藤元男：《二年律令與奏讞書：張家山二四七號漢墓出土法律文獻釋讀》，上海古籍出版社 2007 年版，第 96 頁。

② 岳純之點校：《唐律疏議》，上海古籍出版社 2013 年版，第 445 頁。

③ 姚磊：《肩水金關漢簡綴合》，天津古籍出版社 2020 年版，第 47 頁。

【注】

注解參見"闌出、闌入"條。

留

【解題】

留，指公文延遲發出、傳送，以及其他公務延誤等。睡虎地秦簡《秦律十八種·行書律》記載，"行命書及書署急者，輒行之；不急者，日齎（畢），勿敢留。留者以律論之"。①《二年律令·行書律》269—270 簡："發致及有傳送，若諸有期會而失期，乏事，罰金二兩。非乏事也，及書已具，留弗行，行書而留過旬，皆盈一日罰金二兩。"②《奏讞書》案例十二中記載：郵人官大夫傳遞一份官文書，由於遲留了八天，爲逃避文書"留遲"的罪責，而私自將"檄書"上的文書收發時間記録作了改動，因此構成"爲僞書"罪。居延新簡EPT59:96 簡有"☑坐閏月乙卯官移府行事檄留遲三時九分不以馬行適爲戍卒城倉轉一兩/☑致官會月十五日畢"。③

1. 皇帝璽書（1）一封賜使伏虜居延騎千人（2）光

制曰騎置（3）馳行傳詣張掖居延使伏虜騎千人光所在冊

留 =（留留）二千石坐之（4）

·從安定道元康元年四月丙午日入時界亭驛小史安以來望

☑行　　　　　　　　　　　　　　　　　73EJT21:1

2. 治所毋留

關佐通☑　　　　　　　　　　　　　　73EJT37:134

---

① 睡虎地秦墓竹簡整理小組：《睡虎地秦墓竹簡》，文物出版社 1990 年版，第 61 頁。
② 彭浩、陳偉、［日］工藤元男：《二年律令與奏讞書：張家山二四七號漢墓出土法律文獻釋讀》，上海古籍出版社 2007 年版，第 202 頁。
③ 馬怡、張榮强主編：《居延新簡釋校》，天津古籍出版社 2013 年版，第 575 頁。

3. 鴻嘉元年六月庚午東部候史長敢言之謹辟問□（觚）

73EJT22:11A

日出三分蘭入表一通　　　時椑付萬福卒工□（觚）

73EJT22:11B

六月己巳府告官聞居延有亡入廣地北界隧舉赤表或留遲府
曰□自今以來廣地北界隧舉表□□（觚）　　　73EJT22:11C

……彙佗肩水各令界中傳相付受移報府如詬表火□□
（觚）　　　　　　　　　　　　　　　　　73EJT22:11D

彙佗□□□（觚）　　　　　　　　　　73EJT22:11E

4. 燔薪舉地一蓬即虜攻鄣亭隧留不□以攻亭障品約和之□

73EJT24:955 +911①

【注】

1.（1）皇帝璽書，古代指以印信封記的文書，秦以後專指皇帝璽印封的文書。（2）騎千人，漢多個部門設有千人一職，多與軍事有關。《漢書·馮奉世傳》："邊郡置都尉及千人、司馬，皆不治民。"②《後漢書·輿服志》注引《東觀書》："建武元年……郡國長史、丞、候、司馬、千人秩皆六百石。"③（3）騎置，一種設置有馬匹和驛騎的郵驛機構，主要用以傳遞重要和緊急文書。④（4）坐之，秦漢法律用語。"坐之"的主體在律文中沒有直接規定刑罰，而是依照其他有具體

---

① 姚磊：《肩水金關漢簡綴合》，天津古籍出版社 2020 年版，第 148 頁。

② （漢）班固：《漢書·馮奉世傳》，中華書局 1962 年版，第 3521 頁。

③ （南朝宋）范曄撰，（唐）李賢等注：《後漢書·輿服志》，中華書局 1965 年版，第 3675—3676 頁。

④ 參見張經久、張俊民：《敦煌漢代懸泉置遺址出土的"騎置"簡》，《敦煌學輯刊》2008 年第 2 期。

處罰的人員進行處罰。如《嶽麓書院藏秦簡（肆）》簡044：
"廿年後九月戊戌以來，其前死及去乃後遝者，盡論之如律。
卿，其家嗇夫是坐之。"①

本簡中"毋留，留，二千石坐之"，其中"坐之"，指二千石
要依照律文關於"留"的規定承擔法律責任。王錦城指出此簡
"所見皇帝璽書的傳遞記錄中還加了一條行書的詔令，其明確規定
由騎置馳行，不得有停留，如果停留的話二千石官要坐罪"②。

3. 本簡詳解見"亡、逃"條。簡中因有亡人赤表信息傳
遞被延誤的情況，要求沿途烽燧將彼此交接亡人赤表的時間上
報給都尉府。

過律、過程

【解題】

過律，指超過法律規定的限度，構成違法。《史記·傅靳
蒯成列傳》：信武侯靳亭"二十一年，坐事國人過律，孝文後
三年，奪侯，國除。"司馬貞《索隱》："案：劉氏云：'事，
役使也。謂使人違律數多也。'"③《漢書·王子侯表上》："旁
光侯殷，元鼎元年坐貸子錢不占租，取息過律，會赦，免。"④
程，指規定的標準。符合標準爲"中程"。《漢書·尹翁歸
傳》："不中程，輒笞督，極者至以鈇自剄而死。"⑤

---

① 陳松長主編：《嶽麓書院藏秦簡（肆）》，上海辭書出版社2015年版，第53頁。
② 王錦城：《西北漢簡所見郵書的類別及相關問題考略》，《古代文明》2017年第3
　期，第92頁。
③ （漢）司馬遷：《史記·傅靳蒯成列傳》，中華書局1982年版，第2711頁。
④ （漢）班固：《漢書·王子侯表》，中華書局1962年版，第447頁。
⑤ （漢）班固：《漢書·尹翁歸傳》，中華書局1962年版，第3208頁。

秦漢簡中也常見。如《秦律雜抄》簡6有"當除弟子籍不得，置任不審，皆耐爲侯（候）。使其弟子贏律，及治（笞）之，貲一甲；決革，二甲。除弟子律"。整理小組："贏律，即過律，超過法律規定。"[①]居延漢簡45.23簡有"·功令第卅五候長士吏皆試射射去埻弞弩力如發弩發十二矢中弞矢六爲程過六矢賜勞十五日"。作爲發矢標準的"程"，是賜勞或奪勞的依據。肩水金關漢簡中73EJT24:771有"☐弞矢六爲程過六矢☐☐"，73EJT25:82有"☐☐一分中程☐"。

1. 城官（1）所負（2）食馬過律程穀（3）☐☐☐☐☐

居延都尉……

　　……十五石……

　　　計曹☐☐☐負☐未償……石收得九千一百……得

　　　　　　　　　　　　　　　　　　73EJT6:47

2. ☐案程罪驗毋令姦人久放縱如律令書以六月十八日甲

午到　　　　　　　　　　　　　　73EJC:302

【注】

1.（1）城官，指肩水都尉下屬城官。根據學者研究，張掖郡僅肩水都尉下設城官系統，長官爲城尉。城官主要負責糧食、武器等物資的儲存與發放。[②]（2）負，賠償，負擔。（3）程穀，喂馬用料標準。張家山漢簡《二年律令·金布律》421—425簡："馬牛當食縣官者，犓以上牛日蒭二鈞八斤；馬

① 睡虎地秦墓竹簡整理小組編：《睡虎地秦墓竹簡》，文物出版社1990年版，第80—81頁。
② 參見陳夢家：《漢簡綴述》，中華書局1980年版，第46頁；陳安然：《西北漢簡所見"城官系統"》，鄔文玲、戴衛紅主編：《簡帛研究（二〇二〇春夏卷）》，廣西師範大學出版社2020年版，第180頁。

日二鈞□斤，食一石十六斤，芻藁半。乘輿馬芻二藁一。牸、玄（馬）食之各半其馬牛食。僕牛日芻三鈞六斤，犢半之。以冬十一月稟之，盡三月止。其有縣官事不得芻牧者，夏稟之如冬，各半之。□□日□芻一鈞十六斤。□□馬日匹二斗粟、一斗叔（菽）。傳馬、使馬、都廄馬日匹叔（菽）一斗半斗。"①

本簡是喂馬飼料用量超過了法律規定的用穀限度，由個人負擔超過的數額。漢代官署喂馬飼料用量有標準。如《二年律令·傳食律》232—234 簡："丞相、御史及諸二千石官使人（省略）食馬如律，禾之比乘傳者馬。"②

誣告

【解題】

誣告，捏造罪行告發。誣，《康熙字典》："《說文》：加也。徐曰：以無爲有也。《玉篇》：欺罔也。《廣韻》：誣，枉也。《正韻》：詐也，蔑也，謗也。《易·繫辭》：誣善之人其辭游。疏：誣罔善人，其辭虛漫。《禮·表記》：故其受禄不誣。注：不信曰誣。《周語》：其刑矯誣。注：加罪無辜曰誣。"③ 張家山漢簡《二年律令·告律》126 簡有"誣告人以死罪，黥爲城旦舂；它各反其罪"。④ 沈家本《漢律摭遺·囚

---

① 彭浩、陳偉、〔日〕工藤元男：《二年律令與奏讞書：張家山二四七號漢墓出土法律文獻釋讀》，上海古籍出版社 2007 年版，第 251—252 頁。

② 彭浩、陳偉、〔日〕工藤元男：《二年律令與奏讞書：張家山二四七號漢墓出土法律文獻釋讀》，上海古籍出版社 2007 年版，第 184 頁。

③ 《康熙字典》，同文書局 1887 年版，中華書局 1922 年印，第 1188 頁。

④ 彭浩、陳偉、〔日〕工藤元男：《二年律令與奏讞書：張家山二四七號漢墓出土法律文獻釋讀》，上海古籍出版社 2007 年版，第 144 頁。

律》"告劾"條下有"誣告"。①

獄至大守府絶匿房誼辭起居萬年不識皆故劾房誼失寇乏□
敢告之謹先以不當得告誣人律辯告（1）乃更

今將告者詣獄長孟女已願以律移旁近二千石官治（2）以
律令從事敢言之　　　　　　　　　　　　73EJT21:59

【注】

（1）"謹先以不當得告誣人律辯告"是在接受告訴時的告
知程式用語。詳解見"不當得告誣人律""辨告"條。（2）移
旁近二千石官治，是審判機關的變更。具體見"移旁近二千石
官治"條。

本簡案情是有人故劾房誼"失寇乏□"，但告發人後來又
更改了告辭。"故劾"行爲構成"誣告"，告者被移送至審判
機關。簡73EJT24:852"失寇捕毄房誼東候□"和73EJT24:
927"☑□失寇捕毄房誼東"等似與本簡相關。

不當得告誣人律

【解題】

"不當得告誣人律"爲概稱，概指"誣告"和"告不審"
等有關罪名。張家山漢簡《二年律令·告律》126—132簡有
"誣告人以死罪，黥爲城旦舂；它各反其罪"，"告不審及有罪
先自告，各減其罪一等，死罪黥爲城旦舂，黥爲城旦舂罪完爲
城旦舂，完爲城旦舂罪☑☑鬼薪白粲及府（腐）罪耐爲隸臣
妾，耐爲隸臣妾罪耐爲司寇，司寇、（遷）及黥（顔）頯罪贖
耐，贖耐罪罰金四兩，贖死罪贖城旦舂，贖城旦舂罪贖斬，贖

---

① （清）沈家本：《歷代刑法考》，中華書局1985年版，第1476—1478頁。

斬罪贖黥，贖黥罪贖耐，耐罪□金四兩罪罰金二兩，罰金二兩罪罰金一兩。令、丞、令史或偏（徧）先自得之，相除"。①常用語"謹先以不當得告誣人律辯告"，是在接受告訴時，告知告發者"告發"可能會帶來的法律責任用語。②

　　獄至大守府絕匠房詛辭起居萬年不識皆故劾房詛失寇乏□敢告之謹先以不當得告誣人律辯告乃更

　　今將告者詣獄長孟女巳願以律移旁近二千石官治以律令從事敢言之　　　　　　　　　　　　　　　　　73EJT21:59

【注】

　　參見"失寇"注。

　　本簡中幾人舉劾房詛"失寇乏□（興?）"，但告發人後來又更改了告辭，因"故劾"行爲，即"誣告"行爲，被移送審判。肩水金關以下三簡均與房詛有關。73EJT24:852 簡"失寇捕貶房詛東候□"，73EJT24:927 簡"□□失寇捕貶房詛東"，73EJT24:813 簡"□獄訊問房詛□"。三簡和訴訟有關，不能確定是否與73EJT21:59 爲同一人，姑録於此，供參考。

證不言情

【解題】

　　證不言情，指訴訟中對他人的罪行有關情況所述不實。證，指人證。情，實情。秦簡《封診式》"治獄"中有"毋治（笞）諒（掠）而得人請（情）爲上"。整理小組注："情，

---

① 彭浩、陳偉、［日］工藤元男：《二年律令與奏讞書：張家山二四七號漢墓出土法律文獻釋讀》，上海古籍出版社 2007 年版，第 144 頁。

② 相關研究如劉欣寧：《秦漢訴訟中的言辭與書面證據》，李宗焜主編：《古文字與古代史（第五輯）》，臺北"中央研究院"歷史語言研究所 2017 年版。

真情,《周禮·小宰》注:'情, 爭訟之辭。'疏:'情, 謂情實。'① 《二年律令·具律》110 簡有"證不言請"罪:"證不言請(情), 以出入罪人者, 死罪, 黥爲城旦舂; 它各以其所出入罪反罪之。獄未鞫而更言請(情)者, 除。吏謹先以辨告證。"② 曹旅寧指出:張家山漢簡《奏讞書》"黥城旦講乞鞫"一案中有"欲言請(情)""不早言請(情)"之語,"可推知漢初律中得'證不言情'律是直接承自秦律的, 唐律中的'證不言情'律又是直接承自漢律的"。③

《二年律令》"證不言請"罪構成中有一個時間條件, 就是"獄未鞫而更言請者, 除"。此外, 訴訟中陳述或證言發生效力的時間條件的另一種規定形式是"辭已定滿三日", 具體內容參見本章第三節中"辭已定滿三日"條。

在證人提供證言前常告以"證不言情律"的規定, 以使其獲知不如實證言的後果。爰書中一般僅概述告知內容, 具體程序中當詳細說明證不言情罪的罪行和刑罰等具體規定。

1. 元康三年七月壬辰朔甲寅關佐通敢言之爰書廣地令德
(1) 先以證不□☑   73EJT30:41

2. 先以證不言請出入罪人辭已定滿三日 (1) ☑
                                                  73EJC:288

3. ☑厚齎夫賞復訊 (1) 護辭已定滿三日欲更言不☑
                                                 73EJT23:405

---

① 睡虎地秦墓竹簡整理小組:《睡虎地秦墓竹簡》, 文物出版社 1990 年版, 第 147 頁。
② 彭浩、陳偉、[日] 工藤元男:《二年律令與奏讞書:張家山二四七號漢墓出土法律文獻釋讀》, 上海古籍出版社 2007 年版, 第 136 頁。
③ 曹旅寧:《秦律新探》, 中國社會科學出版社 2002 年版, 第 279—280 頁。

【注】

1.（1）廣地令德，肩水都尉下有廣地候官。73EJT6：41
簡有"廣地後起隧長逢尊妻居延廣地里逢廉年卅五"，可知居
延縣有廣地里。本簡"廣地令德"，當爲"廣地"里名爲"令
德"之人，可能在前面的簡文中有關於居延廣地里的敍述，因
此這裏未再説"居延廣地里"，直接稱"廣地令德"。

2.（1）辭已定滿三日，指證言發生效力的時間爲滿三日，
詳見"辭已定滿三日"條。

3.（1）復訊，再次審問。《史記·酷吏列傳》張湯"傳爰
書"。《集解》張晏曰："訊考三日復問之，知與前辭同不也。"①
本簡是詢問後"辭已定滿三日"，按規定不得更言，欲更
言的情況。

三簡均爲訊（詢）問爰書中訊（詢）問之初對被訊（詢）
問者的事先告知。

證財物故不以實律

【解題】

證財物故不以實律，指"向官府陳述與財物有關的言辭不
實"相關律文的概稱。"證財物故不以實""以辭所出入罪反
罪之律辨告"是訴訟中聽取告訴或證言之前的訴訟告知用語。
這是記録時的簡稱，實際告知時應告知該法律規定的具體内
容。不過，目前"證財物故不以實"僅在"辨告"階段看到，
並没有該律的完整律文，其適用條件尚不完全清楚。

本罪與"證不言情"罪的關係問題。朱紅林認爲"在處

---

① （漢）司馬遷：《史記·酷吏列傳》，中華書局 1982 年版，第 3137 頁。

理關於財物的案件時，有時又把這條法律（指證不言情律）稱爲‘證財物不以實’律。① 連劭名認爲“‘證財物不以實’律，應屬於‘證不言情’律的一項細則規定”。② 如前所述，“證財物不以實”律的完整律文還不清楚，這影響了對這一罪名的適用範圍的判斷。不過，以現有所知，它與“證不言情”還是存在明顯區別。從使用範圍看，“證不言情”不適用於原被告，原告有“誣告罪”，被告對自己狡辯的話，也不會被認定爲“證不言情”。而“證財物故不以實”則是證人以外兩造都可適用的；再有，“證不言情”直接以“出入人罪”的輕重爲定罪標準，“證財物不以實”有出入財物多少的定罪條件。總之，關於本罪、證不言情罪、誣告罪、坐臧爲盜等的區別與聯繫，均有待進一步探討。

證財物故不以實和“證不言情”皆與訴訟中陳述或作證有關。證財物故不以實主要用於與財物有關的訴訟案件中，一種是民事糾紛中的自證，如《侯粟君所責寇恩事》（EPT22：1—16）的有關勞務報酬糾紛中寇恩的自證。另一種是吏卒對不存在與經濟有關的違紀違法行爲的自證或相證等。懸泉漢簡Ⅱ0314②:302：“五鳳二年四月癸未朔丁未，平望士吏安世敢言之。爰書：戍卒南陽郡山都西平里莊彊友等四人守候，中部司馬丞仁、史丞德前得毋貰賣財物敦煌吏，證財物不以實律辨告，乃爰書。彊友等皆對曰、不貰賣財物敦煌吏民所，皆相牽證任。它如爰書。敢言之。”③ 故不以實，在其他法律用語中

① 朱紅林、陳恩林：《試說張家山漢簡〈具律〉中的“證不言請”律》，《中國歷史文物》2005年第2期。
② 連劭名：《西域木簡所見〈漢律〉中的“證不言請”律》，《文物》1986年第11期。
③ 胡平生、張德芳：《敦煌懸泉漢簡釋粹》，上海古籍出版社2001年版，第26—27頁。

也出現，如"選舉故不以實""鞠獄故不以實"等。

"證財物不以實"的定罪基點問題。張建國認爲"財物證辭不實的法律責任，錢的基本數額起算點，西漢是二百五十，東漢是五百"，并推測"這可能是在王莽時期貨幣貶值造成的"。① 連劭名認爲，居延舊簡 229·1、229·2 案件時間爲漢成帝永始二年，屬西漢中晚期。寇恩事在東漢建武時期，"由此知證財物不以實律至少在西漢中晚期之後，曾作過修改"，將定罪標準從"二百五十錢"放寬爲"五百錢"。② 居延新簡中所見故不以實定罪標準有錢"二百五十以上"，如 EPT51：290 簡："☑故不以實臧二百五十以上令辨告☑"③，EPT54：9 簡"賈而買賣而不言證財物故不以實臧（贓）二五百□"等。④

證財物故不以實也有"辭已定滿三日"的規定（參見"辭已定滿三日"條）。

1. ☑□利里曹定國等二人先以證財物不以實律辨

☑證所言它如爰書敢言之　　　　　　73EJT21：239

2. ☑□□爰書先以證財物故不以實臧五百以上73EJT37：681

① 張建國：《居延新漢簡"粟君債寇恩"民事訴訟個案研究》，《中外法學》1996 年第 5 期。

② 連劭名：《西域木簡所見〈漢律〉中的"證不言請"律》，《文物》1986 年第 11 期。

③ 馬怡、張榮强主編：《居延新簡釋校》，天津古籍出版社 2013 年版，第 306 頁。

④ 相關研究如高恒：《秦漢簡牘中法制文書輯考》，社會科學文獻出版社 2008 年版；陳公柔：《居延出土漢律散見釋義》，《燕京學報》2000 年第 9 期，收入氏著《先秦兩漢考古學論叢》，文物出版社 2005 年版；徐世虹：《漢代的立法形式與立法語言》，《内蒙古大學學報（哲學社會科學版）》1997 年第 1 期；徐世虹：《居延新簡漢律佚文考》，《政法論壇（中國政法大學學報）》1992 年第 3 期；［日］大庭脩著，林劍鳴譯：《秦漢法制史研究》，上海人民出版社 1991 年版，第 533 頁。

【注】

二簡是記録案件有關人員言辭的司法案卷文書。後一簡特別記録告知了對方不實達“臟五百以上”的法律後果。

不直

【解題】

不直，故意重於法律規定定罪處刑。秦簡《法律答問》93簡：“論獄‘何謂’不直？可（何）謂‘縱囚’？罪當重而端輕之，當輕而端重之，是謂‘不直’。當論而端弗論，及傷其獄，端令不致，論出之，是謂‘縱囚’。”① 按秦律，不直在法律上是指司法中故輕故重的行爲。《漢書·景武昭宣元成功臣表》注引晉灼曰：“律説出罪爲故縱，入罪爲故不直。”② 按晉灼的説法，不直是入罪，即加重應處的刑罰爲故不直。

☐☐門安世即捕不知何＝人＝（1）（何人何人）提劍鄉吏不直☐   73EJT26：177

【注】

（1）不知何人，漢代公文常用語，指代不明身份之人。

驗問不應律

【解題】

驗問，指調查、核實等。驗問不應律，調查行爲與律令等規定不相符合。與律令等規範相符合，稱爲“如律令”“應令”。如居延舊簡甲附16簡：“初元三年九月壬子朔辛巳令史

---

① 睡虎地秦墓竹簡整理小組：《睡虎地秦墓竹簡》，文物出版社1990年版，第115頁。
② （漢）班固：《漢書·景武昭宣元成功臣表》，中華書局1962年版，第662頁。

充敢言之爰書☑/□辟丈埻道皆應令即射行候事塞尉□☑"。①
違反規範，根據所違反的具體形式，稱爲"不應律""不如
律""不從令""不如令""不如式""不中程"等。如《睡虎
地秦簡・語書》："今且令人案行之，舉劾不從令者，致以律，
論及令、丞。"②《秦律十八種・金布律》："隃（逾）歲而弗
入及不如令者，皆以律論之。"③《秦律雜抄・除吏律》："任法
（廢）官者爲吏，貲二甲。・有興，除守嗇夫、叚（假）佐居
守者，上造以上不從令，貲二甲。・除士吏、發弩嗇夫不如
律，及發弩射不中，尉貲二甲。"④《秦律雜抄・除吏律》："・
駕馬五尺八寸以上，不勝任，奔摯（縶）不如令，縣司馬貲
二甲，令、丞各一甲。"⑤《秦律十八種・金布律》："布袤八
尺，福（幅）廣二尺五寸。布惡，其廣袤不如式者，不行。"⑥
《秦律十八種・内史雜》："官嗇夫免，□□□□□□其官毋
置嗇夫。過二月弗置嗇夫，令、丞爲不從令。"⑦《秦律十八
種・内史雜》："善宿衛，閉門輒靡其旁火，慎守唯敬（儆）。
有不從令而亡、有敗、失火，官吏有重罪，大嗇夫、丞任
之。"⑧《秦律十八種・關市律》97 簡："爲作務及官府市，受
錢必輒入其錢缿中，令市者見其入，不從令者貲一甲。"⑨《獄

---

① 謝桂華、李均明、朱國炤：《居延漢簡釋文合校》，文物出版社 1987 年版，第 671 頁。
② 睡虎地秦墓竹簡整理小組：《睡虎地秦墓竹簡》，文物出版社 1990 年版，第 13 頁。
③ 睡虎地秦墓竹簡整理小組：《睡虎地秦墓竹簡》，文物出版社 1990 年版，第 39 頁。
④ 睡虎地秦墓竹簡整理小組：《睡虎地秦墓竹簡》，文物出版社 1990 年版，第 79 頁。
⑤ 睡虎地秦墓竹簡整理小組：《睡虎地秦墓竹簡》，文物出版社 1990 年版，第 81 頁。
⑥ 睡虎地秦墓竹簡整理小組：《睡虎地秦墓竹簡》，文物出版社 1990 年版，第 36 頁。
⑦ 睡虎地秦墓竹簡整理小組：《睡虎地秦墓竹簡》，文物出版社 1990 年版，第 189 頁。
⑧ 睡虎地秦墓竹簡整理小組：《睡虎地秦墓竹簡》，文物出版社 1990 年版，第 64 頁。
⑨ 睡虎地秦墓竹簡整理小組：《睡虎地秦墓竹簡》，文物出版社 1990 年版，第 42 頁。

麓書院藏秦簡（肆）》123 簡："鈷錢，及上券中辨其縣廷；月未盡而鈷盈者，輒輸之。不如律，貲一甲。"①

　　塞吏疑子功絕從肩水界中過盜馬使昭武移書沙頭驗問不應

律案相等皆吏知子功　　　　　　　　　　　　　　73EJT5：71

【注】

本簡詳注見"盜馬"條。

本簡是對在盜馬案件案驗調查中協查不力的沙頭隧有關人員的舉劾文書。

毋人律

【解題】

　　"某某律"在秦漢律常見，常指一個或某一類罪的概稱，如《二年律令·亡律》163 簡："以私屬爲庶人，刑者以爲隱官。所免不善，身免者得復入奴婢之。其亡，有它罪，以奴婢律論之。"②"奴婢律"指奴婢逃亡的有關律的概稱。此處所輯"毋人律"具體含義尚不明。

　　☐☐以毋人律告不得如出☐　　　　　　　　73EJT9：51

拾遺物不詣廷

【解題】

　　拾遺物不詣廷，拾得遺失物不交公。詣廷，前往地方官處理政務的公堂。《睡虎地秦墓竹簡·封診式》"賊死"

---

① 陳松長主編：《嶽麓書院藏秦簡（肆）》，上海辭書出版社 2015 年版，第 164 頁。

② 彭浩、陳偉、［日］工藤元男：《二年律令與奏讞書：張家山二四七號漢墓出土法律文獻釋讀》，上海古籍出版社 2007 年版，第 155 頁。

有："以襦、履詣廷"。① 關於拾得遺失物，《周禮·地官·司市》："凡得貨賄、六畜者亦如之，三日而舉之。"朱紅林指出，這"是說在市場上撿到'貨賄'或'六畜'，要上繳，三天后如人認領，則由官府予以處理，大的歸公家所有，小的歸私人所有"。② 《漢書·酷吏傳·義縱傳》："上以爲能，遷爲河內部尉。至則族滅其豪穰氏之屬，河內道不拾遺。"③《漢書·酷吏傳·王温舒傳》："以故齊趙之郊盜不敢近廣平，廣平聲爲道不拾遺。上聞，遷爲河內太守。"④ 沈家本《漢律摭遺·盜律二》有"還贓畀主"條："張斐《律注表》：'若得遺物强取强乞之類，無還贓法隨例畀之（文）。'按：張斐所注雖是《晉律》，漢法亦當如是。"⑤ 我國歷代對遺失物的處理規定有所不同。⑥

　　□□錢物數敢拾遺物不詣廷□　　　　　73EJT15:11A

　　□九□　　　　　　　　　　　　　　　73EJT15:11B

【注】

從本簡内容看，漢代有"拾遺物"送交官府的規定。

---

① 睡虎地秦墓竹簡整理小組：《睡虎地秦墓竹簡》，文物出版社 1990 年版，第 157 頁。

② 朱紅林：《關於〈周禮·地官·質人〉中一句話的標點與注解問題》，《古籍整理研究學刊》2001 年第 6 期。

③ （漢）班固：《漢書·酷吏傳》，中華書局 1962 年版，第 3653 頁。

④ （漢）班固：《漢書·酷吏傳》，中華書局 1962 年版，第 3656 頁。

⑤ （清）沈家本：《歷代刑法考》，中華書局 1985 年版，第 1409 頁。

⑥ 相關研究參見馬曉莉、趙曉耕：《拾得遺失物歸屬原則的中國法制史考察——由"道不拾遺"談起》，《河南省政法管理幹部學院學報》2007 年第 5 期。

犯法

1. ☐鬮犯法今南部守候（1）☐　　　　　73EJT7：75

2. 河平四年二月甲申朔丙午倉嗇夫望敢言之故魏郡原城
陽宜里王禁自言二年戍屬居延（1）犯法論會正月甲子赦

令免爲庶人願歸故縣謹案律曰徒事已毋糧謹故官爲封偃檢
（2）縣次續食給法所當得謁移過所津關毋

苟留止原城收事（3）敢言之

二月丙午居令博移過所如律令掾宣嗇夫望佐忠

　　　　　　　　　　　　73EJT3：55

3. ……

橐他稽落亭長犯法反不論願以律取☐☐　73EJC：448A

☐☐☐　　　　　　　　　　　　73EJC：448B

【注】

1.（1）南部守候，郭偉濤指出肩水候官塞分設東、西、
南、北、中、左前、左後、右前、右後九個部①。這裏簡中爲
南部守候。

2.（1）居延，指居延都尉。（2）偃檢，見“傷人”注
釋。（3）收事，接收人員并加以管理。王彥輝指出，“收事”，
即由其故縣原城賦役之。《漢書·平帝紀》如淳注“收事”
曰：“賊雖自出，得還其家而已，不得復除，尚當役作之也。”
顏師古則認爲“言身既自出，又各送其家人詣本屬縣邑從賦役
耳”。②

————————

① 　郭偉濤：《漢代肩水塞部隧設置研究》，《文史》2018 年第 1 輯。
② 　參見王彥輝：《論秦及漢初身份秩序中的“庶人”》，《歷史研究》2018 年第 4 期。

本簡是犯法獲罪之人服刑完畢之後歸鄉所持的報到書，同時起過關文書作用。

贓（定罪常用詞語）

【解題】

贓，違法所得財物。《晉書·刑法志》引張斐《律表》："貨財之利謂之贓。"[1]

1. ☑當其償入贓獄已決☑☑　　　　73EJT4:80

2. 無責博狗錢二百五十候長以錢爰書畢輔無責贓二百五十以上（1）　　　　73EJD:4

3. ☑九百五十錢贓禁姦☑　　　　73EJC:225

【注】

2. （1）"二百五十以上"爲定罪標準。詳見"證財物故不以實"條。

本簡是"不服負"的自證爰書，即不認同自己承擔債務。

坐罪、有罪（定罪常用詞語）

1. ☑五月丙寅嗇夫延坐受[2]☑（削衣）　　73EJT1:104

2. ☑坐傷人☑　　　　73EJT1:287

3. 治事元毋檢
☑白事當坐罪當☑　　　　73EJT7:119

4. ☑爲輔請侯予平君使欲以諸☑☑☑　　73EJT9:268A

---

① （唐）房玄齡等：《晉書·刑法志》，中華書局1974年版，第928頁。

② 何茂活認爲"延坐"實爲"長生"。何茂活：《〈肩水金關漢簡（壹）〉釋文訂補》，復旦大學出土文獻與古文字研究中心網站2014年11月29日，http://www.gwz.fudan.edu.cn/Web/Show/2392。

☑不願召對……不使未轉☐☐有罪輔不☐☑

☑☐☐願詣輔得毋有先失過而不自省願負聞其説☑

73EJT9:268B

5. ☑坐五斛（1） ☑（竹簡）　　　73EJT21:353

6. 河東定陽馬邑里郭財坐四斛（1）☑（竹簡）

73EJT21:441

7. ……坐☑　　　　　　　　　73EJT23:47

8. 解☐問☐☐各推☐☐中（1）☐付☐☐☐☐告言史主當
坐者名謹與☐　　　　　　　73EJT23:875

9. 居聑（攝）三年十月甲戌朔壬午大司空假（1）屬建
大司徒屬（2）錯逐捕反虜陳伯陽（3）王孫慶（4）及新屬
（5）當坐者移☑

監御史州牧（6）京兆尹四輔（7）郡大守諸侯相伯陽慶
所犯悖天逆理天地所不覆載臣子所當誅滅☑　73EJT23:878

10. 耐罪屋蘭……坐與同縣富昌里男子呂湯共盜大原郡於
縣始昌☐☐☐　　　　　　　73EJT24:131①

11. 死罪屋蘭（1）游徼當録里☐☐☐坐與游徼彭祖捕縛
盧水（2）男子因籍田都當故屬國千人（3）辛君大奴宜馬☑

73EJT30:170 +144②

12. 坐游徼蘇☑　　　　　　　　73EJT24:365

13. ☑有讓坐之　　　　　　　　73EJT24:763

---

① 伊强認爲上端"耐罪屋蘭"，《肩水金關漢簡（貳）》釋文未釋，簡首的四個字當
　是"耐罪屋蘭"。伊强：《肩水金關漢簡綴合五則》，簡帛網 2014 年 7 月 10 日，
　http://www.bsm.org.cn/?hanjian/6224.html。

② 前九字可能是"死罪屋蘭游徼當録里"，補釋及此二殘簡的綴合根據伊强：《肩水
　金關漢簡綴合五則》，簡帛網 2014 年 7 月 10 日，http://www.bsm.org.cn/?han-
　jian/6224.html。

14. ☑死罪故與☑　　　　　　　　73EJT26:274

15. ……坐人☑　　　　　　　　　73EJT31:212

16. 六月辛卯食坐五分詘表（1）☑☑　　73EJT33:69

17. 田卒濟郡定陶虞里大夫戴充年卅七長七尺二寸黑色有
罪丿　　　　　　　　　　　　　　73EJT37:76

18. ☑職事毋狀罪當☑　　　　　　　73EJT37:109

19. 居延部終更已事未罷坐傷人亡命今聞命籍在頓丘邑獄
即①自詣它如爰書七月甲辰入☑　　　73EJT37:776A

元康四年伏地再拜伏伏伏伏再它再拜伏拜（習字）

　　　　　　　　　　　　　　　　73EJT37:776B

20. 畢坐案收取田地財物以備償（1）普穀身死不☑☑

　　　　　　　　　　　　　　　　73EJF3:316

21. ☑☑有者必坐☑　　　　　　　　73EJF3:603

22. 明府仁恩深厚哀憐未忍行重誅☑殺身肝　73EJF3:162

【注】

5.（1）、6.（1）斛，《集成》（九）："容量單位。與石
同，王莽以前的簡文一般稱石，王莽及其以後東漢和西域發現
的魏晉簡中一般稱斛。"②

8. 參考肩水金關簡 73EJT23:578 "☑推辟部中各"，本簡
"推☑☑中"可補爲"推辟部中"或"推辟界中"。推辟，核
查與追究責任相關的事實，詳見"推辟"條。

---

① 原釋文爲"顧"，據秦鳳鶴文改爲"即"。秦鳳鶴：《〈肩水金關漢簡〉（肆）釋文
校訂》，中國古文字研究會等編：《古文字研究（第三十二輯）》，中華書局 2018
年版，第 531 頁。

② 中國簡牘集成編輯委員會編：《中國簡牘集成》（九），敦煌文藝出版社 2001 年
版，第 44 頁。

9.（1）假，一說爲副官。《後漢書·百官志》"將軍"條下云："又有軍假司馬、假候，皆爲副貳。"① 一說爲暫時代理。《漢書·蘇武傳》顔師古注曰："假吏猶言兼吏也。時權爲使之吏，若今之差人充使典矣如。"②（2）屬，屬官。（3）陳伯陽、（4）王孫慶，伊强認爲王孫慶可能爲居攝二年（6年）參與翟義反莽行動的"王孫慶"，陳伯陽可能爲參與翟義反莽的陳豐。③（5）新屬，伊强認爲"當讀爲'親屬'"④。意見可從。郭店楚簡《老子》丙："六新（親）不和，安又（有）孝孿（慈）？"（6）州牧，元壽二年漢哀帝身死，漢平帝即位，王莽改刺史爲州牧。（7）四輔，可能是與"三輔"相類的王莽執政時期京畿地區主管官員。

本簡爲對反叛王莽朝廷的重犯的逐捕文書。

10．伊强指出，本簡可能是囚録標題簡的具體内容。⑤ 本簡詳解見"共盜"條。

11．（1）屋闌，張掖郡屬縣。（2）盧水，張掖盧水（今黑河中上游）。居住在盧水一帶的諸民族，被稱爲盧水胡。（3）屬國，漢政府爲安置匈奴等歸降的少數民族而置屬國，使其各長其長。《史記·衛將軍驃騎列傳》："居頃之，乃分徙

---

① （南朝宋）范曄撰，（唐）李賢等注：《後漢書·百官志》，中華書局 1965 年版，第 3564 頁。
② （漢）班固：《漢書·蘇武傳》，中華書局 1962 年版，第 2460 頁。
③ 伊强：《肩水金關漢簡 73EJT23：878 與相關史事的考察》，簡帛網 2015 年 3 月 5 日，http://www.bsm.org.cn/show_article.php?id=2169。
④ 伊强：《肩水金關漢簡 73EJT23：878 與相關史事的考察》，簡帛網 2015 年 3 月 5 日，http://www.bsm.org.cn/show_article.php?id=2169。
⑤ 伊强：《肩水金關漢簡中的"囚録"及相關問題》，李學勤主編：《出土文獻（第七輯）》，中西書局 2015 年版，第 245—246 頁。

降者邊五郡故塞外，而皆在河南，因其故俗，爲屬國。"《正義》曰："以降來之民徙置五郡，各依本國之俗而屬於漢，故言'屬國'也。"①

伊强指出，本簡可能是囚録標題簡的具體内容。② 另有肩水金關簡73EJT30：6當屬相關聯簡，可參看"囚録"條。

16．（1）詬表火，又稱詬表、詬火，程喜霖認爲詬可作斥責解，用表號警告某烽違制行爲，大概是對烽火滯留失誤的督責信號。③ 可備一説。

19．本簡注詳解見"傷人"條。

20．（1）備償，全額賠償或補償。

過失（犯罪構成的主觀因素）

☑前日不☐過失☑   73EJT24：615

辜

【解題】

辜，通"嫭"，保任，可指對各項事務的保任。嫭，《説文・女部》："保任也。"段玉裁注："《急就篇》：'疻痏保辜譴呼號。'師古曰：'按，保辜者，各隨其輕重令毆者以日數保之，限内致死，則坐重辜也。'按，保辜，唐律、今律皆有之。辜者，嫭之省。嫭與保同義疊字。師古以坐重辜解之。誤矣。《春秋公羊傳》注曰：'古者保辜。鄭伯髠原爲大夫所傷，以

---

① （漢）司馬遷：《史記・衛將軍驃騎列傳》，中華書局1982年版，第2934頁。
② 伊强：《肩水金關漢簡中的"囚録"及相關問題》，李學勤主編：《出土文獻（第七輯）》，中西書局2015年版，第245—246頁。
③ 程喜霖：《漢唐烽堠制度研究》，三秦出版社1990年版，第56頁。

傷辜死，君親無將，見辜者，辜內當以弒君論之，辜外當以傷君論之。'辜皆當作婊。原許君之義，實不專謂罪人保婊，謂凡事之估計豫圖耳。《廣雅》曰：'婊摧，都凡也。'是其理也。"① 秦漢簡中均見有保辜制度，秦簡所見保辜制度"不限於鬥毆殺傷"。② 如《秦律十八種》116—118 簡《徭律》："興徒以爲邑中之紅（功）者，令結（婊）堵卒歲。未卒堵壞，司空將紅（功）及君子主堵者有罪，令其徒復垣之，勿計爲繇（徭）。·縣葆禁苑，公馬牛苑，興徒以斬（塹）垣離（籬）散及補繕之，輒以效苑吏，苑吏循之。未卒歲或壞陝（決），令縣復興徒爲之，而勿計爲繇（徭）。"③ 與人身傷害有關的保辜制度指侵害人保任受傷害者的性命，如在規定的期限內受傷害者死亡，則按侵害人殺死被害人處理。秦漢簡中均有此類資料，如睡虎地秦墓竹簡《法律答問》74 簡："人奴妾治（笞）子，子以肷死，黥顏額，畀主。"④ 《二年律令·賊律》24 簡："鬥傷人，而以傷辜二旬中死，爲殺人。"⑤ 39 簡："父母毆笞子及奴婢，子及奴婢以毆笞辜死，令贖死。"⑥ 48 簡

① （漢）許慎撰，（清）段玉裁注，許惟賢整理：《說文解字注》，鳳凰出版社 2015 年版，第 1080 頁。

② 朱紅林：《張家山漢簡釋叢》，《考古》2006 年第 2 期，第 58 頁。

③ 睡虎地秦墓竹簡整理小組編：《睡虎地秦墓竹簡》，文物出版社 1990 年版，第 47 頁。

④ 睡虎地秦墓竹簡整理小組編：《睡虎地秦墓竹簡》，文物出版社 1990 年版，第 110 頁。

⑤ 彭浩、陳偉、［日］工藤元男：《二年律令與奏讞書：張家山二四七號漢墓出土法律文獻釋讀》，上海古籍出版社 2007 年版，第 99 頁。

⑥ 彭浩、陳偉、［日］工藤元男：《二年律令與奏讞書：張家山二四七號漢墓出土法律文獻釋讀》，上海古籍出版社 2007 年版，第 106 頁。

"諸吏以縣官事笞城旦舂、鬼薪白粲，以辜死，令贖死。"① 居延新簡 EPS4T2：100："以兵刃索繩它物可以自殺者予囚囚以自殺殺人若自傷傷人而以辜二旬中死予者髠爲城旦舂及有"②。長沙五一廣場東漢簡牘 CWJ1③：71—26 有謀賊殺"辜二旬内其時立死"③。所見分別有"傷辜""毆笞辜""自殺辜"和"謀賊殺辜"情形。關於保辜時間，漢簡所見有除以上"辜二旬中死"，所見還有敦煌漢簡 220 號"尉大君以稟，傷辜半日死"④，居延新簡 EPF22：326："迺□□申第三隊戍卒新平郡苦縣奇里上造朱疑見第五隊戍卒同郡縣始都里皇□□□所持鈹即以疑所持胡桐杖從後墨擊意項三下以辜一旬内立死案疑賊殺人甲辰病心腹□☑"⑤，分別稱爲"傷辜半日死""辜一旬内立死"。沈家本《漢律摭遺·賊律三》有"保辜"條。《漢書·功臣表》："嗣昌武侯單德，元朔三年坐傷人二旬内死，棄市。"沈家本："傷人保辜，其法甚古。漢制限期，它無明文。"⑥

　　死罪屋闌游徼當禄里張彭祖　　以胡刀自賊刺頸各一所以

① 彭浩、陳偉、〔日〕工藤元男：《二年律令與奏讞書：張家山二四七號漢墓出土法律文獻釋讀》，上海古籍出版社 2007 年版，第 109 頁。

② 馬怡、張榮強主編：《居延新簡釋校》，天津古籍出版社 2013 年版，第 891 頁。

③ 長沙市文物考古研究所等編：《長沙五一廣場東漢簡牘選釋》，中西書局 2015 年版，第 122 頁。

④ 甘肅省文物考古研究所編：《敦煌漢簡》（下），中華書局 1991 年版，第 228 頁。

⑤ 馬怡、張榮強主編：《居延新簡釋校》，天津古籍出版社 2013 年版，第 784 頁。

⑥ （清）沈家本：《歷代刑法考》，中華書局 1985 年版，第 1469 頁。相關研究參見閆曉君：《秦漢時期的損傷檢驗》，《長安大學學報（社會科學版）》2002 年第 1 期；周東平、張豔：《保辜制度與一年零一天的規則比較研究》，戴建國主編：《唐宋法律史論集》，上海辭書出版社 2007 年版；周東平：《保辜制度新論》，《中外論壇》2021 年第 3 期；朱紅林：《張家山漢簡釋叢》，《考古》2006 年第 6 期；朱湘蓉：《〈睡虎地秦墓竹簡〉詞語劄記十則》，《古籍整理研究學刊》2006 年第 5 期等。

辜立死

　　元康二年三月甲午械觳（1）屬國各在破胡受盧水男子翁
□當告　　　　　　　　　　　　　　　　　　73EJT30：6

【注】

　　（1）械觳，加刑具以拘禁。詳見“繫、械繫”條。

　　本簡爲保辜適用的一個實例。該簡與73EJT30：170＋144^①
簡“死罪屋闌游徼□□□□□……坐與游徼彭祖捕縛盧水男子
因籍田都當故屬國千人辛君大奴宜馬□”可能屬於同一簡册，
爲囚録名籍簡。參看“囚録”條。二簡結合，大致可知張彭
祖的罪與捕縛屬國胡人盧水男子“傷辜死”有關。

第二節　刑罰

　　刑罰，即刑事處罰，是違反刑法，應當受到的刑法制裁。
本節收録的是肩水金關漢簡中與刑罰有關的資料，包括刑名和
刑罰的種類，以及刑法適用和執行中的一些制度。

　　刑罰資料分爲兩類資料：（1）刑名資料。肩水金關漢簡
涉及刑名廣泛，輯録總體按刑罰由重到輕順序排列。（2）刑
罰適用與執行資料。刑罰適用時，因赦免及犯罪人的爵位、性
別、年齡等適用刑罰會有不同。與刑罰執行有關的資料有刑
具、獄所、執行過程中身份的變化等。

---

① 　伊强：《肩水金關漢簡中的“囚録”及相關問題》，李學勤主編：《出土文獻（第
　　七輯）》，中西書局2015年版。

一、刑名

刑名，內容包括刑罰名稱及種類。刑罰是法律的重要組成部分。關於刑罰的排列順序，沈家本《漢律摭遺·具律一》："刑制之先後，則輕者居先，重者居後⋯⋯《刑法志》除肉刑議，始完而終以斬右止。是漢法亦輕先重後，今并用此例。"[1] 不過，從可見的比較系統的漢律《二年律令》看，漢律在敘述時往往會從重刑開始，如93—98簡："鞫（鞫）獄故縱、不直，及診、報、辟故弗窮審者，死罪，斬左止（趾）爲城旦，它各以其罪論之。其當（繫）城旦舂，作官府賞（賞）日者，罰歲金八兩；不盈歲者，罰金四兩。□□□□兩。購、沒入、負償，各以其直（值）數負之。其受賕者，駕（加）其罪二等。所予臧（贓）罪重，以重者論之，亦駕（加）二等。其非故也，而失不審，各以其贖論之。爵戍四歲及戲（繫）城旦舂六歲以上罪，罰金四兩。贖死、贖城旦舂、鬼薪白粲、贖斬宮、贖劓黥，戍不盈四歲，戲（繫）不盈六歲，及罰金一斤以上罪，罰金二兩。戲（繫）不盈三歲，贖耐、贖罷（遷）及不盈一斤以下罪，購、沒入、負償、償日作縣官罪，罰金一兩。"[2] 肩水金關漢簡所見刑罰體現的是西漢中期以後的刑罰體系，主要包括死刑，髡（鈦）、鬼薪等徒刑，司寇等作刑，以及贖、罰金刑等，形式多樣，當時律令中的刑罰在肩水金關漢簡中基本都有出

---

① （清）沈家本：《歷代刑法考》，中華書局1985年版，第1533頁。
② 彭浩、陳偉、[日]工藤元男：《二年律令與奏讞書：張家山二四七號漢墓出土法律文獻釋讀》，上海古籍出版社2007年版，第128頁。

現。本書將每一種刑罰的資料集中，刑罰總體按由重到輕順序排列。

大辟

【解題】

大辟，指死刑。《書·呂刑》："大辟疑赦，其罰千鍰。"孔傳："死刑也。"孔穎達疏："《釋詁》云：辟，罪也。死是罪之大者，故謂死刑爲大辟。"《漢書·禮樂志》："自京師有誖逆不順之子孫，至於陷大辟受刑戮者不絕，繇不習五常之道也。"① 《禮記·文王世子》："獄成，有司讞於公。其死罪，則曰'某之罪在大辟'；其刑罪，則曰'某之罪在小辟'。"② 不過在出土漢律中不見"大辟"，可能在當時爲死刑的傳統稱謂，而並非法律專門用語。

　　☐☐☐☐☐大辟　　　　　　　　　　　73EJT1:241

【注】

該簡最下邊兩個字整理者釋讀爲"大辟"，是否構成"大辟"詞語以及具體出現在什麼語境無法知曉。

要（腰）斬

【解題】

要斬，攔腰斬斷的死刑形式。沈家本《漢律摭遺·具律一》有"腰斬"條，引《秋官·掌戮》注："斬以斧鉞，若今

---

① （漢）班固：《漢書·禮樂志》，中華書局1962年版，第1034頁。
② （清）孫希旦撰，沈嘯寰、王星賢點校：《禮記集解》，中華書局1989年版，第573頁。

要斬也”。①

　　☐丑（1）命（2）加笞八百要斬（3）

　　☐☐丑命加笞八百要斬（削衣）

　　☐☐月丁未命笞二百棄市　　　　　　　　73EJT1:93

【注】

（1）丑，前缺天干，干支表日期。（2）命，對逃犯缺席審判定罪通緝。詳見“命”條。（3）加笞，指在髡鉗城旦舂的基礎上加笞刑。“加笞腰斬”的形式以往尚未見，不清楚是執行笞刑之後再腰斬，還是加笞八百即折合稱腰斬刑。“加笞”數量高至八百，當爲累犯刑罰累加所至。參見“笞”條。

　　此簡刑罰爲“（加）笞×百腰斬（棄市）”的形式。“加笞＋死刑”形式在以往文獻中未見。

棄市

【解題】

　　棄市，以刀刃於鬧市執行死刑。《漢書·景帝紀》師古注：“棄市，殺之於市也。謂之棄市者，取刑人於市，與衆棄之也。”② 沈家本《漢律摭遺·具律一》有“棄市”條，因《秋官·掌戮》注：“殺以刀刃，若今棄市也”。③

　　1.　☐丑命加笞八百要斬

　　☐☐丑命加笞八百要斬（削衣）

------

① （清）沈家本：《歷代刑法考》，中華書局1985年版，第1548頁。
② （漢）班固：《漢書·景帝紀》，中華書局1962年版，第146頁。
③ （清）沈家本：《歷代刑法考》，中華書局1985年版，第1548頁。

☑☐月丁未命笞二百棄市   73EJT1:93

2. ☑……☑

☑同生無少長皆棄☑   73EJC:504

【注】

1. 注參見"腰斬"條注。

2. 同生，即同產。指同父或同母的兄弟姐妹。有人説指同父的兄弟姐妹。詳見"同生、同產"條。

本簡殘缺，根據漢簡辭例，本簡應可補出"父母妻子同生無少長皆棄市"，是嚴重罪行家屬連坐的一種形式。

刑、刑面

1. ☑彭沮年卅長七尺三二寸黑色正（1）☐☑

73EJT6:99

2. ☐☐☐☐……☐☐☐☐☐……年卅六七長七尺五寸中壯大刑面鼻黑   73EJT23:795

3. 張憲白郝卿君教問登山隧長吳良安所願良願騂北來

73EJT23:885A

4. 願爲審問齊中誰有謹者願良刑將☐報事……

73EJT23:885B

5. ☐☐☐☐胡刑原兒疾   73EJT24:273

6. 居延尉史殷臨爲人小刑黑色革車一乘

用馬一匹騂駊齒廿歲高五尺八寸八月己丑

嗇夫欽出   73EJF3:134＋498＋555

【注】

1. （1）色正，原釋文爲"刑乏"，劉欣寧指出"刑乏"

釋爲"色正"。"正"字草書字形與"乏"字十分近似。[1] 因此 73EJT6:99 簡與刑罰無關。

（髡鉗、完）城旦

【解題】

城旦爲漢代刑罰、刑徒名稱，漢文帝十三年刑制改革之後，城旦有"完城旦"和"髡鉗城旦"。漢文帝刑制改革"凡當完者，完爲城旦舂；當黥者，髡鉗爲城旦舂"。[2]《漢書·酷吏傳》："武帝即位，徙爲内史，外戚多毀成之短，抵罪髡鉗。"[3]《漢舊儀》曰"髡鉗城旦舂"五歲刑，"完城旦舂"四歲刑。沈家本《漢律摭遺·具律一》有"完爲城旦舂髡鉗爲城旦舂"條。[4]

1. 髡鉗城旦□☒　　　　　　　　73EJT8:11
2. 居延髡鉗徒大男王外☒　　　　73EJT37:260
3. 完城旦歲萬年故□☒　　　　　73EJT9:136
4. 完城旦大男吕柯☒　　　　　　73EJT25:104
5. 完城旦徒樂官　　丿　九月辛酉北出　73EJT37:95
6. 完城旦徒孫並　　丿　十月辛酉北出　73EJT37:1088
7. 居延完城旦徒大男吴德丿☒　73EJT37:553+348[5]
8. 居延完城旦大男梁奉宗☒　　　73EJT37:1120

---

① 劉欣寧：《秦漢時代的户籍與個別人身支配》，周東平、朱騰主編：《法律史譯評（2014 年卷）》，中國政法大學出版社 2015 年版。
② （漢）班固：《漢書·刑法志》，中華書局 1962 年版，第 1099 頁。
③ （漢）班固：《漢書·酷吏傳》，中華書局 1962 年版，第 3649 頁。
④ （清）沈家本：《歷代刑法考》，中華書局 1985 年版，第 1537 頁。
⑤ 綴合根據謝坤：《讀肩水金關漢簡劄記（七）》，簡帛網 2016 年 3 月 14 日，http://www.bsm.org.cn/show_article.php?id=2486。

9. 城旦五百人皆施刑詣居延屯作一日當二日□□□□□
施刑□□淮陽郡城父幸里□□作

日備謁移過所縣邑侯國津關續食給法所當得毋留如律令敢
言之　九月丙午居延軍候世以軍中候……

73EJT30:16 +254①

10.　☑□耳賊斬髮皆完爲城旦　　　　　73EJH1:28

【注】

5、6 簡可明確爲過關登記名籍簡。1—8 簡中其他簡也很
可能是過關登記名籍簡，與過關傳配合使用。此類個人名牒，
完整的形式爲"屬地＋刑名＋徒＋大男＋姓名＋核對符號＋日
期＋過關及方向"。"徒"表明其與戍卒、復作等具不同身份，
但因爲已有刑名，所以"徒"意義不大，省略也無妨。有的
標注"大男"，可表徵過關人員的性別、大致年齡，可能在分
配工作、衣食時爲依據的標準。"丿"表示人員已過關。

9. 詳見"施刑"條注。簡爲過關文書。"城旦五百人"
同時過關，數量較大，過關文書中規定，在經過縣邑侯國津關
時，當地需要依法提供飲食。

10. 爲律令文内容。參見"斬髮"條。

鬼薪

【解題】

鬼薪是秦漢時期輕於城旦的用於男徒的刑罰。《史記・秦

---

① 釋文據張俊民文補釋。張俊民：《〈肩水金關漢簡（叄）〉釋文獻疑》，簡帛網
2015 年 1 月 19 日，http://www.bsm.org.cn/?hanjian/6313；綴合據姚磊：《〈肩水
金關漢簡（叄）〉綴合（叄）》，簡帛網 2016 年 12 月 2 日，http://www.bsm.org.
cn/show_article.php?id=2676。

始皇本紀》："盡得（嫪）毐等……車裂以徇，滅其宗。及其舍人，輕者爲鬼薪。"裴駰《集解》："應劭曰：'取薪給宗廟爲鬼薪也。'如淳曰：'《律說》鬼薪作三歲。'"①《漢書·惠帝紀》："上造以上，及内外公孫耳孫，有罪當刑，及當爲城旦舂者，皆耐爲鬼薪白粲。"②《漢舊儀》："秦制，鬼薪三歲，女爲白粲者，以爲祠祀擇米也，皆作三歲。"根據出土簡牘，實際秦及漢初刑徒似無刑期，鬼薪三歲刑爲文帝刑制改革之後的制度。沈家本《漢律摭遺·具律一》有"鬼薪白粲"條。③

1. 鬼新蕭登　故爲甲渠守尉坐以縣官事歐笞戍卒尚勃譴爵減

元延二十一月丁亥論　故鯀得安漢里正月辛酉入

73EJT3：53

2. 鬼新大男宋遇☐　　　　　73EJT10：178

3. 鬼新趙齊☐　　　　　73EJT23：827

4. 神爵四年正月丙寅朔辛巳居延丞奉光移肩水金關都尉府移肩水

候書曰大守府調徒復作四人送往來過客今居延調鬼新徒孫

73EJT37：520

5. 永光四年六月己酉朔癸丑倉嗇夫勃敢言之徒故穎川郡陽翟宜昌里陳犬永光三年十二月中坐傷人論鬼新會

二月乙丑赦令免罪復作以詔書贖免爲庶人歸故縣調移過所河津關毋苛留止縣次贖食　　　73EJT37：526

---

① （漢）司馬遷：《史記·秦始皇本紀》，中華書局1982年版，第227、229頁。
② （漢）班固：《漢書·刑法志》，中華書局1962年版，第85頁。
③ （清）沈家本：《歷代刑法考》，中華書局1985年版，第1537頁。

【注】

1. 本簡注參見"毆笞"簡。

本簡爲過關登記名籍，應另有過關文書。該鬼薪處罰時適用了"爵減"優待，參考張家山《二年律令·具律》82 簡"上造、上造妻以上，及内公孫、外公孫、内公耳玄孫有罪，其當刑及當爲城旦舂者，耐以爲鬼薪白粲"，[①] 該人所犯罪原有刑罰當爲"髡鉗城旦舂"或"完城旦舂"，因爵減爲"鬼薪"。

2. 當爲過關名籍簡。

4. 本簡爲過關文書。過關人員包括鬼薪徒孫某等，事由是太守府調這些刑徒從事送往來過客的事務。其中的徒包括鬼薪，有助於瞭解鬼薪的工作範圍。另外本文書也可能同時作爲這些人員前往官署報到的報到書。參見"復作"條。

5. 簡文注釋見"傷人"條。本簡是鬼薪陳犬因赦免罪復作，又贖免爲庶人，從其服刑地歸鄉所使用的過關文書看，這種形式屬於過關文書中的"致書"。[②]

司寇

【解題】

司寇爲秦漢刑徒的一種。根據《二年律令》等資料，漢初司寇有户籍，有田宅，《二年律令·賜律》293 簡："賜不爲吏及宦皇帝者……司寇、徒隸，飯一斗、肉三斤，酒少半斗，

---

① 彭浩、陳偉、〔日〕工藤元男：《二年律令與奏讞書：張家山二四七號漢墓出土法律文獻釋讀》，上海古籍出版社 2007 年版，第 123 頁。

② 具體可參見丁義娟：《肩水金關漢簡初探》第三章"肩水金關過關文書'致'研究"的内容，中國農業科學技術出版社 2019 年版。

鹽廿分升一。"① 司寇列在"徒隷"之外。《漢舊儀》:"罪爲司寇,司寇男備守,女爲作如司寇,皆作二歲",記載的是西漢文帝刑制改革以後的情形。沈家本《漢律摭遺·具律一》有"司寇作如司寇"條。

司寇大男楊廣年廿五黑☐   73EJT37:545

【注】

當是過關登記名籍。

耐

【解題】

耐,秦漢時期的刑罰名稱。耐罪的内涵,在秦漢時期經過了幾個變化階段。在秦及漢初,刑罰體系爲死罪——刑罪——耐罪——贖罪系列,耐罪包括鬼薪白粲和隷臣妾、司寇(秦代還有候)。指與刑罪相對的非肉刑刑徒。文帝廢除肉刑之後,刑罰體系成爲死罪——髡——耐罪——贖罪,但髡罪與耐罪已無實質性差别。《説文解字·而部》:"耏,罪不至髡也。從彡而,而亦聲。或從寸,諸法度字從寸。"② 《漢書·高帝紀》應劭注:"輕罪不至於髡,完其耏鬢。故曰耏。"③ 均將耐與髡并舉,反映的是肉刑廢除之後,髡尚未歸入耐刑的情形。《晉書·刑法志》載東漢和帝永元六年(94年),"今律令,犯罪應死刑者六百一十,耐罪千六百九十八,贖罪以下二千六百八

① 彭浩、陳偉、[日]工藤元男:《二年律令與奏讞書:張家山二四七號漢墓出土法律文獻釋讀》,上海古籍出版社 2007 年版,第 211 頁。
② (漢)許慎撰,(清)段玉裁注,許惟賢整理:《説文解字注》,鳳凰出版社 2015 年版,第 793 頁。
③ (漢)班固:《漢書·高帝紀》,中華書局 1962 年版,第 64 頁。

十一",① 是刑罰體系已成爲死罪——耐罪——贖罪，髡城旦已包含在耐罪之中。耐罪已成爲歲刑的總稱。《史記·淮南衡山列傳》："徙郡國豪桀任俠及有耐罪以上，赦令除其罪。"裴駰《集解》引如淳曰："律'耐爲司寇，耐爲鬼薪、白粲'。"蘇林曰："一歲刑爲罰作，二歲刑已上爲耐。"②

1. ☑不耐等請實口告昭☑　　　　　　　73EJT23:589

2. 始建國元年八月庚子朔己

耐罪囚華長六月八日與鯠得☐　　　　　73EJT24:22

3. ☑☑死莫耐☑☑　　　　　　　　　　73EJT28:51

4. ☑光元年八月中以久☐☑

☑署（1）累胡隧某耐不詣☑　　　　　　73EJT30:213

5. ☑未塞尉宜敢言之官移居延所移肩水書曰卅井☑

☑☐月乙酉署累胡隊某耐不調對去署亡蘭入肩水塞案☑

　　　　　　　　　　　　　　73EJT30:215 +217

【注】

2. 簡中所稱"耐罪囚"，其内涵一定包含鬼薪白粲、司寇，不知是否也包含髡城旦、完城旦。

4. （1）"累"字前面原釋文爲☐，據姚磊釋爲"署"，關於 73EJT30:213 簡的時間，姚磊引胡永鵬觀點，"兩漢年號與之相合者僅有永光"。③

―――――――――

① （唐）房玄齡等：《晉書·刑法志》，中華書局 1974 年版，第 920 頁。

② （漢）司馬遷：《史記·淮南衡山列傳》，中華書局 1982 年版，第 3091—3092 頁。相關研究如賈麗英：《秦漢簡牘材料中的司寇》，《第四屆簡帛學國際學術研討會暨謝桂華相聲誕辰八十周年紀念座談會會議論文集》（2018 年）；孫聞博：《秦及漢初的司寇與徒隸》，《中國史研究》2015 年第 3 期。

③ 姚磊：《讀〈肩水金關漢簡〉劄記（三十一）》，簡帛網 2017 年 11 月 23 日，http://www.bsm.org.cn/show_article.php?id=2940。

4、5. 姚磊指出張俊民觀點認爲 73EJT30:213 和 73EJT30：215＋217 "此二簡所言爲一事，'某耐' 可釋爲 '果耐'，作人名理解較妥"。①

罰作

【解題】

秦漢時期 "罰作" 含義歷來存在分歧。（1）短期勞役刑。《漢舊儀》 "秦制……男爲戍罰作、女爲復作，皆一歲到三歲。"《漢書·文帝紀》注：蘇林曰："一歲爲罰作，二歲刑以上爲耐。耐，能任其罪也。"② （2）與 "復作" 同。沈家本《歷代刑法考·刑法分考》罰作復作條，對劉遂的復作，沈家本指出："此男子而亦曰復作，疑即罰作之別名。"③ （3）張建國認爲罰作不是刑名，是對過錯的一種輕罰，被罰者的身份仍爲民而不屬於刑徒。④《周禮·秋官·司圜》 "司圜掌收教罷民"，鄭玄注："凡害人者，不使冠飾，任之以事，若今時罰作矣。"《史記·張釋之馮唐列傳》："雲中守魏尚坐上功首虜差六級，陛下下之吏，削其爵，罰作之。"⑤ 《漢書·薛宣傳》："告櫟陽令：'吏民言令治行煩苛，適罰作千人以上。'"⑥《漢書·文帝紀》："民讁作縣官及貸種食未入、入未備者，皆赦

---

① 姚磊：《讀〈肩水金關漢簡〉劄記（三十一）》，簡帛網 2017 年 11 月 23 日，ht-tp：//www.bsm.org.cn/show_article.php?id=2940。
② （漢）班固：《漢書·文帝紀》，中華書局 1962 年版，第 114 頁。
③ （清）沈家本：《歷代刑法考》，中華書局 1985 年版，第 304 頁。
④ 張建國：《漢代的罰作、復作與弛刑》，《中外法學》2006 年第 5 期。
⑤ （漢）司馬遷：《史記·張釋之馮唐列傳》，中華書局 1982 年版，第 2759 頁。
⑥ （漢）班固：《漢書·薛宣傳》，中華書局 1962 年版，第 3388 頁。

之。"① 沈家本云："此即罰作之法。"② 徐世虹認爲"此適罰作即罰爲罰作"，"適載實爲罰作之一種。如此，罰作的功能也不僅僅就定位于刑罰意義上的勞役刑"。沈家本《漢律摭遺·具律一》有"罰作"條。③

神爵三年六月己巳朔乙亥司空佐安世敢言之復作大男吕異人故魏郡繁陽明里迺神爵元年十一月庚午坐傷人論會二年二月甲辰赦令復

作縣官一歲三月廿九日·三月辛未

罰作盡神爵三年四月丁亥凡已作一歲一月十八日未備二月十一日以詔書入錢贖罪免爲庶人謹爲偃檢封入居延謁移過所

73EJH1:3A

之伏居延令地從子平元長伏爲地爲地伏元子

73EJH1:3B

【注】

簡文注釋參見"傷人"條、"復作"條。

本簡中先稱"復作"，後稱"罰作盡"，這裏的"罰作"所指就是"復作"，屬於前面"解題"所屬"罰作"的第二種理解。不過"罰作"自身的含義應不限於"復作"。

徒

【解題】

徒，刑徒概稱。秦及漢初指包括城旦舂、鬼薪白粲在內

---

① （漢）班固：《漢書·文帝紀》，中華書局1962年版，第117頁。
② （清）沈家本：《歷代刑法考》，中華書局1985年版，第303頁。
③ （清）沈家本：《歷代刑法考》，中華書局1985年版，第1533頁。

的刑徒。隸臣妾則簡稱爲"隸"。在漢文帝刑制改革之後，刑罰爲有期刑。徒當指城旦舂、鬼薪白粲等刑徒。司寇則可能屬於"作"的刑制。"徒"和"作"存在性質上的差別，如有"免徒復作"的說法。《漢書·晁錯傳》文帝"募罪人及免徒復作令居之"臣瓚注曰："募有罪者及罪人遇赦復作竟其日月者，今皆除其罰，令居之也。"① 其中"免徒復作"對應的解釋爲"罪人遇赦復作竟其日月者"。《漢書·宣帝紀》孟康注："謂弛刑徒也。有赦令詔書去其鉗釱赭衣。更犯事，不從徒加，與民爲例，故當復爲官作，滿其本罪年月日，律名爲復作也。"孟康認爲復作即弛刑徒，恐不確。不過他後面說的"復作"具有"更犯事，不從徒加"的特點，可知，徒與作存在性質上的差別。

府（1）庫（2）徒觻得安國里馬禹年廿七歲□□

73EJT3:17

【注】

（1）府，郡守府。（2）庫，一般指管理武器等軍事物資或者錢物的機構和設施。

贖

【解題】

贖，以出錢財替代親身服刑。《康熙字典》："《説文》：貿也。《玉篇》：質也。以財拔罪也。《書·舜典》：金作贖刑。《傳》：出金以贖罪。"② 秦及漢初贖刑是法律上直接規定的刑

① （漢）班固：《漢書·晁錯傳》，中華書局 1962 年版，第 2286—2287 頁。

② 《康熙字典》，同文書局 1887 年版，中華書局 1922 年印，第 1213 頁。

罰，對應一定的金錢數額，不能繳納的，可以勞役形式代替。《秦律十八種·司空律》133 簡："有罪以貲贖及有責（債）於公，以其令日問之，其弗能入及賞（償），以令日居之，日居八錢；公食者，日居六錢。"① 《二年律令·具律》119 簡："贖死，金二斤八兩。贖城旦舂、鬼薪白粲，金一斤八兩。贖斬、府（腐），金一斤四兩。贖劓、黥，金一斤。贖耐，金十二兩。贖䙝（遷），金八兩。"② 《二年律令·田律》253—254 簡有罰金者居縣官，"馬、牛、羊、豬彘、彘食人稼穡，罰主金馬、牛各一兩，四豬彘若十羊、彘當一牛，而令撟稼償主。縣官馬、牛、羊，罰吏徒主者。貧弗能賞（償）者，令居縣官"。③ 類推可知漢代"贖"不能入時，當也要居贖。在西漢中後期此種作爲法定刑贖刑爲罰金刑代替，而贖刑成爲替代其他刑罰的執行方式。④

1. 贖罪允吾（1）葉陽里女子陳成大婢愛73EJT24：47

2. 永光四年六月己酉朔癸丑倉嗇夫勃敢言之徒故穎川郡陽翟宜昌里陳犬永光三年十二月中坐傷人論鬼新會

二月乙丑赦令免罪復作以詔書贖免爲庶人歸故縣謁移過所河津關毋苛留止縣次贖食　　　　　　　73EJT37：526

【注】

1.（1）允吾，西漢昭帝始元六年（前 81 年）置，爲金

① 睡虎地秦墓竹簡整理小組編：《睡虎地秦墓竹簡》，文物出版社 1990 年版，第 51 頁。
② 彭浩、陳偉、〔日〕工藤元男：《二年律令與奏讞書：張家山二四七號漢墓出土法律文獻釋讀》，上海古籍出版社 2007 年版，第 140 頁。
③ 彭浩、陳偉、〔日〕工藤元男：《二年律令與奏讞書：張家山二四七號漢墓出土法律文獻釋讀》，上海古籍出版社 2007 年版，第 192 頁。
④ 參見丁義娟、于淑紅：《從出土簡看漢初律中贖刑種類及其發展》，《蘭臺世界》2015 年第 12 期。

城郡治。

2. 簡文注釋見“傷人”條。本簡是鬼薪陳犬因赦免罪復作，又以詔贖免爲庶人，從其服刑地歸鄉所使用的過關文書，屬於過關文書中的“致書”。①

罰金

【解題】

罰金，漢代財産刑的一種。一般認爲漢代的罰金有七等：半兩、一兩、二兩、四兩、八兩、一斤、二斤。② 沈家本《漢律摭遺·具律一》有“罰金”條。③

1. ☐里知章坐田有爲不省四月

☐金四兩　　　　　　　　　　　　　73EJT30：150

2. ·辭謾若令辭者罰金一斤　　73EJT37：1429A

十三　　　　　　　　　　　　　　73EJT37：1429B

【注】

2. 可參見第一章第一節中“辭謾、令辭”條對本簡的分析。

罰

1. 皆驗證案譚取牛闌越塞天田出丿遣丹罰

73EJT24：140

---

① 參見丁義娟：《肩水金關漢簡初探》第三章“肩水金關過關文書‘致’研究”的内容，中國農業科學技術出版社 2019 年版。

② 參見高葉青：《漢代的罰金和贖刑——〈二年律令〉研讀劄記》，《南都學壇：南陽師範學院人文社會科學學報》，2004 年第 6 期。

③ （清）沈家本：《歷代刑法考》，中華書局 1985 年版，第 1533 頁。

2. 罰如律移四時舉（1）☑　　　　　　　73EJT37:497

3. 勞賞第一候長毋舉隧長議罰書（1）到趣（2）作治諸
舉務令□堅任用皆爲□畢成言毋出

月廿八日令可覆（3）行如律令/掾武　　73EJT23:301

4. 致官傳病逾行重罰叩頭死罪敢言之☑　73EJF3:428

5. ☑罰□/掾未大屬可書佐□☑　　　　　73EJF3:580A

☑□即有屬草籍雖……☑　　　　　　　73EJF3:580B

【注】

1. 本簡注參見“闌越”條。

本簡簡文似爲舉劾類司法文書。

2.（1）“舉”後殘斷。四時舉，指按季度匯總的舉書。
可參見“舉書”條。

3.（1）罰書，對失職行爲的處罰決定文書。（2）趣，
《説文解字·走部》：“疾也。從走，取聲。”① 指催督完成某項
工作。（3）覆，核實，查驗。《説文解字·襾部》：“覂也。”
段玉裁注：“反也。反覆者，倒易其上下。”② “令可覆”即
“令可案”“令可知”。“獄覆”之“覆”也是這個意思。《史
記·夏侯嬰列傳》：“高祖時爲亭長，重坐傷人，告故不傷嬰，
嬰證之，後獄覆。”③ 這裏“獄覆”含有核實查證并改變原來
審理結果的意思。

---

① （漢）許慎撰，（清）段玉裁注，許惟賢整理：《説文解字注》，鳳凰出版社2015
年版，第111頁。
② （漢）許慎撰，（清）段玉裁注，許惟賢整理：《説文解字注》，鳳凰出版社2015
年版，第624頁。
③ （漢）司馬遷：《史記·夏侯嬰列傳》，中華書局1982年版，第2663頁。

笞

【解題】

笞，漢代刑罰。《説文解字·竹部》："笞，擊也。"① 作爲刑罰，漢代有單獨適用的笞刑，分笞百、笞五十等。有替代性笞刑，指當其他刑罰不宜適用、不能適用時適用的笞刑。《二年律令·具律》91 簡："城旦舂有罪耐以上，黥之。其有贖罪以下，及老小不當刑、刑盡者，皆笞百。"②

而"加笞"見於景帝詔書。這要從文帝廢除肉刑改革説起。《漢書·刑法志》文帝刑制改革，"諸當完者，完爲城旦舂；當黥者，髡鉗爲城旦舂；當劓者，笞三百；當斬左止者，笞五百；當斬右止，及殺人先自告，及吏坐受賕枉法，守縣官財物而即盜之，已論命復有笞罪者，皆棄市。"顏師古注："今流俗本'笞三百''笞五百'之上及'劓者'之下有'籍笞'字，'復有笞罪'亦云'復有籍笞罪'，皆後人妄加耳，舊本無也。"③ 張建國指出根據顏師古所説的流俗本復原《刑法志》原文，當爲："諸當完者，完爲城旦舂；當黥者，髡鉗爲城旦舂；當劓者〔籍笞〕，〔籍〕笞三百；當斬左止者，〔籍〕笞五百；當斬右止，及殺人先自告，及吏坐受賕枉法，守縣官財物而即盜之，已論命復有〔籍〕笞罪

---

① （漢）許慎撰，（清）段玉裁注，許惟賢整理：《説文解字注》，鳳凰出版社 2015 年版，第 349 頁。
② 彭浩、陳偉、〔日〕工藤元男：《二年律令與奏讞書：張家山二四七號漢墓出土法律文獻釋讀》，上海古籍出版社 2007 年版，第 127 頁。
③ （漢）班固：《漢書·刑法志》，中華書局 1962 年版，第 1099—1100 頁。

者，皆棄市。"① 張建國指出，改革方案中的"笞"不是
"一般作爲獨立刑罰的笞，而是附著於髡鉗城旦之上的附加
刑"，"籍"體現的是"附加"的意思。② 這是非常有見地的
見解。③ 走馬樓西漢簡中漢武帝元狩三年（前 120 年）長沙
國屬縣臨湘縣的一個案件，髡鉗城旦徒血妻、完城旦徒齊盜竊
被審判，"駕論髡鉗血妻、齊，血妻笞一百二百釱左右止，齊
笞百釱左止，皆爲城旦籍髡笞"。④ 其中血妻、齊原來均爲
"髡鉗城旦舂"，加論後血妻爲"髡鉗城旦舂笞一百二百"，齊
爲"髡鉗城旦舂笞百"，并均"釱左止"。歐揚指出"髡鉗笞
一百二百"就是对应改制前的"黥劓斬左趾爲城旦"，⑤ 是很
正確的。簡文明言此類加笞的刑徒都被稱爲"城旦籍髡笞"。
可證流俗本之"籍笞"可能并非後人妄加。

　　籍笞之"籍"當有書寫、登記之意。《説文解字·竹部》：
"籍，簿書也。"段玉裁注："簿當作薄。六寸薄，見寸部。引
伸凡箸於竹帛皆謂之籍。"⑥ 髡鉗城旦舂基礎上所施笞刑，執
行之後如不登記在册，從外在形式並不能表明該刑徒與髡鉗城
旦舂有何區別，以及笞二百與笞三百有何區別。此種登記很重

---

① 張建國：《西漢刑制改革新探》，《歷史研究》1996 年第 6 期，第 15 頁。

② 張建國：《西漢刑制改革新探》，《歷史研究》1996 年第 6 期，第 15 頁。

③ 後來公布的張家山漢簡《二年律令》揭示了漢初肉刑是在城旦舂基礎上實施
　　的，黥、劓、斬趾等之間存在著累加關係，則改革後的刑罰仍具有此種疊加關
　　係，據此可以説明張建國的"加笞"是在城旦舂基礎上附加的觀點是正確的。

④ 熊曲：《走馬樓西漢簡臨湘駕論血妻、齊盜臧案初探》，《（韓國）慶北大學校人文
　　學院 HK 事業團第一屆國際學術會議論文集》（2020 年），第 720 頁。

⑤ 歐揚：《走馬樓西漢簡牘刑制史料初探》，中國社會科學院簡帛研究中心等主編：
　　《簡帛研究（二○一八秋冬卷）》，廣西師範大學出版社 2019 年版，第 219 頁。

⑥ （漢）許慎撰，（清）段玉裁注，許惟賢整理：《説文解字注》，鳳凰出版社 2015
　　年版，第 338 頁。

要。如果以後還有犯罪需要累加時，也要在此基礎上累加。因此"籍笞"是指笞刑登記在冊的意思。當然用"加笞"之意也可以，則表明在髡鉗基礎上實施的笞刑。在景帝時詔書中有"加笞"，曰"加笞與重罪無異"，上述走馬樓武帝時期西漢簡中有"籍笞"，敦煌馬圈灣漢簡有"髡鉗笞百"，789簡"迺三月壬戌玉門官大奴髡鉗曹百破虜治罷都護事司馬丘長前"，歐揚指出"曹"當釋爲"笞"，該官大奴刑徒身份爲"髡鉗笞百"。居延新簡有"髡鉗笞二百"，EPT51·470簡"移魏郡元城遝書曰命髡鉗笞二百☐"。[①] 綜上所述，表明肩水金關漢簡上述73EJT1∶93簡中的"加笞"，即"髡鉗城旦舂加笞"之意。沈家本《漢律摭遺·捕律》"首匿亡命"條曰："《王子侯表》：'陸嗣侯延壽，坐知女妹夫亡命笞二百首匿罪，免。'顔注：'妹夫亡命，又有笞罪而藏匿之，坐免也。'《補注》：'沈欽韓曰：爲其妹夫有笞二百罪亡命，延壽知而首匿，故免，非謂亡命後又有笞罪也。'"[②] 以往兩種注釋很難判斷是非，從今之肩水金關漢簡來看，"亡命笞二百"即爲"亡命髡鉗城旦舂笞二百"，則所命之罪即包含"笞二百"，但這裏的"笞二百"不是以往理解的單獨的"笞二百"，一種較輕的罪，而是"髡鉗城旦舂笞二百"，是較重的罪。

簡73EJT1∶93中"加笞"數量最高至八百，當爲累犯刑罰累加。關於"髡鉗＋笞"形式中笞的數量，《漢書·刑法志》景帝元年詔："其定律：笞五百曰三百，笞三百曰二百。"至

---

① 馬怡、張榮强主編：《居延新簡釋校》，天津古籍出版社2013年版，第328頁。
② （清）沈家本：《歷代刑法考》，中華書局1985年版，第1506頁。

中六年，又下詔曰："……其減笞三百曰二百，笞二百曰一百。"① 經兩次減爲一百、二百。這是髡鉗城旦舂以上的兩個刑罰等級。《後漢書·耿夔傳》："元初元年，坐徵下獄，以減死論，笞二百。"② 而高於二百的笞，當爲刑罰加重、累加或并罰的結果。《後漢書·郅惲傳》李賢注："《東觀漢紀》：'芒守丞韓龔受大盜丁仲錢，阿擁之，加笞八百，不死，入見惲，稱仲健。'"③ 這裏"八百"似爲加重處罰。《後漢書·翟酺傳》注引魏晉時陳壽所作《益部耆舊傳》云東漢"杜真……兄事同郡翟酺。酺後被繫獄，真上檄章救酺，繫獄笞六百，竟免酺難，京師莫不壯之"。④ 此處"六百"不知屬於何種情形。《漢書·刑法志》景帝時丞相劉舍、御史大夫衛綰請："笞者……毋得更人，畢一罪乃更人。"⑤《晉書·刑法志》載張斐《注律表》有"累笞不過千二百"。⑥ 均説明笞得數罪累加。本簡"加笞"數量最高至八百，當爲累犯刑罰累加。沈家本《漢律摭遺·具律一》有"笞"條。⑦

① （漢）班固：《漢書·刑法志》，中華書局 1962 年版，第 1100 頁。
② （南朝宋）范曄撰，（唐）李賢等注：《後漢書·耿夔傳》，中華書局 1965 年版，第 719 頁。
③ （南朝宋）范曄撰，（唐）李賢等注：《後漢書·郅惲傳》，中華書局 1965 年版，第 1032 頁。
④ （南朝宋）范曄撰，（唐）李賢等注：《後漢書·翟酺傳》，中華書局 1965 年版，第 1605—1606 頁。
⑤ （漢）班固：《漢書·刑法志》，中華書局 1962 年版，第 1100 頁。
⑥ （唐）房玄齡等：《晉書·刑法志》，中華書局 1974 年版，第 928 頁。
⑦ （清）沈家本：《歷代刑法考》，中華書局 1985 年版，第 1546—1547 頁。秦漢"笞"相關研究可參見［日］冨谷至著，朱騰譯：《笞杖的變遷——從漢的督笞至唐的笞杖刑》，周東平、朱騰主編：《法律史譯評（2013 年卷）》，中國政法大學出版社 2014 年版；黃海：《由"笞"至"笞刑"——東周秦漢時期"笞刑"的産生與流變》，《社會科學》2019 年第 4 期。

☑丑命加笞八百要斬

☑□丑命加笞八百要斬（削衣）

☑□月丁未命笞二百棄市　　　　　　　73EJT1：93

【注】

簡中“加笞＋死刑”形式在以往文獻中均未見。“加笞＋死刑”，是執行笞刑後再執行死刑，還是直接執行死刑，這一點還不太清楚。

此簡削衣，但下端齊平，應爲原簡底端。最長處至底端約7釐米，故原簡上部應尚有約16釐米長。以字距看，未顯示的上部每行約容30餘字，當記述所命之人的情況。肩水金關73EJT37：776簡A面有“命籍在頓丘邑獄”，本簡或爲“命籍”？

復作

【解題】

復作的含義，目前還有不同理解。[1] 主要包含幾種意見：（1）刑徒赦免；（2）通過勞役抵償官私債務;[2]（3）女徒的一

---

[1]　崔建華：《西漢“復作”的生成機制及身份歸屬探討》，《中國史研究》2016 年第2 期；郜文玲：《漢代赦免制度研究》，中國社會科學院研究生院 2003 年博士學位論文，第 34 頁；張俊民：《懸泉漢簡與班固〈漢書〉所引詔書文字的異同》，《文獻》2013 年第 2 期；張建國《漢代的罰作、復作與弛行》，《中外法學》2006 年第 5 期；劉洋：《漢代“復作”徒考辨》，《南都學壇》2008 年第 4 期；［韓］任仲爀：《秦漢律中的庶人》，卜憲群、楊振紅主編：《簡帛研究（二○○九）》，廣西師範大學出版社 2011 年版；張伯元：《銀雀山漢簡〈田法〉二題》，載氏著《出土法律文獻研究》，商務印書館 2005 年版，第 306 頁；［日］冨谷至著，柴生芳、朱恒曄譯：《秦漢刑罰制度研究》，廣西師範大學出版社 2006 年版。
[2]　崔建華：《西漢“復作”的生成機制和身份歸屬探討》，《中國史研究》2016 年第2 期。

種形式。漢簡中所見形式爲刑徒赦免形成的復作。

其中刑徒赦免成復作，又有幾種理解。《漢書·晁錯傳》文帝"募辠人及免徒復作令居之"注，張晏曰："募民有罪自首，除罪定輸作者也，復作如徒也。"臣瓚："募有罪者及罪人遇赦復作竟其日月者，今皆除其罰，令居之也。"[1] 張晏似乎是將"辠人及免徒復作"理解成一種人（有罪——自首——除罪——輸作——復作如徒），其將"徒復作"理解成"復作如徒"。孟康則認爲"復作"即"弛刑徒"。《漢書·宣帝紀》孟康注："謂弛刑徒也。有赦令詔書去其鉗釱赭衣。更犯事，不從徒加，與民爲例，故當復爲官作，滿其本罪年月日，律名爲復作也。"[2] 臣瓚則認爲是指"罪人"以及"罪人遇赦復作"兩類人。

從漢簡看，復作不是刑徒，和弛刑徒存在較大區別。臣瓚的説法比較符合事實。復作是經赦令免除刑徒身份，以服勞役的性質服完剩餘的或規定的刑期，又稱免徒復作，其原身份是"徒"，免除該身份成"復作"。居延漢簡34.9和34.8A："☑山䜌得二人送囚昭武☑□四月旦見徒復作三百七十九人"[3]。居延新簡EPT56:280—281有"右止城旦舂以下及復作品"，可能是關於"刑期等級、勞役對象、勞役內容的具體規定"。[4]沈家本《漢律摭遺·具律一》有"復作"條。[5]

---

① （漢）班固：《漢書·晁錯傳》，中華書局1962年版，第2286—2287頁。
② （漢）班固：《漢書·宣帝紀》，中華書局1962年版，第236頁。
③ 謝桂華、李均明、朱國炤：《居延漢簡釋文合校》，文物出版社1987年版，第53頁。
④ 徐世虹主編：《中國法制通史（第二卷·戰國秦漢卷）》，法律出版社1999年版，第285頁。
⑤ （清）沈家本：《歷代刑法考》，中華書局1985年版，第1535頁。相關研究參見張建國：《漢代的罰作、復作與弛刑》，《中外法學》2006年第5期。

關於刑徒與復作的關係，鄔文玲指出："罪行較重的刑徒遇到大赦時，會被減免爲相應的復作，而刑等較輕的刑徒如司寇等遇到大赦時，則徑直免爲庶人，令其回歸故郡"。[1] 罪行較重的刑徒如果連復作也免除，則是特別的額外恩赦。如《史記·孝武本紀》："其赦天下，如乙卯赦令。行所過毋有復作。"下文又云："乃下詔曰：甘泉防生芝九莖，赦天下，毋有復作。"[2]

1. ☑□輔交復作大男馮善等□☑

☑肩水津勿苛止環（1）復傳（2）如☑　73EJT22：137

2. 觻得復作驪靬當利里馮奉世☑　　　73EJT24：964

3. 復作二歲大男孫得☑　　　　　　73EJT29：70

4. 五鳳三年十二月癸卯朔庚申守令史安世敢言之復作大男彭千秋陳留郡陳留高里坐傷人論會神爵四年三月丙辰赦

令復作縣官一歲十月十日（1）作日備免爲庶人道自致（2）謁移陳留過所縣道河津函谷關毋苛留止如律令敢言之

十二月庚申居延令弘守丞安世移過所縣道河津函谷關毋苛留止如律令掾守令史安世　　　　73EJT34：6A

章曰居令延印　　　　　　　　　　73EJT34：6B[3]

5. 神爵四年正月丙寅朔辛巳居延丞奉光移肩水金關都尉

① 鄔文玲：《走馬樓西漢簡所見赦令初探》，《社會科學戰線》2022 年第 4 期。

② （漢）司馬遷：《史記·孝武本紀》，中華書局 1982 年版，第 476、479 頁。

③ 許名瑲認爲："神爵四年三月丙辰，紀日干支有誤。神爵四年三月乙丑朔，是月無'丙辰'，疑'辰'字或爲'戌'之訛。宣帝神爵四年三月乙丑朔，廿二日丙辰（當作'戌'——引者注），儒略日1700373，前58年5月15日。"許名瑲：《〈肩水金關漢簡（肆）〉曆日校注》，簡帛網 2016 年 3 月 7 日，http://www.bsm.org.cn/show_article.php?id=2483。尉侯凱認爲簡文"三"當爲"二"字之訛。神爵四年二月乙未朔，二十二日丙辰，即公元前 58 年 4 月 15 日。尉侯凱：《讀〈肩水金關漢簡〉零劄七則》，《西華大學學報（哲學社會科學版）》2017 年第 1 期。

府移肩水

　　候書曰大守府調徒（1）復作四人送往來過客今居延調鬼
新徒孫　　　　　　　　　　　　　　　　73EJT37：520

　　6. 永光四年六月己酉朔癸丑倉嗇夫勃敢言之徒故穎川郡
陽翟宜昌里陳犬永光三年十二月中坐傷人論鬼新會

　　二月乙丑赦令免罪復作以詔書贖免爲庶人歸故縣謁移過所
河津關毋苛留止縣次贖食　　　　　　　73EJT37：526

　　7. 神爵三年六月己巳朔乙亥司空佐安世敢言之復作大男
呂異人故魏郡繁陽明里迺神爵元年十一月庚午坐傷人論會二年
二月甲辰赦令復

　　作縣官一歲三月廿九日（1）　·三月辛未

　　罰作（2）　盡神爵三年四月丁亥凡已作一歲一月十八日未
備二月十一日以詔書入錢贖罪免爲庶人謹爲偃檢封入居延調移
過所　　　　　　　　　　　　　　　73EJH1：3A

　　之伏居延令地從子平元長伏爲地爲地伏元子

　　　　　　　　　　　　　　　　　73EJH1：3B

　　8. 建昭二年七月辛卯朔壬辰令史宗敢言之遣令史□德迎
徒復作……

　　謁移過所縣道河津關毋苛留止如律令敢言之

　　七月甲午居延城倉長通移過所如律令/掾……佐□

　　　　　　　　　　　　　　　　　73EJD：41A

　　居延倉長　　　　　　　　　　　73EJD：41B

　　9. 居延復作大男孫奉丿大車一兩牛二十一月入

　　　　　　　　　　　73EJT37：1391 ＋883①

---

① 姚磊：《肩水金關漢簡綴合》，天津古籍出版社2020年版，第310頁。

【注】

1.（1）環，同"還"，返回。（2）復傳，載明返程有效的過關文書。①

本簡爲"復作"馮善等人的過關傳，復傳表明他們通過肩水金關後會持傳返回。

3. 簡中爲"復作二歲"，關於復作的期限，前引傳世文獻中《漢書·晁錯傳》臣瓚注曰"罪人遇赦復作竟其日月者"，《漢書·宣帝紀》孟康注"故當復爲官作，滿其本罪年月日，律名爲復作也"，均是説作滿没有服完的刑期。不過懸泉漢簡中有關於復作期限的律文有不同規定。《懸泉漢簡釋粹》Ⅱ0216②:615："諸以赦令免者，其死罪令作縣官三歲，城旦舂以上二歲，鬼薪白粲一歲。"Ⅱ0216②:437 簡"三歲，城旦舂二歲，鬼新（薪）白粲一歲，故屯作罷者，減後作各半"②。結合下面的肩水金關 73EJT34:6 簡、73EJH1:3 簡等，可知懸泉漢簡中的規定是復作的最高期限，如果剩餘刑期小於規定的最高期限，則只需作剩餘期限即可。從本條中"復作二歲"推知其之前的刑罰可能是"城旦舂"。

4.（1）一歲十月十日，復作期限超過"一歲"，根據懸泉漢簡的規定（詳見上一枚簡的按語），可知是未執行的刑期作爲了復作的期間，原來刑罰應爲城旦舂。（2）自致，這裏"致"指服刑機關給原籍的回鄉通知書，此書同時起過關文書

---

① 參見丁義娟：《肩水金關漢簡初探》，中國農業科學技術出版社 2019 年版，第107—114 頁。

② 胡平生、張德芳：《敦煌懸泉漢簡釋粹》，上海古籍出版社 2001 年版，第14—15 頁。

作用。自致，指刑滿釋放者本人持該致書前往。①

　　本簡文書中有原有罪行、免爲復作的緣由、復作的執行情況等，是研究復作制度非常珍貴的資料。

　　5.（1）徒，刑徒，漢代中期以後指城旦舂和鬼薪白粲，包括弛刑徒，不包括復作。

　　本簡爲過關文書，太守府調刑徒、復作從事送往來過客的事務。有助於瞭解徒、復作的工作範圍。

　　6. 簡文注釋見"傷人"條。本簡中鬼薪陳犬因赦免罪復作，又贖免爲庶人。關於免罪復作和贖免之簡的關係，可結合下簡 73EJH1 簡理解，前有赦令，後有贖免詔書。本簡是從其服刑地歸鄉所使用的過關文書，這種形式屬於過關文書中的"致書"。②

　　7.（1）一歲三月廿九日，指復作期間。根據《懸泉漢簡釋粹》Ⅱ0216②:615 簡"諸以赦令免者，其死罪令作縣官三歲，城旦舂以上二歲，鬼薪白粲一歲"，呂異人原來應爲城旦舂，剩餘刑期不足兩年。（2）罰作，漢代的刑罰。但此處即當指復作。文書中稱因赦令復作，接著又稱"罰作"，這裏的"罰作"和"復作"當指同一內容。可見罰作有時並非專名，而爲統稱，較輕的懲罰性勞役都可稱爲是罰作。

　　本簡爲服刑期滿歸鄉過關"偃檢"文書。

　　8. 本簡爲居延城倉令史的過關文書。過關事由是接應需要前來的"徒、復作"。

---

① 參見丁義娟：《肩水金關漢簡初探》，中國農業科學技術出版社 2019 年版，第 119—120 頁。

② 具體可參見丁義娟：《肩水金關漢簡初探》第三章"肩水金關過關文書'致'研究"的内容，中國農業科學技術出版社 2019 年版。

以上各簡均爲過關致書或名籍。服刑完畢的刑徒本人持致書歸鄉，該致書即報到書，同時也起到通行文書的作用。

作

【解題】

漢簡中"作"可在多種情形下使用，可表示刑徒服役，復作、居作、戍卒服役中的勞作等。這裏僅收錄刑徒的勞作。

1. 地節三年十一月癸未朔辛丑軍令史（1）遂敢言之詔書發三輔大常中二千☐

里☐順自言作日備（2）・謹案☐☐☐☐☐☐順以十一月乙酉作日備順☐　　　　　　　　　73EJT1:126①

2. ☐施刑屯居延作一日當二☐

☐☐☐☐☐☐　　　　　　　　　　73EJT1:83

3. ☐百（1）人皆施刑屯居延作一日當（2）☐

　　　　　　　　　　　　　　73EJT24:918②

4. ☐屯居延作一日☐☐☐

☐☐☐☐☐☐☐　　　　　　　　73EJT25:153

5. 城旦五百人皆施刑詣居延屯作一日當二日☐☐☐☐☐施刑☐☐淮陽郡城父幸里☐☐作

日備謁移過所縣邑侯國津關續食給法所當得毋留如律令敢

---

① 釋文根據張俊民、伊强的觀點改釋。張俊民：《西北漢簡所見"施刑"探微》，《石河子大學學報（哲學社會科學版）》2015年第2期；伊强：《〈肩水金關漢簡〉文字考釋五則》，簡帛網2015年2月19日，http://www.bsm.org.cn/?hanjian/6334。

② 原釋文（1）"百"和（2）"當"均爲"☐"，根據張俊民補釋。張俊民：《〈肩水金關漢簡（叁）〉釋文獻疑》，簡帛網2015年1月19日，http://www.bsm.org.cn/?hanjian/6313。

言之

　　九月丙午居延軍候世以軍中候……⊠

73EJT30:16 +254①

【注】

　　1.（1）軍令史，漢簡中又見有"軍候千人令史""軍馬令史"等。敦煌1304簡有"軍候千人令史王時五鳳二年九月庚辰朔壬辰敦"，《懸泉漢簡（壹）》Ⅰ90DXT0111S:18簡有"軍馬令史朱葵"。（2）備，盡。

　　2、3、5三簡皆涉及"施刑"屯作，4簡可能也是。屯，指屯田，屯作即在政府直接經營管理的農業集體部門中田作。施刑即弛刑，是遇赦免除去鉗釱、赭衣的刑徒。詳見"施刑"條。居延屯作一日當二日，是説施刑享有勞作一天按兩天計算刑期的優待。詳見"施刑"條。

適

【解題】

　　秦漢時期有"讁"（"適"與"讁"通），包括兩種情形。一是指法律上的一種處罰，指因罪冗邊。《漢書·酈食其傳》中"適卒"，師古注曰："適讀曰讁。讁卒謂卒之有罪讁者，即所謂讁戍。"②《睡虎地秦簡·秦律十八種》："百姓有母及同牲（生）爲隸妾，非適（讁）罪殹（也）而欲爲冗邊五歲，

①　釋文據張俊民文補釋。張俊民：《〈肩水金關漢簡（叁）〉釋文獻疑》，簡帛網2015年1月19日，http://www.bsm.org.cn/? hanjian/6313.htm；綴合據姚磊：《〈肩水金關漢簡（叁）〉綴合（叁）》，簡帛網2016年12月2日，http://www.bsm.org.cn/show_article.php?id =2676。

②　（漢）班固：《漢書·酈食其傳》，中華書局1962年版，第2108頁。

毋賞（償）興日，以免一人爲庶人，許之。"① 里耶秦簡 8—899 簡："☐貸適戍士五（伍）高里慶忌☐"②。第二種情形，秦漢朝廷爲補充邊疆戍守人員不足，以詔書等形式發送沒有犯罪的特定群體戍守邊疆，如秦始皇以及漢武帝時期對贅婿、賈人的謫發。總體來說，不管是罪人還是非罪人，"謫戍"是一種遠距離的發遣戍邊形式。③

西北漢簡所見作爲處罰方式的"適"，主要是吏卒有失職行爲時的處罰形式，屬於前述"謫"的第一種形式。根據張俊民的考察，居延漢簡和懸泉漢簡等中的"適"又主要包括兩種類型：第一種是"適×里"形式，有"適百里""適二百里""適三百里""適五百里""適千里"等；④ 第二種形式則是"適"某種具體勞役。⑤ 勞役形式包括載物、積茭等。⑥ 前者與傳統上理解的發遣形式相呼應，後者則是以往理解的"適"中未包含的內容。沈家本《漢律摭遺·具律二》有"謫戍"條。⑦

---

① 睡虎地秦墓竹簡整理小組編：《睡虎地秦墓竹簡》，文物出版社 1990 年版，第 54 頁。
② 陳偉主編：《里耶秦簡牘校釋（第一卷）》，武漢大學出版社 2012 年版，第 245 頁。
③ 相關研究如李均明：《居延漢簡"適"解》，中華書局編輯部：《文史》（三十二輯），中華書局 2009 年版；徐世虹：《額濟納漢簡法律用語零拾》，載孫家洲主編：《額濟納漢簡釋文校本》，文物出版社 2007 年版；張俊民：《敦煌懸泉漢簡所見"適"與"適"令》，《蘭州學刊》2009 年第 11 期等。
④ 漢簡中的"適×里"如 EPT5∶6："☐烽爲解，毋狀當教。以新除，故財適三百里以戒後"。
⑤ 張俊民：《敦煌懸泉漢簡所見"適"與"適"令》，《蘭州學刊》2009 年第 11 期。
⑥ "適"的具體事項如 262·31 簡："第十一候長忠，坐部十二月甲午留烽，適載純赤韋繢三百丈致☐"；EPT51∶323 簡："☐坐勞邊使者過郡飲適疆廿廿石輸官"；Ⅱ T0114③∶201 簡："☐☐不食。今適壽等，令積北澤☐"；Ⅳ T0918③∶1："金曹掾滑諶適出槧三頭。今入畢"等。
⑦ （清）沈家本：《歷代刑法考》，中華書局 1985 年版，第 1564 頁。

1. ☑候長☐非稱已適候長☑　　　　　　73EJT4:116

2. ☑適千里☑　　　　　　　　　　　73EJT4:95

3. 亭長☐☐九月甲辰夜盡時臽火不和適二百錢

　　　　　　　　　　　　　　　73EJT22:27

4. ☑☐適卒田寬☑　　　　　　　73EJT24:787

5. 兩粟大石二十五石始建國二年十月戊申肩水掌官士吏
惲受適吏李忠就人居延市陽里席便　　　73EJF3:107

6. 故吏屋闌義來里公乘王殷年廿五前適補（1）居延吏今
免歸故縣軺車一乘☑　　　　　　　73EJD:48

7. ☑☐塞下不持弩兵敝衣堅介適其亭隧長二百里部候長
候史　　　　　　　　　　　　73EJC:281

【注】

2. "適×里"的處罰形式。

3. 西北漢簡中的"適"，或"適×里"，或"適"具體勞
役，而没有純粹適用"適×錢"這種形式的。筆者認爲此簡
釋文中"錢"當釋爲"里"字。①

5. 簡中稱"適吏"，是被受"適"處罰的邊吏，處罰内
容是載粟，此種"適"實質是一定勞役罰作，但不以日計算。
本簡是"適吏李忠"和傭人一起載粟到指定地點時的授
收記録。

6. （1）適補，指因過錯或不勝任被調整至原空缺崗位任
用。補，指職位空缺而任用。

---

① 丁義娟：《〈肩水金關漢簡（貳）〉73EJT22:27 簡釋文訂正一則》，簡帛網 2018 年 5
月 5 日，http://www.bsm.org.cn/show_article.php?id=3074，原釋"錢"字當釋
爲"里"字。拙文發表後，姚磊先生認爲，73EJT22:27 最後一字爲"錢"字的
草寫形式，原整理者釋文不誤。

此簡中王殷先被調換了崗位，後被免職。本簡爲王殷被免歸鄉的過關文書。

7. "不持弩兵裻衣堅介"是處罰的事由，處罰形式是"適二百里"。

徙、徙補、換徙

【解題】

徙，遷移。有時指因過錯、因罪的遷移。如《漢書·陳湯傳》："免湯爲庶人，徙邊。"[1] 《後漢書·班超傳》班超曰："塞外吏士，本非孝子順孫，皆以罪過徙補邊屯。"[2]

1. 甘露四年四月戊寅朔甲午甲渠鄣守候何齋移肩水金關令史□

罷軍徙補觻得臨穀候官令史書到案籍内（1） 如律令

　　　　　　　　　　　　　　73EJT5∶68A

令史安世　　　　　　　　　　73EJT5∶68B

2. 辛未徙二人☑　　　　　　　73EJT21∶440

3. ☑章當欲裻徙恐吏不聽辛丑去署亡襃☑

　　　　　　　　　　　　　　73EJT24∶521

4. ☑能不宜其官（1）徙補候史代王安稚73EJT26∶82

5. 牒書其能不宜其官換徙十三人

始建國五年二月庚戌朔乙亥張掖延城（1）試守騎司馬佝以近秩次行大尉（2）文書事

---

① （漢）班固：《漢書·陳湯傳》，中華書局1962年版，第3026頁。
② （南朝宋）范曄撰，（唐）李賢等注：《後漢書·班超傳》，中華書局1965年版，第1586頁。

丞謂三十井聽書從事如律令　　　　　72EBS7C:2A

掾宏兼史詡書吏（3）隆　　　　　　72EBS7C:2B

【注】

1.（1）内，《説文·入部》：“入也，從门入，自外而入也。”這裏指允許過關。本簡爲官吏就任的過關文書。

4.（1）能不宜其官，《集成》（十）：“能力不適宜其職務。官吏考核慣用語，一般需進行職位調換。漢代考核官吏一般有行、能兩方面，前者指品行、修養；而能，指能力。”①《韓非子·用人》：“人臣皆宜其能，勝其官，輕其任，而莫懷餘力於心，莫負兼官之責於君。”在簡中又有“不勝任”“軟弱不任吏職”等表述。如居延舊簡285·24有“常樂不事官職而與卒□不勝任”②。居延新簡EPT68：4—6中馮匡“軟弱不任吏職以令斥免”③。對“能不宜其官”者的處理，李均明認爲：“漢簡所見，對能不宜其官的官員往往進行平級調動。”《漢書·薛宣傳》：“宣即以令奏賞與恭換縣。”師古注：“時令條有材不稱職得改之。”李均明認爲“知漢時律令尚有‘能不宜其官’條，故簡文亦常見‘能不宜其官，以令換爲……’語”。④ 胡仁智認爲包括調動與斥免，指出漢簡所見官吏日常公務活動中“能不宜其官”“軟弱不任吏職”“不勝任”等情形，對於這些不稱職的官吏，漢代政府主要採取行政方式與輕

---

① 中國簡牘集成編輯委員會編：《中國簡牘集成》（十），敦煌文藝出版社2001年版，第34頁。

② 謝桂華、李均明、朱國炤：《居延漢簡釋文合校》，文物出版社1987年版，第481頁。

③ 馬怡、張榮强主編：《居延新簡釋校》，天津古籍出版社2013年版，第722頁。

④ 李均明、劉軍：《漢代屯成遺簡法律志》，《中國珍稀法律典籍集成（甲編）》（第2冊），科學出版社1994年版，第264頁。

微刑事處罰的方式進行處理。如"不宜其官，以令換爲囊他石南亭長"，是調動職位。"七月□□除屬第四部士吏□匡軟弱不任吏職，以令斥免"，是對"軟弱不任吏職"的職官給與"斥免"的輕微刑罰處罰。[1] 可知"能不宜其官"的結果主要包括調整崗位和斥免。

本簡被考核評定爲"能不宜其官"者被徙補爲候史，顯然這裏"徙補"是下降性質的職務遷移。

5.（1）（2）延城大尉，即"延城太尉"。《漢書·王莽傳》始建國元年"改郡太守曰大尹，都尉曰太尉"[2]。不晚於始建國四年居延改稱延城，張掖後太尉（即之前的居延都尉）改稱張掖延城太尉。[3]（3）書吏，新莽時期將書佐改爲書吏。[4]

本簡中一次因能不宜其官換徙者達十四人之多。

免

【解題】

免，指免職。漢代官吏可因犯罪、失職、失去保任等多種情形被免。

1. 二月庚子斥免令□   73EJT1：280

2. □軟弱毋辨護不勝任（1）免缺（2）73EJT30：139

3. 故吏屋闌義來里公乘王殷年廿五前適補（1）居延吏今免歸故縣軺車一乘□   73EJD：48

---

① 胡仁智：《由簡牘文書看漢代職務罪規定》，《法商研究》2001 年第 3 期。

② （漢）班固：《漢書·王莽傳》，中華書局 1962 年版，第 4103 頁。

③ 參見焦天然：《新莽時期張掖郡部都尉更名考》，西北師範大學歷史文化學院等：《簡牘學研究（第十一輯）》，甘肅人民出版社 2021 年版，第 69 頁。

④ 參見饒宗頤、李均明：《新莽簡輯證》，新文豐出版社 1995 年版，第 156 頁。

【注】

1. 斥免，因不勝任或過錯被免職。于豪亮指出，"在漢簡中常見，指官吏因不能勝任其職務或營私舞弊被免除其職務而言"。① 李天虹認爲"居延漢簡所見斥免官吏，似乎與任命一致，也是通過上報呈請的"。② 關於斥免的性質，徐世虹認爲屬行政措施，居延新簡 EPT51·319 "·甲渠言，鉼庭士吏李奉、隧長陳安國等年老病，請斥免，言府·一事集封☒……可知隧長以上的降黜、斥免亦由都尉府掌握"，因此，斥免不能說是刑罰措施。③ 胡仁智則認爲"斥免"是對官吏的"輕微刑事處罰"。④

2. （1）軟弱毋辦護不勝任，有時稱爲"軟弱不勝任"，或"毋辦護不勝任"（居延漢簡 317. 21），與"能不宜其官"等意思差不多，指不能勝任職務，是常見的斥免理由。西漢尹賞臨終告誡其子説："丈夫爲吏，正坐殘賊免，追思其功效，則復進用矣。一坐軟弱不勝任免，終身廢棄無有赦時，其羞辱甚于貪污坐臧，慎毋然。"⑤ 不勝任也有其他的具體理由。如《漢書·武帝紀》有司奏議曰："不察廉，不勝任也，當免。奏可。"（2）缺，指目前該職位空缺。

3. （1）適補，指因過錯被調整崗位任用。詳見"適"條。

此簡中王殷先被調換了崗位，後被免職。本簡爲王殷被免

① 于豪亮：《于豪亮學術文存》，中華書局 1985 年版，第 192 頁。
② 李天虹：《居延漢簡所見候官少吏的任用與罷免》，《史學集刊》1996 年第 3 期。
③ 徐世虹：《額濟納漢簡法律用語零拾》，孫家洲主編：《額濟納漢簡釋文校本》，文物出版社 2007 年版，第 239 頁。
④ 胡仁智：《由簡牘文書看漢代職務罪規定》，《法商研究》2001 年第 3 期。
⑤ （漢）班固：《漢書·尹賞傳》，中華書局 1962 年版，第 3675 頁。

歸鄉的過關文書或文書記録。

收

【解題】

收，秦漢律中的一種刑罰附屬措施。鬼薪白粲以上的罪犯，其妻子、未成年子女和財産都要收歸國有，稱爲收，被收的家屬身份爲"收人"。《二年律令·收律》174 簡規定"罪人完城旦、鬼薪以上，及坐奸府（腐）者，皆收其妻、子、財、田宅"。[1] 不過漢文帝刑制改革稱"罪人不孥"，應該此後廢除收人制度。西北漢簡中所見的"收"可能僅指對財物的收取。

☑逋（1）不算日不給更繇口算賦☑

☑當收直（2）謁移屬國居延□☑　　　　73EJT24∶134

【注】

（1）逋，可指拖欠租賦、逃避勞役徭事等。《漢書·酷吏傳》："上拜義姊弟縱爲中郎，補上黨郡中令。治敢往，少温籍，縣無逋事，舉第一。"[2] 本簡文殘缺，句意不甚明確。（2）直，通"值"，財物數額。

本簡中的"收"可能是指對拖欠的租賦等的追繳。

没入

【解題】

没入，收歸官府所有。

---

① 彭浩、陳偉、［日］工藤元男：《二年律令與奏讞書：張家山二四七號漢墓出土法律文獻釋讀》，上海古籍出版社 2007 年版，第 195 頁。

② （漢）班固：《漢書·酷吏傳》，中華書局 1962 年版，第 3652—3653 頁。

□□□□

□又茲没入馬（削衣）　　　　　　　　　73EJT1:212

髡頭

【解題】

髡，《説文》：“鬀髮也。”先秦秦漢時期施用于刑徒。《康熙字典》：“《周禮・秋官・掌戮》：髡者使守積。注：王之同族不宫之者，髡頭而已。《前漢・刑法志》：當黥者，髡鉗爲城旦舂。”① 或用於地位低下之人。《史記・滑稽列傳》記載：“淳于髡者，齊之贅婿也。”贅婿，《索隱》：“女之夫也，比於子，如人疣贅，是餘剩物也。”②

居延都尉卒史居延平里徐通大奴（1）宜長七尺黑色髡頭十一月丙辰出

五鳳元年十月丙戌朔辛亥居延守丞安世別上計（2）移肩水金關居延都尉卒史居延平里徐通

自言繇之隴西還買䬝得（3）敬老里丁章君大奴宜今踈書宜年長物色書到出如律令　　　　　　73EJT37:522A

印曰居延丞印

十一月丙辰佐其以來　　　　　　　　　73EJT37:522B

【注】

（1）大奴，成年男奴。（2）別，另行，分別。別上計，單獨會計上報。（3）䬝得，張掖郡屬縣。漢昭帝始元六年（前81年）後，爲張掖郡治。本簡紀年爲漢宣帝五鳳元年

---

① 《康熙字典》，同文書局1887年版，中華書局1922年印，第1452頁。

② （漢）司馬遷：《史記・滑稽列傳》，中華書局1982年版，第3197—3198頁。

（前 57 年）。

此簡爲買奴過關文書。徐通在轢得縣買名爲“宜”的奴，需帶宜回居延。交易發生在轢得，徐通户籍在居延縣，在居延都尉處任職。一般買奴或買馬，應由買所縣道簽發“質書”（致書），作爲買主回原籍登記入賬的憑證和通關文書。不過本簡却是由居延縣發文，即由目的地發文，不知何故。①

*積極的法律後果

大多數刑事法律規範是列舉法律上否定的行爲方式，規定相應的懲罰措施。但也有一些法條是對法律鼓勵的行爲規定激勵性的法律後果。以下列出肩水金關漢簡所見購、賞等積極的法律後果形式。

購

【解題】

購，懸賞。《康熙字典》：“《説文》：以財有所求也。《戰國策》卷二七：韓取聶政屍於市，縣（懸）購之千金，莫知爲誰。《史記·韓世家》：將西購于秦。《前漢·高帝紀》：乃多以金購稀將。注：師古曰：購，設賞募也。”② 購是秦漢法律經常使用的激勵措施。常用的情形，一是如張家山漢簡《二年律令·捕律》規定有捕得各類逃亡罪犯的相應購金，二是“購賞科别”等中規定的作戰中對捕斬敵人的購賞等。《漢

---

① 詳細分析可參見拙作《肩水金關漢簡初探》第三章第二節内容。《肩水金關漢簡初探》，中國農業科學技術出版社 2019 年版。
② 《康熙字典》，同文書局 1887 年版，中華書局 1922 年印，第 1213 頁。

書·趙充國傳》："充國以爲亡罪，乃遣歸告種豪：'……天子告諸羌人，犯法者能相捕斬，除罪。斬大豪有罪者一人，賜錢四十萬，中豪十五萬，下豪二萬，大男三千，女子及老小千錢，又以其所捕妻子財物盡與之。'"①

1. 移書到明白扁書鄉官亭里市里謁善令吏民皆知之督遣部吏……捕部

界中□得歸二千石以下反□□□重事=（事事）當奏聞毋忽如律令

茂陵第八鄣候破胡等購錢□□　　　　　73EJT21:114

2. □□購錢大守□□

□令□　　　　　　　　　　　　　　73EJT33:20

3. □黨與五萬吏捕斬強□□　　　　　73EJT37:257

【注】

1. 簡文前部分是緝捕文書内容。罪犯似乎涉及謀反罪名，緝捕文書要求將該文書在明顯處公布，各轄區在本轄區内緝捕。簡文最後是捕得罪犯者獲得相應購錢。

賜、賞

【解題】

賜，《説文解字》："予也。"② 賞，《説文解字》："賜有功也。"這裏指官方給予爵位、物品、金錢等。張家山漢簡《二

---

① （漢）班固：《漢書·趙充國傳》，中華書局 1962 年版，第 2976 頁。
② （漢）許慎撰，（清）段玉裁注，許惟賢整理：《説文解字注》，鳳凰出版社 2015 年版，第 494 頁。

年律令》、胡家草場漢簡均有專門規定賞賜的《賜律》①。內容包括賞賜各類人員的標準，也包括救濟貧寒疾病、鰥寡等。沈家本《漢律撫遺》將賜高年及鰥寡孤獨癃病貧窮等資料歸入《戶律二》。②

1. 其所共捕得若斷斬首三百騎以上者皆錫（1）爵高功一人附城（2）食邑戶　　　　　　　　　　72EBS7C:4

2. 孝武皇帝兄弟子有屬籍在郡國（1）者賜馬各一匹駟（2）資（3）馬錢十四萬　　　　　　73EJT26:31

3. 爵左庶長（1）中都官及宦者吏千石以下至六百石爵五大夫（2）孝者爵人二級吏民爵人一級四年以前吏□□

　　　　　　　　　　　　　　　　　　　73EJT26:32

4. 皇帝璽書一封賜使伏虜居延騎千人光

制曰騎置馳行傳詣張掖居延使伏虜騎千人光所在毋留 =（留留）二千石坐之

　·從安定道元康元年四月丙午日入時界亭驛小史安以來望□行　　　　　　　　　　　73EJT21:1

5. 勞賞第一候長毋舉隧長議罰書到趣作治諸舉務令□堅任用皆爲□畢成言毋出

月廿八日令可覆行如律令/掾武　　　73EJT23:301

6. 地節三年六月丙戌朔甲辰尉史延年敢言之遣佐廣齎③三

---

① 何有祖、劉盼、蔣魯敬：《張家山漢簡〈二年律令·賜律〉簡序新探——以胡家草場漢簡爲綫索》，《文物》2020 年第 8 期。
② （清）沈家本：《歷代刑法考》，中華書局 1985 年版，第 1641—1645 頁。
③ 原釋文爲"齏"，根據黃浩波文章改釋。黃浩波：《肩水金關漢簡文字釋讀劄記五則》，《第七屆出土文獻研究與比較文字學全國博士生論壇論文集》（2017 年）。釋文討論可參看姚磊：《肩水金關漢簡釋文合校》，中國社會科學出版社 2021 年版，第 413 頁。

老賜名籍對（1）大守府乘軺車一乘牛一與從者平里紀市俱謁
移過所縣道河津關毋苛留止敢言之

六月甲辰居延丞延年移過所縣道河津關毋苛留止如律令/
掾延年佐長世　　　　　　　　　　　　73EJT37：519A

章曰居延丞印

六月壬子以來　　　　　　　　　　　　73EJT37：519B

7. ·右後甘露三年三月戍卒勞賜（1）名籍

　　　　　　　　　　　　　　　　　73EJT28：22

8. 贏伏地再拜請

少翁子賓少君子君孝婦足下良苦過行兵勞賜使者謹道贏丈
人病不愈□□觸得臧錢用少馬不□☑　　73EJH2：43A

少翁子賓少君子君孝婦足下進石膏少翁

寇子賓

高少君唐贏☑　　　　　　　　　　　　73EJH2：43B

【注】

1.（1）錫，賜。賜，《説文解字注·貝部》："予也。《釋
詁》：'賚、貢、錫、畀、予、況，賜也'。七字轉注。凡經傳
云錫者，賜之假借也。《公羊傳》曰：'錫者何？賜也。'"①
《康熙字典》："《爾雅·釋詁》：賜也。《易·師卦》：王三錫
命。《左傳》莊元年，王使榮叔來錫桓公命。注：錫，賜也。
《禮·緯文》：九錫，一曰輿馬、二曰衣服、三曰樂器、四曰朱
戶、五曰納陛、六曰虎賁、七曰弓矢、八曰鈇鉞、九曰秬

---

① （漢）許慎撰，（清）段玉裁注，許惟賢整理：《説文解字注》，鳳凰出版社 2015
　年版，第 494 頁。

邑。"① （2）附城，原關内侯，居攝三年（8年）二月王莽改。

本簡屬於購賞科別、令之類的文書。購賞的内容包括賜爵、食邑等。

2. （1）屬籍，宗室譜籍。《史記・商君列傳》："宗室非有軍功論，不得爲屬籍。"② 鄥勖根據甘谷漢簡中兩條詔書法規"宗室審諸侯五屬内，居國界；五屬外，便以法令治"，"宗室有屬、屬盡，皆勿事"，指出"五屬内"和"有屬"，"五屬外"和"屬盡"是一個意思。③ 有屬籍在郡國，指在宗室譜籍有名籍而人在郡國者。顯然，屬籍是與相應的身份和待遇相關的。本簡中的賞賜就是以屬籍爲依據。（2）駟，指同駕一輛車的四匹馬。"一匹駟"，劉釗認爲這裏有兩種可能，一是二字之間漏"至"字，一是"匹""駟"中有一字爲衍文。④ （3）齎，折合金錢的意思。《二年律令》簡289："賜棺享（椁）而欲受齎者，卿以上予棺級千、享（椁）級六百。"整理小組注：齎通"資"。⑤ 由此觀之，詔書所賜當爲"一駟，資馬錢十四萬"。

本簡是對屬籍在郡國者皇族子弟的賞賜馬匹的詔書。類似的如《漢書・哀帝紀》綏和二年四月："賜宗室王子有屬者馬各一駟，吏民爵。"⑥

---

① 《康熙字典》，同文書局 1887 年版，中華書局 1922 年印，第 1328 頁。
② （漢）司馬遷：《史記・商君列傳》，中華書局 1982 年版，第 2230 頁。
③ 鄥勖：《讀金關簡劄記（三則）》，《出土文獻與法律史研究（第四輯）》，上海人民出版社 2015 年版，第 46 頁。
④ 劉釗：《漢簡所見官文書研究》，吉林大學 2015 年博士學位論文，第 151 頁。
⑤ 彭浩、陳偉、[日]工藤元男：《二年律令與奏讞書：張家山二四七號漢墓出土法律文獻釋讀》，上海古籍出版社 2007 年版，第 211 頁。
⑥ （漢）班固：《漢書・哀帝紀》，中華書局 1962 年版，第 334 頁。

3.（1）（2）左庶長，漢代二十等爵中的第十級爵。五大夫，第九級爵。秦漢二十等爵制又與卿、大夫、士爵相對應。左庶長至第十八級爵大庶長爲卿級爵。大夫與士對應的二十等爵級有所變化。楊振紅研究認爲，秦及漢初大夫爵對應二十等爵中的大夫（5級）至五大夫（9級），文帝六年左右改革之後大夫爵僅對應五大夫，公乘（8級）以下均屬於士爵。① 劉劭《爵制》中"吏民爵不得過公乘者，得貰與子若同産"，反映的就是這種爵級的區分。

六百石常常是官吏待遇的一個分界綫。睡虎地秦簡《法律答問》191 簡："可（何）謂'宦者顯大夫?'·宦及智（知）於王，及六百石吏以上，皆爲'顯大夫'。"② 《漢書·惠帝紀》："爵五大夫、吏六百石以上及宦皇帝而知名者有罪當盜械者，皆頌繫。"③ 《漢書·宣帝紀》本始元年五月，"賜吏二千石、諸侯相、下至中都官、宦吏、六百石爵，各有差，自左更至五大夫。賜天下人爵各一級"。④

本簡是分等級普遍賜爵的詔書。劉釗認爲本簡與前述簡 2（73EJT26：31）從簡牘形制、書寫格式、簡牘內容方面判斷可能屬於同一簡册。⑤

4. 簡文注解參見"留"條。

簡文爲郵傳文書。文書中包含了一規範性條文。

---

① 楊振紅：《從新出簡牘看二十等爵制的起源、分層發展及其原理——中國古代官僚政治社會構造研究之三》，《史學月刊》2021 年第 2 期，第 51 頁。
② 睡虎地秦墓竹簡整理小組編：《睡虎地秦墓竹簡》，文物出版社 1990 年版，第 139 頁。
③ （漢）班固：《漢書·惠帝紀》，中華書局 1962 年版，第 85 頁。
④ （漢）班固：《漢書·宣帝紀》，中華書局 1962 年版，第 242 頁。
⑤ 劉釗：《漢簡所見官文書研究》，吉林大學 2015 年博士學位論文，第 151—152 頁。

5. 簡文注解見"罰"。

6.（1）對，又稱"對會"，指到上級部門核對簿籍文書。

7. 勞賜，指慰勞賞賜，包括金錢、爵位、官職、復除優待等。《漢書·文帝紀》："其遣謁者勞賜三老、孝者帛人五匹，悌者、力田二匹，廉吏二百石以上率百石者三匹。"[1] 需注意含義與"賜勞"不同：勞賜的主體多樣，對象不限於官吏，內容可以是各種優待；賜勞對象僅限於官吏。

二、刑罰適用與執行

赦

【解題】

以皇帝詔書形式，減罪、免罪，免作務，詔施刑、贖罪等。[2]

1. ·右奴婢有駕駕赦罪一等以上其證☒　　73EJT1：235

2. 河平四年二月甲申朔丙午倉嗇夫望敢言之故魏郡原城陽宜里王禁自言二年戍屬居延犯法論會正月甲子赦（1）

令免爲庶人願歸故縣謹案律曰徒事已毋糧謹故官爲封偃檢縣次續食給法所當得謁移過所津關毋

苟留止原城收事敢言之

二月丙午居令博移過所如律令　　　掾宣嗇夫望佐忠

73EJT3：55

3. ☒□赦令免爲　　　　　　　73EJT23：93

① （漢）班固：《漢書·文帝紀》，中華書局 1962 年版，第 124 頁。
② 相關研究參見鄔文玲：《漢代赦免制度研究》，中國社會科學院研究生院 2003 年博士學位論文；張俊民：《懸泉漢簡所見赦令文書初探》，卜憲群、楊振紅主編：《簡帛研究（二○一一）》，廣西師範大學出版社 2013 年版。

4. □□願足下善毋恙聞者□遣卒幸得已甚善迫身伏前言
□□□□唯丈人賴□赦罪敢叩頭幸甚謹道敢前日去時忘□

73EJT23：239

5. ☑赦之弓☑　　　　　　　　　　　73EJT24：317

6. 己丑赦令前……☑　　　　　　　　73EJT33：50

7. 戍邊乘橐他曲河亭南陽郡葉邑安都里柏尚年卅五會赦
事已（1）軺車一乘二月乙丑南入
牛一頭　　　　　　　　　　　　　73EJT37：870

8. 五鳳三年十二月癸卯朔庚申守令史安世敢言之復作大
男彭千秋陳留郡陳留高里坐傷人論會神爵四年三月丙辰赦
令復作縣官一歲十月十日作日備免爲庶人道自致調移陳留
過所縣道河津函谷關毋苛留止如律令敢言之
十二月庚申居延令弘守丞安世移過所縣道河津函谷關毋苛
留止如律令掾守令史安世　　　　73EJT34：6A
章曰居令延印　　　　　　　　　　73EJT34：6B

9. 永光四年六月己酉朔癸丑倉嗇夫勃敢言之徒故穎川郡
陽翟宜昌里陳犬永光三年十二月中坐傷人論鬼薪會
二月乙丑赦令（1）免罪復作以詔書贖免爲庶人歸故縣調
移過所河津關毋苛留止縣次贖食　　73EJT37：526

10. 神爵三年六月己巳朔乙亥司空佐安世敢言之復作大男
呂異人故魏郡繁陽明里迺神爵元年十一月庚午坐傷人論會二年
二月甲辰赦令復
作縣官一歲三月廿九日・三月辛未
罰作盡神爵三年四月丁亥凡已作一歲一月十八日未備二月
十一日以詔書入錢贖罪免爲庶人謹爲偃檢封入居延調移過所

73EJH1：3A

之伏居延令地從子平元長伏爲地爲地伏元子

73EJH1：3B

11. ☒自言幸得以赦令除用卷約責普＝（普普）服負不得

除☒　　　　　　　　　　　73EJF3：60 ＋283①

12. 廣地候史□□葆……年□會赦歸昭武（1）

73EJF3：207

13. 赦……因白事屬□教孤山吏張彭斥竟吏李樂卒

73EJF3：408A

到謹□□卿　　　　　　　　　73EJF3：408B

14. 忠謂恭曰稟已赦之候忠稟夜至莫昏恭輔俱來送使者來

何爲壬寅入以行□□不　　　　　73EJC：296

【注】

2.（1）河平四年正月甲子赦，《漢書・成帝紀》河平四年春正月"赦天下徒，賜孝弟力田爵二級，諸逋租賦所振貸勿收"②。即是本簡提到的"正月甲子赦"。本簡詳注見"犯法"條。

本簡爲刑徒期滿歸鄉的過關文書。依赦令王禁直接免爲庶人。居延新簡 EPT5：105 有"☒以赦令免爲庶人名籍"③。

7.（1）會赦事已，指柏尚因赦免除戍邊。本簡爲其歸鄉的過關文書。

8. 本簡注釋見"復作"條。這裏赦令的效果是刑徒遇赦，復作縣官。

9.（1）二月乙丑赦令，《漢書・元帝紀》載永光四年春

---

① 姚磊：《肩水金關漢簡綴合》，天津古籍出版社 2020 年版，第 344 頁。

② （漢）班固：《漢書・成帝紀》，中華書局 1962 年版，第 310 頁。

③ 馬怡、張榮強主編：《居延新簡釋校》，天津古籍出版社 2013 年版，第 37 頁。

二月，詔曰："朕承至尊之重，不能燭理百姓，婁遭凶咎。加以邊竟不安，師旅在外，賦斂轉輸，元元騷動，窮困亡聊，犯法抵罪。夫上失其道而繩下以深刑，朕甚痛之。其赦天下，所貸民勿收責。"①《漢書》記載赦令內容是赦免債務。可能《漢書》并未記載赦令的全部內容。簡文涉及的詔書贖罪，與"按律贖罪"不同。② 簡中陳犬根據赦令由刑徒赦爲復作。

本簡爲刑徒贖免後歸鄉文書。

10. 本簡注解見"傷人"條。

本簡中赦令效果是刑徒身份轉爲"復作"。本簡爲復作事了後歸鄉的過關文書。

11. 漢代常有赦免民間債務詔書，如《漢書·元帝紀》永光四年春二月，詔曰："……其赦天下，所貸民勿收責。"③ 簡文中赦令當指此類詔書。

12.（1）昭武，張掖屬縣。

本簡爲過關文書。昭武當爲過關者原籍所在地。

爵減

【解題】

爵減，因爵位減輕刑罰。存在兩種情形，一是有一定爵位者，刑罰優待執行，如張家山漢簡《二年律令·具律》82 簡有："上造、上造妻以上，及內公孫、外公孫、內公耳玄孫有

① （漢）班固：《漢書·元帝紀》，中華書局 1962 年版，第 291 頁。
② 相關研究參見鄔文玲：《漢代赦免制度研究》，中國社會科學院研究生院 2003 年博士學位論文，第 44—45 頁。
③ （漢）班固：《漢書·元帝紀》，中華書局 1962 年版，第 291 頁。

罪，其當刑及當爲城旦舂者，耐以爲鬼薪白粲。"① 一種是以爵抵罪，削減爵位等級以換取減輕刑罰。《漢書・薛宣傳》："（薛）況與謀者皆爵減完爲城旦。"② 當即屬於第二種情形。③

> 鬼新蕭登　故爲甲渠守尉坐以縣官事歐笞戍卒尚勃讞爵減
>
> 元延二十一月丁亥論　故觻得安漢里正月辛酉入
>
> 73EJT3:53

【注】

（1）注釋參見"歐笞"條注釋。

本簡是刑徒鬼薪蕭登入關登記名籍。經請示後適用的爵減，爵減後爲鬼薪，原刑罰可能爲髡鉗城旦舂或完城旦舂。

同生、同產

【解題】

同生，即同產。常見"父母、妻子、同產，無少長皆棄市。"《漢書・晁錯傳》："錯當要斬，父母妻子同產無少長皆棄市。"④ 張家山漢簡《二年律令・賊律》1—2 簡："以城邑亭障反，降諸侯，及守乘城亭障，諸侯人來攻盜，不堅守而棄去之若降之，及謀反者，皆要（腰）斬。其父母、妻子、同產，無少長皆棄市。"⑤ 關於"同產"，傳統認爲包括同父同

---

① 彭浩、陳偉、［日］工藤元男：《二年律令與奏讞書：張家山二四七號漢墓出土法律文獻釋讀》，上海古籍出版社 2007 年版，第 123 頁。

② （漢）班固：《漢書・薛宣傳》，中華書局 1962 年版，第 3396 頁。

③ 相關研究參見徐世虹：《西漢末期法制新識——以張勳主守盜案牘爲對象》，《歷史研究》2018 年第 5 期。

④ （漢）班固：《漢書・晁錯傳》，中華書局 1962 年版，第 2301 頁。

⑤ 彭浩、陳偉、［日］工藤元男：《二年律令與奏讞書：張家山二四七號漢墓出土法律文獻釋讀》，上海古籍出版社 2007 年版，第 88 頁。

母、同父異母和同母異父所生的兄弟姊妹。孫聞博認爲"同産"更強調父系，不包括同母異父者。[1]

1.（省略[2]）大逆同産當坐重事推迹未窮毋令居部界中不覺得者書言白報以郵亭行詣長安

傳舍重事當奏聞必謹密之毋留如律令

（省略）   73EJT1:2

2. ☑……☑

☑同生無少長皆棄☑   73EJC:504

【注】

1. 簡文全文及注解參見"大逆不道"條。"大逆同産當坐"，同産所坐刑罰很可能是棄市。

不論

橐他稽落亭長犯法反不論願以律取☑☑   73EJC:448A

☑☑☑   73EJC:448B

繫、械繫

【解題】

繫，指繫囚，拘繫待審犯、死囚犯等。繫的方式，有械繫、頌繫。械繫是使用木制的桎梏或鐵鏈等拘繫。頌繫是不帶刑具。《漢書·婁敬傳》："械繫敬廣武。"顔師古曰："械謂桎

---

① 孫聞博：《秦漢簡牘所見特殊類型奸罪研究》，《中國歷史文物》2008 年第 3 期，第 67—68 頁。
② 書中"（省略）"均爲作者所加，用於簡文較長，且本書前面在別處已經輯録過的簡文，表示簡文有省略。

桎也。"① 《漢書·刑法志》："其著令：年八十以上，八歲以下，及孕者未乳，師、朱儒當鞠繫者，頌繫之。"顏師古注曰："頌讀曰容。容，寬容之，不桎梏。"② 不管是頌繫還是械繫，都要有拘繫文書"繫牒"。《張家山漢墓竹簡·奏讞書》案例16："求盜甲告曰：從獄史武備盜賊，武以六月壬午出行公梁亭，至今不來，不智（知）在所，求弗得，公梁亭校長丙坐以頌縠（繫），毋縠（繫）牒，弗窮訊。"③ 沈家本《漢律摭遺·囚律》有"繫囚"條。④

1. 移書到明白扁書鄉官亭里市里謁善令吏民皆知之督遣部吏……捕部

界中□得縠歸二千石以下反□□□重事＝（事事）當奏聞毋忽如律令

　　　茂陵第八郵候破胡等購錢□□　　　　　73EJT21：114

2. □置廚二千石傳乘用傳馬抱者□□蔡鳳

□嘉怒賊殺臨母□□以縣官事□□縠亭□

　　　　　　　　　　　　　　　　　　73EJT23：153

3. 失寇捕縠房誼東候□　　　　73EJT24：852

4. □□失寇捕縠房誼東　　　　73EJT24：927

5. 死罪屋闌游徼當祿里張彭祖以胡刀自賊刺頸各一所以羍（1）立死

① （漢）班固：《漢書·婁敬傳》，中華書局1962年版，第2121—2122頁。
② （漢）班固：《漢書·刑法志》，中華書局1962年版，第1106—1107頁。
③ 彭浩、陳偉、〔日〕工藤元男：《二年律令與奏讞書：張家山二四七號漢墓出土法律文獻釋讀》，上海古籍出版社2007年版，第354頁。
④ （清）沈家本：《歷代刑法考》，中華書局1985年版，第1480頁。

元康二年三月甲午械毄屬國各在破胡受盧水男子翁□當告

73EJT30:6

【注】

1. 前兩行爲緝捕文書内容。最後一行是緝捕逃犯的人員得到購錢。

2. 簡文詳解見"賊殺"條。

3. 參見"失寇"條注。

5. (1)辜,即保辜,指人身傷害案件被害人受傷未當時死亡,在規定的期限内死亡,加害人以殺人罪論處的制度。詳見"辜"。

該簡與73EJT30:170＋144① 簡 "死罪屋闌游徼□□□□□……坐與游徼彭祖捕縛盧水男子因籍田都當故屬國千人辛君大奴宜馬□" 可能屬於同一簡册。爲囚録名籍簡。參看"囚録"條。二簡結合,大致可知張彭祖的罪與捕縛屬國胡人盧水男子致其在辜限内死亡有關。本簡爲死罪犯械繫的實例。

施刑

【解題】

施刑,即弛刑,指依照詔書去掉身上刑具、囚衣的刑徒。《漢書·宣帝紀》神爵元年 "發三輔、中都官徒弛刑" 注,李奇曰:"弛,廢也。謂若今徒解鉗釱赭衣,置任輸作也。" 師古曰:"……李説是也。若今徒囚但不枷鎖而責保散役之耳。"②

---

① 伊强:《肩水金關漢簡中的"囚録"及相關問題》,李學勤主編:《出土文獻(第七輯)》,中西書局 2015 年版。

② (漢)班固:《漢書·宣帝紀》,中華書局 1962 年版,第 260 頁。

《後漢書·光武帝紀》："遷驃騎將軍杜茂將衆郡施刑屯北邊。"注："施，讀曰弛。弛，解也。《前書音義》曰：'謂有赦令去其鉗釱赭衣，謂之弛刑。'"① 張建國則認爲此類詔書不構成"赦"。②

值得注意的是李奇注釋中的"置任"，師古説"若今徒囚但不枷鎖而責保散役"，指施刑不加刑具是與保任相配合的。不過在西北屯戍漢簡中則没有體現這方面的資料。沈家本指出："《隋志》：《梁律》徒居作者具五任，其無任者，著闌械。《北齊律》三曰刑罪，并鎖輸左校而不髠。無保者鉗之。按：無任者，著械防其逃也，北齊之鉗亦是此意。保即任也。"③ 這裏也是將"不鉗"和保任結合適用。五一廣場東漢簡 CWJ1③：195 有"脩、种、國等相賦斂，沽酒，受賕請，相與群飲，食山徒取其錢，令丸、達私市肉、胃、鹽、豉，皆不雇直。知若無任徒，寬緩令爲養，私使炊釀，便處徒所，不當得爲"，④ 吴飛雪認爲這裏的"寬緩"是解除其刑具，令其"爲養"，因此違反了關於"無任"徒的管理規定。⑤ 也表明了"保任"與刑具使用之間的關係。結合傳世文獻和出土資料，推測漢代這些施刑都是需要保任的。

1. ☒施刑屯居延作（1）一日當二☒

---

① （南朝宋）范曄撰，（唐）李賢等注：《後漢書·光武帝紀》，中華書局 1965 年版，第 60 頁。
② 參見張建國：《漢代的罰作、復作與弛刑》，《中外法學》2006 年第 5 期，第 607 頁。
③ （清）沈家本：《歷代刑法考》，中華書局 1985 年版，第 90 頁。
④ 長沙市文物考古研究所等編：《長沙五一廣場東漢簡牘選釋》，中西書局 2015 年版，第 219 頁。釋文有所調整。
⑤ 吴飛雪：《長沙五一廣場簡牘法律用語續探》，中國文化遺產研究院編：《出土文獻研究（第十六輯）》，中西書局 2017 年版，第 316 頁。

□□□□□□□□　　　　　　　　　　　　73EJT1：83

　　2．□百人皆施刑屯居延作一日當□　　　73EJT24：918①

　　3．城旦五百人皆施刑（1）詣居延屯作一日當二日
□□□□□施刑□□淮陽郡城父幸里□□作

　　日備（2）謁移過所縣邑侯國津關續食（3）給法所當得
毋留如律令敢言之九月丙午居延軍候世以軍中候……

　　　　　　　　　　　　　　　73EJT30：16＋254②

　　4．□計到三年四月己酉以請詔施刑□□
關以縣次續食驗決所當得（1）□　　　　　73EJT5：31

　　5．安定郡施刑士（1）鶉陰大富里陳通年卅五黑色長七尺
　　　　　　　　　　　　　　　　　　　　73EJT8：35

　　6．肩水候□□施刑屬刪丹（1）貧急毋它財物（2）以償
責府□

　　　□令史不禁公令丁君房任賞從萬等覔賣狐□

　　　　　　　　　　　　　　　　　　73EJT11：15

　　7．閒者絕不得徒施刑元始四年王府君省肩水塞守閒亭卒
一人門③　　　　　　　　　　　　　　73EJT23：330

　　8．□施刑士張廣等發行爲巧詐亡□

---

①　張俊民指出簡1的前後兩個“□”可作“百”與“當”。張俊民：《〈肩水金關漢簡（叁）〉釋文獻疑》，簡帛網2015年1月19日，http://www.bsm.org.cn/?hanjian/6313。

②　釋文據張俊民文補釋。張俊民：《〈肩水金關漢簡（叁）〉釋文獻疑》，簡帛網2015年1月19日，http://www.bsm.org.cn/?hanjian/6313.htm；綴合據姚磊：《〈肩水金關漢簡（叁）〉綴合（叁）》，簡帛網2016年12月2日，http://www.bsm.org.cn/show_article.php?id=2676。

③　“門”原釋文“□”，據秦鳳鶴改釋。秦鳳鶴：《〈肩水金關漢簡〉（壹）（貳）釋文校訂》，《漢字漢語研究》2018年第2期。

☑傷一人☑☑賕獄未論四人亡未得眛死奏名牒☑

73EJT23：362

9. 地節四年二月乙丑張掖肩水司馬德以私印行都尉事謂肩水候官寫移書到候嚴教乘（1）亭塞吏各廡索部界中詔所名捕（2）施刑士

金利等毋令留居部界中毋有具移吏卒相牽證任不舍匿（3）詔所名捕金利等移愛書都尉府會二月廿五日須報大守府毋忽它如律令

73EJT23：620

10. 守令史孫黨迎取四人書到願令史以施刑付黨報

73EJT23：886

11. 神爵四年正月丙寅朔辛巳居延丞奉光移肩水金關都尉府移肩水

候書曰大守府調徒復作四人送往來過客今居延調鬼新徒孫

73EJT37：520

12. 安定郡施刑士安武宜民里莊子都年卅七黑色長七尺一寸☑

73EJC：5

13. 安定郡施刑士臨涇留☑

73EJC：36

14. 安定郡施刑士周工阿里救充邑年廿黃色長七尺三寸☑

73EJC：43 +52

15. 安定郡施刑士烏氏始安里王發年卅☑　73EJC：68

16. ☑弛刑五人前令弛刑受　72ECC：53

17. ☑以詣都尉封泥摩滅（1）蒲繩完☑

☑二弛刑陳據受却胡亭吏王冀　72ECC：70

18. ☑弛刑受居☑　72ECC：78

【按】

1. （1）屯，指屯田，屯作指在政府直接經營管理的農業單位中集體田作。

3. （1）城旦五百人皆施刑，人數達"五百人"的類似情況，如《後漢書·南匈奴列傳》建武二十六年，漢命令"西河長史歲將騎二千，弛刑五百人，助中郎將衛護單于，冬屯夏罷"。① （2）作日備，備，完備。（3）續食，沿途依次按規定提供飲食。73EJT30：16＋254 簡是居延軍候簽發的過關文書，是施刑刑滿歸鄉的憑證。

1、2、3 三簡皆涉及"施刑"屯作。三簡均有"居延屯作一日當二日"，適用對象皆爲施刑，適用地區爲居延。施刑身份仍爲刑徒，通常刑期不變。當有相關律令規定特定地區施刑享有勞作一天按兩天計算刑期的優待。

4. （1）張俊民認爲應爲"縣次續食，給法所當得"②。

本簡是施刑刑滿歸鄉過關文書。其中寫明"施刑"是依照詔書而來。

5. （1）施刑士，即"施刑"。

本簡爲施刑過關名籍。

6. （1）删丹，張掖郡屬縣。（2）貧急毋它財物，表示經濟困難，無法償債等情況的常用語。如73EJT35：6 簡"牛直四千將前負倉官錢今皆折馮奉□貧急毋它財物願請"。

簡文殘斷，意思不甚明瞭。涉及施刑無力償還債務，與貰賣物品有關。

8. 注釋可參見"貰"條。

---

① （南朝宋）范曄撰，（唐）李賢等注：《後漢書·南匈奴列傳》，中華書局 1965 年版，第 2945 頁。
② 張俊民：《金關漢簡劄記》，簡帛網 2011 年 10 月 15 日，http：//www. bsm. org. cn/show_article. php?id＝1565。

本簡爲施刑士等逃亡的上報文書，施刑士張廣等行爲巧詐逃亡。

9.（1）乘，守，參見"亡、逃"43 簡注釋。（2）詔所名捕，以詔書形式發布的通緝令。詳見"詔所名捕"條。（3）相牽證任不舍匿，本人和他人相互證明不收留藏匿逃犯。

簡文爲肩水都尉向肩水候官轉發的詔捕文書，名捕對象爲施刑士金利等，要求肩水候官下發檔在轄區内搜捕，并按時上報搜捕結果。

10．守令史孫黨前去迎領調撥的四名施刑。

12—15 簡爲施刑士過關名籍簡。

17．（1）封泥摩滅，指封緘郵書封泥印章磨損不可見。本簡中弛刑陳護爲文書傳遞人員。

徒

【解題】

徒，指服勞役的罪犯。秦及漢初指包括城旦舂、鬼薪白粲在内的刑徒。隸臣妾則簡稱爲"隸"。在漢文帝刑制改革之後，刑罰爲有期刑，則徒當指城旦舂、鬼薪白粲等有期刑徒。"徒"和"作"存在性質上的差別，如有"免徒復作"的説法。《漢書·晁錯傳》："募罪人及免徒復作令居之"注，張晏曰："募民有罪自首，除罪定輸作者也，復作如徒也。"臣瓚曰："募有罪者及罪人遇赦復作竟其日月者，今皆除其罰，令居之也。"[①]《漢書·宣帝紀》"復作"孟康注："……更犯事，不從徒加，與民爲例，故當復爲官作，滿其本罪年月日，律名

---

① （漢）班固：《漢書·晁錯傳》，中華書局 1962 年版，第 2286—2687 頁。

爲復作也。"① 以上可知，徒與作存在性質上的差別。

1. 府庫（1）徒觻得安國里馬禹年廿七歲□□

73EJT3：17

2. □威卿奉千

□奉錢徒　　　　　　　　　　73EJT9：207A

□□□□□

□田子文　　　　　　　　　　73EJT9：207B

3. 閒者絕不得徒施刑元始四年王府君省肩水塞守閒亭卒
一人門②　　　　　　　　　　73EJT23：330

4. 水門隧卒成弱郭徒毋何貰買皂布一匹直三百

73EJT23：925

5. 以食徒大男四人十二月食積百廿人＝（人人）六升

73EJT24：259

6. 五月十六日庚辰　失中九分一鋪坐五分一・凡六

鋪時三分一└二分一六分一　　　日出三分一外候　　候卒
赦受（1）莫當徒宿　　　　　　73EJT28：79

7. □□人徒六人奴一人軺車一乘馬四匹牛車九兩□

73EJT30：93

8. 元延二年二月丙申居延守令城騎千人敞丞忠移過所縣□

關遣都阿亭長徐光以詔書送徒上河當舍傳舍從者如律令

三月壬申出尸掾陽守令史陽佐賢　　　73EJT37：1070

9. 建昭二年七月辛卯朔壬辰令史宗敢言之遣令史□德迎徒復

---

① （漢）班固：《漢書・宣帝紀》，中華書局1962年版，第236頁。
② "門"原釋文爲□，根據秦鳳鶴文補釋。秦鳳鶴：《〈肩水金關漢簡〉（壹）（貳）釋文校訂》，《漢字漢語研究》2018年第2期。

作……

　謁移過所縣道河津關毋苛留止如律令敢言之

　七月甲午居延城倉長通移過所如律令／掾……佐□

　　　　　　　　　　　　　　　　　73EJD:41A

　居延倉長　　　　　　　　　　　　73EJD:41B

10.　☑車載遣信長吏卒徒送致（1）□☑　73EJD:206

11.　吏十一人徒五人胡騎☑

　民四人囚十人輜車□☑　　　　　　73EJC:156

【注】

1.（1）庫，《康熙字典》："《説文》：兵車藏也。從車，在廣下。《釋名》：庫，舍也。物所在之舍也，故齊魯謂庫曰舍。《禮・月令》：審五庫之量。蔡邕《章句》：一曰車庫，二曰兵庫，三曰祭庫，四曰樂庫，五曰宴庫。"① 裘錫圭指出，戰國秦漢時期庫的主要任務是管理車和兵甲等作戰物資，也從事生産，并且除了製造兵器、車器以外，也製造鼎、鐘等其他器物。漢代的庫還管理錢財。②

3.　簡文中"徒""施刑"并列，明確表明"施刑"不屬於"徒"的範圍。

6.　本簡爲即郵書傳遞記録，即郵書刺。行書人員中有徒。

7.　過關文書。過關文書中要有每個人的明細以便關吏核對查驗，因此，應該還有與此配合使用的過關人員明細名牒。

8.　亭長徐光領護作徒過關的文書。

---

①　《康熙字典》，同文書局 1887 年版，中華書局 1922 年印，第 346 頁。
②　裘錫圭：《嗇夫初探》，中華書局編輯部編：《雲夢秦簡研究》，中華書局 1981 年版，第 254—256 頁。

9. 本簡 "徒" "復作" 并列，表明 "復作" 不屬於 "徒"。

10. （1）致，到達通知書。即被護送人員到目的地的報到文書。

11. 過關文書。人員類別、數量分別標明。過關還需另外有人員明細名籍。

獄

I. 獄、決獄、治獄

【解題】

獄，指刑事案件的審理。

1. ☑當其償入臧獄已決☐☑　　　　　　73EJT4：80

2. 獄至大守府絕匿房誼辭起居萬年不識皆故劾房誼失寇乏☐敢告之謹先以不當得告誣人律辯告乃更

　今將告者詣獄長孟女已願以律移旁近二千石官治以律令從事

敢言之　　　　　　　　　　　　73EJT21：59

3. ☑亡命☐☐就遷（1）☐☐獄遣守尉萬年

　　　　　　　　　　　　73EJT24：517A

☑☐☐☐☐　　　　　　　73EJT24：517B

4. 牒書獄所遷☑

地節三年三☑　　　　　　73EJT24：828

5. ☑務平獄毋苛刻煩擾奪民時所察毋過詔條 73EJT26：65

6. ☑☐五年三月治獄☑　　　　　73EJF3：590

【注】

2. 本簡詳解見 "不當得告誣人律" 條。

本簡中幾人舉劾房誼 "失寇乏☐"，但告發人後來又更改了告辭，"故劾"行爲構成"誣告"被送至審判機關。

3.（1）就遷，前往接受征逮。遷，逮，詳解見"遷"條。

Ⅱ. 獄名

【解題】

獄，漢簡中有時指監獄。《漢律摭遺・囚律》"繫囚"條中有"獄"，并列舉了"未央廄獄、廷尉獄、別火獄、郡邸獄、都司空獄、內官獄、導官獄、若廬、考工獄、居室獄、保官獄、左右司空獄、永巷獄、掖廷獄、暴室獄、寺互獄、都船獄、太子家令獄、上林詔獄、東市獄、西市獄、北軍獄、振貰獄、京兆尹獄、長安獄、河南府獄、洛陽守獄、郡獄、縣道獄、黃門北寺獄、都內獄、軍獄"。[1]

1. ☒䅊得獄☒　　　　　　　　　　　73EJT8:45A
   ☒獄獄☒　　　　　　　　　　　　73EJT8:45B

2. 三月甲寅䅊得長福獄丞護兼行丞事謁移如律令☒
   　　　　　　　　　　　　　　　73EJT37:575A
   䅊得獄丞☒　　　　　　　　　　73EJT37:575B

3. ☒亥朔庚午居延丞順移過所遣守令史郭陽送證䅊得獄
當舍
   ☒令守令史宗佐放　　　　　　　73EJT37:1377

4. 八月癸亥宛（1）獄守丞乘之兼行丞事寫移武關（2）如律令☒
   /掾弘守令史林☒　　　　　　　73EJT10:115A
   章日宛獄丞印☒　　　　　　　　73EJT10:115B

---

① （清）沈家本：《歷代刑法考》，中華書局1985年版，第1490頁。

5. ☑□中欲取傳謹案明年卅三冊官獄徵事當得取傳父老遠□☑

☑長安獄丞禹兼行右丞事移過所縣邑如律令☑

73EJT10：229A

☑長安獄右丞印☑　　　　　　　73EJT10：229B

6. ☑□居延令印一封詣鞗陽一封詣內黃一封詣媼圍一封張掖肩水

☑候印一封詣昭武一封詣肩水城尉官二封張掖肩候一封詣昭武獄一封詣

☑亭卒□受橐他莫當隧卒租即行日食時付沙頭亭卒合

73EJT23：933

7. 肩水候史昭武安新里辛壽黍月癸未除盡九月晦積九十日因亡不詣官案壽乘邊迹候吏別

……辟吏私自便利不平端逐捕未得

始建國五年九月壬午朔辛亥候長劾移昭武獄以律令從事

73EJF3：471＋302＋73EJF2：43＋73EJF3：340[1]

8. 居延部終更巳事未罷坐傷人亡命今聞命籍在頓丘邑獄即[2]自詣它如爰書七月甲辰入　　　　73EJT37：776A

元康四年伏地再拜伏伏伏伏再它再拜伏拜（習字）

73EJT37：776B

9. ☑□史□敢言之謹案有冊官獄徵事當得為傳謁移過所縣邑侯國勿苛留止敢言之

---

① 姚磊：《〈肩水金關漢簡（伍）〉綴合（叁）》，簡帛網 2016 年 9 月 5 日，http：//www.bsm.org.cn/show_article.php?id=2626。

② 原釋文爲 "顧"，據秦鳳鶴文改爲 "即"。秦鳳鶴：《〈肩水金關漢簡〉（肆）釋文校訂》，中國古文字研究會等編：《古文字研究（第三十二輯）》，中華書局 2018 年版，第 531 頁。

□宛獄丞莫當行丞事移過所縣邑侯國勿苛留止如律令/掾
通令史東　　　　　　　　　　　　　73EJT37：733

【注】

1、2、3 三簡均涉及觻得獄。觻得，張掖郡屬縣。漢昭帝
始元六年（前81年）後，爲張掖郡治。

4.（1）宛縣，南陽郡治。（2）武關，秦漢時期出關中抵
南陽的重要關隘，一般認爲在今陝西和河南兩省交界處丹江之
北。《史記·秦始皇本紀》"上自南陽由武關歸"，《集解》引
應劭曰："武關，秦南關，通南陽。"張家山漢簡《二年律
令·津關令》492 簡有"制詔御史：其令扜關、郿關、武關、
函谷［關］、臨晉關，及諸其塞之河津，禁毋出黄金、諸奠黄
金器及銅"。[①]

5. 長安獄，《漢書·尹賞傳》："賞以三輔高第選守長安
令，得壹切便宜從事。賞至，修治長安獄，穿地方深各數丈，
致令辟爲郭，以大石覆其口，名曰'虎穴'。"[②]

7. 簡文詳解見"亡、逃"條。

簡文是對逃亡官吏的劾狀文書。肩水候史辛壽逃亡，在逐
捕未得的情況下，候長提起劾狀文書。劾狀文書由肩水候官轉
呈給審判機關——昭武縣獄。可知，肩水都尉轄區内案件是呈
報給昭武縣獄審判的。

8. 本簡注詳解見"傷人"條。

---

① 彭浩、陳偉、［日］工藤元男：《二年律令與奏讞書：張家山二四七號漢墓出土法
律文獻釋讀》，上海古籍出版社 2007 年版，第 307—308 頁。相關研究參見王子
今：《武關·武候·武關候：論戰國秦漢武關位置與武關道走向》，《中國歷史地
理論叢》2018 年第 1 期。
② （漢）班固：《漢書·尹賞傳》，中華書局 1962 年版，第 3673 頁。

本簡爲肩水金關關吏登記的過關人員信息。一名傷人逃亡被通緝者聽説自己的定罪、通緝檔案在頓丘邑獄，向有關機關申請了前往投案的通行文書。

Ⅲ．獄職官

【解題】

　　本詞條下輯録"獄丞""獄史"等與獄有關的職官。獄丞，專門掌獄事的丞，只在國都和郡治所在的縣設置。一般的縣不設置獄丞。獄史在各縣普遍設置，是專職獄事的縣令屬吏。《漢書·路溫舒傳》："（路溫舒）稍習善，求爲獄小吏，因學律令，轉爲獄史，縣中疑事皆問焉。"[1]《漢書·丙吉傳》："（丙吉）治律令，爲魯獄史。"[2]

　　1．三月甲寅觻得長福獄丞護兼行丞事謁移如律令

　　　　　　　　　　　　　　　　73EJT37：575A

觻得獄丞☑　　　　　　　　　　　73EJT37：575B

　　2．☑□史□敢言之謹案有毋官獄徵事當得爲傳謁移過所縣邑侯國勿苛留止敢言之

　　　☑□宛獄丞莫當行丞事移過所縣邑侯國勿苛留止如律令／掾通令史東　　　　　　　73EJT37：733

　　3．☑縣令游徼亭長郵正獄史☑　　73EJT14：16

　　4．居延獄史徐偃□☑　　　　　　73EJT25：19

　　5．居延守獄史王常寫☑　　　　　73EJT37：1283

① （漢）班固：《漢書·路溫舒傳》，中華書局1962年版，第2367頁。
② （漢）班固：《漢書·丙吉傳》，中華書局1962年版，第3142頁。獄丞、獄史相關研究參見孔令通：《出土文獻所見西漢時期職官材料整理與研究》，吉林大學2021年博士學位論文，第727—729、739—740頁。

【注】

2. 簡爲通行文書。

1、2 簡涉及"獄丞"，3、4、5 簡涉及"獄史"。

Ⅳ．詔獄

詔獄，指根據皇帝詔令查處的案件，或指根據皇帝詔令設置的收審、羈押重案要犯的監獄。這裏本是輯録獄所資料，不過將含有"詔獄"字樣的不限於是獄所含義的資料也輯録於此。①

1. ☑前調送詔獄囚檄到常利等趣（1）逐捕以遺

73EJT21:306

2. 詔獄所還四牒

元康元年七月甲戌朔乙酉治詔獄□☑

……   73EJT24:705

【注】

1.（1）趣，《説文解字·走部》："疾也。從走，取聲。"②指催督完成某項工作。

Ⅴ．獄計

【解題】

獄計，裁判機關用於上報的對一定時期案件的登統、匯總。彭浩指出所見獄計文書的共同點："標題由官署名、年號

---

① 相關研究可參見黄静：《西漢"詔獄"與法制》，《河北法學》2015 年第 7 期。

② （漢）許慎撰，（清）段玉裁注，許惟賢整理：《説文解字注》，鳳凰出版社 2015 年版，第 111 頁。

和‘獄計’構成；由案件的經辦官署編制；按年度統計；主要内容是對訴訟或坐罪者的處置結果；一人一簡。"① 居延漢簡293·7簡："張掖郡肩水庚候官本始三年獄計坐從軍假工官□/田卒淮陽郡萊商里高奉親已移家在所"② 劉欣寧推測裁判機關有義務用"獄計"的方式將裁判結果回報户籍地，指出"獄計"之稱又見於江蘇邘江胡陽五號墓出土簡牘，"卌七年十二月丙子朔辛卯，廣陵宫司空長前、丞□敢告土主：廣陵石里男子王奉世有獄事，事已，復故郡鄉里，遣自致，移桓穴卌八年獄計，承書從事"。③

　　大僕（1）未央廄（2）地節三年獄計張掖居延農都尉隴西郡西始昌□☑

　　　　癸卯□□□□□□□□□□□□論罰章

　　　　　　　　　　　　　　　73EJT24：101＋116

【注】

　　（1）大僕，即太僕。《漢書·百官公卿表》："太僕，秦官，掌輿馬，有兩丞。屬官有大廄、未央、家馬三令，各五丞一尉。"④（2）未央廄，太僕屬廄之一。《漢書·霍光傳》有未央廄令，印章有"未央廄丞"，張家山漢簡《二年律令·廄

_____

① 彭浩：《河西漢簡中的"獄計"及相關文書》，鄔文玲、戴衛紅主編：《簡帛研究（二〇一八春夏卷）》，廣西師範大學出版社2018年版，第225頁；彭浩：《居延和肩水金關漢簡中的"獄計"文書》，《第七届"出土文獻與法律史研究"學術研討會論文集》（2017年）。

② 謝桂華、李均明、朱國炤：《居延漢簡釋文合校》，文物出版社1987年版，第490頁。

③ 劉欣寧：《秦漢時代的户籍與個别人身支配》，周東平、朱騰主編：《法律史譯評（2014年卷）》，中國政法大學出版社2015年版，第90頁。

④ （漢）班固：《漢書·百官公卿表》，中華書局1962年版，第729頁。

律》449 簡有"未央廄"。彭浩認爲該罪犯服役地點是"未央廄設在居延農都尉的馬苑"。①

（送、迎）囚、徒、降者

【解題】

Ⅰ．送囚、送迎徒

送囚，指送未決犯、乞鞫囚或死囚，一般送至獄所。送徒，一般是送刑徒至服刑勞役處所。② 與獄訟有關的輸送還有"送證"，單獨收錄在了本章第三節"訴訟"之"證"下。《會稽典錄》有漢代下屬獄吏拒絕遣送囚犯外出接受復審的事例，"高豐，字文林，爲鄞縣獄吏。刺史虞孟行部，到旬日，鄞縣僻，敕鄞長將囚徒就所在錄見。豐被文書，閉獄下鑰，不肯送徒……孟遂到鄞"。③ 劉欣寧指出，送囚或送證"應由於被告或證人須親身接受訊問，以口頭方式陳述供述或證詞"。④《嶽麓書院藏秦簡（肆）》230—231 簡："〔·〕具律曰：有獄論，徵書到其人存所縣官，吏已告而弗會及吏留弗告、告弗遣，二日到五日，貲各一盾；過五日到十日，貲一甲；過十日到廿

① 彭浩：《河西漢簡中的"獄計"及相關文書》，鄔文玲、戴衛紅主編：《簡帛研究（二〇一八春夏卷）》，廣西師範大學出版社 2018 年版，第 224—225 頁。
② 相關研究參見宋傑：《秦漢罪犯押解制度》，《南都學壇（人文社會科學學報）》2009 年第 6 期。
③ 熊明輯校：《漢魏六朝雜傳集·兩晉雜傳（下）·會稽典錄》，中華書局 2017 年版，第 1969 頁。
④ 劉欣寧：《秦漢訴訟中的言辭與書面證據》，李宗焜主編：《古文字與古代史（第五輯）》，臺北"中央研究院"歷史語言研究所 2017 年版。

日，貲二甲；後有盈十日，輒駕（加）貲一甲。"① 其中即涉及了與獄訟有關的遣送，可供參考。迎徒，指接應前來服勞役的刑徒等。

1. 車一乘‧囚大男陳路等四人‧居延始至里梁削等卅四人
　　　　　　　　　　　　　　　　73EJT3：102

2. ☑獄囚大男富里馮遂年六十二長七尺☑

　　　　　　　　　　　　　　　　73EJT10：249

3. □□隧長王戎　　候史李賞☑

　　送囚　　卒□　　　　　　　73EJT14：25

4. 守令史孫黨迎取四人書到願令史以施刑付黨報

　　　　　　　　　　　　　　　　73EJT23：886

5. □郭奉親年廿三長七尺　送詔獄囚郭誼田萬

五寸黑色　　　　　　　　　　73EJT24：154

6. ☑敢言之遣候長外人送昭武所訟還令史董幸復范德趙
赦之刑常致昭

　　☑河津金關毋苛留止如律令敢言之

　　☑如律令/掾安世令史光佐其　　73EJT23：929

7. ☑□充送囚徒□之　　73EJT26：302

8. ☑前調送詔獄囚檄到常利等趣逐捕以遣

　　　　　　　　　　　　　　　　73EJT21：306

9. ☑河平三年七月丙戌居延丞□爲傳送囚　　八月戊子
出金關北

---

① 陳松長主編：《嶽麓書院藏秦簡（肆）》，上海辭書出版社 2015 年版，第 144 頁。

☑觻得　　閏月丙寅入金關南　　　　　73EJT28：56①

10．☑囚出☑☑十四☑　　　　　　　73EJT31：119

11．建平三年十一月戊申朔乙亥居延令彊☑☑

游徼徐宣送乞鞫（1）囚祿福獄（2）當☑

73EJT37：161A

居令延印☑☑　　　　　　　　　73EJT37：161B

12．乞鞫囚刑忠名籍如牒書☑　　　73EJT37：1213

13．張忠送死罪囚☑☑☑☑☑☑☑☑　73EJT37：428

14．☑諸長今衡蒼成☑☑　　　　　73EJF3：287A

☑右（1）囚辛長（2）辭（3）☑　73EJF3：287B

15．·告（1）縣往者（2）告劾多不應法又留不上囚（3）

到狀長☑　　　　　　　73EJC：256＋22

16．吏十一人徒五人　胡騎☑

民四人囚十人　軺車☑　　　　　73EJC：156

17．建昭二年七月辛卯朔壬辰令史宗敢言之遣令史☑德迎

徒復作（1）……

謁移過所縣道河津關毋苛留止如律令敢言之

七月甲午居延城倉長通移過所如律令/掾……佐☑

73EJD：41A

居延倉長　　　　　　　　　　73EJD：41B

18．元延二年二月丙申居延守令城騎千人（1）敝丞忠移

過所縣☑

謹遣都阿亭長徐光以詔書送徒上河當舍傳舍從者如律令

---

① 黃豔萍指出漢成帝河平三年閏月爲六月，而沒有"丙寅"日，或爲原簡書寫訛誤。
黃豔萍：《〈肩水金關漢簡（叁）〉紀年簡校考》，《敦煌研究》2015年第2期。

三月壬申出掾陽守令史陽佐賢　　　　　73EJT37：1070

19. ☐敢言之遣候長外人送昭武所訟遝令史董辛復范德趙
赦之刑常致昭

　　☐河津金關毋苛留止如律令敢言之

　　☐如律令/掾安世令史光佐其　　　　　73EJT23：929

【注】

11. （1）乞鞫，被定罪的罪犯或其家屬請求重審。（2）
禄福獄，酒泉郡治禄福縣獄。

　　本簡爲送囚過關文書。居延有居延縣獄，不過現在是將乞
鞫囚送往外郡的禄福獄。

14. （1）右，指以上所寫。（2）辛長，人名。（3）辭，
陳述。

15. （1）告，上級向下級發文用語。（2）往者，之前，
過去。（3）上囚，向上級報送囚犯。

17. （1）徒、復作，分別指鬼薪以上刑徒和遇赦免罪作剩
餘刑期於官府之人。詳見“徒”“復作”條。

　　本簡爲令史☐德的過關文書。

18. （1）騎千人，西漢時期多個部門設有千人一職，多與
軍事有關，“邊郡置都尉及千人、司馬，皆不治民”。① 《後漢
書·輿服志下》注引《東觀書》：“郡國長史、丞、候、司馬、
千人秩皆六百石。”②

　　本簡爲居延地方官吏護送居延刑徒的過關文書。

---

① （漢）班固：《漢書·馮奉世傳》，中華書局 1962 年版，第 3521 頁。
② （南朝宋）范曄撰，（唐）李賢等注：《後漢書·輿服志》，中華書局 1965 年版，
　　第 3675—3676 頁。

Ⅱ. 送降者

初元五年三月敦煌

☑□馮卿所送降者   73EJT9∶9A

馮卿所送降者用牛

車名籍   73EJT9∶9B

【注】

簡端有網格，爲標題簡。

囚録

【解題】

囚録，指逐人抄録、記録囚犯情況以備查驗，以往傳世文獻未見。李均明指出：“録，記録、實録。《周禮·天官·職幣》：‘皆辨其物而奠其録。’孫詒讓《正義》：‘凡財物之名數，具於簿籍，故通謂之録。’”[1] 李均明論及居延新簡《省兵物録》説：“自稱‘省兵物録’，其實爲‘省兵物録’的提綱，即事先擬定好要調查的内容，執行者調查時便可依據提綱所列若干條，逐一將客觀事實記録在案。漢代‘録囚’之方式與其類似。”[2]《後漢書·百官志》：“諸州常以八月巡行所部郡國，録囚徒。”[3]《後漢書·應奉傳》：“爲郡決曹史，行部四十

---

① 李均明、劉軍：《簡牘文書學》，廣西教育出版社 1999 年版，第 402 頁。

② 李均明：《秦漢簡牘文書分類輯解》，文物出版社 2009 年版，第 415—416 頁。

③ （南朝宋）范曄撰，（唐）李賢等注：《後漢書·百官志》，中華書局 1965 年版，第 3615 頁。

二縣，録囚徒數百千人。"① 不過 "録囚" 指上級檢查獄訟審理情況，評理冤獄，"囚録" 則是文書之名。

1. 屋闌（1）元康二年閏月囚録　　　　73EJT30:264

2. 屋闌元康二年閏月囚録　　　　　　73EJT31:45②

3. 元康二年閏月戊戌朔甲子屋闌司空嗇夫盖梁以私印行丞事

敢言之謹移囚録一編敢言之　　　　73EJT30:42 +69

4. 事敢言之謹移囚録一編敢言之　　　73EJT30:59A

番和（1）令印　　　　　　　　　　73EJT30:59B

【注】

1. （1）"屋闌"、4.（1）"番和"，均爲張掖郡屬縣。

從時間上，以上前三簡均爲元康二年（前 64 年）閏月，伊強指出，元康二年閏七月戊戌朔與簡的曆日相合。并指出肩水金關漢簡可能是囚録的具體内容的幾枚簡，包括簡73EJT30:170 +144 "死罪屋闌游徼□□□□□……坐與游徼彭祖捕縛盧水男子因籍田都當故屬國千人辛君大奴宜馬□"，簡73EJT30:6 "死罪屋闌游徼當禄里張彭祖/以胡刀自賊刺頸各一所以辜立死/元康二年三月甲午械繫"，簡 73EJT24：131 "耐罪屋闌……坐與同縣富昌里男子呂湯共盜大原郡於縣始昌□□□"。③

---

① （南朝宋）范曄撰，（唐）李賢等注：《後漢書·應奉傳》，中華書局 1965 年版，第 1607 頁。

② "屋闌" 二字整理者缺釋，根據伊強文章補釋。伊強：《肩水金關漢簡中的 "囚録" 及相關問題》，李學勤主編：《出土文獻（第七輯）》，中西書局 2015 年版。

③ 簡 73EJT24:131 上端 "耐罪屋闌"，《肩水金關漢簡（貳）》釋文未釋，據伊強補釋。伊強：《肩水金關漢簡中的 "囚録" 及相關問題》，李學勤主編：《出土文獻（第七輯）》，中西書局 2015 年版。

漢代受陰陽刑德觀念影響，“録囚”常在秋冬行刑之前的八月，這裏移七月囚録，當爲七月現存囚的會計，不知是否與將要進行的八月“録囚”有關。從内容看，前兩簡爲標題，後兩簡爲呈報文書。

第三節　訴訟

訴訟是由有司法職權的機關依法律規定追究違法犯罪責任、解決訟爭的活動。本研究對肩水金關漢簡訴訟資料的輯録，是按訴訟啟動、捕繫、驗問、請示、審判、覆核等各訴訟環節進行的分類整理。本輯録資料中訴訟主要涉及刑事訴訟，因此這裏將訴訟放在“刑法類”資料内，與現代法學劃分不盡相同。

一、訴訟的啟動

劾

【解題】

劾，依職務檢舉違法犯罪行爲。高恒認爲是“檢舉官吏罪行，提請審判機關案驗、斷決”①。《康熙字典》：“劾，《説文》：法有罪也。《玉篇》：推劾也。《廣韻》：推窮罪人。《增韻》：按劾也。《六書故》：劾猶核也，考劾其實也。《韻會》：鞫也。《後漢·范滂傳》：滂奏刺史權豪之黨二十餘人，尚書

---

① 高恒：《漢簡中所見舉、劾、案驗文書輯釋》，李學勤、謝桂華主編：《簡帛研究（二〇〇一）》，廣西師範大學出版社2001年版。

責滂所劾猥多。滂知意不行，投劾去。注：自投其劾狀而去。"① 關於舉劾的主體與對象尚存在不同看法。如沈家本："告、劾是二事，告屬下，劾屬上。"② 宮宅潔認爲"史書中也可以見到對普通百姓進行劾的事例"，另一方面"劾"的主體通常是官。尚未見相反實例。③

1. 狀（1）公乘氏池先定里年卅六歲姓樂氏故北庫嗇夫五鳳元年八月甲辰以功次遷爲肩水士吏以主塞吏卒爲職

戍卒趙國柏人希里馬安漢等五百六十四人戍調張掖署肩水至□□到酒泉沙頭隧閱具簿□　　　　　73EJT28：63A

乃五月丙辰戍卒趙國柏人希里馬安漢戍調張掖署肩水部行到沙頭隧閱具簿□□□□□□亡滿三

甘露二年六月己未朔庚申肩水上吏弘別迎三年戍卒……候以律令從事□□□　　　　　　　73EJT28：63B

2. ☑而劾之狀具此　　　　　　　　　　73EJT1：51

3. ☑□猥劾☑　　　　　　　　　　　　73EJT8：26A

---

① 《康熙字典》，同文書局1887年版，中華書局1922年印，第147頁。

② （清）沈家本：《歷代刑法考》，中華書局1985年版，第1372頁。

③ ［日］宮宅潔著，楊振紅等譯：《中國古代刑制史研究》，廣西師範大學出版社2016年版，第248頁。相關研究還有［日］籾山明：《秦代審判制度的復原》，劉俊文主編：《日本中青年學者論中國史（上古秦漢卷）》，上海古籍出版社1995年版，第250—251頁；［日］籾山明著，謝東平、東山譯：《爰書新探——兼論漢代訴訟》，《簡帛研究譯叢（第一輯）》，湖南出版社1996年版；徐世虹：《漢劾制管窺》，李學勤主編：《簡帛研究（第二輯）》，法律出版社1996年版；張建國：《漢簡〈奏讞書〉和秦漢刑事訴訟程式初探》，《中外法學》1997年第2期；李均明：《簡牘所反映的漢代訴訟關係》，《文史》2002年第3輯；高恒：《漢簡中所見舉、劾、案驗文書輯釋》，李學勤、謝桂華主編：《簡帛研究（二〇〇一）》，廣西師範大學出版社2001年版；［日］鷹取祐司著，宮長爲譯：《居延漢簡劾狀册書的復原》，李學勤、謝桂華主編：《簡帛研究（二〇〇一）》，廣西師範大學出版社2001年版。

☑拜☑   73EJT8：26B

4. 獄至大守府絕匿房誼辭起居萬年不識皆故劾（1）房誼
失寇乏☑敢告之謹先以不當得告誣人律辯告乃更

　今將告者詣獄長盂女已願以律移旁近二千石官治以律令從
事敢言之   73EJT21：59

5. 失寇捕毄房誼東候☑   73EJT24：852

6. ☑□失寇捕毄房誼東   73EJT24：927

7. ☑獄訊問房誼☑   73EJT24：813

8. ☑月癸酉有劾缺（1）☑   73EJT24：363

9. 以此知而劾（1）之毋它狀☑   73EJT24：712

10. ☑衣不堵以此知而劾（1）□☑   73EJT34：24

11. ☑主劾關☑   73EJT24：862

12. ☑劾狀解何＝（何何）☑

　　　　　　　　　　　　　　73EJT24：908 +73EJC：498①

13. 劾狀解何□☑   73EJT24：995

14. 狀曰上造   73EJT26：216

15. ☑誼先自劾（1）謁移   73EJT26：199

16. ☑……毋狀（1）已劾免（2）☑   73EJT28：19

17. ☑□丞印詣公車司馬（1）二月己巳起漏上卅劾☑
☑□詣張掖大守府☑   73EJT31：58

18. 大守＝（守守）屬禹劾曰案曰勒（1）言斷獄北部都
尉屬禹劾候長曹宣以縣官事簿問以它歐戍卒陳禹等長☑

　　　　　　　　　　　　　　　　　73EJT31：149

---

① 姚磊：《肩水金關漢簡綴合》，天津古籍出版社 2020 年版，第 142 頁。

19. ▨□昌右手□一所（1）以此□如劾之狀具▨

　　　　　　　　　　　　　　　73EJT32:51

20. ▨□虜隧長王豐以大刀刃擊傷中部守候長（1）朱餘
右肩　　　　　　　　　　　　73EJT37:57

21. ▨□金關文書方逐案劾▨　　73EJT37:540

22. 肩水候史昭武安新里辛壽泰月癸未除盡九月晦積九十
日因亡不詣官案壽乘邊迹候吏別

　　……辟吏私自便利不平端逐捕未得

　　始建國五年九月壬午朔辛亥候長劾移昭武獄以律令從事

　　　　73EJF3:471＋302＋73EJF2:43＋73EJF3:340①

23. ·告縣往者告劾多不應法又留不上囚到狀長丞▨

　　　　　　　　　　　　　　　73EJC:256＋22

【注】

1.（1）狀，即狀辭，劾狀文書的組成部分。李均明指出，狀辭即起訴書中的"原告的自訴"，漢簡中的"劾狀，起訴書……完整的劾狀通常由劾文、狀辭及相關呈文組合而成"，"劾文爲主件，主要内容是對被告身份及犯罪事實的陳述，及原告對事實的調查及時間的處理"，"狀辭是原告的自述"，"呈文是呈送劾文與狀辭的報告"。② 本簡其他詳解見"亡、逃"條。

　　本簡開頭"狀"即爲通常的"狀辭"，爲劾狀的構成部分。李均明指出，"今見（指漢簡所見）劾狀皆爲公訴案，皆以官吏名義而不是由監察機構提出"。③ 本劾狀舉劾人爲肩水

---

① 姚磊：《〈肩水金關漢簡（伍）〉綴合（叁）》，簡帛網 2016 年 9 月 5 日，http://www.bsm.org.cn/show_article.php?id=2626。

② 李均明：《秦漢簡牘文書分類輯解》，文物出版社 2009 年版，第 77 頁。

③ 李均明：《秦漢簡牘文書分類輯解》，文物出版社 2009 年版，第 77 頁。

士吏樂弘。從殘存簡文看，一行人主要爲趙國到張掖肩水屯戍的戍卒，行至沙頭隧清點人數時發現戍卒馬安漢逃亡不見，逃亡時間發生在五月二十八日。六月二日肩水士吏前來接應趙國戍卒，對逃亡情況提出劾狀。簡中的"□□□□亡滿三·"應是"吏毋告劾亡滿三日五日以上"的殘存，是指五月二十八日逃亡發生後負有舉劾責任的吏未按時限要求舉劾。

4、5、6、7 四簡可能屬一件事。4.（1）故劾，有意枉法舉劾，屬於誣告行爲。《二年律令·告律》126—127 簡："誣告人以死罪，黥爲城旦舂，它各反其罪。告不審及有罪先自告，各減其罪一等，死罪黥爲城旦舂，黥爲城旦舂罪完爲城旦舂，完爲城旦舂罪□"。① 分爲誣告和告不審。本簡故劾屬"誣告"行爲。73EJT21:59 簡其他詳解見"不當得告誣人律"條。

8.（1）有劾缺，指被檢舉起訴，職位因此空缺。

9.（1）、10.（1）以此知而劾，劾狀文書用語，根據獲知的情況舉劾。漢代有"見知而故不舉劾"罪。《史記·平準書》："張湯用峻文決理爲廷尉，於是見知之法生，而廢格沮誹窮治之獄用矣。"② 另外，漢簡中"以此知而劾"後常接"毋長吏使劾者"之類的語句，指舉劾非受到長吏的指使所爲。③

15.（1）自劾，檢舉自己的過失。《後漢書·百官志》注引《漢官儀》曰："（趙）憙頻遣責（鄭）均，均自劾去，道

---

① 彭浩、陳偉、〔日〕工藤元男：《二年律令與奏讞書：張家山二四七號漢墓出土法律文獻釋讀》，上海古籍出版社 2007 年版，第 144 頁。

② （漢）司馬遷：《史記·平準書》，中華書局 1982 年版，第 1424 頁。

③ 李均明：《簡牘法制論稿》，廣西師範大學出版社 2011 年版，第 83 頁；邢義田：《漢晉公文書上的"君教諾"——讀〈長沙五一廣場東漢簡牘選釋〉劄記之一》，簡帛網 2016 年 9 月 26 日，http://www.bsm.org.cn/? hanjian/7386.html。

發病亡。"① 《詔上計丞史歸告二千石》："官寺鄉亭漏敗，牆垣阤壞不治，無辨護者，不勝任。先自劾不應法，歸告二千石聽。"②

16.（1）毋狀，行爲與身份、職責不稱，有罪或失職，漢代文書公牘常用斥責之語。（2）劾免，被舉劾免職。

17.（1）公車司馬，《集成》（八）："《漢官舊儀》稱：'公車司馬令掌殿司馬門，夜徼宮，天下上事及闕下，凡所徵召皆總領之。' 主百姓上書，故稱 '上公車司馬'。"③

18. 注釋詳見 "殺、賊殺" 條。

本簡爲訴訟舉劾案驗文書。北部都尉屬官禹舉劾候長曹宣毆戍卒。

19.（1）一所，即一處，此處指身體損傷。

20.（1）中部守候長，郭偉濤指出肩水候官塞分設東、西、南、北、中、左前、左後、右前、右後九個部④。這裏朱餘爲中部守候長。

簡文有相關器具、傷情的詳細描述，應爲劾狀等司法文書，臨近的簡有 "五月戊戌除補肩水中部候史以主領吏卒徼迹備盜賊"（73EJT37：355 ＋56）⑤，屬於劾狀文書用語，可能屬

① （南朝宋）范曄撰，（唐）李賢等注：《後漢書·百官志》，中華書局 1965 年版，第 3558 頁。
② （清）嚴可均編：《全上古三代秦漢三國六朝文·全漢文·哀帝》，中華書局 1958 年版，第 349 頁。
③ 中國簡牘集成編輯委員會編：《中國簡牘集成》（八），敦煌文藝出版社 2001 年版，第 132 頁。
④ 郭偉濤：《漢代肩水塞部隧設置研究》，《文史》2018 年第 1 輯。
⑤ 姚磊：《〈肩水金關漢簡（肆）〉綴合及釋文訂補（十一則）》，中國文化遺產研究院編：《出土文獻研究（第十六輯）》，中西書局 2017 年版。

於同一簡册。

22．簡文詳解見"亡、逃"條。本簡是新莽時期對逃亡官吏的劾狀文書。肩水候史辛壽逃亡，經逐捕未得，候長提起劾狀文書。劾狀文書由肩水候官轉呈給審判機關——昭武縣獄。

23．簡文是對舉劾、輸送囚徒工作的批評、教敕。

吏毋告劾亡滿三日五日以上

【解題】

吏毋告劾亡滿三日五日以上，是對主管官吏承擔舉劾責任的時間限制。居延舊簡 36.2 有"☒十五日令史宮移牛籍大守府求樂不得樂吏毋告劾亡滿三日五日以上"。① 其中"吏毋告劾亡滿三日五日以上"，是指舉劾責任人没有在規定時限内舉劾逃亡事件。"滿三日五日以上"是主管官吏承擔舉劾責任的時間條件。居延新簡 EPT68·143 簡"長吏無告劾亡不憂邊事逐捕未得它"，EPT68·154 簡"☒長吏無告劾亡☒"②。《集成》（九）："此爲漢律罪名之一。《晉書·刑法志》引漢律：張湯、趙禹始作監臨部主、見知故縱之例。其見知而故不舉劾，各與同罪，失不舉劾，各以贖論，其不見不知，不坐也。見知而不告劾，系故意犯罪，故處置甚重。"③ 關於追捕逃亡，《嶽麓書院藏秦簡（伍）》288—289 簡："·令曰：盜賊發不得者，必謹薄（簿）署吏徒追逐疾徐不得狀於獄，令可案，不

---

① 謝桂華、李均明、朱國炤：《居延漢簡釋文合校》，文物出版社 1987 年版，第 57 頁。
② 馬怡、張榮强主編：《居延新簡釋校》，天津古籍出版社 2013 年版，第 734 頁。
③ 中國簡牘集成編輯委員會：《中國簡牘集成》（九），敦煌文藝出版社 2001 年版，第 198 頁。

從令，令、丞、獄史主者貲各一甲。備盜賊令廿三"①，可供參考。②

狀公乘氏池先定里年卅六歲姓樂氏故北庫嗇夫五鳳元年八月甲辰以功次遷爲肩水士吏以主塞吏卒爲職☑

戍卒趙國柏人希里馬安漢等五百六十四人戍詣張掖署肩水至☐☐到酒泉沙頭隧閲具簿☐☐☐☐ 　　　　73EJT28：63A

乃五月丙辰戍卒趙國柏人希里馬安漢戍詣張掖署肩水部行到沙頭隧閲具簿☐☐☐☐

☐☐亡滿三☐

甘露二年六月己未朔庚申肩水士吏弘別迎三年戍卒……候以律令從事☐☐☐☐ 　　　　　　73EJT28：63B

【注】

簡文詳解見"亡、逃"條。

從簡文看，一行人主要爲趙國到張掖肩水屯戍的戍卒，行至沙頭隧清點人數時發現戍卒馬安漢逃亡，逃亡時間爲五月二十八日。六月二日肩水士吏前來接應趙國戍卒，對逃亡情況提出劾狀。簡中的"☐☐☐☐亡滿三☐"應是"吏毋告劾亡滿三日五日以上"的殘存，是指五月二十八日逃亡發生後負有舉劾責任的吏未按時限要求舉劾。

訟

【解題】

訟，由官府審理糾紛。《康熙字典》："訟，《説文》：争

---

① 陳松長主編：《嶽麓書院藏秦簡（伍）》，上海辭書出版社 2017 年版，第 194 頁。
② 相關研究見拙作《肩水金關漢簡初探》第五章第二節"漢簡所見逃亡舉劾時限解讀"。丁義娟：《肩水金關漢簡初探》，中國農業科學技術出版社 2019 年版。

也。《六書故》：争曲直於官有司也。又《易・訟卦疏》：凡訟者，物有不和，情相乖争，而致其訟。注：争辯也。又《雜卦》：訟，不親也。《周禮・地官・大司徒》：凡萬民之不服教而有獄訟者，聽而斷之。注：争罪曰獄，争財曰訟。疏：對文例也。若獄訟不相對，則争財亦爲獄。又衆論異同錯互也。《後漢・曹褒傳》：會禮之家，名爲聚訟。注：言相争不定也。又上書爲人雪冤曰訟。"[1] 籾山明認爲"聽訟與斷獄並非截然一分爲二，而是可以伴隨訴訟的進行連續的程序"[2]。

☐敢言之遣候長外人送昭武所訟遝令史董幸復范德趙赦之刑常致昭

☐河津金關毋苟留止如律令敢言之

☐如律令／掾安世令史光佐其　　　　　　73EJT23：929

【注】

本簡是將因案件而征捕的人送往昭武獄接受審理的過關文書。

告

【解題】

告，向官府檢舉、控訴有罪。

1. ☐☐以毋人律（1）告不得如出☐　　　73EJT9：51

2. ……申日行到酒泉北部戍卒穎……安昌里孔目等二人今告日☐　　　　　　73EJT24：330＋73EJT21：482[3]

① 《康熙字典》，同文書局1887年版，中華書局1922年印，第1188頁。
② ［日］籾山明著，李力譯：《中國古代訴訟制度研究》，上海古籍出版社2009年版，第139頁。
③ 姚磊：《肩水金關漢簡綴合》，天津古籍出版社2020年版，第123頁。

3. 鞣得□所告☑　　　　　　　　　　　73EJT23：117

4. ☑得順曰地且予錢黨曰諾順曰今爲錢浣之順告☑

73EJT37：1139

5. ·告（1）縣往者（2）告劾多不應法又留不上囚（3）

到狀長丞☑　　　　　　　　　　　73EJC：256 +22

【注】

1.（1）毋人律，某類罪的概稱，但本簡殘缺，不明是指哪類罪。

5.（1）告，上級向下級發文用語。（2）往者，之前，過去。（3）上囚，向上級報送囚犯。

變（事）告

變告，又稱上變事、上言變事，指報告關係重大的緊急事件，接受者需急速送交朝廷，不得留遲。[1] 李均明指出"變事乃爲危害程度較嚴重的緊急事件，故可直訴朝廷，不必逐級傳遞"。[2]《周禮·夏官·太僕》鄭注："若今時上變事，擊鼓矣。"《漢書·楚元王傳》："更生懼焉，乃使其外親上變事。"師古注曰："非常之事，故謂之變也。"[3]《漢書·韓信傳》："信初之國，行縣邑，陳兵出入，有變告信欲反，書聞，上患之。"師古注："凡言變告者，謂告非常之事。"[4]《晉書·刑法志》："上言變事，以爲變事令，以驚事告急，與興律烽燧及

---

① 參見李均明：《武威旱灘坡出土漢簡考述——兼論"挈令"》，《文物》1993 年第 10 期，第 35 頁。

② 李均明、劉軍：《簡牘文書學》，廣西教育出版社 1999 年版，第 239 頁。

③ （漢）班固：《漢書·楚元王傳》，中華書局 1962 年版，第 1930 頁。

④ （漢）班固：《漢書·韓信傳》，中華書局 1962 年版，第 1876 頁。

科令者，以爲驚事律。"① 《漢律摭遺·廄律》列"上言變事"條。②

1. 本始元年十二月癸酉張掖大守：卒史薛則督盜□□□
□（觚） 　　　　　　　　　　　　73EJT23：797A

嗇夫安世亭長息憲上書安世息言變事告侍報檄到□（觚）

　　　　　　　　　　　　　　　73EJT23：797B

亡自賊殺傷給法所當得（1）詔獄重事爲疑□□□（觚）

　　　　　　　　　　　　　　　73EJT23：797C

……（觚） 　　　　　　　　　　73EJT23：797D

2. □不以□律變告乃□

□□□□（削衣） 　　　　　　　73EJT26：286

【注】

1.（1）給法所當得，爲過關文書中需要沿途提供飲食等
情況下的常用語。

自告

【解題】

自告，行爲人自行向官府報告自己的罪行和過失。

□先自告言□□□□□□□勞吏卒□　　73EJT21：465

---

① 相關研究有李均明：《居延漢簡訴訟文書二種》，氏著《簡牘法制論稿》，廣西師
範大學出版社 2011 年版，第 84 頁；胡仁智：《由簡牘文書看漢代職務罪規定》，
《法商研究》2001 年第 3 期；林海村、李均明：《疏勒河流域出土漢簡》，文物出
版社 1984 年版，第 162 頁；徐世虹主編：《中國法制通史（第二卷·戰國秦漢
卷）》，法律出版社 1999 年版，第 322 頁；趙凱：《長沙尚德街東漢簡所見"變
事"與"變事書"》，《（韓國）慶北大學校人文學術院 HK 事業團第一屆國際學術
會議論文集》（2020 年），第 857 頁。
② （清）沈家本：《歷代刑法考》，中華書局 1985 年版，第 1623 頁。

自訟

【解題】

自訟，指當事人向官府申訴，又稱"自言"。《漢書·外戚傳》："媪與遁始之柳宿，見翁須相對涕泣，謂曰：'我欲爲汝自言'。"顏師古注曰："言自訟理，不肯行。"①

不敢自訟東部肩水記部尤戲孝誠欲告之道涇毋從□得

73EJT26：72

自言

【解題】

自言，記錄當事人到官府申訴、控告或申請等用語。

1. 地節三年十一月癸未朔辛丑軍令史遂敢言之詔書發三輔大常中二千☐

里□順自言作日備·謹案□□□□□□□順以十一月乙酉作日備順 73EJT1：126②

2. 元延二年四月壬辰朔丙辰守令史長敢言之表是（1）安樂里男子左鳳自言鳳爲卅井塞尉（2）犯法

論事已願以令取致歸故縣名籍如牒謁移卅井縣索（3）肩水金關出入如律令敢言之 73EJT37：529

3. 布橐一直百八十布襪一兩（1）直八十始安隧（2）卒韓詡自言責（3）故東部候長牟放□□

---

① （漢）班固：《漢書·外戚傳》，中華書局 1962 年版，第 3962—3963 頁。
② 釋文根據張俊民、伊强的觀點改釋。張俊民：《西北漢簡所見"施刑"探微》，《石河子大學學報（哲學社會科學版）》2015 年第 2 期；伊强：《〈肩水金關漢簡〉文字考釋五則》，簡帛網 2015 年 2 月 19 日，http：//www.bsm.org.cn/？hanjian/6334。

錢四百驗問收責持詣廷放在城官（4）界中謁移城官治決

害□日夜□　　　　　　　　　　　　　　　73EJT23：295

　　4．☑書卒自言責☑

　　☑□如爰書□☑　　　　　　　　　　　73EJT14：32

　　5．塞虜隧卒爰魯自言乃七月中貸故□☑　73EJT23：497

　　6．肩水戍卒梁國睢陽同廷里任輔自言貰賣白布復袍一領

直七百五十故要虜（1）☑　　　　　　　　　73EJT3：104

　　7．☑隧長孫□自言買牛一頭黑特（1）齒四歲病傷暑不能

食飲衆□☑　　　　　　　　　　　　　　　73EJT24：29

　　8．☑□陳忘自言十月中貰買☑　　　　　73EJD：139

　　9．☑自言幸得以赦令除用卷約☑　　　　73EJF3：60

　　10．☑廣利里宋德自言以故吏請詔詣居延將□☑

　　☑父／二月丁亥廄嗇夫福兼行尉事敢言☑　73EJT5：7

　　11．☑□□同縣男子趙贛等如牒去年八月中自言雜得長弘

爲移書至今不決（3）　　　　　　　　　　　73EJC：300

【注】

1．簡文注釋見“作”條。

　　本簡爲作日滿的歸鄉文書。“自言”後記錄的是歸鄉者提

出申請時的言辭。“謹案”是接受申請之人對申請人情況是否

符合規定的審核。

　　2．（1）表是，酒泉郡屬縣。（2）卅井塞尉，居延都尉卅

井塞塞尉。陳夢家指出，“居延、肩水兩都尉下十個候官各治

一塞，西漢簡各以候官名塞……每塞各設塞尉，塞尉常試守候

事……漢簡，塞尉秩二百石，月奉二千錢”。[1]（3）縣索，即

----

① 陳夢家：《漢簡綴述》，中華書局 1980 年版，第 51 頁。

懸索關，爲居延都尉三十井候官所轄，與位於南面的肩水金關構成居延地區兩個重要的關卡。李并成認爲懸索關遺址位於布肯托尼。①

3.（1）兩，量詞，雙。（2）始安隧，肩水候官下某部所屬隧。②（3）責，借債給某人。（4）城官，肩水都尉府所在地的城官。詳見"過律、過程"條注解。

由於債務人在城官管理之下，所以移送文書到城官請求協助收取債務。

5．本簡爲由官府協助債權人催討債務的文書。

6．（1）要虜，肩水候官所屬西部有"要虜隧"。③

本簡爲由官府協助債權人催討債務的文書。

7．（1）特，公牛。

本簡爲牛病或死爰書。

8．本簡爲由官府協助債權人催討債務的文書。

9．參見"敕"條該簡注解。

本簡可能爲財物糾紛中債務人的應訴文書。

11．本簡殘缺，可能是債務追討文書。所附牒書中詳述了債務情況，之前觻得縣已經發過文書，但至今沒有完成追討。所以就此事再次提出申請。

3、4、5、6、7、8、11 均與債務到期未償還，官府根據債務人的請求協助追討有關。

---

① 李并成：《漢懸索關考》，《敦煌研究》2004 年第 4 期。
② 郭偉濤：《肩水金關漢簡研究》，上海古籍出版社 2019 年版，第 56 頁。
③ 郭偉濤：《肩水金關漢簡研究》，上海古籍出版社 2019 年版，第 56 頁。

二、捕

捕，捉拿、追尋罪犯。陳公柔指出，沈家本《漢律摭遺·捕律》列逮捕、收捕、詔捕、逐捕、疏捕、名捕、追捕、急捕等八類。沈云"按記傳之言捕者，其法不同。疑漢律中必有分別，今不可考"。陳公柔認爲"當以劾捕案情較輕，依次爲追捕、逐捕，而以詔所名捕案情最爲重大"。[①]

請詔逐驗、詔所名捕

【解題】

請詔逐驗，請詔，經呈請皇帝批准的逐捕驗問。詔所名捕，以詔書形式發布的通緝令。《漢書·平帝紀》四年詔書："婦女非身犯法，及男子年八十以上七歲以下，家非坐不道，詔所名捕，它皆無得繫。"張晏注曰："名捕，謂下詔特所捕也。"[②] 名捕，以往多理解爲"指名明通緝"。《後漢書·光武帝紀》詔曰："男子八十以上，十歲以下，及婦人從坐者，自非不道、詔所名捕，皆不得繫。"李賢注："詔書有名而特捕者。"[③]《漢書·鮑宣傳》："時名捕隴西辛興。"顏師古注："詔顯其名而捕之。"[④] 薛英群認爲詔所名捕爲"詔書指名追捕者"[⑤]。大庭脩認爲詔所名捕"意爲根據詔書指名通緝"[⑥]。不

---

① 陳公柔：《先秦兩漢考古學論叢》，科學出版社 2008 年版，第 262—263 頁。
② （漢）班固：《漢書·平帝紀》，中華書局 1962 年版，第 356 頁。
③ （南朝宋）范曄撰，（唐）李賢等注：《後漢書·光武帝紀》，中華書局 1965 年版，第 35 頁。
④ （漢）班固：《漢書·鮑宣傳》，中華書局 1962 年版，第 3093 頁。
⑤ 薛英群：《居延漢簡通論》，甘肅教育出版社 1991 年版，第 226 頁。
⑥ ［日］大庭脩著，徐世虹等譯：《秦漢法制史研究》，中西書局 2017 年版，第 111 頁。

過漢簡中有"詔所名捕"的文書，有的通緝犯爲"不知何人"，可知"名捕"不是指"指示人名追捕"。"名"的顯示、指示的對象是"捕"，即以詔書明示的逮捕。詔所名捕與普通的緝捕相比，在某些方面有特殊限制之處。如《漢書·平帝紀》四年詔書："婦女非身犯法，及男子年八十以上七歲以下，家非坐不道，詔所名捕，它皆無得繫。"①《後漢書·寇恂傳》寇容"有詔捕之。榮逃竄數年，會赦令，不得除，積窮困，乃自亡命中上書"。②

1. 甘露二年五月己丑朔甲辰朔丞相少史御史守少史仁以請詔有逐驗大逆無道故廣陵王胥御者惠同

產弟故長公主蓋卿大婢外人移郡大守逐得試知外人者故長公主大奴千秋等曰外人一名麗戎字中夫　（省略）

73EJT1：1

2. 地節四年二月乙丑張掖肩水司馬德以私印行都尉事謂肩水候官寫移書到候嚴教乘亭塞吏各廋索部界中詔所名捕施刑士

金利等毋令留居部界中毋有具移吏卒相牽證任不舍匿詔所名捕金利等移爰書都尉府會二月廿五日須報大守府毋忽它如律令　　　　　　　　73EJT23：620

3. 本始元年十二月癸酉張掖大守＝卒史薛則督盜□□□□（觚）　　　　　　　　73EJT23：797A

嗇夫安世亭長息憲上書安世息言變事告侍報檄到□（觚）

73EJT23：797B

---

① （漢）班固：《漢書·平帝紀》，中華書局 1962 年版，第 356 頁。
② （南朝宋）范曄撰，（唐）李賢等注：《後漢書·寇恂傳》，中華書局 1965 年版，第 627 頁。

亡自賊殺傷給法所當得詔獄重事爲疑□□□（觚）

73EJT23：797C

……（觚）

73EJT23：797D

4. □名捕楊循□□

73EJC：496

【注】

1. 本簡詳解見“大逆無道”條。

本簡屬於“詔捕”情形。

2. 參見“施刑”條該簡注解。

肩水都尉將詔捕文書下發至肩水候官，要求各轄區負責人搜捕并將搜捕結果按時上報。

3. 本簡詳解見“亡、逃”條。

4. “名捕”前斷簡當有“詔所”，爲“詔所名捕”。

捕、逐捕

1. □宜（1）逐捕亡民安樂里發赤[1]張掖□□

73EJT1：86

2. □□捕不道（1）罪名明□　　73EJT4：145

3. □逐捕未能發□□　　73EJT4：178

4. 移書到明白扁書鄉官亭里市里謁舍令吏民皆知之郡遣都吏循行……捕部

界中不得歸二千石以下反□者□重事＝（事事）當奏聞冊忽如律令

茂陵第八辟候破胡等購（1）錢□書　　73EJT21：114

---

[1] 何茂活認爲“赤”當釋爲“告”。何茂活：《〈肩水金關漢簡（壹）〉釋文訂補》，復旦大學出土文獻與古文字研究中心網站 2014 年 11 月 29 日，http://fdgwz.org.cn/Web/Show/2392。

5. ☑前調送詔獄囚檄到常利等趣（1）逐捕以遣

　　　　　　　　　　　　　　　　　　　73EJT21:306

6. ☑府定捕得之（1）☑　　　　　73EJT22:130A

　☑☑☑　　　　　　　　　　　　　73EJT22:130B

7. 吏捕得金城（1）☑　　　　　　　73EJT23:97

8. 居聑二年八月關嗇夫□□①叩゠頭゠死゠罪゠（叩頭叩

頭死罪死罪）敢言之樂昌隧長就所捕槖他卒郭朝

　　廣地卒李襃驗問辭服□功以十月七日莫到臨利隧下□中見

朝∟襃問動　　　　　　　　　　　73EJT23:877A

　　……

　　……

　　……　　　　　　　　　　　　73EJT23:877B

9. 居聑三年十月甲戌朔壬午大司空假屬建大司徒屬錯逐

捕反虜陳伯陽王孫慶及新屬當坐者移☑

　　監御史州牧京兆尹四輔郡大守諸侯相伯陽慶所犯悖天逆理

天地所不覆載臣子所當誅滅☑　　　73EJT23:878

10. ……

　　白・崇叩頭請

　　……　　　　　　　　　　　　73EJT23:918A

　　歸誤□宗家皆毋它叩頭所送□□相欲急□□又□官

　　檄（1）捕候長丁卿候史姚放隊長王隆等未能盡得守府聞

　　　　　　　　　　　　　　　　73EJT23:918B

---

① 馬智全、郭偉濤均認爲原簡此處爲一字，當爲"常"字。馬智全：《肩水金關關
　嗇夫金紀年考》，《甘肅省第三屆簡牘學國際學術研討會論文集》，上海辭書出版
　社 2017 年版，第 260 頁；郭偉濤：《漢代張掖郡肩水塞研究》，清華大學 2017 年
　博士學位論文，第 307 頁。

11. 顯處令吏民卒徒奴婢盡知之各相牽證任毋舍匿出己爰
書鯛臧縣廷令可案毋令留居部界中☑

不得胡人亡重事如法律令敢言之/九月丙子車騎將軍宣曲
校尉當肩丞讓敢告典屬國卒人寫移☑☑ 　　73EJT24:245

12. ☑捕未央☑ 　　　　　　　　　73EJT24:708

13. ☑都吏賈君=兄=(君兄君兄)爲政徒臧小叔雲中犢和
(1) 宋長實田舍至十月中吏捕得順小叔君兄與☑☑73EJT25:4

14. ☑亭長丁宗行追廣宗 　　　　　　73EJT26:83

15. ☑☑門安世即捕不知何=人=(何人何人)(1) 提劍
鄉吏不直(2)☑ 　　　　　　　　　73EJT26:177

16. 八月庚申橐佗候賢謂南部候長(1)定昌寫移書到逐
捕驗問害奴山柎等言案致(2)收責

☑記以檄言封(3)傳上計吏它如都尉府書律令/尉史明

　　　　　　　　　　　　　　　73EJT30:26

17. 死罪屋闌游徼當録里☑☑☑坐與游徼彭祖捕縛盧水男
子因籍田都當故屬國千人辛君大奴宜馬☑

　　　　　　　　　(73EJT30:170＋144)①

18. 南部候史居延安故里郭循年廿八追亡卒☑月辛卯兼亭
長並(1)出 　　　　　　73EJT37:1026＋1515②

19. 肩水候史昭武安新里辛壽泰月癸未除盡九月晦積九十
日因亡不詣官案壽乘邊迹候吏別

----

① 簡文的綴合和考釋參見伊強：《肩水金關漢簡中的"囚録"及相關問題》，李學勤
主編：《出土文獻（第七輯）》，中西書局 2015 年版；伊強：《肩水金關漢簡綴合
五則》，簡帛網 2014 年 7 月 10 日，http://www.bsm.org.cn/?hanjian/6224.html。
② 姚磊：《〈肩水金關漢簡（肆）〉綴合考釋研究（十二則）》，李學勤主編：《出土
文獻（第九輯）》，中西書局 2016 年版。

……辟吏私自便利不平端逐捕未得

始建國五年九月壬午朔辛亥候長勷移昭武獄以律令從事

$\qquad$ 73EJF3：471 +302 +73EJF2：43 +73EJF3：340①

20. ☑☑得捕☑ $\qquad$ 73EJF3：73

21. ☑☑☑田不能捕得毋狀（1）當坐叩＝頭＝（叩頭叩頭）死罪敢☑ $\qquad$ 73EJF3：353

22. 表未得不知審請盡力逐捕以必得爲故叩＝頭＝死＝罪＝（叩頭叩頭死罪死罪）…… $\qquad$ 73EJT4H：8A

史史史史史史史史史（習字） $\qquad$ 73EJT4H：8B

23. ……☑

☑☑☑以安萬年幸＝甚＝（幸甚幸甚）☑

$\qquad$ 73EJT4H：20A

月☑☑治令天下寬緩願☑

☑☑☑☑☑☑☑爲捕罪☑ $\qquad$ 73EJT4H：20B

24. ☑☑猛還捕亡猛狗猛不責捕☑☑ $\qquad$ 73EJD：251

25. 始建國天鳳三年三月壬戌朔丁……

蕭遷尉史刑張等追亡吏卒范威等名如牒書到出入如律令

$\qquad$ 73EJF3：171

26. ☑☑軍令曰使護豐與馬良俱逐求之巳復與俱詣府

$\qquad$ 73EJF3：330

27. ☑……追轂鼓呼言北☑☑☑ $\qquad$ 73EJT37：210

28. ☑黨與五萬吏捕斬强☑☑☑ $\qquad$ 73EJT37：257

29. ☑☑金關文書方逐案劾☑ $\qquad$ 73EJT37：540

---

① 姚磊：《〈肩水金關漢簡（伍）〉綴合（叁）》，簡帛網 2016 年 9 月 5 日，http：//www. bsm. org. cn/show_article. php？id =2626。

30. 其所共捕得若斷斬首三百騎以上者皆錫（1）爵高功
一人附城食邑户　　　　　　　　　　72EBS7C:4

【注】

1. （1）宜，人名。

2. （1）不道，又稱無道。詳見"大逆無道、大逆、無
道"條。

4. （1）購，懸賞，漢代常用的逐捕罪犯、捕斬敵人的激
勵措施。參見"購"條。

釋文根據樂游（劉釗）、張俊民、姚磊觀點修正。[1] 簡文
前半部分爲逐捕文書内容，後部分内容爲逐得逃犯獲得賞金。

5. （1）趣，《説文·走部》："疾也。從走，取聲。"[2] 指
催督完成某項工作。

6. （1）定捕得之，緝捕文書督促用語。

7. （1）金城，昭帝始元元年（前86年）在今蘭州始置
金城縣，屬天水郡管轄。始元六年（前81年），又置金城郡，
郡治允吾。

8. 簡文爲上報對捕獲人員驗問情況的文書。

9. 本簡詳解見"坐罪"條。本簡爲對反叛王莽朝廷的重犯
的逐捕文書。伊强認爲王孫慶可能爲居攝二年（6年）參與翟
義反莽行動的"王孫慶"，陳伯陽可能爲參與翟義反莽的陳豐。[3]

---

[1]　姚磊：《肩水金關漢簡釋文合校》，中國社會科學出版社2021年版，第185—186
　　頁。
[2]　（漢）許慎撰，（清）段玉裁注，許惟賢整理：《説文解字注》，鳳凰出版社2015
　　年版，第111頁。
[3]　伊强：《肩水金關漢簡73EJT23：878與相關史事的考察》，簡帛網2015年3月5
　　日，http://www.bsm.org.cn/?hanjian/6343；劉樂賢：《金關漢簡中的翟義同黨陳
　　伯陽及相關問題》，《中國史研究》2014年第1期。

10.（1）檄，檄書，通行文體之一，多用於緊急、重要事情的警示、訓誡、報告等。《康熙字典》："《説文》：下尺書也。顏師古曰：檄者，以木簡爲書，長尺二寸，用徵召也……又《韻會》：陳彼之惡，説此之德，曉諭百姓之書也。又曰：檄，皎也，明言此使令皎然而識也。漢《司馬相如‧諭巴蜀檄》、魏《陳琳‧討曹操檄》皆是。"①

11．本簡詳解見"亡、逃"條。

這是一份緝捕逃亡胡人的文書。

13．（1）犢和，雲中郡屬縣。

14．緝捕人員的過關文書。

15．（1）不知何人，漢簡中表述不明身份人的常用語。（2）不直，故意不按法律定罪處刑。詳見"不直"條。

16．（1）南部候長，郭偉濤指出此爲橐佗候官所屬南部候長。資料顯示橐佗候官設有南、中、北三部。②（2）案致，審查核實。《漢書‧魏相傳》："御史大夫桑弘羊客詐稱御史止傳，丞不以時謁，客怒縛丞。相疑其有姦，收捕，案致其罪，論棄客市。"③《後漢書‧蓋勳傳》："時武威太守倚恃權執，恣行貪橫，從事武都蘇正和案致其罪。"④（3）封，封緘文書。

簡文爲轉發都尉府發出的緝捕文書。

17．注解見"坐罪"條、"囚録"條注解。

18．（1）並，守關亭長名。

---

① 《康熙字典》，同文書局 1887 年版，中華書局 1922 年印，第 556 頁。

② 郭偉濤：《肩水金關漢簡研究》，上海古籍出版社 2019 年，第 70—73 頁。

③ （漢）班固：《漢書‧魏相傳》，中華書局 1962 年版，第 3133 頁。

④ （南朝宋）范曄撰，（唐）李賢等注：《後漢書‧寇恂傳》，中華書局 1965 年版，第 1879 頁。

本簡爲過關記録，經手人爲並，過關方向爲出關。

19. 本簡詳解見"亡、逃"條。本簡是新莽時期對逃亡官吏的劾狀文書。

肩水候史辛壽逃亡，候長首先要逐捕，逐捕未得時，需提起劾狀文書。由肩水候官轉呈給審判機關——昭武縣獄。昭武獄將對逃亡者缺席判決定罪，之後通令緝捕。

21. （1）毋狀，又稱職事毋狀，行爲不合法律、職務或禮儀等要求。漢代文書公牘中常用斥責、舉劾或自訟之語。

30. （1）錫，賜。詳解見"賜"條。

本簡屬於購賞科別、令之類的文書。購賞的內容包括賜爵、食邑等。

逯

【解題】

逯，逮。陳邦懷指出："逯、逮二字古通。段玉裁云：'石經公羊：祖之所逯聞，今本作逮。'"[1] 逯書，即逮捕罪犯之逮捕書。

1. 牒書獄所逯一牒

本始二年七月甲申朔甲午鱳得守獄丞却胡以私印行事敢言之肩水都尉府移庚候官（1）告尉（2）謂游

徼安息等書到雜（3）假捕此牒人毋令漏泄先聞知得（4）定名（5）縣爵里年姓官秩它坐（6）或　　　73EJT21：47

2. ▢封一逯居延都尉章詣張掖大守逯河東大守府△▢

▢逯二居延令詣府鱳得逯二河東解皮氏四月壬戌▢

▢□廣地候印……　　　　　　　　　　73EJT23：11

---

① 陳邦懷：《居延漢簡考略》，《中華文史論叢》1980 年第 2 期。

3. ☑敢言之遣候長外人（1） 送昭武（2） 所訟遝令史董
幸復范德趙赦之刑常致昭

　　☑河津金關毋苛留止如律令敢言之

　　☑如律令／掾安世令史光佐其　　　　　　73EJT23:929

4. ☑亡命□□就遝（1） □□獄遣守尉萬年

　　　　　　　　　　　　　　　　　73EJT24:517A

　　☑□□□□　　　　　　　　　　　73EJT24:517B

5. 詔獄所遝四牒

元康元年七月甲戌朔乙酉治詔獄□☑

……　　　　　　　　　　　　　73EJT24:705

6. 牒書獄所遝☑

地節三年三☑　　　　　　　　　73EJT24:828

7. ☑□書六封其一封遝居延丞印詣觻得破印（1） 頗可知
（2） 蚤食　　　　　　　　　　　　73EJC:311

8. 五月戊子朔……自言□父居延都尉吏□掾任獄就遝
……年廿歲徵事當得以令取傳謁移過

　　　　　　　　73EJT3:23 ＋73EJC:361①

【注】

1.（1）觻候官，肩水都尉下轄候官之一。肩水都尉下轄
肩水候官、廣地候官、橐他候官、倉石候官、觻候官等。觻候
官可能僅存在於昭帝及宣帝早期。② （2）尉，指觻得縣尉。
（3）雜，共同。《漢書·雋不疑傳》：“詔使公卿將軍中二千石

_____

① 　綴合據姚磊：《肩水金關漢簡綴合》，天津古籍出版社 2020 年版，第 39 頁。
② 　參見郭偉濤：《肩水金關漢簡研究》，上海古籍出版社 2019 年版，第 11—12 頁。

雜識視。”師古注曰：“雜，共也。”① （4）得，捕得。（5）定名，查實寫明。名，書寫。《儀禮·聘禮》：“不及百名書于方。”注：“名書，文，今謂之字者。”② （6）它坐，犯有其他犯罪行爲。

本簡是觻得縣獄對上級緝捕令的回報文書。

3.（1）外人，人名。（2）昭武，指昭武縣獄。

本簡是與訴訟案件有關的逮捕人員送往昭武獄接受審判的過關文書。

4.（1）就逮，前往接受逮捕。就，《康熙字典》：“《廣韻》：成也，迎也。《詩·邶風》：就其深矣，方之舟之。”③ 又稱“會逮”。《漢書·淮南衡山濟北王傳》：“群臣可用者皆前繫，今無足與舉事者。王以非時發，恐無功，臣願會逮。”顏師古注：“會謂應逮書而往也。”④

7.（1）破印，封泥中之印文破損。（2）頗可知，大體可知。

搜索

【解題】

搜索，搜查罪犯。《康熙字典》：“揚子《方言》：廋，隱也。注：謂隱匿也。《論語》人焉廋哉。又《玉篇》：隈也。又求也，索也。”⑤ 《漢書·趙廣漢傳》：“直突入其門，廋索私

---

① （漢）班固：《漢書·雋不疑傳》，中華書局 1962 年版，第 3037 頁。
② （清）阮元校刻：《十三經注疏·儀禮注疏》，中華書局 2009 年版，第 2318 頁。
③ 《康熙字典》，同文書局 1887 年版，中華書局 1922 年印，第 299 頁。
④ （漢）班固：《漢書·淮南衡山濟北王傳》，中華書局 1962 年版，第 2151—2152 頁。
⑤ 《康熙字典》，同文書局 1887 年版，中華書局 1922 年印，第 349 頁。

屠酤。"顏師古注："廋讀與搜同，謂入室求之也。"①

1. 輒詣官白傳（1）·發致（2）當乃自開閉獨廋（3）
索人力不及☒　　　　　　　　　　　73EJT23:238

2. 地節四年二月乙丑張掖肩水司馬德以私印行都尉事謂
肩水候官寫移書到候嚴教乘亭塞吏各廋索部界中詔所名捕施
刑士

金利等毋令留居部界中毋有具移吏卒相牽證任不舍匿詔所
名捕金利等移爰書都尉府會二月廿五日須報大守府毋忽它如
律令　　　　　　　　　　　　　　　73EJT23:620

3. ☒等二人書到廋索界中毋有具移相牽任不（1）□☒
☒□奴等廿四人廋索部界中相牽證任毋舍匿詔□☒

　　　　　　　　　　　　　　　　73EJT23:955

4. 顯處令吏民卒徒奴婢盡知之各相牽證任毋舍匿出已爰
書錮臧縣廷令可案毋令留居部界中☒

不得胡人亡重事如法律令敢言之/九月丙子車騎將軍宣曲
校尉當肩丞讓敢告典屬國卒人寫移□☒　　73EJT24:245

5. ……□□……都尉事謂候官書到……
……□毋□□□居部界中如律令/卒史安世屬□世

　　　　　　　　　　　　　　　　73EJT30:88

6. ☒去君孟請張君至
☒□復廋索□□□之　　　　　　　73EJT33:62

7. 部界中不得慎毋忽如律令/令史少□　73EJT33:89

8. 居延倉言廋索苛察毋劉新

_____

① （漢）班固：《漢書·趙廣漢傳》，中華書局 1962 年版，第 3203 頁。

□等過留者　　　　　　　　　　　73EJF3：261

9.　肩水倉建昭二年六月轉就□☑　　　73EJD：289A

　　□廋①索毋令姦人☑　　　　　　　73EJD：289B

10.　☑□索部界中得（1）以檄言（2）以畀（3）

　　　　　　　　　　　　　　　　　　73EJC：94

【注】

1.（1）傳、（2）致，均爲過關文書的形式。（3）廋，通
"廋""搜"。

2.　本簡詳解見"施刑"條、"詔所名捕"條。

　　本簡爲緝捕文書，肩水都尉將詔捕文書下發至肩水候官，
要求各轄區負責人搜捕并將搜捕結果按時上報。

3.（1）相牽任不，斷簡，當爲"相牽任不舍匿"，指相
互證明不收留藏匿逃犯。

　　本簡爲緝捕文書。比較特殊的是搜捕對象爲兩批人，而在
同一支簡上。

4.　本簡詳解見"亡、逃"條。

　　這是一份緝捕逃亡胡人的文書。

10.（1）得，獲，捕得。（2）檄，檄書，通行文體之一，
多用於緊急、重要事情的警示、訓誡、報告等。以檄言，以緊
急公文形式上報。（3）畀，給與，這裏指上報，上交。

命

　　命，指爲對刑罰較重的逃犯的通緝。此類被通緝的逃犯被

────────────

① 原釋文爲"庚"，當爲"廋"。

稱爲"命者"。①《漢書·刑法志》："已論命復有笞罪者，皆棄市。"李奇注曰："命，逃亡也。"晉灼注曰："命者，名也，成其罪也。"②《文選·謝平原内史表》："張敞亡命，坐致朱軒。"李善注："命，名也。謂所犯罪名已定，而逃亡避之，謂之亡命。"這些資料不足以解釋命的實質含義。出土的漢初簡張家山《二年律令·具律》122—124 簡説明了"命"的適用對象和條件："有罪當完城旦春、鬼新（薪）白粲以上而亡，以其罪命之；耐隸臣妾罪以下，論令出會之。其以亡爲罪，當完城旦春、鬼新（薪）白粲以上不得者，亦以其罪論命之。"③"命＋刑罰名"的形式，表示對在逃犯的定刑通緝。如走馬樓西漢簡 0351、0338 簡有"命髡鉗城旦"，0815 簡有"命髡鉗笞百釱左止爲城旦"，0166 簡有"命棄市"等，均表示對逃亡者論定的刑罰。④ 而嶽麓書院藏秦簡等表明漢律中"命"的制度繼承自秦代。以往由於對"命"的含義理解不清，對"沈命法"一詞的理解一直存在分歧。《漢書·咸宣傳》："於是作'沈命法'，曰：'群盗起不發覺，發覺而捕弗滿品者，二千石以下至小吏主者皆死。'"注，應劭曰："沈，没也。敢蔽匿盗賊者，没其命也。"孟康曰："沈，藏匿也。命，亡逃也。"顔

---

① 參見拙作《肩水金關漢簡初探》第五章第一節"簡牘所見漢代緝捕逃亡之'命'的有關制度研究"。丁義娟：《肩水金關漢簡初探》，中國農業科學技術出版社 2019 年版。

② （漢）班固：《漢書·刑法志》，中華書局 1962 年版，第 1099 頁。

③ 彭浩、陳偉、[日]工藤元男：《二年律令與奏讞書：張家山二四七號漢墓出土法律文獻釋讀》，上海古籍出版社 2007 年版，第 141 頁。

④ 簡文資料引自鄔文玲：《走馬樓西漢簡所見赦令初探》，《社會科學戰綫》2022 年第 4 期。

師古曰："應説是也。"① 沈家本按："沈命解當以孟説爲長。"②
以往對上述解釋難於取捨，現在弄清了"命"的含義，則
"沈命"之義，當取孟康之説。沈家本所見爲是。

1. ☑丑命加笞八百要斬

☑□丑命加笞八百要斬（削衣）

☑□月丁未命笞二百棄市　　　　　　　73EJT1:93

2. ☑□奴婢亡人命　　　　　　　　　73EJT23:828

3. ☑通長生先以亡人命者蘭渡關津□□□□☑

　　　　　　　　　　　　　　　　　73EJT25:193

【注】

1. 本簡注參見"腰斬"條和"笞"條。

本簡爲記載命者刑罰的牒書，具體性質不明。

命籍

【題解】

命籍，指審判機關（一般爲縣級獄）根據對逃亡罪犯的
舉劾，缺席審理定罪并發布通緝文書的檔案。命籍，以往文獻
未見。

居延部終更已事未罷坐傷人亡命今聞命籍在頓丘邑獄即③
自詣它如爰書七月甲辰入　　　　　　73EJT37:776A

① （漢）班固：《漢書·咸宣傳》，中華書局1962年版，第3662—3663頁。
② （清）沈家本：《歷代刑法考》，中華書局1985年版，第1504頁。
③ 原釋文爲"願"，據秦鳳鶴文改爲"即"。秦鳳鶴：《〈肩水金關漢簡〉（肆）釋文
校訂》，中國古文字研究會等編：《古文字研究（第三十二輯）》，中華書局2018
年版，第531頁。

元康四年伏地再拜伏伏伏伏再它再拜伏拜（習字）

73EJT37：776B

【注】

簡文注見“傷人”條。

該簡爲肩水金關關吏根據過關文書而登記的過關人員信息。一名傷人逃亡被通緝者聽説自己的定罪、通緝檔案在頓丘邑獄，向有關機關説明情況，有關機關在爰書中記載了審問他的情況，并爲其簽發了前往投案的通行文書。西北漢簡中另有兩枚簡涉及命者名籍，其性質待考。肩水金關漢簡73EJT1：93簡“☑丑命加笞八百要斬／☑□丑命加笞八百要斬／☑□月丁未命笞二百棄市”，懸泉漢簡ⅠT0116②：118“……元得及□從者侯□□坐盜出財物邊關／龍勒萬年里男子王廣坐賊殺人／□施刑士故北地大要陰利里公孫合坐盜亡乏興／龍勒長通男子史猛坐賊殺人／□施刑士故大常陽陵北武都里石駿坐盜亡乏興／龍勒長通里男子孫歸來坐賊殺人／……坐賊殺人／廣至……□／沙頭髡鉗欽左右止城旦休閒敗康居國坐盜／廣至魚澤止虜隧戍卒效穀益富里孟武成坐賊殺人□（A面）其一人發三人牛反等□入塞內／敦煌命二人／其三人犯法給事中以詔書／一發五人牛反等□□塞內／其一人不知何人盜馬死□劍／廿九人犯法郡中二人受它郡／一人施刑未□□去署亡□□（B面）”。

逐命

【解題】

逐命，逐捕命者，即逐被通緝的重罪逃犯。

1. 五鳳四年八月己亥朔己亥守令史安世敢言之遣行左尉

事（1）亭長安世逐命張掖酒泉敦①武威金城郡

中與從者陽里鄭常富俱乘占用馬軺車一乘謁移過縣道毋苛留敢言之

八月己亥居延令弘丞江移過所縣道如律令/掾忠守令史安世

　　　　　　　　　　　　73EJT9:104

2.　五鳳四年十二月丁酉朔甲子佐安世敢言之遣第一亭長護泉逐命張掖酒泉敦煌武威金城郡中與從者安樂里齊赦之

乘所占用馬一匹軺車一乘謁移過所縣道河津金關勿苛留如律令敢言之

十二月甲子居延令弘丞移過所如律令/令史可置佐安世正月己卯入　　　　　　72EBS7C:1A

（塗抹）　　　　　　　　　　72EBS7C:1B

3.　☑□長弘移過所遣假佐（1）耐逐事酒泉張掖郡中與從者溫千秋里張杜俱乘馬一匹軺車　　　73EJT37:140

4.　☑□亭長孫千秋年卅八長七尺五寸黑色軺車一乘馬一匹弩一矢五十逐命長安舍郡抵（1）吏　73EJT4:111＋18②

5.　官從者居延西道里簪褭……

誼從者居延利上里公大夫王外人年□□長七尺四寸黑色尸元康三年九月辛卯朔壬子佐宣敢言之□□□長誼逐命張掖酒泉郡中與從者西道……

……以令取傳謹疎年長物色謁移肩水金關出來復傳（1）敢言之

———————————

① “敦”後脫漏“煌”字。

② 綴合根據尉侯凱：《〈肩水金關漢簡（壹）〉綴合九則》，簡帛網 2016 年 10 月 5 日，http://www.bsm.org.cn/show_article.php?id＝2640，原文綴合後簡號誤寫爲“73EJT1:111＋18”。

……水金關如律令/掾延年佐宣

73EJT37：28A +653A +1133A

印曰居延丞印　　　73EJT37：28B +653B +1133B①

【注】

1. 左尉事，左尉，指縣左尉。《後漢書·百官志》："尉大縣二人，小縣一人。"應劭注："漢官曰：'大縣丞左右尉，所謂命卿三人。小縣一尉一丞，命卿二人。'"事，人名。

3. （1）假佐，從下級借調來的吏員。《漢書·王尊傳》："司隸遣假佐放奉詔書白尊發吏捕人。"顏師古注引蘇林曰："胡公《漢官》：'假佐，取内郡善史書佐給諸府也。'"② 本簡爲緝捕命者的過關文書。

4. （1）郡抵，即郡邸，漢代諸郡設在京師的辦事處。

5. （1）來復傳，即復傳，載明返程有效的過關文書。很多傳自身不標注往返可用，一般關吏在過關時予以登記，在返程時也可以持原傳過關。有的傳文書則直接注明爲"來復傳"。③ 《漢簡語彙考證》中鷹取祐司提出不同看法，認爲"復"爲動詞，同"覆"，爲"核查"之意。④ 不過，復傳使用的場合均是往返出入的情形，"復"明顯含有反復的意義，

---

① 釋文根據姚磊：《〈肩水金關漢簡（肆）〉綴合考釋研究（十二則）》，李學勤主編：《出土文獻（第九輯）》，中西書局 2016 年版；姚磊：《讀〈肩水金關漢簡〉劄記（二十三）》，簡帛網 2017 年 7 月 11 日，http：//www. bsm. org. cn/? hanjian/7574. html；丁義娟：《〈肩水金關漢簡〉（肆）73EJT37：653 簡釋文訂正一則》，簡帛網 2017 年 7 月 9 日，http：//www. bsm. org. cn/? hanjian/7573. html。

② （漢）班固：《漢書·王尊傳》，中華書局 1962 年版，第 3233—3234 頁。

③ 參見拙作《肩水金關漢簡初探》第三章第四節"復傳"内容。丁義娟：《肩水金關漢簡初探》，中國農業科學技術出版社 2019 年版。

④ ［日］冨谷至編，張西艷譯：《漢簡語彙考證》，中西書局 2018 年版，第 253—254 頁。

《二年律令·津關令》504—505簡中的"復"也當爲返回之意，所以本書還是認爲"復傳"是可返程使用的傳。

以上諸簡均爲緝捕命者的過關文書。

逐殺人賊

1. 亭長范勳逐殺……□守丞宮移過所縣☑

☑中當舍傳舍從者☑

/兼掾豐令史譚佐業☑　　　　　　　73EJT37：450

2. 逐殺人賊賈賀酒泉張掖武威郡中當舍傳舍從者如律令/

兼掾豐守令史□☑　　　　　　　　73EJT37：722

3. ……

追殺人賊□（1）賀酒泉張掖武威郡中當舍傳舍從者如律令

　　　　　　　　　　　　　　　　73EJT37：981

【注】

3.（1）未釋字可能爲"賈"。①

2、3兩簡爲逐捕殺人逃犯的過關文書。緝捕的對象可能爲同一人。

毋泄成語、毋令漏泄先聞知、必謹密之

【解題】

毋泄成語、毋令漏泄先聞知、必謹密之，公文中戒敕保密用語。有的用語指秘密逮捕，有的指上報文書用保密形式。《漢書·王尊傳》："司隸遣假佐放奉詔書白尊發吏捕人，放謂

---

① 姚磊：《肩水金關漢簡釋文合校》，中國社會科學出版社2021年版，第425頁。

尊："詔書所捕宜密。'"① 又如懸泉漢簡 I0210①:54 簡："獄所遝一牒：河平四年四月癸未朔甲辰，效穀長增謂縣（懸）泉嗇夫吏，書到，捕此牒人，毋令漏泄，先閱知，得遣吏送……（A 面）/掾賞、獄史慶（B 面）"。② 對比看來，懸泉漢簡 I0210①:54 簡中也當爲"毋令漏泄先聞知"，"閱"當爲"聞"，且不斷讀。與《漢書·元帝紀》以及尚德街漢簡 212 中的"漏泄省中語"大不敬，處以腰斬、棄市等，所指有所區別。③

1. 甘露二年五月己丑朔甲辰朔丞相少史充御史守少史仁以請詔有逐驗大逆無道故廣陵王胥御者惠同

產弟故長公主蓋卿大婢外人移郡大守逐得試知外人者故長公主（省略）　　　　　　　　　　　　　73EJT1:1

（省略）大逆同產當坐重事推迹未窮毋令居部界中不覺得者書言白報以郵亭行詣長安

傳舍重事當奏聞必謹密之毋留如律令

（省略）　　　　　　　　　　　　　　　　73EJT1:2

2. ☑足下書已御削去之毋泄成語☑（削衣）

　　　　　　　　　　　　　　　　　73EJT6:187

3. 牒書獄所遝一牒

本始二年七月甲申朔甲午觻得守獄丞卻胡以私印行事敢言之肩水都尉府移庚候官告尉謂游

徼安息等書到雜假捕此牒人毋令漏泄先聞知得定名縣爵里

---

① （漢）班固：《漢書·王尊傳》，中華書局 1962 年版，第 3233 頁。

② 胡平生、張德芳：《敦煌懸泉漢簡釋粹》，上海古籍出版社 2001 年版，第 20 頁。

③ 相關保密法研究參見閆曉君：《古代保密法：漏泄罪與間諜罪》，《法學》2017 年第 2 期。

年姓官秩它坐或　　　　　　　　　　　73EJT21：474

【注】

1．本簡詳解見“大逆無道”條。

必謹密之，是指若逐得罪犯，上報時採用密封保密形式。

3．本簡詳解見“遝”條。

本簡爲觻得縣對上級下達的逮捕令的回報文書。緝捕令中要求緝捕逃犯時不要走漏風聲，令逃犯事先察覺逃走。

毋令居部界中不覺

【解題】

毋令居部界中不覺，不要使得緝捕逃犯在本轄區内而未察覺，否則要承擔不覺的責任。

甘露二年五月己丑朔甲辰朔丞相少史充御史守少史仁以請詔有逐驗大逆無道故廣陵王胥御者惠同

産弟故長公主蓋卿大婢外人移郡大守逐得試知外人者故長公主（省略）　　　　　　　73EJT1：1

（省略）大逆同産當坐重事推迹未窮毋令居部界中不覺得者書言白報以郵亭行詣長安

傳舍重事當奏聞必謹密之毋留如律令（省略）

　　　　　　　　　　　　　　　　　　73EJT1：2

【注】

本簡詳解見“大逆無道”條。

毋有以書言

【解題】

毋有以書言，指文件中提到的情況没有的話，也要以文字形式上報，常用於執行緝捕文書中，要求經緝捕若未發現逃犯，也要以書面形式彙報。居延漢簡 255·27 簡有"□柰捕驗亡人所依匿處必得得詣如書毋有令吏民相牽證任爰書以書言"。① 因此，緝捕文書中的"毋有以書言"可能是"毋有令吏民相牽證任爰書以書言"的簡略説法。

七月壬辰張掖肩水司馬陽以秩次兼行都尉事謂候城尉寫移書到度索部界中毋有以書言會廿日如律令/掾遂守屬況

七月乙未肩水候福謂候長廣宗□寫移書到度索界中毋有以書言會月十五日須報府毋□□如律令/令史□　　73EJT1：3

【注】

本簡詳解見"大逆無道"條。本簡與 73EJT1：1—2 屬於同一簡册緝捕文書中的内容。緝捕文書要求在七月二十日將搜索結果——有還是没有，書面上報。

毋督聚煩擾民

【解題】

毋督聚煩擾民，緝捕文書中規範吏卒行爲用語，搜索逃犯中不要有讓民衆因此聚集、擾亂民衆正常生活的行爲。

甘露二年五月己丑朔甲辰朔丞相少史充御史守少史仁以請詔有逐驗大逆無道故廣陵王胥御者惠同

産弟故長公主蓋卿大婢外人（省略）　　73EJT1：1

嚴教屬縣官令以下嗇夫吏正父老雜驗問鄉里吏民賞取婢及免婢以爲妻年五十以刑狀類麗戎者問父母昆弟本誰生子務

得請實發生從迹毋督聚煩擾民（省略）　　73EJT1：2

---

① 謝桂華、李均明、朱國炤：《居延漢簡釋文合校》，文物出版社 1987 年版，第 423 頁。

【注】

簡文注解見"大逆無道"條。

三、案驗、審、訊

案件的調查、詢問、審理過程等相關資料輯錄於此。

辟、推辟

【解題】

辟，調查考實違法行爲。《説文解字·辟部》："辟，法也。從卩辛，節制其辠也；從口，[口]，用法者也。凡辟之屬皆從辟。"[1] 推辟，調查，追查。[2]

1. ☒十一日之氏池（1）辟驗辟吏左君實書☒

　　　　　　　　　　　　　　　73EJT4:63A

☒出☒　　　　　　　　　　　　73EJT4:63B

2. ☒☒報府所辟書（1）毋留如律令　　73EJT10:304

3. 鴻嘉元年六月庚午東部候史長敢言之謹辟問☒（觚）

　　　　　　　　　　　　　　　73EJT22:11A

日出三分蘭入表一通時楙付萬福卒工（觚）73EJT22:11B

六月己巳府告官聞居延有亡入廣地北界隧舉赤表或留遲府

曰☒自今以來廣地北界隧舉表☒☒（觚）　73EJT22:11C

---

① （漢）許慎撰，（清）段玉裁注，許惟賢整理：《説文解字注》，鳳凰出版社2015年版，第756頁。

② 相關研究如趙平安、羅小華：《長沙五一廣場出土J1③:285號木牘解讀》，《齊魯學刊》2013年第4期；葛紅麗：《"推辟"考》，《辭書研究》2007年第2期；何雙全：《居延甲渠候官簡牘文書分類與文檔制度》，甘肅省文物考古研究所等：《簡牘學研究（第一輯）》，甘肅人民出版社1997年版。

……橐佗肩水各令界中傳相付受移報府如詬表火□☑
（觚）　　　　　　　　　　　　　73EJT22：11D

　橐佗□□（觚）　　　　　　　　73EJT22：11E

　4．辟驗問□□各推□□中赤付□□□□告言史主當坐者
名（1）謹與□☑　　　　　　　　　73EJT23：875

　5．神爵四年七月癸亥朔辛未右後□長（1）□敢言之府移
表火舉（2）□

　言會月七日謹以表火舉書逐辟相驗問（3）□□如牒敢言
　　　　　　　　　　　　　　　　　73EJT29：11

　6．☑□辟逃吏私□☑　　　　　　73EJT31：71

【注】

1．（1）氐池，張掖屬縣。

2．（1）辟書，要求調查違法行爲的文書。彭浩在談到
"獄辟書"時説："辟書是審理、調查犯罪的文書。此外，疑
難案件的奏讞文書、申請再審的乞鞫文書等也須由縣廷呈報郡
守，其中有些文書還要呈送中央政府的相關部門。上述文書都
應歸入'諸獄辟書'之中。"①

3．本簡詳解見"亡、逃"條。

　本簡應是東部候史對上級要求就舉表留遲現象進行調查的
回復報告。

4．（1）當坐者名，應當被追究罪責的人的名單。

5．（1）"右後□長"，所缺字當爲"候"。肩部候官下有

———————

① 彭浩：《讀張家山漢簡〈行書律〉》，簡帛網 2005 年 11 月 2 日，http：//www. bsm.
org. cn/show_article. php?id =26，原載《文物》2002 年第 9 期。

東、南、西、北、中、左前、左後、右前、右後九部。① （2）
表，旗幟類信號。火，烽火。表火舉書指對表火職務違規行爲
的糾舉文書。（3）逐辟相驗問，逐一調查詢問，對照核實。

本簡爲肩水候官右後部候長對表火舉書調查後做的回報
文書。

問、驗問、訊問、審問、鞫

【解題】

這裏將與案件有關的調查、訊問、審訊等資料輯録於此。
關於調查驗問、訊問的主體，宮宅潔曾圍繞非法買賣所作的調
查，認爲“吏卒本人並未送到候官，而是由其直接上司候長寫
出訊問記録。這也許是因爲讓吏卒遠離工作崗位，會給任務帶
來影響”，“作爲審訊的場所，縣衙起著很大的作用，是中心
機構。但鄉亭作爲‘派出機構’，也稱爲審訊環節之一……鄉
亭之吏是由縣任命的‘外部’之吏，因此與在縣衙内的屬吏
一樣，可以參與審判”。②

鞫，亦作𩃓，史籍對其多有注釋。如《尚書·吕刑》“獄
成而孚，輸而孚”，傳：“斷獄成辭而信，當輸汝信於王，謂上
其俱劾文辭。”疏：“漢世問罪謂之鞫，斷獄謂之劾。”③《周
禮·秋官·小司寇》：“讀書則用法。”鄭司農云：“讀書則用
法，如今時讀鞫已乃論之。”孫詒讓：“《文王·世子》孔疏
云：‘讀書，讀囚人之所犯罪狀之書。用法，謂明其法律平斷

---

① 郭偉濤：《肩水金關漢簡研究》，上海古籍出版社 2019 年版，第 16—33 頁。
② ［日］宮宅潔：《秦漢時期的審判制度》，［日］籾山明主編，徐世虹譯：《中國法
制史考證》（丙編第一卷），中國社會科學出版社 2003 年版，第 293—296 頁。
③ （清）阮元校刻：《十三經注疏·尚書正義》，中華書局 2009 年版，第 533 頁。

其罪。'""《説文·卒部》云：'簕，窮治皋人也。'鞫既簕之俗。《史記·張湯傳》'訊鞫論報'，《集解》引張晏云：'鞫，一吏爲讀狀論其報行也。'亦作鞫，《文王·世子》注云：'讀書用法曰鞫。'《漢書·刑法志》：'遣廷史與郡鞫獄。'顏注引李奇云：'鞫，窮也，獄事窮竟也。'如淳云：'以囚辭決獄事爲鞫。'蓋漢時決獄，事既窮竟，先使吏讀所訊囚之罪狀，而致論以法，與周時讀書用法相類，故先鄭舉以爲況。《文王·世子》注以用法爲鞫，亦與先鄭説同，此並不涉行刑之事。賈疏謂'鞫謂勑囚之要辭，行刑之時，讀已乃論其罪也'，則與二鄭義不合，不足據也。"① 張建國指出，"鞫是審判人員對案件調查的結果，也就是對審理得出的犯罪的過程與事實加以簡單的歸納總結"。② 張琮軍指出"鞫"的內容是法官對案件事實的認定，而非法律的認定，是事實判斷的過程。③

1. 塞吏疑子功絕從肩水界中過盜馬使昭武移書沙頭驗問不應律案相等皆吏知子功　　　　　　　　73EJT5：71

2. ☑會月廿日·謹驗問意☑　　　　　　　73EJT8：56

3. ☑二月甲午候史賢訊問牒　　　　73EJT9：96A

☑本始四年八月　　　　　　　　73EJT9：96B

4. 賞☐疑要虜隧長尹恭（削去）驗問起居治責恭 =（恭恭）丁卯夜昏　　　　　　　　　73EJT10：149

5. ·檄謂驒馬農令（1）田卒九人行道物

故（2）爰書問同車邑子移爰書都☑　　73EJT22：114

---

① （清）孫詒讓：《周禮正義》，中華書局 2013 年版，第 2767—2768 頁。

② 張建國：《漢簡〈奏讞書〉和秦漢刑事訴訟程式初探》，《中外法學》1997 年第 2 期，第 55—56 頁。

③ 張琮軍：《漢代簡牘文獻刑事證據材料考析》，《現代法學》2013 年第 6 期。

6. 布橐一直百八十布襪一兩直八十始安隧卒韓詡自言責故東部候長牟放□□

錢四百驗問收責持詣廷放在城官界中調移城官治決害□日夜□　　　　　　　　73EJT23:295

7. 辟驗問□□各推□□中赤付□□□□告言史主當坐者名謹與□☑　　　　　　　73EJT23:875

8. 居聑二年八月關嗇夫□□叩＝頭＝死＝罪＝（叩頭叩頭死罪死罪）敢言之樂昌隧長就所捕橐他卒郭朝

廣地卒李襃驗問辭服（1）□功以十月七日莫（2）到臨利隧下□中見朝└襃問動……　　73EJT23:877A

……　　　　　　　　　　　　　　　　　73EJT23:877B

9. 東部候長厶再拜言

教驗問治關門餘木厶後夫子發侍坐之謹驗問關嗇夫歆亭長當卒鹽承叩頭對曰九月中　　73EJT23:909A

……

時願錄毋狀當並坐免冠叩頭死罪再拜白73EJT23:909B

10. 八月庚申橐佗候賢謂南部候長定昌寫移書到逐捕驗問害奴山柎等言案致收責

□記以檄言封傳上計吏它如都尉府書律令/尉史明

73EJT30:26

11. 雲詣官驗問對曰雲爲鄉佐（1）輔爲隧長不便官

73EJT33:66

12. ☑……唐里公☑

☑……驗問□☑　　　　　　　　　　　73EJT37:330

13. 肩水候寫移書到驗問收責報會四月三日如大守府書律
令/掾遂卒史博   73EJT37:743

14. ☐☐檄到驗問必得事☐☐   73EJF3:432

15. ☐案程罪驗毋令姦人久放縱如律令書以六月十八日甲
午到   73EJC:302

16. 將軍令曰諾謹問罪叩頭死罪對曰今年三（1）月中永
（2）與倉嗇夫賞倉南亭長黨   73EJF3:164

17. 張憲白郝卿君教問登山隧長吳良安所願良願騂北来

                                        73EJT23:885A

願爲審問齊中誰有謹者願良刑將☐報事……

                                        73EJT23:885B

18. ・右鞫夬☐   73EJT23:739

19. ☐獄訊問房誼☐   73EJT24:813

20. 神爵四年七月癸亥朔辛未右後☐長☐敢言之府移表火
舉☐☐

言會月七日謹以表火舉書逐辟相驗問☐☐如牒敢言

                                        73EJT29:11

【注】

1. 本簡詳注見"盜馬"條。驗問指盜馬案件調查中沙頭
隧協查不力，因此被舉劾。

5.（1）騂馬農令，西漢大灣附近設騂馬田官，首長爲農
令。（2）物故，在秦漢時期大體有兩種含義。一是指人的死亡
或物的滅失，指人時常指意外死亡。《漢書・蘇武傳》有"前
以降及物故"。① 二是指某種原因，如《嶽麓書院藏秦簡

---

① （漢）班固：《漢書・蘇武傳》，中華書局1962年版，第2466頁。

（肆）》簡 078—079 簡："匿户弗事、匿敖童弗傅，匿者及所匿，皆贖耐。遹傅，貲一甲。其有物故，不得會傅，爲匿之。"[1] 本簡中指死亡。

6. 本簡詳解見"自言"條。本簡韓詡爲債權人。牟放爲債務人，在城官屬地，因此，本文書是移送城官，由其協助向牟放驗問收討四百錢債務。

8. （1）辭服，對控告、檢舉的事實表示承認。（2）莫，通"暮"。

9. 本簡詳解見"辟、推辟"條。

本簡是根據表火舉書對責任人逐捕驗問。

10. 本簡詳解見"捕、逐捕"條。

11. （1）鄉佐，鄉嗇夫之副，協助嗇夫處理鄉里事務。《後漢書·百官志》載鄉官，在有秩、嗇夫、三老、游徼下，"又有鄉佐，屬鄉，主民收賦稅"。[2]

16. （1）三，新莽時期"四"的寫法。（2）永，人名。

診

【解題】

診，檢驗。《説文解字·言部》："診，視也。從言㐱聲。"[3] 漢簡中一般是指傷殘、死亡等的現場驗視文書。

---

[1] 相關研究參見王志勇：《"物故"考》，《南京師範大學文學院學報》2016 年第 1 期；王子今：《居延漢簡所見"戍卒行道物故"現象》，《史學月刊》2004 年第 5 期。

[2] （南朝宋）范曄撰，（唐）李賢等注：《後漢書·百官志》，中華書局 1965 年版，第 3624 頁。

[3] （漢）許慎撰，（清）段玉裁注，許惟賢整理：《説文解字注》，鳳凰出版社 2015 年版，第 181 頁。

九月戊子張掖肩水都尉弘☐

☐☐☐籍死診爰書會☐☐　　　　　　　　73EJT34：3A

☐☐都尉章☐

水九月己丑騂北以來☐　　　　　　　　　73EJT34：3B

簿責

【解題】

簿責，逐條質問并書寫記録。《史記・絳侯周勃世家》："吏簿責條侯。"《集解》引如淳曰："簿問其辭情。"① 《漢書・張湯傳》："上以湯懷詐面欺，使使八輩簿責湯。"顔師古注曰："以文簿次第一一責之。"②

功曹史相簿責橐他塞尉奉親肩水士吏敝橐他尉史則二月☐
　　　　　　　　　　　　　　　　　　73EJT10：179

辨告

【解題】

辨告，事先告知。漢簡中有時作"辯告"，辯通辨。《漢書・高帝紀》："吏以文法教訓辨告，勿笞辱。"師古注："辨告者，分別義理以曉喻之。"③《讀書雜志・漢書一》："辨讀爲班。班告，布告也。謂以文法教訓，布告衆民也。"④ 漢簡中所見辨告爲訴訟中接受告發、進行訊問之前對於當事人、證人的不得誣告、僞證等法律事項的告知程式。《二年律令・具

① （漢）司馬遷：《史記・絳侯周勃世家》，中華書局 1982 年版，第 2079 頁。
② （漢）班固：《漢書・張湯傳》，中華書局 1962 年版，第 2645—2646 頁。
③ （漢）班固：《漢書・高帝紀》，中華書局 1962 年版，第 55—56 頁。
④ （清）王念孫：《讀書雜志》，江蘇古籍出版社 1985 年版，第 181 頁。

律》110 簡：“證不言請（情），以出入罪人者，死罪，黥爲城
旦舂；它各以其所出入罪反罪之。獄未鞫而更言請（情）者，
除。吏謹先以辨告證。”① 辨告的内容根據不同的情況有“證財
物不以實”“證不言情”“辭已定滿三日”等。如居延新簡中
EPT52·417 簡：“☐……☐先以證不請律辨告乃驗問定/☐……
☐☐☐☐☐馬游君前亡去不知區處來中”，② EPF22：1—3 簡：
“建武三年十二月癸丑乙卯都鄉嗇夫宮以廷所移甲渠候書召恩
謁鄉先以證財物故不/以實臧五百以上辭已定滿三日而不更言
請者以辭所出入罪反罪之律辨告乃/爰書驗問恩（省略）”。③

I. 先以不當得告誣人律辯告

獄至大守府絶匼房誼辭起居萬年不識皆故劾房誼失寇乏☐
敢告之謹先以不當得告誣人律（1）辯告乃更
今將告者詣獄長孟女巳願以律移旁近二千石官治以律令從
事敢言之　　　　　　　　　　　　　　　　　73EJT21：59

【注】

（1）“不當得告誣人律”是概稱，是與告訴有關的幾種罪
名的總稱。“謹先以不當得告誣人律辯告”是在接受告訴時，
告知告發者“不當告發”會帶來的法律責任的用語。

本簡案情似乎是有人誣告房誼“失寇乏☐”，但告發人後
來又更改了告辭，因誣告被送至審判機關。辨告的内容爲“不
當得告誣人律”。

---

① 彭浩、陳偉、［日］工藤元男：《二年律令與奏讞書：張家山二四七號漢墓出土法
　律文獻釋讀》，上海古籍出版社 2007 年版，第 136 頁。
② 馬怡、張榮强主編：《居延新簡釋校》，天津古籍出版社 2013 年版，第 402 頁。
③ 馬怡、張榮强主編：《居延新簡釋校》，天津古籍出版社 2013 年版，第 751 頁。

Ⅱ. 先以證財物不以實律辨告

☑☑利里曹定國等二人先以證財物不以實律辨（1）
☑證所言它如爰書敢言之　　　　　　73EJT21：239
【注】

（1）辨，後面文字應是“告”，組成“辨告”。

在涉及財産争訟的時候，當事人和證人在告訴、回答詢問前先告之以“證財物不以實律”，這裏是記録時的簡稱，實際告知時應告知該法律規定的具體内容。“辨告”的内容是不得“證財物不以實”。有時還記明起罪的數額。如居延新簡EPT51：290“☑故不以實臧二百五百十以上令辨告☑”。①

復訊

【解題】

復訊，再次訊問，訴訟程式中的環節。《史記·張湯列傳》張晏注曰：“傳，考證驗也。爰書，自證不如此言，反受其罪，訊考三日復問之，知與前辭同不也。”②

☑厚嗇夫賞復訊護（1）辭已定滿三日欲更言不☑
　　　　　　　　　　　　　　　　73EJT23：405
【注】

（1）護，人名。本簡理解可參見“辭已定滿三日”條。

---

① 馬怡、張榮强主編：《居延新簡釋校》，天津古籍出版社2013年版，第306頁。
② （漢）司馬遷：《史記·張湯列傳》，中華書局1982年版，第3137頁。

案驗

【解題】

案驗，對案件事實考察驗證。案，《康熙字典》："又作
按，考也。《前漢·賈誼傳》：'案之當今之務。'《丙吉傳》：
'無所案驗。'"[1]

☑居延卅井鄣候遣屬王宣案驗

☑兼掾賞屬滿書佐政　　　　　　　　73EJT37：33

移旁近二千石官治

【解題】

移旁近二千石官治，案件移送到臨近的其他郡審理，是案
件移送審理制度。張家山漢簡《二年律令·具律》116—117
簡："气（乞）鞫者各辭在所縣道，縣道官令、長、丞謹聽，
書其气（乞）鞫，上獄屬所二千石官，二千石官令都吏覆之。
都吏所覆治，廷及郡各移旁近郡，御史、丞相所覆治移廷。"[2]
其中有"乞鞫"時"移旁近郡"處理的規定。關於二千石治
獄，《漢書·刑法志》高帝七年詔："自今以來，縣道官獄疑
者，各讞所屬二千石官，二千石官以其罪名當報之。"[3] 張家
山漢簡《二年律令·興律》396—397 簡："縣道官所治死罪及
過失、戲而殺人，獄已具，勿庸論，上獄屬所二千石官。二千
石官令毋害都吏復案，問（聞）二千石官，二千石官丞謹掾，

---

① 《康熙字典》，同文書局 1887 年版，中華書局 1922 年印，第 525 頁。
② 彭浩、陳偉、［日］工藤元男：《二年律令與奏讞書：張家山二四七號漢墓出土法
　律文獻釋讀》，上海古籍出版社 2007 年版，第 139 頁。
③ （漢）班固：《漢書·刑法志》，中華書局 1962 年版，第 1106 頁。

當論，乃告二千石官以從事。徹侯邑上在所郡守。"① 居延新簡 EPT10:2A："囚律告劾毋輕重皆關屬所二千石官"。②

獄至大守府絶匿房誼辭起居萬年不識皆故劾房誼失寇乏□敢告之謹先以不當得告誣人律辯告乃更

今將告者詣獄長孟女巳願以律移旁近二千石官治以律令從事敢言之　　　　　　　　　　　　73EJT21:59

【注】

由於簡文殘缺，"以律移旁近二千石官治"的具體原因不太清楚。

四、證

證

【解題】

證，指人證，保任某種情況與事實相符。證，《康熙字典》："《說文》：告也。《玉篇》：驗也。《增韻》：驗也，質也。"③ 證，可指對自己陳述真實性的保證，也可是對他人身份或言行的擔保。

1. ·右奴婢有駕駕赦罪一等以上其證☒　　73EJT1:235
2. ☒充宗證謁報府敢言之　　　　　　73EJT24:555
3. 證所言☒　　　　　　　　　　　　73EJT5:59
4. ☒□非亡人命者各證所言（1）它☒　73EJT24:820
5. ☒不相見成（1）不知亡卒☒　　　　73EJT37:124

① 彭浩、陳偉、[日] 工藤元男：《二年律令與奏讞書：張家山二四七號漢墓出土法律文獻釋讀》，上海古籍出版社 2007 年版，第 242 頁。
② 馬怡、張榮强主編：《居延新簡釋校》，天津古籍出版社 2013 年版，第 83 頁。
③ 《康熙字典》，同文書局 1887 年版，中華書局 1922 年印，第 1180 頁。

【注】

4.（1）各證所言，每個陳述人各自保證自己所言如實。

5.（1）成，通"誠"。

本簡是爲他人逃亡情況作證的證詞。

審證、驗證

【解題】

審，《康熙字典》："《增韻》：詳也，熟究也。《書·説命》：乃審厥象，俾以形旁，求於天下。《中庸》：審問之。《禮·樂記》：審聲以知音，審音以知樂，審樂以知政，而治道備矣。"① 審證，漢簡所見用於現場勘驗爰書中，表示現場認真檢驗核實過。如懸泉漢簡對死馬的診驗爰書，Ⅰ91DXT0309③:275 簡："（省略）即與嗇夫弘、佐長富雜診，馬死都吏毋危前，身完，毋兵刃木索迹，病死，審證之。它如爰書，敢言之。"② 驗證，核實確證。

1. ☑審證所言它如爰書☑　　　　　　　73EJT21:442

2. ☑襲一領布復絝一兩布單衣一領布單襲一領布單絝二兩

☑☐木索迹審證之它如爰書敢言之　　73EJT31:105

3. 皆驗證案譚取牛闌越塞天田出（1）丿遣丹罰

73EJT24:140

【注】

2. 參考懸泉漢簡Ⅰ91DXT0309③:275 簡，本簡中"☑☐

---

① 《康熙字典》，同文書局 1887 年版，中華書局 1922 年印，第 284 頁。

② 郝樹聲、張德芳：《懸泉漢簡研究》，甘肅文化出版社 2009 年版，第 43 頁。

木索迹"可補釋出"毋兵刃木索迹"。"毋兵刃木索迹",司法檢驗術語,表示沒有外來器具造成傷害的痕迹。本簡是死亡診驗爰書。

3.（1）"闌越塞天田出",簡文中常有"無闌越塞天田迹",表示與此相反的事實情況。

本簡簡文爲舉劾類文書。

相牽證任

【解題】

相牽證任,又稱相證,相互彼此證明不存在違紀違法行爲。連劭名指出漢法律的人證形式包括自證、他證、相證,"相證是指當事人互相作證,這是漢代法律所規定的一種特殊的人證形式"。[①] 相牽證任,實際包含了自證和他證的内容和功能。懸泉漢簡 II 0314②:302:"五鳳二年四月癸未朔丁未、平望士吏安世敢言之。爰書、戍卒南陽郡西平里莊强友等四人、守候中部司馬丞仁、史丞前得毋貰賣財物敦煌吏、證財物不以實律辨告、乃爰書。强友等皆對曰、不貰賣財物敦煌吏民所、皆相牽證任。它如爰書。敢言之。"[②] 該簡 "相牽證任"是以"當事人口頭表述,爰書人概括記録"方式做出的。

1. 地節四年二月乙丑張掖肩水司馬德以私印行都尉事謂肩水候官寫移書到候嚴教乘亭塞吏各廋索部界中詔所名捕施刑士

---

① 連劭名:《西域木簡所見〈漢律〉中的"證不言請"律》,《文物》1986年第11期,第42—47頁。
② 胡平生、張德芳:《敦煌懸泉漢簡釋粹》,上海古籍出版社2001年版,第26—27頁。

金利等毋令留居部界中毋有具移吏卒相牽證任不舍匿詔所
名捕金利等移爰書都尉府會二月廿五日須報大守府毋忽它如
律令　　　　　　　　　　　　　73EJT23：620

2.　☒等二人書到庹索界中毋有具移相牽任不□☒
　☒□奴等廿四人庹索部界中相牽證任毋舍匿詔□☒
　　　　　　　　　　　　　　　　73EJT23：955

3.　顯處令吏民卒徒奴婢盡知之各相牽證任毋舍匿出已爰
書錮臧縣廷令可案毋令留居部界中☒

不得胡人亡重事如法律令敢言之／九月丙子車騎將軍宣曲
校尉當肩丞讓敢告典屬國卒人寫移□□　　73EJT24：245

【注】

1.　簡文注參見“施刑”條。

本簡是肩水都尉向肩水候官轉發的詔捕文書。

3.　本簡詳解見“亡、逃”條。

以上三簡均爲緝捕文書，要求在轄區內搜捕逃犯，搜索不
到的話，要吏卒出具本人和他人都沒有舍匿逃犯的證明，并按
規定時間上報。這裏相牽證任的內容是“毋舍匿”，即本人和
他人都沒有收留窩藏逃犯。

送證

【解題】

送證，指護送證人前往審判機關的行爲。居延漢簡181·2
簡：“元延二年八月庚寅朔甲午都鄉嗇夫武敢言☒／褒葆俱送證
女子趙佳張掖郡中謹案戶☒／留如律令敢言之·八月丁酉居延
丞□☒（A面）／居延丞印／八月庚子以來（B面）”。[1]　劉欣寧

① 謝桂華、李均明、朱國炤：《居延漢簡釋文合校》，文物出版社1987年版，第290頁。

指出，送囚或送證者"應由於被告或證人須親身接受訊問，以口頭方式陳述供述或證詞"。① 《嶽麓書院藏秦簡（肆）》230—231 簡："［·］具律曰：有獄論，徵書到其人存所縣官，吏已告而弗會及吏留弗告、告弗遣，二日到五日，貲各一盾；過五日到十日，貲一甲；過十日到廿日，貲二甲；後有盈十日，輒駕（加）貲一甲。"② 其中即涉及了與獄訟有關的遣送，可供參考。

鴻嘉四年十二月癸亥朔庚午居延丞順移過所遣守令史郭陽送證觻得獄當舍

傳舍從者如律令　　　守令史宗佐放

73EJT37：645 ＋1377③

【注】

本簡是居延縣派人護送證人到同屬張掖郡的觻得縣獄的過關文書。

辭已定滿三日

【解題】

辭已定滿三日，訴訟過程中有關核實言辭確定其效力的制度，指訴訟中證言或口供三天不變後發生效力。辭，證言或口供。這裏表明存在兩次訊問，這一制度有的學者稱"覆訊制度"。程政舉指出，"覆訊制度定義爲，案件經初次審訊，案

---

① 劉欣寧：《秦漢訴訟中的言辭與書面證據》，李宗焜主編：《古文字與古代史（第五輯）》，臺北"中央研究院"歷史語言研究所 2017 年版。
② 陳松長主編：《嶽麓書院藏秦簡（肆）》，上海辭書出版社 2015 年版，第 144 頁。
③ 許名瑲：《〈肩水金關漢簡（伍）〉曆日綜考》，武漢大學簡帛研究中心：《簡帛（第十四輯）》，上海古籍出版社 2017 年版，第 97 頁。

情基本清楚後，再由其他官員或審訊人進行二次審訊，以驗證初次審訊真實性的程式。覆訊制度又可稱爲驗獄制度。覆訊程式具有以下特徵：1. 覆訊程式是初審程式的一部分；2. 覆訊程式不屬於對已生效案件進行再次審理的復審程式；3. 初次審訊的審訊人和覆訊程式的審訊人是不同的"。① "辭已定滿三日"指的是一審的覆獄，漢代的"覆獄"還有其他多種形式。

一審覆訊制度由來已久。俞偉超指出，"《國語·齊語》：'索訟者，三禁而不可上下'。韋昭注：'三禁，禁之三日，使審實其辭也，而不可上下者，辭定不可移也。'（《管子·小匡》'無坐抑而訟獄者，正三禁之……'與此略同。）張晏《漢書注》所說：'訊考三日復問之，知與前辭同不也。'"②

關於"三日"，俞偉超認爲居延新簡中粟君責寇恩册"第二次驗問結果的爰書，寫移時間與上次爰書相隔十三天，可見'三日'這種復訊期限不一定嚴格遵守，只不過在訊獄制度是還必須提到的一種舊傳統"。③ "三日"當爲最短時間，一般不得低於三日，超過三日不屬於違規行爲。

相類似制度，有秦漢"三環"之制度，如睡虎地秦墓竹簡《法律問答》102 簡和張家山漢簡《二年内律令·賊律》36簡，是在告子不孝情形下要求告訴人反復確認的受理制度。唐代有"三審"的復審制度，"諸告言人罪，非謀叛以上者，皆

① 程政舉：《略論〈秦讞書〉所反映的秦漢"覆訊"制度》，《法學評論》2006 年第 2 期，第 156 頁。相關研究參見 [日] 籾山明著，李力譯：《中國古代訴訟制度研究》，上海古籍出版社 2009 年版；楊振紅、王安宇：《秦漢訴訟制度中的"覆"及相關問題》，《史學月刊》2017 年第 12 期。
② 俞偉超：《略釋漢代獄辭文例——一份治獄材料初探》，《文物》1978 年第 1 期。
③ 俞偉超：《略釋漢代獄辭文例——一份治獄材料初探》，《文物》1978 年第 1 期。

令三審。應受辭牒官司并具曉示虚得反坐之狀。每審皆別日受辭（若使人在路，不得留待別日受辭者，聽當日三審）。官人於審後判記，審訖，然後付司。若事有切害者，不在此例（切害，謂殺人、賊盗、逃亡、若强姦良人及有急速之類）。不解書者，典爲書之。若前人合禁，告人亦禁，辨定放之。即鄰伍告者，有死罪，留告人散禁；流以下，責保參對"。① 慎重受理或慎重對待訴訟中陳訴或證言，是訴訟制度對當事人控告或言辭容易出現變化的應對措施。

　　☑厚齒夫賞復訊護辭已定滿三日欲更言不☑

73EJT23：405

【注】

本簡理解可參見"復訊"條。

本簡是"復訊辭已定滿三日"之後欲更言的情況。按法律規定，此種情況下變更言辭也是無效的。

五、讞、乞鞫

讞

【解題】

讞，案件審理中遇疑案向上級請示裁決。《康熙字典》："議罪也。評獄也。《禮·文王世子》：獄成，有司讞於公。疏：言白也。陳注：議刑也。《前漢·景帝紀》：諸獄疑若，雖文致於法，而于人心不厭者，輒讞之。師古注：讞，平議也。

---

① 雷聞：《唐開元獄官令復原研究》，天一閣博物館、中國社會科學院歷史研究所天聖令整理課題組：《天一閣藏明鈔本天聖令校證（附唐令復原研究）》，中華書局2006年版，第624頁。

《後漢·斐楷傳》：州郡瓛習，欲避請讞之煩。注：《廣雅》曰：讞，疑也。謂罪有疑者，讞于廷尉也。"[1] 《漢書·刑法志》高帝七年詔："自今以來，縣道官獄疑者，各讞所屬二千石官，二千石官以其罪名當報之。所不能決者，皆移廷尉，廷尉亦當報之。廷尉所不能決，謹具爲奏，傅所當比律令以聞。"[2]

> 鬼新蕭登　　故爲甲渠守尉坐以縣官事歐笞戍卒尚勃讞爵減
>
> 元延二十一月丁亥論　　故鰈得安漢里正月辛酉入
>
> 　　　　　　　　　　　　　　73EJT3:53

【注】

注釋見"歐、歐笞"條。

本簡是刑徒鬼薪蕭登入關登記名籍。蕭登獲罪緣由是長吏歐笞卒，在適用爵減時應該存在疑問，經請示後適用爵減，原刑罰可能爲髡鉗城旦舂或完城旦舂。

乞鞫

【解題】

乞鞫，被定罪的罪犯或其家屬請求重審。《周禮·秋官·司寇·朝士》："凡士之治有期日……期內之治聽，期外不聽。"鄭司農注："若今時徒論決，滿三月，不得乞鞫。"[3] 以往知漢代有乞鞫，但具體不詳。《二年律令·具律》114—117

---

① 《康熙字典》，同文書局1887年版，中華書局1922年印，第1188頁。

② （漢）班固：《漢書·刑法志》，中華書局1962年版，第1106頁。

③ （清）孫詒讓：《周禮正義》，中華書局2013年版，第2825頁。

簡記載具體條文：“罪人獄已決，自以罪不當，欲气（乞）鞫者，許之。气（乞）鞫不審，駕（加）罪一等；其欲復气（乞）鞫，當刑者，刑乃聽之。死罪不得自气（乞）鞫，其父、母、兄、姊、弟、夫、妻、子欲爲气（乞）鞫，許之。其不審，黥爲城旦舂。年未盈十歲爲气（乞）鞫，勿聽。獄已決盈一歲，不得气（乞）鞫。气（乞）鞫者各辭在所縣道，縣道官令、長、丞謹聽，書其气（乞）鞫，上獄屬所二千石官，二千石官令都吏覆之。都吏所覆治，廷及郡各移旁近郡，御史、丞相所覆治移廷。”① 漢律之乞鞫制度繼承自秦律。睡虎地秦簡《法律答問》115 簡：“以乞鞫及爲人乞鞫者，獄已斷乃聽，且未斷猶聽殹（也）？獄斷乃聽之。失鋈足，論可（何）殹（也）？如失刑罪。”②

1. 乞鞫戍魏郡鄃文里☑　　　　　　　　73EJT9：235
2. 建平三年十一月戊申朔乙亥居延令彊□☑
游徼徐宣送乞鞫囚禄福獄當☑　　　　73EJT37：161A
居令延印□☑　　　　　　　　　　　73EJT37：161B
3. ☑乞鞫囚刑忠名籍如牒書☑　　　　73EJT37：1213

六、論、決

【解題】

論、決，指經審理定罪、處理。《康熙字典》：“決，斷

---

① 彭浩、陳偉、［日］工藤元男：《二年律令與奏讞書：張家山二四七號漢墓出土法律文獻釋讀》，上海古籍出版社 2007 年版，第 139 頁。

② 睡虎地秦墓竹簡整理小組編：《睡虎地秦墓竹簡》，文物出版社 1990 年版，第 120 頁。“乞鞫”相關研究有張建國：《漢簡〈奏讞書〉和秦漢刑事訴訟程式初探》，《中外法學》1997 年第 2 期；張琮軍：《漢代簡牘文獻刑事證據材料考析》，《現代法學》2013 年第 6 期等。

也，判也。《禮‧曲禮》：夫禮者，所以定親疏，決嫌疑。又分爭辨訟，非禮不決。"①

1. 鬼新蕭登　　故爲甲渠守尉坐以縣官事毆笞戍卒尚勃讞爵減

元延二十一月丁亥論　　故鱳得安漢里正月辛酉入

73EJT3:53

2. ☑縣遮里衛覓所論在鱳得　　　　73EJT3:105

3. ☑故不還知駕論　　　　　　　　73EJT10:372

4. ☑辤曰誠得錢地長即治論☑　　　73EJT23:14

5. ☑施刑士張廣等發行爲巧詐亡☑

☑傷一人□□賕獄未論四人亡未得昧死奏名牒☑

73EJT23:362

6. 元延二年四月壬辰朔丙辰守令史長敢言之表是安樂里男子左鳳自言鳳爲卅井塞尉犯法

論事已願以令取致歸故縣名籍如牒謁移卅井縣索肩水金關出入如律令敢言之　　　　73EJT37:529

7. ☑□□同縣男子趙贛等如牒去年八月中自言鱳得長弘爲移書至今不決　　　　　73EJC:300

【注】

1. 本簡詳解見"殺、賊殺""毆、毆笞"條。

本簡是刑徒鬼薪蕭登入關登記名籍。蕭登因毆笞卒獲罪，原刑罰可能爲髡鉗城旦舂或完城旦舂，經請示後適用爵減，最後判定的刑罰爲鬼薪。

5. 注釋可參見"賕"條。"未論"，尚未經審理定罪。

---

① 《康熙字典》，同文書局1887年版，中華書局1922年印，第131頁。

6. 本簡詳解見 "自言" 條。

簡文爲刑徒服刑完畢歸鄉的過關文書。

7. 本簡詳解見 "自言" 條。

本簡是案件移送後沒有處理結果，就此提出申訴文書。

七、司法文書、口頭陳述

爰書

【解題】

爰書，含義較廣泛，訴訟中原告起訴書、被告供辭以及辦案機關的報告書等，都屬於爰書。其他辦事機關對辦理事務實際情況的描述、調查核實彙報文書也可稱爲爰書。《史記·酷吏列傳》張湯 "劾鼠掠治，傳爰書，訊鞫論報"，裴駰《集解》引蘇林曰："爰，易也。" 司馬貞《索隱》引韋昭曰："爰，換也。古者重刑，嫌有愛惡，故移換獄書，使他官考實之，故曰 '傳爰書' 也。"《漢書·張湯傳》師古注："爰，換也。以文書代換其口辭也。"① 俞偉超認爲凡下級向上級官府遞送考實的各種文書，都可叫 "爰書"。② 卜憲群指出 "爰書已演變成一種具有法律效應的證明書，并且要向規定的主管上級行移"。③ 就訴訟中爰書與自言的區別，籾山明指出相較於 "自言"，"爰書" 是經過 "證" 的程序，爲官方採信的證據。④

---

① （漢）班固：《漢書·張湯傳》，中華書局1962年版，第2637頁。

② 俞偉超：《略釋漢代獄辭文例——一份治獄材料初探》，《文物》1978年第1期。

③ 卜憲群：《秦漢公文文書與官僚行政管理》，《歷史研究》1997年第4期，第42頁。

④ 參見［日］籾山明著，李力譯：《中國古代訴訟制度研究》，上海古籍出版社2009年版。對爰書的研究參見《學術界對居延新簡部分簡冊研究的現狀》一文介紹。初師賓、李永平：《學術界對居延新簡部分簡冊研究的現狀》，簡帛網2006年1月6日，http://www.bsm.org.cn/show_article.php?id=169。

1. ☑朔庚子令史勳敢言之爰書士吏商候長光隧長昌等☑

☑□即射候賞前令史□署①發矢數於牒（1）它如爰書敢☑

73EJT10:206

2. ☑書卒自言責☑

☑□如爰書□☑　　　　　　　　　73EJT14:32

3. ☑□利里曹定國等二人先以證財物不以實律辨

☑證所言它如爰書敢言之　　　　73EJT21:239

4. ☑審證所言它如爰書☑　　　　　73EJT21:442

5. ・檄謂騂馬農令田卒九人行道物

故爰書問同車邑子移爰書都☑　　73EJT22:114

6. 顯處令吏民卒徒奴婢盡知之各相牽證任毋舍匿出已爰書鋼臧縣廷令可案毋令留居部界中☑

不得胡人亡重事如法律令敢言之／九月丙子車騎將軍宣曲校尉當肩丞讓敢告典屬國卒人寫移□☑　　73EJT24:245

7. 初元二年八月己丑朔令史買之敢言之爰書塞有秩候長（1）☑（削衣）　　　　　　　　　73EJT25:30

8. 爰書一編☑　　　　　　　　　　73EJT25:169

9. ・右爰書　　　　　　　　　　　73EJT23:956

10. 九月戊子張掖肩水都尉弘☑

□□□籍死診爰書會□☑　　　　73EJT34:3A

□□都尉章☑

水九月己丑騂北以來☑　　　　　73EJT34:3B

---

① "署"原釋文爲"辱"，根據李燁、張顯成文章改釋。李燁、張顯成：《〈肩水金關漢簡（壹）〉校勘記》，《古籍整理研究學刊》2015年第4期，第67頁。

11. ☑☑☑爰書先以證財物故不以實臧五百以上

　　　　　　　　　　　　　　　　　73EJT37:681

12. 居延部終更已事未罷坐傷人亡命今聞命籍在頓丘邑獄
即①自詣它如爰書七月甲辰入　　　　　　73EJT37:776A

元康四年伏地再拜伏伏伏伏再它再拜伏拜（習字）

　　　　　　　　　　　　　　　　　73EJT37:776B

13. 甘露三年二月乙卯朔庚午肩……吏昌敢言之謹☑

移廣地省卒（1）不貰賣衣財物名籍爰……編敢言之☑

　　　　　　　　　　　　　73EJT28:55 +44②

14. 元康三年七月壬辰朔甲寅關佐通敢言之爰書廣地令德
先以證不☑☑　　　　　　　　　　73EJT30:41

15. ☑襲一領布復絝一兩布單衣一領布單襲一領布單絝
二兩

　　☑☑木索迹審證之它如爰書敢言之　　73EJT31:105

16. 甘露三年四月甲寅朔丙辰平樂隧長明敢言之

　　☑☑病卒爰書一編敢言之　　　　73EJT28:16

17. 無貰博狗錢二百五十候長厶以錢爰書畢輔無貰臧二百
五十以上　　　　　　　　　　　　73EJD:4

18. ☑☑☑☑☑見☑☑☑☑令史候楊君☑

　　☑☑章到格☑去☑☑☑☑陵證所言如爰書☑

　　　　　　　　　　　　　　　　　73EJC:656

---

① 原釋文爲"顧"，據秦鳳鶴文改爲"即"。秦鳳鶴：《〈肩水金關漢簡〉（肆）釋文
　校訂》，中國古文字研究會等編：《古文字研究（第三十二輯）》，中華書局 2018
　年版，第 531 頁。

② 姚磊：《肩水金關漢簡綴合》，天津古籍出版社 2020 年版，第 167 頁。

19. 口吟（1）身皆完毋兵刃枚（2）索箠杖處病死
　　　　　　　　　　　　　　　73EJF3：383

20. ☑隧長孫□自言買牛一頭黑特（1）齒四歲病傷暑不
能食飲衆□☑　　　　　　　73EJT24：29

21. 檄謂騂馬農令田卒九人行道物☑
故爰書驗問同車邑子移爰書都☑　　73EJT22：114

22. 四年物故衣履☑（削衣）　　73EJT26：112

【注】

1.（1）署發矢數於牒，把射箭命中之數登記於册。李燁、張顯成指出，類似的文書如居延新簡 EPT53：138 簡："甘露二年八月戊午朔丙戌，甲渠令史齊敢言之。第十九隧長敵自言：當以令秋射署功勞。即石力發弩矢□弩臂皆應令，甲渠候漢强、守令史齊署發中矢數於牒。它如爰書，敢言之"。①

本簡爰書爲秋射爰書。

2. 本簡爲移送的協助討債文書。爰書爲債務有關情況記録。

3. 注解見"辨告"條。

本簡爲訴訟訊問文書。"先以證財物不以實律辨［告］"是訊問前的告知程式。

5. 簡文注參見"問、驗問"條。

簡中爰書爲物故爰書。

6. 本簡詳解見"亡、逃"條。

本簡中爰書指相牽證任之爰書。

7.（1）有秩候長，秩級爲百石。居延漢簡 210·27 簡有

---

① 李燁、張顯成：《〈肩水金關漢簡（壹）〉校勘記》，《古籍整理研究學刊》2015 年第 4 期。

“右庶士士吏候長”。《漢書·王莽傳》始建國元年，“更名秩百石曰庶士”，① 也可以反過來説明候長爲百石。

10. 當爲牲畜的死亡診驗文書。

11. 訴訟訊問爰書。

12. 簡文注見“傷人”條。

本簡爲過關文書。爰書爲受理逃亡者投案情況的記述。

13.（1）省卒，臨時抽調離開崗位一段時間從事伐茭等專項任務，完成後返回戍所的戍卒。

“不貰賣衣財物名籍爰［書］”，是針對“吏卒不得貰賣衣財物”的要求，製作的關於吏卒名籍以及吏卒自證或互證未進行貰賣活動的證明文書。

15. 參考懸泉漢簡I91DXT0309③:275 簡，本簡中“☑□木索迹”可補釋出“毋兵刃木索迹”。“毋兵刃木索迹”，司法檢驗術語，表示没有器具造成傷害的痕迹。本簡爲戍卒死亡爰書。

17. 本簡爲不認同自己承擔債務，“不服負”的自證爰書。

19.（1）口吟，閉口。吟，通“噤”。《説文解字·口部》：“噤，口閉也。”段玉裁注：“《史記·淮陰侯傳》：‘雖有舜禹之智，吟而不言。’此假吟爲噤也，吟、噤義相似。”②（2）枚，木杆。《説文解字·木部》：“枚，榦也。從木支。可爲杖也。”③

---

① （漢）班固：《漢書·王莽傳》，中華書局1962年版，第4103頁。相關研究較多，參見蔣樹森：《秦漢“有秩”考探》，《合肥學院學報（社會科學版）》2011年第2期；鄒水傑：《秦簡“有秩”新證》，《中國史研究》2017年第3期等。

② （漢）許慎撰，（清）段玉裁注，許惟賢整理：《説文解字注》，鳳凰出版社2015年版，第99頁。

③ （漢）許慎撰，（清）段玉裁注，許惟賢整理：《説文解字注》，鳳凰出版社2015年版，第438頁。

20.（1）特，公牛。

本簡爲牛病或死爰書。

21. 簡文注見"問、驗問"條。

辭

【解題】

辭，陳述。可作對請求、控訴、辯解、供詞等記録用語。

1.☑辭曰誠得錢地長即治論☑　　　　　　　73EJT23：14

2.☑發得辭具此　　　　　　　　　　　　73EJF3：246

3. 明伏地再拜請

少平足下（1）屬決不盡悉謹道明賣屨一兩（2）☐☐☐
七十明唯少平從歲取

幸以爲明賣鮮魚五十頭即錢少平已得五十頭不得卅頭唯留
意☐欲内之明　　　　　　　　　　　　73EJT29：114A

叩 = 頭 =（叩頭叩頭）幸甚素毋補益左右欲以細苛於治叩
= 頭 = 唯薄怒善視黃卿

毋以事爲趣（3）願必察之謹伏地再拜·奏

少平足下　　葉卿·吴幼闌　　　　　　73EJT29：114B

【注】

3.（1）足下，漢代私人書信中對對方的敬稱。（2）兩，
量詞，可用來計量襪、屨等成雙使用的衣物。（3）趣，催促。

嚴格説本簡並非司法文書，似爲私人討債文書，姑録於
此，以供參考。

第二章　民法類資料輯録

　　民法是調整民事主體之間財産關係和人身關係的法律規範。民法類資料輯録肩水金關漢簡中民事主體制度（如人員類別、行爲能力等）、各類民事法律關係（如買賣、借貸、擔保、庸、傔等），以及民事糾紛的解決（如民事債務官府協助追討制度）等。

庶人

【解題】

　　庶人，無爵之平民。關於秦漢時期"庶人"存在不同認識。錢大昕《廿二史考異》卷十《光武帝紀下》："凡律言庶人者，對奴婢及有罪者而言。"[①] 當代學者依據秦漢簡資料仍有不同看法。[②]

　　1. 河平四年二月甲申朔丙午倉嗇夫望敢言之故魏郡原城

---

① （清）錢大昕著，陳文和主編：《廿二史考異·後漢書》，鳳凰出版社 2016 年版，第 213 頁。

② 相關研究參見［德］陶安：《秦漢律"庶人"概念辯證》，武漢大學簡帛研究中心：《簡帛（第七輯）》，上海古籍出版社 2012 年版；曹旅寧：《秦漢法律簡牘中的庶人身份及法律地位問題》，《咸陽師範學院學報》2007 年第 3 期；王彦輝：《論秦及漢初身份秩序中的"庶人"》，《歷史研究》2018 年第 4 期；［日］椎名一雄著，孫聞博譯：《張家山漢簡〈二年律令〉所見爵制——以對"庶人"的理解爲中心》，《簡帛研究（二〇一三）》，廣西師範大學出版社 2014 年版。

陽宜里王禁自言二年戌屬居延犯法論會正月甲子赦

令免爲庶人願歸故縣謹案律曰徒事已毋糧謹故官爲封偃檢
縣次續食給法所當得謁移過所津關毋

苛留止原城收事敢言之

二月丙午居令博移過所如律令掾宣嗇夫望佐忠

73EJT3：55

2. 五鳳三年十二月癸卯朔庚申守令史安世敢言之復作大
男彭千秋陳留高里坐傷人論會神爵四年三月丙辰赦

令復作縣官一歲十月十日作日備免爲庶人道自致移陳留過
所縣道河津函谷關毋苛留止如律令敢言之

十二月庚申居延令弘守丞安世移過所縣道河津函谷關毋苛
留止如律令掾守令史安世　　　　　　73EJT34：6A

章曰居令延印　　　　　　　　　　　73EJT34：6B

3. 永光四年六月己酉朔癸丑倉嗇夫勃敢言之徒故穎川郡
陽翟宜昌里陳犬永光三年十二月中坐傷人論鬼新會

二月乙丑赦令免罪復作以詔書贖免爲庶人歸故縣謁移過所
河津關毋苛留止縣次贖食　　　　　　73EJT37：526

【注】

1. 簡詳注參見“犯法”條。

2. 簡詳注參見“復作”條。

1、2、3簡均爲曾經的罪人，目前的身份是“庶人”。不
過，73EJT3：55簡、73EJT37：526簡均稱“故縣”“故魏郡”
“故穎川郡”，那麼此時該人的户籍是否還在“故郡”呢？還
是一旦被判鬼薪白粲以上的刑，就不是“户籍藏鄉官者”了
呢？然而，73EJT34：6則直接稱“陳留”郡，而没有稱“故陳

留”，和稱“故”的情形是否存在區別？此處存疑。

伍長

【解題】

伍長，伍人之長。伍長有兩種性質。一種是軍卒中的伍長。《尉繚子·伍制令》：“軍中之制，五人爲伍，伍相保也。”《大通上孫家寨漢簡》126 簡：“☑五人曰伍。”[1]《商君書·境內》：“其戰也，五人束簿爲伍；一人死而剟其四人。能人得一首則復。……五人一屯長，百人一將。”[2]《二年律令·捕律》141 簡：“吏將徒，追求盜賊，必伍之，盜賊以短兵殺傷其將及伍人，而弗能捕得，皆戍邊二歲。”[3]《二年律令·津關令》494—495 簡：“□、相國、御史請緣關塞縣道群盜、盜賊及亡人越關垣離（籬）格（落）、塹、封、刊，出入塞界，吏卒追逐者得隨出入服迹窮追捕。令將吏爲吏卒出入者名籍，伍人閱具，上籍副縣廷。事已，得道出入所出人〈入〉，盈五日不反（返），伍人弗言將吏，將吏弗劾，皆以越塞令論之。”[4]以上《二年律令》律令文中的簡之“伍”也是指吏卒之伍。另一種是里人中的伍長。秦漢編户民管理中五家相保，互爲“伍人”。如里耶秦簡南陽里户籍簡中有四枚寫有“伍長”的

---

① 張静：《定州漢墓竹簡和上孫家寨漢墓木簡集釋》，吉林大學 2014 年碩士學位論文，第 498 頁。

② 蔣禮鴻：《商君書錐指》，中華書局 1986 年版，第 115 頁。

③ 彭浩、陳偉、〔日〕工藤元男：《二年律令與奏讞書：張家山二四七號漢墓出土法律文獻釋讀》，上海古籍出版社 2007 年版，第 148 頁。

④ 彭浩、陳偉、〔日〕工藤元男：《二年律令與奏讞書：張家山二四七號漢墓出土法律文獻釋讀》，上海古籍出版社 2007 年版，第 310 頁。

戶籍簡。① 肩水金關漢簡中所見"伍長"當均屬於第一種類型。

1．·右伍長　　　　　　　　　　　　73EJT23：779

2．萬年里任廣漢大奴據年廿五車牛一兩練襲一領白布單衣革履一兩·右伍長卩

墨色一領布絑一兩姊　　　　　　　　73EJT23：975

3．■右伍長柳應☒　　　　　　　　　73EJT30：158

4．■右伍長董信☒　　　　　　　　　73EJT30：159

【注】

以上四簡中均見"右伍長"。軍隊中常以左右分別不同的部分。《大通上孫家寨漢簡》"兵法"中有"左什""前什""中什"（368＋345簡），"什以肩章別，伍以肩左右別"（374簡），② 反映當時分爲"左伍""右伍"。

"右伍長"是否可能指里民中的伍長？上述1、2、3、4簡中"右伍長"不可能是"右邊所載人員爲伍長"的意思。簡2右伍長在該簡的末尾，前面是人員信息，因此這裏的"右"不會是"右側所列人員"的意思。顯然這裏的"右伍長"是對同一枚簡上端所載人員身份的標注。因此，"右伍長"本身是一個名詞。此外，2簡中人員"據"身份是"大奴"，不可能在里民中任"伍長"。3、4簡"右伍長"後爲人名，顯然"右伍長"是其身份。1簡爲一枚完整簡，"右伍長"前面有墨點，後面沒有人名，但與其他2、3、4簡之"右伍長"當

---

① 湖南省文物考古研究所編：《里耶發掘報告》，嶽麓書社2007年版，第203—208頁。

② 張靜：《定州漢墓竹簡和上孫家寨漢墓木簡集釋》，吉林大學2014年碩士學位論文，第500頁。

同義。

同生、同産

【解題】

同産，即同生，一般認爲指同父同母、同父異母和同母異父的兄弟姊妹。孫聞博認爲“同産”更强調父系，不包括同母異父者。[1] 漢律中常見“父母、妻子、同産，無少長皆棄市”，爲重罪親屬連坐的一種形式。《漢書·景帝紀》：“襄平侯嘉子恢説不孝，謀反，欲以殺嘉，大逆無道。”注引如淳曰：“律，大逆不道，父母妻子同産皆棄市。”[2] 《漢書·晁錯傳》：“錯當要斬，父母妻子同産無少長皆棄市。”[3] 《二年律令·賊律》1—2 簡有：“以城邑亭障反，降諸侯，及守乘城亭障，諸侯人來攻盜，不堅守而棄去之若降之，及謀反者，皆要斬。其父母、妻子、同産，無少長皆棄市。”[4]

1. ☐……☐

☐同生無少長皆棄☐　　　　73EJC:504

2. （省略）大逆同産當坐重事推迹未窮毋令居部界中不覺（省略）　　　　73EJT1:2

---

① 孫聞博：《秦漢簡牘所見特殊類型奸罪研究》，《中國歷史文物》2008 年第 3 期，第 67—68 頁。

② （漢）班固：《漢書·景帝紀》，中華書局 1962 年版，第 142 頁。

③ （漢）班固：《漢書·晁錯傳》，中華書局 1962 年版，第 2286—2687 頁。

④ 相關研究參見孫玉榮：《秦及漢初簡牘中的“同産”》，《管子學刊》2021 年第 1 期；李亞光：《“同生”“同産”考辨》，《東嶽論叢》2019 年第 3 期；田煒：《説“同生”“同産”》，《中國語文》2017 年第 4 期；李建平：《“同生”“同産”辨正》，《中國語文》2018 年第 6 期；孫聞博：《秦漢簡牘所見特殊類型奸罪研究》，《中國歷史文物》2008 年第 3 期。

【注】

1. 本簡用"同生"，似"同生"與"同産"義同。

2. 完整簡見第一章"大逆無道"條。"同産當坐"的依據當也是"父母、妻子、同産，無少長皆棄市"此類規定。

大（男、女、奴、婢）、小（男、女）

【解題】

大（男、女）、小（男、女），是漢代根據年齡對人口進行的區分。《集成》（六）："漢代以年齡將人區分爲大、小和使、未使。大指年齡在十四歲以上。"[1] 關於大小的區分也存在不同的認識。[2] 年齡、身高等會影響到勞動量、口糧衣服待遇、傅籍、征役等等。如《銀雀山漢簡》有："□□□以上、年十三歲以上，皆食於上。年六十［以上］與年十六以至十四，皆

---

[1] 中國簡牘集成編委會編：《中國簡牘集成》（六），敦煌文藝出版社 2001 年版，第223 頁。

[2] 楊聯陞：《漢代丁中、廩給、米粟、大小石之制》，《中國語文劄記——楊聯陞論文集》，中國人民大學出版社 2016 年版；韓偉濤：《讀〈嶽麓書院藏秦簡（肆）〉劄記》，簡帛網 2018 年 6 月 7 日，http://www.bsm.org.cn/show_article.php? id = 3157；淩文超：《秦漢時期兩類"小""大"身份説》，《社會科學戰綫》2019 年第 12 期；淩文超：《走馬樓吳簡"小""大""老"研究中的若干問題》，《中國國家博物館館刊》2013 年第 11 期；趙寵亮：《先秦秦漢的年齡分層與年齡稱謂》，《湖南科技學院學報》2010 年第 2 期；于洪濤：《里耶秦簡文書簡分類整理與研究》，吉林大學 2017 年博士學位論文；韓樹峰：《論秦漢時期的"老"》，武漢大學簡帛研究中心：《簡帛（第十三輯）》，上海古籍出版社 2016 年版；陳盤：《漢晉遺簡識小七種》，上海古籍出版社 2009 年版，第 30 頁；耿慧玲：《由居延漢簡看大男大女使女大女未使男未使女的問題》，簡牘學會編輯部：《簡牘學報》（第七期），簡牘學會 1980 年版，第 266—267 頁；袁延勝：《秦漢簡牘户籍資料研究》，人民出版社 2018 年版，第 161—162 頁。

爲半作。"整理者注:"竹簡所缺三字當爲'年十七'。"① 韓樹峰認爲此處的"食於上"與"半作"就是不服役與服半役的意思。② 懸泉漢簡有 T0114·④·95A·B:"食穬麥法大男以二百六十四使男大女以百六十九使女以百二十六小男女以百嬰兒一下六十五皆令延得一升"。③

1. 甘露二年五月己丑朔甲辰朔丞相少史御史守少史仁以請詔有逐驗大逆無道故廣陵王胥御者惠同

産弟故長公主蓋卿大婢外人(省略)　　　　73EJT1:1

2. 故居延尉丞王卿妻宣゠君゠(宣君宣君)子小女君至吏十四人私從者　　　　73EJT1:12

3. 弘農郡陝倉□里蔡青葆養車騎馬一匹騅牡左剽齒五歲高五尺八寸名曰張中大奴□昌马(竹簡)　　　　73EJT1:54

4. 僊巳小女盛客☒　　　　73EJT1:64

5. □

☒□小女偃王

子小女゠(女女)足(削衣)　　　　73EJT1:95

6. 河南雒陽大里大女張□☒　　　　73EJT1:131

7. ☒兄昌年卅五昌子男賀年十三☒

☒妻女成年卅五丿昌子男嘉年十一☒　　　　73EJT3:3

妻大女鰈得當穿富里成禹年廿六

---

① 銀雀山漢墓竹簡整理小組編:《銀雀山漢墓竹簡(壹)》,文物出版社 1985 年版,第 145、147 頁。

② 韓樹峰:《論秦漢時期的"老"》,武漢大學簡帛研究中心:《簡帛(第十三輯)》,上海古籍出版社 2016 年版,第 166 頁。

③ 陳玲:《試論漢代邊塞刑徒的輸送及管理》,李學勤、謝桂華主編:《簡帛研究(二〇〇一)》,廣西師範大學 2001 年版,第 373 頁。

子小女候年一歲車二兩

8.　彙他通望隧長成襃弟婦孟君年十五用牛二頭

建平三年五①月家屬符弟婦君始年廿四馬一匹

小女護惲年二歲

弟婦君給年廿五　　　　　　　　　　　　73EJT3：89②

9.　子大夫可年十四長六尺黑色　　　　　73EJT3：101

10.　車一乘·囚大男陳路等四人·居延始至里梁削等四③人

　　　　　　　　　　　　　　　　　　　73EJT3：102

11.　☑大婢多錢一人一月食一石三斗三月至九月食九石一
斗積七月　　　　　　　　　　　　　　73EJT4：39

12.　刁廣大奴記長七尺黑色☑　　　　　　73EJT4：83

13.　☑襲一領布復絝一兩並直千八百又貸交（1）④ 錢五百
凡並

　　☑大昌里丁當妻郵君所　　　　　　　73EJT5：8A

　　☑□小女世母徐□□孫市入與入　　　73EJT5：8B

14.　肩水彙他累山亭長□舍□舍妻☑

　　子小男☑　　　　　　　　　　　　　73EJT5：16

15.　彙他莫當隧長童去疾妻昭武安漢里大女董第卿

　　年廿七歲黑色　　　　　　　　　　　73EJT5：78

---

① 李燁、張顯成認爲“五”當爲“正”。李燁、張顯成：《〈肩水金關漢簡（壹）〉
　　校勘記》，《古籍整理研究學刊》2015年第4期，第67頁。

② 姚磊認爲本簡與73EJT37：176簡內容存在聯繫，很可能是同一家人的出入關記錄。
　　姚磊：《肩水金關漢簡釋文合校》，中國社會科學出版社2021年版，第36—37頁。

③ 原釋文爲“卅四”，圖版中沒有“卅”，當去掉“卅”。

④ 姚磊指出“交”字通“莈”。姚磊：《肩水金關漢簡釋文合校》，中國社會科學出
　　版社2021年版，第54—55頁。

16. □嘉①二年七月丁丑朔丁丑西鄉嗇夫政敢言之成漢里
男子孫多牛自言爲家私市居延☑

傳謹案多牛毋官獄徵事當得取傳謁移肩水金關居延縣索出
入毋苛留止☑

七月戊寅觻得長守丞順移肩水金關居延縣索寫移書到如律
令/掾尊守□☑   73EJT6:39A

觻得丞印☑   73EJT6:39B

17. 肩水候除平陵歸□里公大夫☑

大女□□長七尺……☑（右側有刻齒）

永光四年正月壬辰符   73EJT6:40

18. 廣地後起隧長逢尊妻居延廣地里逢廉年卅五

子小女君曼年十一歲   大車一兩

葆聟居延龍起里王都年廿二   用馬二匹

用牛二（左側有刻齒）   73EJT6:41A

……   73EJT6:41B

19. 橐他勇士隧長井臨·兄妻屋蘭宜眾里井君任年廿一

建平元年家屬符子小男習年七歲☑

兄妻君之年廿三車一兩用□☑

子大男義年十☑

子小男馮一歲☑（右側有刻齒）   73EJT6:42

20. ☑葆妻觻得里孫嚴年十八   73EJT6:51

21. ☑子男小狗年八☑

☑子女廉年十八☑

---

① 劉倩倩指出"□嘉"可補釋爲"鴻嘉"。劉倩倩：《〈肩水金關漢簡（壹）〉注釋
及相關問題研究》，華東師範大學 2015 年碩士學位論文，第 83 頁。

　　　　☑小女貴年六☑　　　　　　　　73EJT6：75

22.　☑□陳聖年卅七歲子大男上造惲年十七歲

　　　　　　　　　　　　　　　　　　73EJT6：85

23.　☑里賈忠年十五長五尺黑色☑　　73EJT6：102

24.　☑□里董東郡張清小奴満廚軺車三乘馬四匹

　☑☑☑☑☑☑　　　　　　　　　73EJT6：134

25.　☑☑☑☑☑☑

　☑出遠子男譚☑（削衣）　　　　　73EJT6：175

26.　橐佗博望隧長解憂弟大男觻得壽光里孫青劍一

　　　　　　　　　　　　　　　　　　73EJT7：5

27.　觻得安邑里男子王博☑　　　　　73EJT7：37

28.　☑大奴一人☑

　☑大婢二人☑

　☑未使奴一人☑

　☑・凡一月用食五石四斗～☑　　　73EJT7：79

29.　橐佗□□隧　子男□☑

　永光二年正月庚午　子小女□☑

　　　　　　　　　子男□☑　　　　73EJT7：128

30.　☑敢言之陽里女子王雲弟自☑

　☑取傳謁移過所縣道☑

　……　　　　　　　　　　　　　　　73EJT7：159

31.　☑子男禄福利衆☑　　　　　　　73EJT7：213

32.　☑里大女楊聖年廿☑　　　　　　73EJT8：19

33.　居攝二年三月甲申朔癸卯居延庫守丞仁移卅井縣索肩

水金關都尉史曹解掾

葆與官大奴杜同俱移簿大守府名如牒書到出入如律令

　　　　　　　　　　　　　　　　　73EJT8：51A

居延庫丞印嗇夫常①發

君門下掾戍佐鳳　　　　　　　　　73EJT8：51B

34.　☑□紺年廿五歲黑色子小男益□☑　　73EJT8：71

鑠得安定里趙林大奴宜牛車一兩☑　　73EJT9：42

35.　甘露四年四月□□朔……自言爲家私市張掖酒泉郡中
與子男猛持牛車一兩

……毋官獄徵事當得取傳寫移縣道河津關毋苛留止如律令
敢言之

……之移……令/掾安世佐親　　　　73EJT9：62A

居令延印子□印　　　　　　　　　73EJT9：62B

36.　五鳳四年八月庚戌亭長利主妻鑠得定國里司馬服年卅
二歲

橐他石南亭長符　　子小女自爲年六歲皆黑色

入出止　　　　　　　　　　（左側有刻齒）73EJT9：87

37.　居延鳴沙里董君至小奴賀大☑　　73EJT9：119②

38.　☑里小女聊珠年☑　　　　　　73EJT9：132

39.　大奴利☑　　　　　　　　　　73EJT9：134

40.　妻大女鑠得長秋里王第卿年廿八☑　　73EJT9：229

---

① "常"原釋爲"當"，根據馬智全文章改釋。馬智全：《肩水金關關嗇夫紀年考》，
《甘肅省第三屆簡牘學國際學術研討會論文集》，上海辭書出版社 2017 年版，第
260 頁。

② 何茂活認爲"鳴"當釋爲"鳴"。何茂活：《〈肩水金關漢簡（壹）〉釋文訂補》，
復旦大學出土文獻與古文字研究中心網站 2014 年 11 月 29 日，http://www.fdgwz.
org.cn/Web/Show/2392。

41．子男張騎將☐　　　　　　　　　　73EJT9：230

42．子小男買之年二歲☐　　　　　　　73EJT9：242

43．元康三年九月辛卯朔☐

大奴☐☐☐☐軺車☐

九月☐☐☐☐☐☐☐　　　　　　　　73EJT9：266A

印曰居延後農長印☐

☐月辛亥犁工關卒彊以來☐　　　　　73EJT9：266B

44．☐橐佗聖宜亭長張祿譚符妻大女觻得安☐☐

☐☐光二年……弟大女……☐　　　　73EJT9：275

45．小奴張……☐　　　　　　　　　　73EJT9：295

46．妻大女觻得安定里李☐年十九歲

☐子小男☐年三歲

……出　　　　　　　　　　　　　　73EJT11：24

47．☐☐☐☐☐☐☐十月四日出・子男趙熹

　　　　　　　　　　　　　　　　　73EJT14：4

48．大奴趙貴☐　　　　　　　　　　　73EJT14：28

49．橐他令觻得常利里王福子男王未央年十五歲

　　　　　　　　　　　　　　　　　73EJT21：15

50．子小女徵君年三歲黑色☐　　　　　73EJT21：203

51．☐子男良十月丁亥出　　　　　　　73EJT21：484

52．吳奉子小女思夫☐　　　　　　　　73EJT22：78

53．☐☐至子小☐

子小男☐☐　　　　　　　　　　　　73EJT23：87

54．居延司馬從所大奴破胡年卅五☐　　73EJT23：242

55．廣地士吏陳廣☐子小女負年五歲☐　73EJT23：562

56. ☑□□□年廿六妻大女君年廿丿七月丁未出出

子小男客子年一　　　　　　　　73EJT23：670

57. ……

子男□年十四大車一兩　　　　　73EJT23：763

58. 轢得千秋里大男曹盼年五十八牛車一兩☑

73EJT23：924

59. ☑□大奴右年廿六歲長七尺五寸黑色馬一匹

73EJT23：968

60. 萬年里任廣漢大奴據年廿五車牛一兩練襲一領白布單
衣革履一兩·右伍長卩

墨色一領布絑一兩姊　　　　　　73EJT23：975

61. 廣地受延隧長徐壽光妻氏池富昌里徐公君年廿八黑色
子小男賀年三歲牛車一兩　　　　73EJT23：977

62. ☑小奴滿家☑　　　　　　　　73EJT24：62

63. 轢得萬年里任廣漢大奴有☑　　73EJT24：99

64. ☑朔丙辰新安鄉有秩文佐義敢言之長安宜平里公乘滿
順自言☑

☑賢大奴便大婢利小婢宮乳爲家私市居延界中謹案順等年
爵如書□□□□　　　　　　　　73EJT24：132

65. 以食徒大男四人十二月食積百廿人：六升

73EJT24：259

66. 四年望遠隧長奴子小女居延城勢里郭婢年十歲

長五尺黑色　　　　　　　　　　73EJT24：296

67. ☑□妻大女昭年☑

弟齊年廿☑　　　　　　　　　　73EJT24：501

68. ☑子惠大奴多☑　　　　　　　　73EJT25：26

69. 橐他上利隧長家屬　　子小男恭年六歲☑

建始四年正月己丑符　　子小女君年四歲☑

子小男相年二歲☑　　　　73EJT28：9A

金關☑　　　　　　　　　　73EJT28：9B

70. 博望隧長孫道得妻居延平里　　子男□□年四歲☑

孫可枲年廿七歲長七尺黑色　　子小男璜□年二歲☑

73EJT29：33

71. 初元四年正月癸酉　　隧長奉妻觻得常樂里大女葉中
孫年廿五歲

橐佗殄虜隧長符　　子小女逮年五歲

子小男忠年一歲

奉弟輔年十七歲

奉弟婦婢年十六歲・皆黑色　　　73EJT30：62

72. ☑捕縛盧水男子因籍田都當故屬國千人辛君大奴宜
馬☑

……　　　　　　　　　　73EJT30：144

73. □□□□大男張齊丿　　　73EJT37：40

74. 地節三年正月戊午朔己卯將兵護民田官居延都尉章右
尉可置行丞事謂過所縣道河津關遣從史畢歸取衣用

隴西郡小婢利主從者刑合之趙奇俱乘所占用四匹當舍傳舍
如律令／掾定屬延壽給事佐充宗　　73EJT24：269A＋264A

章曰居延都尉章　　　73EJT24：269B＋264B①

① 伊强：《〈肩水金關漢簡（貳）〉綴合二則》，簡帛網2014年12月31日，http：//
www. bsm. org. cn/show_article. php？id ＝2121。

75. 大婢睂年十一歲長七☐　　　　73EJT27：59

76. 地節二年五月壬申張掖大守客大原中都里邯鄲偰占至
居延

與金關爲出入符＝（符符）齒第一小奴富主

……　　　　　　　　　　　　　　　　73EJT28：12

77. 大婢倩年十八　　　　　　　　73EJT33：90

78. 大奴宗年卅八、長七尺五寸黑☐　73EJT37：19

小未傅

【解題】

傅，指達到法定服役年齡，進入服役名單。張家山漢簡整
理小組注："傅籍。《漢書·高帝紀》注：'傅，著也，言著名
籍，給公家徭役也。'"① 小未傅，指未達到服役年齡。《康熙
字典》："《周禮·天官》注：著名籍，給公家徭役也。《前
漢·高帝紀》：蕭何發關中老弱未傅者，悉詣軍。注：服虔曰：
傅音附。師古曰：傅，著也。言著名籍，給公家徭役也。未二
十三爲弱，過五十六爲老。"② 《二年律令》364 簡有關於漢初
傅籍年齡的規定，"不更以下子年廿歲，大夫以上至五大夫及
小爵不更以下至上造年廿二歲，卿以上子及小爵大夫以上年廿
四歲，皆傅之"。③

黃龍元年六月辛未朔壬辰南鄉佐樂敢言之楊里

---

① 彭浩、陳偉、〔日〕工藤元男：《二年律令與奏讞書：張家山二四七號漢墓出土法
　　律文獻釋讀》，上海古籍出版社 2007 年版，第 232 頁。

② 《康熙字典》，同文書局 1887 年版，中華書局 1922 年印，第 112 頁。

③ 彭浩、陳偉、〔日〕工藤元男：《二年律令與奏讞書：張家山二四七號漢墓出土法
　　律文獻釋讀》，上海古籍出版社 2007 年版，第 234 頁。

公乘泠□年廿歲小未傅爲家私市居延正彭祖

占移過所縣道毋苛留／六月壬辰雒陽守丞殷移過所毋苛留

如律令／掾良令史陽　　　　　　　　73EJT33：41A

……　　　　　　　　　　　　　　73EJT33：41B①

【注】

秦漢二十等爵中的公乘爲第八級爵，在大夫（第五級爵）與五大夫（第九級爵）之間。簡中“泠□”“小未傅”，其“公乘”爵屬於“小爵”。若按漢初《二年律令》，其傅籍年齡當爲二十四歲。

室人

【解題】

室人，指同室之人，強調生活空間上的共處關係。“室”以生活空間爲基礎，也可指以此爲基礎的生活設施和人員等。《左傳》文公元年記載，楚穆王繼位之後，“以其爲大子之室與潘崇”。《正義》曰：“商臣今既爲王，以其爲大子之時所居室內財物僕妾以予潘崇，非與其所居之室。”② 其中“室”爲理解秦漢簡中的“室人”提供參考。睡虎地秦簡《法律答問》201 簡：“可（何）謂‘室人’？可（何）謂‘同居’？‘同居’，獨戶母之謂殹（也）。·‘室人’者，一室，盡當坐罪人之謂殹（也）。”③ 比較秦律中的“同居”和“室人”，同居表示人與人之間的“同戶”關係，室人則僅表示生活空間上

---

① “正”原釋“乏”，“占”原釋“告”，根據劉欣寧文章改釋。劉欣寧：《漢代“傅”中的父老與里正》，《早期中國史研究》（第八卷第二期）2016 年 6 月。

② （清）阮元校刻：《十三經注疏·春秋左傳正義》，中華書局 2009 年版，第 3988 頁。

③ 睡虎地秦墓竹簡整理小組：《睡虎地秦墓竹簡》，文物出版社 1990 年版，第 141 頁。

的共處關係，室人之間可以是多種社會關係，如父母子女、夫妻、主奴、主客等。

☒家室人馬無恙也煩願毋憂八月四日肩水卒史徐贛歸
☒得單驚家室往來道中耳侍從者即不可得也寧願
☒欲以人事式來歸即可得也不以九月中歸即不得

73EJT10:208①

【注】

本簡前缺，句意不完全明確。不能確定句中"室人"是否構成詞語。

客、客子

【解題】

客、客子，指離開戶籍所在地在外地生活，往往對當地吏或民有一定依附性的一類人員。②

1. 僮巳小女盛　　　客☒　　　　　　　　73EJT1:64
2. 居延都尉客雍男子斛賓名定一名☒　　　73EJT1:140
3. 西海（1）左寧督盜賊衛萌客一人・凡二人

73EJF3:402

4. ☒□客行□傳者非書☒　　　　　　　　73EJT4:192
5. 客子左馮翊徐甬☒　　　　　　　　　　73EJT5:9

---

① 簡文根據何茂活文章進行了多處改釋。何茂活：《〈肩水金關漢簡（壹）〉釋文訂補》，復旦大學出土文獻與古文字研究中心網站 2014 年 11 月 29 日，http://www.fdgwz.org.cn/Web/Show/2392。

② 關於漢簡中的客，可參見薛英群：《居延漢簡中的雇傭勞動者試析》，《蘭州學刊》1986 年第 5 期；王仲犖：《魏晉南北朝史》，上海人民出版社 2003 年版；沈剛：《秦漢時期的客階層研究》，吉林文史出版社 2003 年版等。

6. ☑☑樂願☑☑茯舍有客毋入　　　　　73EJT5：44A

☑謹請☑☑☑　　　　　　　　　　　73EJT5：44B

7. ☑☑・凡十四人皆客子☑

符七☑（削衣）　　　　　　　　　73EJT9：32

8. ☑☑・凡十四人皆客子

☑輺車十乘馬十匹　　　　　　　　73EJT9：97

9. ☑居延民女子馮倚相等五人倚相

六人客子☑田上安平里男子趙☑☑　73EJT22：113

10. ☑客不審縣里姓名胡人字君督☑　73EJT23：825

11. 客白張卿今毋☑　　　　　　　　73EJT24：55

12. 田卒大河郡東平陸陵里朱市客☑　73EJT24：725

13. ☑後右足五月辛酉受令史明　73EJT26：174A

張客子穀食一石在辟非卒

職所☑　　　　　　　　　　　　　73EJT26：174B

14. 初元四年正月辛亥朔癸酉東鄉嗇夫敢言之昌德里郭賞

自言田北☑☑☑☑☑舍王亭西

三舍北入☑☑☑三年賦等[1]給毋官☑☑☑☑☑☑☑☑敢

言之

正月甲戌茂陵令熹丞勳移☑☑/掾☑令史☑

　　　　　　　　　　　　　　　　　73EJT32：16A

章曰茂陵令印　　　　　　　73EJT32：16B

15. 九月一輩凡卅三人其四人居延吏一人昭吏三人酒泉吏

六人郡中民一人會水民五人客子七人奴四人婢輺車七乘馬八匹

---

[1]　張俊民指出“等”可爲“筭”。張俊民：《〈肩水金關漢簡（叁）〉釋文獻疑》，簡帛網 2015 年 1 月 19 日，http://www.bsm.org.cn/?hanjian/6313.htm。

牛車三兩牛三頭☒　　　　　　　　　　73EJT32:75

16.　員鮑魚十斤見五十頭橐敗少三斤給過客　73EJT33:88

17.　願以令取傳謹案客子戶籍臧鄉者☒

　　☐☐　　　　　　　　　　　　　　73EJT37:442A

　　……　　　　　　　　　　　　　　73EJT37:442B

18.　·循客張掖和平里孫立字君功年卅四五短壯黑色細身小頭方面小鬚少須身端直初亡時黑幘　73EJT37:675 +688①

【注】

3.（1）西海，郡名，漢平帝時王莽奏請而設，更始元年廢除。《漢書·王莽傳》："今謹案已有東海、南海、北海郡，未有西海郡，請受良願等所獻地爲西海郡。"②

所

【解題】

所，住址。在買賣、債務契約中常注明"所"以載明契約訂立的地點。

1.　☒丈人言伏八月三日寄單衣賣長君所☐☐☐☒

　　☒……☒　　　　　　　　　　　　73EJT23：162

2.　☒☐張稚孺所☒　　　　　　　　　73EJT23:171A

　　☒☐來見☐見☐☐記☐☐☐☐☐☐☒　73EJT23:171B

3.　望城隧卒鹹頤賞賣布一匹賈錢二百五十貸錢百卅凡直三百九十故水門隧長尹野所　　　　73EJT23:488 +963③

---

①　姚磊：《肩水金關漢簡綴合》，天津古籍出版社 2020 年版，第 254 頁。
②　（漢）班固：《漢書·王莽傳》，中華書局 1962 年版，第 4077 頁。
③　伊強：《肩水金關漢簡綴合十五則》，武漢大學簡帛研究中心：《簡帛（第十二輯）》，上海古籍出版社 2016 年版，第 118 頁。

4. ☑賣絑一兩直錢廿三革帶二枚直六十・凡直八十三故
水門隧長屋蘭（1）富昌里尹☑　　　　73EJT23：964＋516①

5. 廣野隧卒勒忘賈賣緰②一匹隧長屋蘭富昌里尹野所刀
　　　　　　　　　　　　　　　　　73EJT23：965

6. 受降卒富里宋鉗賈官練襲一令直千灤涫平旦周稚君所
稚君舍在會水候官入東門得術西入酒泉東部候史不審里孫中卿
妻秋任畢　　　　　　　　　　　　　73EJT23：969

7. ☑錢百酒黍二石在□君所

……　　　　　　　　　　　　　　73EJT23：1002

8. 安陵壽陵里張閔字子戚粟一石直四百在□□□□里□
西二舍北入（竹簡）　　　　　　　73EJT24：16

【注】

3、4、5、6、7、8爲買賣契約。

4.（1）屋蘭，張掖郡屬縣。

户籍在官、户籍藏鄉官

【解題】

　户籍在官，一般爲出行文書用語，證明出行人在官方有名
籍，不是來路不明人員。漢代户籍一般是由鄉管理，因此稱
"户籍藏鄉官"。張家山《二年律令・户律》簡328—330："恒
以八月令鄉部嗇夫、吏、令史相案户籍，副臧（藏）其廷。有

① 伊强：《肩水金關漢簡綴合十五則》，武漢大學簡帛研究中心：《簡帛（第十二
　輯）》，上海古籍出版社2016年版，第117頁。
② 原釋爲"縹"，根據黃豔萍文章改釋。黃豔萍：《〈肩水金關漢簡（壹—肆）〉釋
　文校補》，西北師範大學歷史文化學院等編：《簡牘學研究（第七輯）》，甘肅人民
　出版社2018版，第138頁。

移徙者，輒移户及年籍爵細徙所，並封。留弗移，移不並封，及實不徙數盈十日，皆罰金四兩；數在所正、典弗告，與同罪。鄉部嗇夫、吏主及案户者弗得，罰金各一兩。"①

發放傳時要證明是否"户籍在官"，是否爲"户籍臧鄉官者"。王彦輝指出"户籍臧鄉官者"，應該是發放"傳"時需要調查的一項内容，過關用傳調查的主要是持"傳"人是否爲"亡命"者，有無"官獄徵事"之類。② 任用人員時也要核實是否爲"户籍在官"者。武威旱灘坡漢簡3："民無爵里名姓，吏擅事使，有行事穎川東鄉佐坐論☒"，③ 即任用户籍不明的人辦事是違法行爲。"户在官"也可用以查明是否有各類"官獄徵事"。"官獄徵事"則包括各類徵召派遣，如其中有獄類徵事，包括被控告或被要求前往作證等事。如《嶽麓書院藏秦簡（肆）》簡230簡："〔・〕具律曰：有獄論，徵書到其人存所縣官（省略）"④。

以上這些内容均建立在秦漢由鄉管理户籍的制度上。《嶽麓書院藏秦簡（肆）》簡140—141："尉卒律曰：爲計，鄉嗇夫及典、老月辟其鄉里之人穀⑤、徙除及死亡者，謁于尉，尉月牒部之，到十月乃比其牒，里相就殹（也）以會計。黔

---

① 彭浩、陳偉、〔日〕工藤元男：《二年律令與奏讞書：張家山二四七號漢墓出土法律文獻釋讀》，上海古籍出版社2007年版，第222頁。
② 王彦輝：《出土秦漢户籍簡的類别及登記内容的演變》，《史學集刊》2013年第3期。
③ 李均明：《武威旱灘坡出土漢簡考述——兼論"挈令"》，《文物》1993年第10期，第35頁。
④ 陳松長主編：《嶽麓書院藏秦簡（肆）》，上海辭書出版社2015年版，第144頁。
⑤ 整理小組原釋文爲"入穀（穀）"，據陳偉文章改釋。陳偉：《〈嶽麓書院藏秦簡（肆）〉校商（壹）》，簡帛網2016年3月27日，http://www.bsm.org.cn/show_article.php?id=2503。

［首］之闌亡者，卒歲而不歸，其計，籍書其初亡之年月於，善臧（藏）以戒其得。"① 漢戶籍管理制度繼承自秦代。

1. ☑☑常戶籍在官者爵大夫年（削衣）　73EJT5：106

2. ☑傳謹案戶籍藏☑官者☑☑☑☑☑
☑言之☑　　　　　　　　　　　　　　73EJT8：110

3. ☑☑戌朔甲午西鄉嗇夫漢光敢言之直廷里許方自言☑
☑謹案戶籍臧鄉官者方毋官獄徵事非亡人命☑
☑長廣移肩水金關往來毋苛留止如律令☑　73EJT9：35

4. ☑敢言之謹以鄉書案樂毋官獄徵事當☑（削衣）

　　　　　　　　　　　　　　　　　　　73EJT9：210

5. ☑月（1）辛未朔壬申都鄉守嗇夫宗敢言之都尉庫佐……與城敖里男子馬並俱迎丞天水略陽郡☑

　　☑謹案戶籍臧鄉者並爵上造年廿四歲毋官獄徵事當得以令取傳謁移過所縣道☑

　　☑律令敢言之

　　☑令城騎千人☑臨丞循移過所如律令/掾宮守☑☑

　　　　　　　　　　73EJT21：60A +73EJT24：304A

　　☑☑☑人☑　　73EJT21：60B +73EJT24：304B

6. ☑大守府謹案戶籍　　　　　　73EJT22：17

7. ☐鳳四年四月辛丑朔甲寅南鄉嗇夫☐敢言之☐石里☐☐蘇夫自言天☐壽爲肩水倉丞願以令取☐

　　居延☐☐☐與子男☐葆延壽里段延年☐☐所占用馬一匹䎃

---

① 人口管理相關研究參見劉欣寧：《秦漢時代的户籍與人身支配》，周東平、朱騰主編：《法律史譯評（第3卷）》，北京大學出版社2015年版；馬增榮：《秦漢時期的雇傭活動與人口流動（修訂稿）》，簡帛網2017年12月14日，http://www.bsm. org. cn/show_article. php?id =2946。

車一乘·謹案户籍在鄉□☑

夫□延年皆毋官獄徵事當以令取傳敢言之

……移過所如律令/佐定☑　　　　　　73EJT23∶772A

居延令印　　　　　　　　　　　　73EJT23∶772B

8.　☑居延謹案户籍藏鄉者隆

☑言之　　　　　　　　　　　　　73EJT24∶402A

☑未至今不　　　　　　　　　　　73EJT24∶402B

9.　☑丑朔乙卯守令史□☑

☑謹案名籍臧官☑　　　　　　　　73EJT24∶622A

☑□南入☑　　　　　　　　　　　73EJT24∶622B

10.　孝武皇帝兄弟子有屬籍在郡國者賜馬各一匹駒資馬錢
十四萬　　　　　　　　　　　　　　73EJT26∶31

11.　爵左庶長中都官及宦者吏千石以下至六百石爵五大夫
孝者爵人二級吏民爵人一級四年以前吏□☑　73EJT26∶32

12.　河平五年五月庚子朔丙午都鄉守嗇夫宗敢言之肩水里
男子王野臣自言爲都尉丞從史徐興☑

取傳謹案户籍臧官者野臣爵大夫年十九毋官獄徵事當得以
令取傳謁移過所津關毋☑

五月丙午居延令宣守丞城倉丞赦移過所縣道毋苛留止如律
令/掾□☑　　　　　　　　　　　73EJT26∶87

13.　河平五年二月戊寅西鄉嗇夫賀敢言☑

俱謹案户籍晏爵上造年□□□☑

二月己丑居延令博移過所　　　　　73EJT26∶92

14.　……

等兵簿臧鄉官者皆毋官獄徵事當得取傳謁言廷移過所縣邑

門亭　　　　　　　　　　　　　　　　　　　73EJT30:11

15. ☑朔戊午西鄉嗇夫彊敢言之利上里男子譚多自言欲爲
家私市張掖酒泉郡中願以令取傳謹案戶籍臧官者多爵

　　☑毋官獄徵事當得以令取傳謁移過所河津關毋苛留止如律
令敢言之

　　☑居延令登丞未央移過所如律令／掾赦之守令史定佐殷
　　　　　　　　　　　　　　　　　　73EJT33:39

16. 願以令取傳謹案客子戶籍臧鄉者☑

　　□□☑　　　　　　　　　　　73EJT37:442A

　　……☑　　　　　　　　　　　73EJT37:442B

17. ☑□□傳謹案戶籍

　　☑河津關毋苛留止☑

　　☑□竟兼行丞事　　　　　　　73EJT37:573

18. 居延名縣爵里年姓如☑

　　☑謹案戶籍臧☑

　　☑津關毋苛留止敢言☑

　　☑……☑　　　　　　　　　　73EJT37:868

19. 安居延願以令取傳謹案戶籍臧鄉者富里有呂晏年廿爵
公士呂

　　……毋官獄徵事當得取傳謁移過所河津關肩水金關出入
　　　　　　　　　　　　　　　73EJT37:968A

　角得長印

　嗇夫欽百　　　　　　　　　　73EJT37:968B

20. 謹案戶籍臧鄉者市陽里有大女張倩君年卅七子女襄年
廿歲子男可丘年三葆富里□□☑　　73EJT37:1047A

昭武長印　　　　　　　　　　　　　73EJT37：1047B

21. 元延元年七月丙寅朔丙寅東鄉嗇夫豐佐章敢言之道
德☐

使之張掖郡界中願以令取傳・謹案戶籍臧官者豐爵公士☐
　　　　　　　　　　　　　　　　73EJT37：1451A

允吾丞印　　　　　　　　　　　　73EJT37：1451B

22. ☑寅朔己酉都鄉嗇夫武敢言之龍起里房則自言願以令
取傳爲居延倉令史徐譚葆俱迎錢

上河農・謹案戶籍臧鄉者則爵上造年廿歲毋它官獄徵事當
得以令取傳與譚俱謁移過所縣道河津關

毋苛留止如律令敢言之

九月庚戌居延令彊守丞宮寫移過所如律令/兼掾臨守令史襄
　　　　　　　　　　　　　　　　73EJT37：1491

【注】

2. “臧□官者”可補釋爲“臧鄉官者”。

5. （1）姚磊指出，73EJT31：62 簡時間爲“綏和二年”，
出現的“丞循”“掾宮”亦出現在 73EJT21：60 +73EJT24：304
簡中，故懷疑 73EJT21：60 +73EJT24：304 簡的時間可能距綏和
二年（前 7 年）不遠。另據 73EJT37：480 +894 簡記載，居延
都尉雲和城騎千人臨曾一同共事。居延都尉雲的任職時間在
“元延四年九月”（前 9 年）到“建平元年十月”（前 6 年）。
在這個時間段內，綏和元年（前 8 年）十一月爲“辛未朔”，
可能是 73EJT21：60 +73EJT24：304 簡的時間。①

---

① 姚磊：《〈肩水金關漢簡（貳）〉綴合（十六）》，簡帛網 2017 年 12 月 16 日，ht-
tp：//www. bsm. org. cn/show_article. php? id =2949。

絕户奴婢没入詣官

【解題】

絕户，指户主死後没有符合立户條件的人，不能再單獨立户。奴婢没入詣官，指奴婢收歸官府所有。不過張家山漢簡《二年律令・置後律》382—383 簡有 "死毋後而有奴婢者，免奴婢以爲庶人，以庶人律予之其主田宅及餘財。奴婢多，代户者毋（勿）過一人，先用勞久、有夫（？）子若主所言吏者"，[1] 是户主死後奴婢可以代户的規定，與肩水金關所見"絕户奴婢没入詣官"内容不同。

甘露二年五月己丑朔甲辰朔丞相少史充御史守少史仁以請詔有逐驗大逆無道故廣陵王胥御者惠同

産弟故長公主蓋卿大婢外人（省略）元鳳元年

中主死絕户奴婢没入詣官麗戎游俱亡（省略）

73EJT1：1

買奴婢

【解題】

在古代人口可作爲財産轉讓。《周禮・地官・質人》有："質人掌成市之貨賄、人民、牛馬、兵器、珍異。"鄭玄注："人民，奴婢也。"[2] 秦漢時期，公私奴隸買賣比較常見。奴婢的買賣在契約訂立、帶奴歸鄉等方面都有一些特殊之處。湖南

---

① 彭浩、陳偉、[日]工藤元男：《二年律令與奏讞書：張家山二四七號漢墓出土法律文獻釋讀》，上海古籍出版社 2007 年版，第 239 頁。

② （清）孫詒讓：《周禮正義》，中華書局 2013 年版，第 1076 頁。

益陽兔子山遺址 J7⑦:3 木牘是與奴婢買賣相關的出行文書。①

1. 居延都尉卒史居延平里徐通大奴宜長七尺黑色髡頭十
一月丙辰出

五鳳元年十月丙戌朔辛亥居延守丞安世別上計移肩水金關
居延都尉卒史居延平里徐通

自言繇之隴西還買觻得敬老里丁韋君大奴宜今疎書宜年長
物色書到出如律令　　　　　　　　　　73EJT37:522A

印曰居延丞印

十一月丙辰佐其以來　　　　　　　　　73EJT37:522B

2. ☑□冀陰利里長廣君大婢財（1）賈錢萬二千錢畢已
（2）節有固疾不當賣（3）而賣逐（4）賈錢

　　　　　　　　　　　　　　　73EJT24:275A

□券約沽酒旁二斗　　　　　　　　　73EJT24:275B

【注】

1. 本簡詳解見"髡頭"條。

此簡爲買奴過關文書。徐通在觻得縣買名爲"宜"的奴，需帶宜回居延。交易發生在觻得，徐通户籍在居延縣，在居延都尉任職。一般買奴或買馬，應由買所縣道簽發"質書"（致書），作爲買主回原籍登記入賬的憑證和通關文書。不過本簡却是由居延縣發文，即由目的地發文，不知何故。②

2. （1）財，人名。（2）畢已，完畢。（3）節有固疾不當賣，瑕疵擔保條款，見"有固疾不當賣而賣"條。（4）逐，

---

①　張忠煒：《湖南益陽兔子山遺址 J7⑦:3 木牘考釋——兼論"徐偃矯制"》，《文物》
2021 年第 6 期。
②　參見拙作《肩水金關漢簡初探》第三章第二節内容。丁義娟：《肩水金關漢簡初
探》，中國農業科學技術出版社 2019 年版。

追回。

　　本簡是漢代奴婢買賣合同中瑕疵擔保的一則珍貴資料。該買賣合同中保證該大婢無固疾，否則要解除合同，退還價款。

有固疾不當賣

【解題】

　　固疾，長久不愈之病。有固疾不當賣而賣，指買賣的奴婢有長久不愈之病，若買主不知情，不應當出賣而賣的情形。這是在奴婢買賣契約中爲預防買主風險而設立的條款。奴隸買賣存在當場不可查知的風險，可通過瑕疵擔保、保人等方式預防。瑕疵擔保包括品質擔保，如居延舊簡557·4簡"☑置長樂里樂奴田卅五瓜買錢九百錢畢已丈田即不足計瓜數環錢旁人淳于次孺王充鄭少卿古酒二斗皆飲之"，是對田地的畝數提供擔保。如畝數不足，買方可撤銷合同。"有固疾不當賣"就屬於品質擔保的內容，指訂立合同後買主方知有固疾的情況下可以撤銷合同。《唐律疏議·雜律》第422條："諸買奴婢、馬、牛、駝、騾、驢……立券之後，有舊病者，三日內聽悔。"[1]唐律中是"舊病"，從字面上比"固疾"的範圍更廣一些。[2]瑕疵擔保還包括權利擔保形式，如"翟紹遠買婢券"在合同中約定"若後有呵盜認名，仰本主了"。[3]

　　☑□冀陰利里長廣君大婢財賈錢萬二千錢畢已節有固疾不當賣而賣逐賈錢　　　　　　　　　　73EJT24：275A

---

①　岳純之點校：《唐律疏議》，上海古籍出版社2013年版，第428頁。
②　參見拙作《肩水金關漢簡初探》第五章第三節內容。丁義娟：《肩水金關漢簡初探》，中國農業科學技術出版社2019年版。
③　唐長孺主編：《吐魯番出土文書》（第一冊），文物出版社1988年版，第187頁。

☑□券約沽酒旁二斗　　　　　　　　　　73EJT24:275B

【注】

本簡是漢代奴婢買賣合同中瑕疵擔保的一則珍貴資料。該買賣合同中保證該大婢無固疾，否則要解除合同，退還價款。惜不見完整的全書，不知除逐買錢之外，是否還有其他的制裁措施。

免婢

【解題】

免婢，指符合一定條件下免除奴婢身份。高士榮指出，秦漢時期奴婢成爲庶人的“主要方式有皇帝的免奴詔、軍功放免、親屬戍邊或遷徙放免及成丁庶民頂替或以錢贖免”。此外，“私人奴婢可以通過主人放免”。① 如《嶽麓書院藏秦簡（肆）》77 簡：“免奴爲主私屬而將陽闌亡者，以將陽闌亡律論之，復爲主私屬。”②《二年律令·亡律》162—163 簡：“奴婢爲善而主欲免者，許之，奴命曰私屬，婢爲庶人，皆復使及算（算）事之如奴婢。主死若有罪，以私屬爲庶人，刑者以爲隱官。所免不善，身免者得復入奴婢之。其亡，有它罪，以奴婢律論之。”③

① 高士榮：《秦漢時期的奴婢放免方式及原因分析》，《蘭州學刊》2017 年第 9 期。
② 陳松長主編：《嶽麓書院藏秦簡（肆）》，上海辭書出版社 2015 年版，第 64 頁。
③ 彭浩、陳偉、［日］工藤元男：《二年律令與奏讞書：張家山二四七號漢墓出土法律文獻釋讀》，上海古籍出版社 2007 年版，第 155 頁。免奴相關研究有王彦輝：《張家山漢簡〈二年律令〉與漢代社會研究》第三節“奴婢免良和代户繼承主人的財産”，中華書局 2010 年版；文霞：《秦漢奴婢法律地位及其比較研究》第五章“秦漢奴婢的放免問題——與羅馬奴隸的釋免比較”，首都師範大學 2007 年博士學位論文；周峰、彭世文：《對漢代奴婢放良及相關問題的考察》，《湖南大學學報（社會科學版）》2007 年第 1 期。

甘露二年五月己丑朔甲辰朔丞相少史充御史守少史仁以請
詔有逐驗大逆無道故廣陵王胥御者惠同

　　産弟故長公主蓋卿大婢外人（省略）　　　　　73EJT1：1

嚴教屬縣官令以下嗇夫吏正父老雜驗問鄉里吏民賞取婢及
免婢以爲妻年五十以刑狀類麗戎者問父母昆弟本誰生子務

　　得請實發生從迹（省略）　　　　　　　　　73EJT1：2

【注】

本簡詳解見“大逆不道”條。核查對象包括婢和曾經身
份爲婢的人。

責

【解題】

責，《集成》（九）：“《説文・貝部》：‘責，求也。’王筠
《句讀》：‘責，謂索求負家償物也。’”① 下文還分別輯録了
“收債”“償”等與債務可能有關係的資料，因此這裏“債”
項下的資料並非有關“債”的全部資料，而是不太明確具體
歸類的一些資料，兹録於此，以備參考。②

　　1. ☒☒收吏計以☒責如記上☒③☒　　　　　73EJT1：85A

　　☒☒至觻得迎奉候☒當☒　　　　　　　　　73EJT1：85B

---

① 中國簡牘集成編委會編：《中國簡牘集成》（九），敦煌文藝出版社 2001 年版，第
40 頁。

② 相關研究如謝全發：《漢代債法研究——以簡牘文書爲中心的考察》，西南政法大
學 2007 年博士學位論文；于振波：《秦漢法律與社會》第六章“秦漢法律與經濟
發展”第一節“契約”，湖南人民出版社 2000 年版等。

③ 李燁、張顯成指出“上”後當爲“錢”字，可釋爲草寫形式。李燁、張顯成：
《〈肩水金關漢簡（壹）〉校勘記》，《古籍整理研究學刊》2015 年第 4 期，第
67 頁。

2. ☑□二□三百少卅又責長孫大母□☑（削衣）

　　　　　　　　　　　　　　　　73EJT1:208

3. 王嚴叩頭白　　　　　　　73EJT3:54A

李長叔君急責人酒屬得二斗内之□□責人

願且復給三斗叩頭幸=甚=（幸甚幸甚）73EJT3:54B

4. 責□□錢五十☑　　　　　　73EJT5:98

5. ☑□□□□䌛得宜春里□子□所責錢千☑

　　　　　　　　　　　　　　　　73EJT6:136

6. 責肩水候君☑　　　　　　73EJT10:366

7. ·所寄張千人舍器物記胡狗一告從史孫長卿必之廣地行
此書案如署凡二封

小①米庾一併取其蓋長卿必責李長君前及長卿□所②責澗
上③羊錢長卿

大斤一大庾一所持封五安左以候屬長卿急責所受文君床主
錢長卿必得□□封書□長卿□自北之橐他

　　　　　　　　　　73EJT24:247A +24:268B

葦延席一□二五④白革騎勒一弊舍橐盛家室幣寫

䇫二

六尺席一□□□大厷間⑤八居米庾中短延席一

────────────

① "小"原釋文"□"，根據何茂活文章改釋。何茂活：《肩水金關漢簡〈所寄張千
人舍器物記〉名物詞語考釋——兼補胡永鵬〈讀肩水金關漢簡（貳）劄記〉文
意》，《魯東大學學報（哲學社會科學版）》2014年第6期。以下四條改釋均根據
該文做出。

② "所"原釋文"□"。

③ "澗上"原釋文"閒二"。

④ "五"原釋文"二"。

⑤ "大厷間"原釋文"□□□"。

弓一楡莢二斗

□一復參靳宣帶各一居米庉中檔一

73EJT24：247B＋268A①

8.　六月廿日責計責柳子文布一匹少百責□□駌布一匹直
四百入二百八十少百廿

責龐次君布一匹直四百廿出二百五十少七十 73EJT24：263

9.　……

□渠當責東門子□□……☑　　　　　　73EJT21：253

10.　☑責錢府　　　　　　　　　　　73EJT22：12

【注】

8.　此簡自稱“責計”，是債務統計。

收責

【解題】

此處主要輯錄了官府協助收債的文書和收債人員的過關文
書資料。

1.　☑□□□肩水守府所移☑

☑□□責錢□□□□☑　　　　　　　73EJT3：27A

☑□毋六畜□☑　　　　　　　　　　73EJT3：27B

2.　日勒（1）男子趙子惠責□□置錢百七十□四□十五凡
直□☑　　　　　　　　　　　　　　73EJT3：46

3.　☑……□□佐豐移肩水候官□□□□來時長初來時登

---

① 何茂活：《肩水金關漢簡〈所寄張千人舍器物記〉名物詞語考釋——兼補胡永鵬
〈讀肩水金關漢簡（貳）劄記〉文意》，《魯東大學學報（哲學社會科學版）》
2014 年第 6 期；胡永鵬：《〈肩水金關漢簡（貳）〉劄記》，簡帛網 2013 年 9 月 17
日，http://www.bsm.org.cn/show_article.php?id＝1905。

山隧長（1）孫君房從萬貰買軌適隧長（2）丁☐

任（3）府書曰卒貰賣予吏及有吏任者爲收責有比（4）

書到願令史以時收責（5）迫卒且罷（6）丞報如律令☐

73EJT7:25

4. ☐書卒自言責☐

☐☐如爰書☐☐　　　　　　　　　73EJT14:32

5. ☐孫當從居延來唯卿=（卿卿）張護成當責會水津吏胡
稚卿

☐來其主責成急長孫知之前成過自責之不得一錢

73EJT21:176

6. 都倉責安不得一錢也☐贛不可毋予子都錢不至復☐

73EJT23:404A

☐☐☐☐☐☐到今年爲☐責☐☐☐☐☐☐

安幸=甚=（幸甚幸甚）節贛☐奉未出安請案☐☐☐☐君
言贛負☐　　　　　　　　　　　73EJT23:404B

7. 便以正月中責交爲得錢百登山隧☐☐　73EJT25:59

8. 服胡隧長忘得八十☐☐

陳秋自言責☐　　　　　　　　　73EJT31:95

9. ☐以過所移府書曰𥻴得步利里男子蘇章自言責隧☐

73EJT31:166

10. 肩水候寫移書到驗問收責報會四月三日如大守府書律
令/掾遂卒史博　　　　　　　　73EJT37:743

11. ☐吏收責丞報迫卒且罷☐

☐史敞佐定☐　　　　　　　　　73EJT23:136

12. ……

之小計足道乎叩﹦頭﹦（叩頭叩頭）前所貸粟今故遣史受教小計當直□

直人請自憐之償余計不敢忽憚再拜

白奏……   73EJT23：279

13．布橐直百八十布襪一兩直八十始安隧卒韓詡自言責故東部候長牟放□□

錢四百驗問收責持詣廷放在城官界中謁移城官治決害□日夜□

毋尊布□匹直三百八十梁卿取……   73EJT23：295

14．☑譋不予或逃匿不可見乃自言丞□御﹦史﹦（御史御史）爲趣郡收責不能備得所責主名縣或報毋令

73EJT23：677＋658①

15．夫人厚恩也今獨尚馬□☑

□□□□□□□收責□☑   73EJT23：708A

君上夫人欲相見奈何不☑

聞君上夫人起居善也☑   73EJT23：708B②

16．戊晝治大吉夜治小吉庚晝治徵明夜治魁壬晝☑

己晝治神後夜治傳送辛晝治勝光（或勝先）夜治功曹☑

73EJF3：447A③

① 姚磊：《〈肩水金關漢簡（貳）〉綴合（六）》，簡帛網2016年11月17日，http：//www.bsm.org.cn/show_article.php？id＝2663。

② 簡73EJT23：708B右行原文爲“□……奈何□”，根據姚磊文章補釋。姚磊：《讀〈肩水金關漢簡〉劄記（二十二）》，簡帛網2017年7月3日，http：//www.bsm.org.cn/show_article.php？id＝2833。

③ 釋文根據程少軒文章作了多處改釋。程少軒：《〈肩水金關漢簡（伍）〉“天干治十二月將”復原》，復旦大學出土文獻與古文字研究中心網站2016年8月26日，http：//www.fdgwz.org.cn/Web/Show/2886。

後部治所收責□伏見音□致肩水候鄣□

　　……□　　　　　　　　　　　73EJF3：447B

17.　□……子侯取鹽三升□□□□□斗直卅二凡……直八

百卅□□□

　　□□□載□□三□□□相□急□□□百……已收責

　　　　　　　　　　　　　　　　73EJD：114

18.　十月戊辰詐封致與關詐罪當俱出關以責士吏牛放爲

名……趙君侯以日出五幹所出關日食時牛放

　　與趙君男孺卿俱來入關候故行至官以戊辰卿……官士吏王

當皆夜見謁　　　　　　　　73EJT30：179＋180①

19.　吏卒離署至官府下或之他部以責裚爲名與卒□□不

　　　　　　　　　　　　　　　73EJT27：24

20.　□居延市陽里樂市□□□　　　73EJT5：23A

　　□石唯廷收責□　　　　　　　73EJT5：23B

21.　元延二年正月癸亥朔壬午肩水關嗇夫欽以小官（1）

行□

　　事隧長章輔自言遣收責橐他界中出入盡十二月晦如律令□

　　　　　　　　　　　　　　　73EJT23：79A

　　守令史駿□　　　　　　　　73EJT23：79B

22.　□級年十八

　　□年十七豐郭迹塞外君級戎收責橐他界中盡十二月止

　　　　　　　　　　　　　　　73EJT37：1168

23.　建平四年正月丁未朔癸丑肩水候憲謂關嗇夫吏據書葆

---

① 綴合根據姚磊：《〈肩水金關漢簡（叁）〉綴合（叁）》，簡帛網2016年12月2日，
http://www.bsm.org.cn/show_article.php?id=2676。

妻子收責橐他界中名（1）縣爵里官除年姓如牒書到出入
盡十二月如律令　　　　　　　73EJT37：1378＋1134①

24．綏和二年十二月甲子朔己丑宛邑市丞華移過所
縣……☑

諸責人亡賊處自如弘農三輔張掖居延界中當舍傳舍……☑
　　　　　　　　　　　　　　73EJT37：1454

25．收責橐佗候官名縣爵里年姓長物色如牒書到出入☑
　　　　　　　　　　　　　　73EJT32：3

26．收責居延毋苟留止如律令　　73EJT37：91A
☑☑☑☑☑　　　　　　　　　　73EJT37：91B

27．子小男良年三收責橐他界中　73EJT37：166
☑所葆收責橐他界中名縣爵　　73EJT37：261＋239②

28．元延元年六月丙申朔
收責橐他名縣爵里年　　　　　73EJT37：273＋410③

29．三年九月戊申朔庚午肩水騂北亭長何以私印行候事謂
關嗇夫吏
收責橐他名縣里年姓如牒書到出入如律令☑
　　　　　　　　73EJT37：1240A＋1311A＋1233A
令史嚴　　　　　73EJT37：1240B＋1311B＋1233B④

---

① 姚磊：《〈肩水金關漢簡（肆）〉綴合（叁）》，簡帛網 2016 年 1 月 22 日，http：//
www. bsm. org. cn/show_article. php？id＝2452。
② 顏世鉉：《〈肩水金關漢簡〉（肆）綴合第 1—2 組》，簡帛網 2016 年 1 月 13 日，
http：//www. bsm. org. cn/show_article. php？id＝2429。
③ 許名瑲：《〈肩水金關漢簡（伍）〉曆日綜考》，武漢大學簡帛研究中心：《簡帛
（第十四輯）》，上海古籍出版社 2017 年版，第 96 頁。
④ 綴合及釋文校訂據姚磊：《〈肩水金關漢簡（肆）〉綴合（三十八）》，簡帛網 2017
年 6 月 6 日，http：//www. bsm. org. cn/？hanjian/7557. html。

30. 關嗇夫居延金城里公乘李豐卅八妻大女君信年卅五☐

子大女建年十五・送迎收責橐他界☐

子小女倩年☐☐　　　　　　　73EJT37：1105 ＋1315①

31. 妻大女君信年卅五

關嗇夫居延金城里公乘李豐卅八子大女建年十五・送迎收

責橐他界☐

子小女倩年☐　　　　　　　73EJT37：1105 ＋1315②

32. 守屬員蓋之收責盜臧居延乘家所占用馬當舍傳舍從者

如律令　　　　　　　　　　73EJT37：1097A

張掖大守章　　　　　　　　73EJT37：1097B

33. 破適隧卒觻得萬年里公乘馬☐宮年廿三見責府同（1）

十二月乙卯出入　　　　　　73EJT37：1082

【注】

2.（1）日勒，張掖郡屬縣。

3.（1）（2）肩水候官東部有登山隧、執適隧。③（3）任，
擔保。詳見"任"。（4）比，來源於針對與特定事項的詔書或
者判例等的法律形式。內容有時包含事例內容，有時則已簡化
爲規範條文形式。（5）以時收責，應該是在文書中規定了收
債的期限，或有以其他方式對收債期限的規定。73EJT37：743
簡中有"收責報會四月三日"，就是一種規定了的收責上報期
限。（6）罷，指戍卒期滿歸鄉。迫卒且罷，卒不久就會罷歸，

---

① 伊强：《〈肩水金關漢簡（肆）〉綴合（肆）》，簡帛網2016年1月18日，http：//
www. bsm. org. cn/show_article. php？id =2446。

② 伊强：《〈肩水金關漢簡（肆）〉綴合（肆）》，簡帛網2016年1月18日，http：//
www. bsm. org. cn/show_article. php？id =2446。

③ 參見郭偉濤：《肩水金關漢簡研究》，上海古籍出版社2019年版，第58—59頁。

收債時間緊迫。73EJT23:136 簡有"吏收責亟報迫卒且罷"，EPT56:115 簡有"迫卒罷日促毋失期"。①

本簡上下均有參差殘損，但通過殘存可判斷總長度應約23 釐米，右行下方"丁"後當爲兩字，之後即爲左側開頭"任"，則"執適隧長丁"即爲"任者"。

5. 文意不甚明瞭。似乎債主是張護成，債務人是胡稚卿，張護成曾經自行討債未討得一錢。此處當是請求官府協助收債。

14. 此簡似爲要求官府協助收取債務的詔書。

18. 簡文當爲案件舉劾文書之類。罪行是以虛假的過關憑證過關，假借的過關理由是收取債務。

19. 簡文在說"以收債爲名離開崗位"的現象。

21. （1）小官，指小官印，即半通印，大小爲方寸通官印的一半。通官印由長吏持有，少吏沒有自己持有的官印，需要封印文書或其他對象時使用屬於官署的小官印。

23. （1）名，書寫。

21 至 23 簡均有"盡十二月"，表示過關文書的有效時間均爲一段時間，過關文書可反復使用，21、23 簡的文書有效時間均起始於"正月"，表明有效時間均爲一年。使用者身份爲吏及其家屬。這些是此類簡的共同特點。此類過關文書在一段時間内可反復使用的特點與吏家屬過關符有相類之處。或者此類文書可能本身就是與吏家屬符配合使用的，是吏家屬符的移送文書。②

33. （1）同，該字爲半字。詳解見"同"條。

---

① 馬怡、張榮强主編：《居延新簡釋校》，天津古籍出版社 2013 年版，第 496 頁。
② 相關論述參見丁義娟：《肩水金關漢簡初探》，中國農業科學技術出版社 2019 年版，第 129—163 頁。

1至13簡爲官府協助收取債務的文書。一般是債務人與債權人不在同一官署，由債權人官署移送的文書，内容是請求債務人所在官署協助收取債務。21至31簡爲收債者過關文書。

負

【解題】

　　負，受貸未償，或抵補損失。如張家山漢簡《二年律令·賊律》6—8簡有："船人渡人而流殺人，（省略）其敗亡粟米它物，出其半，以半負船人，舳艫負二，徒負一；其可紐（繫）而亡之，盡負之，舳艫亦負二，徒負一，罰船嗇夫、吏金各四兩。流殺傷人、殺馬牛，有（又）亡粟米它物者，不負。"整理小組："負，令之負責賠償。"① 簡文中有私人之間的負債，也有對官署承擔的賠償責任。

　　1. ☑足下善☑

　　☑負責數千錢☑（削衣）　　　　　　　　73EJT5：120

　　2. 臨叩頭言子其辨薛繸負□六年日毋□之□

　　　　　　　　　　　　　　　　　73EJT6：46A

　　橐他候史薛繸叩　　　　　　　　73EJT6：46B

　　3. 城官所負食馬過律程穀□□□□□

　　居延都尉……

　　　　……十五石……

　　　　　　計曹□□□負□未償……石收得九千一百……得

　　　　　　　　73EJT6：47

---

① 彭浩、陳偉、〔日〕工藤元男：《二年律令與奏讞書：張家山二四七號漢墓出土法律文獻釋讀》，上海古籍出版社2007年版，第93頁。

4. 府告肩水關嗇夫許常負學師張卿錢五百録

73EJT23：883

5. ……

鞠五斗卅五

……

73EJT30：24A

麥一石粟二石直三百凡子惠負千廿錢

□□□□□□□

73EJT30：24B

6. 負錢卅凡所負子惠錢五百一十五　　73EJT30：122A

酒米三石直五百一十稚二隻其一隻以當履錢

73EJT30：122B

牛直四千將前負倉官錢今皆折馮奉□貧急毋它財物願請

73EJT35：6

7. ☑自言幸得以赦令除用卷約責普＝（普普）服（1）負

不得除☑　　　　　　73EJF3：60＋283①

8. 掾復校尹嬈時檢器傳相付刑狀（1）當誰負者

73EJF3：163

9. ☑……負錢三百博具錢……猥（1）言霸服負弩錢二百

非服居錢七十非塞所負博具錢☑

　　□□收責猥言霸貧解何☑　　　73EJC：295

10. 年八月中犢二□□□□犢一凡值錢六百五十

　　·十二月中買牛一黑字（1）齒二趙秋取直錢千二百又婦

以五月作盡十一月廿二日

　　年十一月中出牛……趙秋見之水中·直錢三千

---

① 綴合根據姚磊：《肩水金關漢簡綴合》，天津古籍出版社 2020 年版，第 344 頁。

年四月中出牛一黑……□時□見趙秋朱子隻見之水中死

73EJT27:58B +27:15A +27:16A

二月中狼食小犢一黃字……當負・凡並直萬二千六百五十

六月中狼食小黃字……趙秋見之當負・强所取直千九百卅

年正月中黑字牛一齒二溺死當負・又承登六□直四百廿

73EJT27:58B +27A:15B +27:16B①

【注】

3. 簡文注解見"過律、過程"條。

7.（1）服，對負擔或罪行的認可。

本簡殘斷，句意不甚明瞭。鄔文玲認爲，"該簡表明，一個名叫普的人，以爲遇到大赦，他的債務也被免除了。但根據券約，他的債務没有被免除"。可能與某種抵赦制度有關。②意見可從。

8. 簡文當爲器物損害調查當賠償者的調查文書。"傳相付刑狀當誰負者"是要調查的内容，包括相關人員的交付情况等，以便查清應當有誰承擔賠償責任。

9.（1）猥，歪曲，欺詐，不合正道或不合法。《漢書・文三王傳》："何故猥自發舒?"顔師古注："猥，曲也。"③ 西北漢簡中"猥"在對官吏的詰責類文書中較常見，如敦煌懸

---

① 釋文綴合根據何茂活文。何茂活:《〈肩水金關漢簡（叁）〉釋文商訂（之二）》，武漢大學簡帛研究中心:《簡帛（第十三輯）》，上海古籍出版社 2016 年版，第 195 頁。

② 鄔文玲:《走馬樓西漢簡所見赦令初探》，《社會科學戰綫》2022 年第 4 期，第 124 頁。

③ （漢）班固:《漢書・文三王傳》，中華書局 1962 年版，第 2216 頁。

泉漢簡ⅤT1812②：277：“赦令前，今以實出。校不以時收
責，猥以赦令出除，何解？”

　　本簡顯示在處理霸的賠付問題上有關官吏未秉公辦事，試
圖減輕霸對官署的賠付責任。本簡是對有關官吏的枉法失職行
爲的責問文書，此類載有“何解”的文書要求有關部門對問
題進行調查，并針對指出的問題進行回報。

　　10.（1）字，《説文解字·子部》：“乳也。”段玉裁注：
“人及鳥生子曰乳。獸曰䞶。”① 簡文中指雌性。

償

【解題】

償，歸還，抵補。

1.　☑☑☑付孔　　　出五百☑☑☑
　　☑☑伯　　　　　出卅二l三月☑
　　☑☑☑一匹二丈　出百償男唐☑　　　　　73EJT23：6

2.　☑出六十償大公買☑　　出卅送王柱余錢千六百卅四
　　☑百一十　　　　　　　出卅蔡趙氏
　　☑　　　　　　　　　　出六十送宋敞
　　　　　　　　　　　　　　　　73EJT23：733A

　　☑☑以償張勝出五十七勞令史杜卿　　73EJT23：733B

3.　肩水候☑☑施刑屬删丹貪急毋它財物以償責府☑
　　☑令史不禁公令丁君房任賞從萬等賈賣狐☑

　　　　　　　　　　　　　　　73EJT11：15

---

① （漢）許慎撰，（清）段玉裁注，許惟賢整理：《説文解字注》，鳳凰出版社 2015
年版，第 1289 頁。

4. ☑當其償入臧獄已決☑☑　　　　　　73EJT4：80

5. ☑□奉償　　　　　　　　　　　　　73EJT22：152

6. ……

出錢千一百以償☑　　　　　　　　　73EJT24：673

7. 出錢千償董長卿☑

出錢四百以付多年歸予□☑　　　　　73EJT24：851

8. 出錢三千六百其千六百償故南部候長陳博河平元十一
月丁酉斗食給候長上官元八月盡十月奉　　73EJT31：158

9. 畢坐案收取田地財物以備償普穀身死不□☑

　　　　　　　　　　　　　　　　73EJF3：316

10. ☑……十償六月買☑　　　　　　　73EJF3：391

11. 數計去今元知米可償者□□從候長請一石粟候長

　　　　　　　　　　　　　　　　73EJD：89A

……　　　　　　　　　　　　　　　73EJD：89B

12. ☑□以其百償卒□□☑

☑士馬食麥直☑　　　　　　　　　　73EJT30：80A

☑二百□十以償□□☑

☑其餘以償聖所☑

☑取奉☑　　　　　　　　　　　　　73EJT30：80B

13. 禽寇騂北十二月奉千二百　　　□□

　　　　　　　　　　　出五十八常平棗一・凡出出千卌六

出三百禽寇爲尉丞居　出二百小麥二石餘百五十四償禮忠
少它少千四百

出二百七十尉丞居　　出百一十六皂布八尺

出卅禽寇祭　　　　　出六十八黍米二斗73EJT30：32

14. ☑□□候長齊□主官致尉四年正月以來

盡六月舍人迎付居延府卿舍　　　　　73EJT31:97A

☑家貸錢市買須今償之　　　　　　　73EJT31:97B

【注】

3. 注釋參見"施刑"第六簡。

貸

【解題】

貸，借出。《康熙字典》："《說文》：施也。《廣雅》：予也。《玉篇》：假也，借貸也，以物與人更還其主也。"[1] 《周禮·地官·泉府》："凡民之貸者，與其有司辨而授之。"孫詒讓疏："《說文·貝部》云：'貸，施也，貣，從人求物也。'依許說，則從人求貣，字當作'貣'；以物貣予人，字當作'貸'。二字小異，經典多通用。"[2] 睡虎地秦墓竹簡《法律答問》中有"貣（貸）人贏律"。[3] 《漢書·王子侯表》："陵鄉侯訴……貸穀息過律，免。"[4] 說明法律規定有取息限額。肩水金關漢簡所見有"貸錢""貸穀"，但從貸券中往往直接說出需要償還的錢物，看不出利息是多少。《漢書·食貨志》："諸賈人末作貰貸賣買，居邑貯積儲物，及商以取利者，雖無市籍，各以其物自占，率緡錢二千而算一。"[5]

---

① 《康熙字典》，同文書局1887年版，中華書局1922年印，第1206頁。

② （清）孫詒讓：《周禮正義》，中華書局2013年版，第1098—1099頁。

③ 睡虎地秦墓竹簡整理小組：《睡虎地秦墓竹簡》，文物出版社1990年版，第143頁。

④ （漢）班固：《漢書·王子侯表》，中華書局1962年版，第503—504頁。

⑤ （漢）班固：《漢書·食貨志》，中華書局1962年版，第1166頁。

1. ☑襲一領布復絝一兩並直千八百又貸交（1）錢五百凡並☑

☑大昌里丁當妻郵君所　　　　　　　　73EJT5：8A

☑□小女世母徐□□孫市入與入　　　　73EJT5：8B

2. 徐翁仲貸穀小石☑　　　　　　　　　73EJT21：82

3. ☑領直五十五又貸幼麥二石六斗直二百六十賣買幼百布絝一兩布袍一領　　　　　　　　73EJT23：374

4. 塞虜隧卒長魯自言乃七月中貸故□☑　73EJT23：497

5. 望城隧卒咸頤賣賣布一匹賈錢二百五十貸錢百卌凡直三百九十故水門隧長尹野所　　　　73EJT23：488＋963①

6. 貸毋次公十五夏長公十五李長史□□☑

　　　　　　　　　　　　　　　　　73EJT26：169

7. ☑貸卌石　　　　　　　　　　　　　73EJT26：171

8. 累山戍卒淮陽郡陽夏平里夏尊自言貸驛北亭卒同縣孟閭人字中君錢五百五十　　　　　　73EJT30：102

9. 正月廿六日責和長卿家戴賓三千貸　　73EJT30：138

10. ☑□□□候長齊□主官致尉四年正月以來

盡六月舍人迎付居延府卿舍　　　　　73EJT31：97A

☑家貸錢市買須今償之　　　　　　　　73EJT31：97B

11. 禁奸隧長田立三月六百凡二千七百　　　出百卌貸單祖……

四月六百　　　　　　　　　　　　出百□□出十就

五月六百……　　　　　　　　　　73EJT31：113

----

① 伊強：《肩水金關漢簡綴合十五則》，武漢大學簡帛研究中心：《簡帛（第十二輯）》，上海古籍出版社 2016 年版，第 118 頁。

12. 廿四日己卯食君游所因宿

廿六日辛巳食張君游所因宿出五十□一具出冊□六封出十九□一□

十八日癸卯食張君游所因宿出十發出□

廿五日庚戌食張君所因宿出十五荄十束

廿六日辛亥食張君游所宿泔上

十八日壬申風不行

廿六日庚辰發宿貧民落出四買餎衆人共貸其餘

73EJT37:565 −980 −263 +100 −356 +150①

13. 出錢六十王殷貸　　出錢冊七常良貸　　出錢十五侯盧貸
出錢三百冊王譚貸　　出錢七十一陳功貸 出錢十四郭良貸
出錢百一十王武貸　　出錢二百七十七李放貸　　凡九百冊四

73EJT37:1307A +1312A

□二石八斗又麥一石大凡千一百七十四

73EJT37:1307B +1312B②

14. 願且貸七十一錢可爲行道用者不宜□財不行出入叩頭
叩頭　　　　　　　　　　　　　　73EJT37:1442A

劉儀伏地叩頭賈都卿前□□□□陳愚□道今北毋錢

73EJT37:1442B

15. 言既可許臣請除貸錢它物律詔書到縣道官得貸錢
□□∕

---

① 綴合根據姚磊：《論〈肩水金關漢簡（肆）〉的簡册復原——以書寫特徵爲中心考察》，李學勤主編：《出土文獻（第十輯）》，中西書局 2017 年版，第 217 頁。

② 綴合根據謝坤文。謝坤指出，難以判斷兩支簡是否能直接拼合，不過二者可以連讀當無問題。謝坤：《〈肩水金關漢簡（肆）〉中的兩條"貸錢"記録》，簡帛網 2016 年 8 月 5 日，http://www.bsm.org.cn/?hanjian/6759.html。

縣官還息與貸者它不可許它別奏臣方進臣光愚憨頓＝首＝

死＝罪＝（頓首頓首死罪死罪）　　　　　　73EJF1：7

16. ☑入貸穀五石次澤渠八月丙子城倉掾況受客民攺習

73EJF2：7

17. 並伏地叩頭言賈翁坐前谷見不屬言＝（言言）因言☑

73EJF3：295A

出錢……始建國五年五月戊寅朔☑

破署皆貸□□□亭□遣☑　　　　　　73EJF3：295B

18. 出中舍穀一斗丿貸水門卒張咸二月丁酉嗇夫詡付

73EJF3：382A

攜子行嫁者如此矣擔菌菜　　　　　73EJF3：382B

19. 貸請月□☑　　　　　　　73EJC：261A

順報子文□☑　　　　　　　73EJC：261B

20. ☑未曾以貸章軸鐵召責蒙楊君

☑者敢言之　　　　　　　　73EJC：664

21. 正月廿六日責和長卿家戴賓三千貸　73EJT30：138

22. ☑□貸廿石☑　　　　　　73EJC：473A

☑□□☑　　　　　　　　73EJC：473B

【注】

1.（1）交，姚磊指出該字通"茭"。①

15. 本簡爲永始三年詔書册之一部分，釋文有改釋。簡册

全部內容見本書第四章第二節"除律詔書"條。

---

① 姚磊：《肩水金關漢簡釋文合校》，中國社會科學出版社 2021 年版，第 54—55 頁。

貰

【解題】

貰，約定日後付完價金的買賣行爲。① 張傳璽指出，"貰，賒欠。成交時，買主不即付契價。此爲活契關係，所用券約爲'書契制度'"。② 《漢書·酷吏傳》："乃貰貸陂田千餘頃，假貧民，役使數千家。"③ 此類契約中會約定價金交付完畢時間，一般會記明任者等見證人。④

1. 肩水□□隧卒陳□貰賣布襲一領布絝一兩並直八百界
　□□　　　　　　　　　　　　　　　　73EJT1:55

2. □□審端貰賣布復袍一領□
　⋯⋯　　　　　　　　　　　　　　　　73EJT1:61

3. 肩水戍卒梁國睢陽同廷里任輔自言貰賣白布復袍一領
直七百五十故要虜□　　　　　　　　　73EJT3:104

---

① 張傳璽：《中國歷代契約會編考釋》，北京大學出版社 1995 年版，第 41 頁；房麗、譚尚聞、劉明：《論漢朝契約制度》，《學術交流》2012 年第 9 期；于振波：《秦漢法律與社會》，湖南人民出版社 2000 年版，第 162 頁；林甘泉：《漢簡所見西北邊塞的商品交換和買賣契約》，《文物》1989 年第 9 期；李均明：《居延漢簡債務文書略述》，《文物》1986 年第 11 期；連劭名：《漢簡中的債務文書"貰賣名籍"》，《考古與文書》1987 年第 3 期；張俊民：《居延漢簡貰賣衣物——漢簡劑記一則》，《西北史地》1990 年第 1 期；王子今：《漢代絲路貿易的一種特殊形式：論"戍卒行道貰賣衣財物"》，陳文豪主編：《簡帛研究彙刊》（第一輯：第一屆簡帛學術討論會論文集），中國文化大學史學系、簡帛學文教基金會籌備處 2003 年版；李振宏：《居延漢簡與漢代社會》，中華書局 2003 年版；劉華祝：《〈額濟納漢簡〉中的兵器買賣契約》，張德芳、孫家洲主編：《居延敦煌漢簡出土遺址實地考察論文集》，上海古籍出版社 2012 年版。
② 張傳璽：《中國歷代契約會編考釋》，北京大學出版社 1995 年版，第 41 頁。
③ （漢）班固：《漢書·酷吏傳》，中華書局 1962 年版，第 3650 頁。
④ 相關研究如房麗、譚尚聞、劉明：《論漢朝契約制度》，《學術交流》2012 年第 9 期；于振波：《秦漢法律與社會》，湖南人民出版社 2000 年版等。

4. ☑言之從關嗇夫貰糴粟

　　☑☐☐☐☐☑　　　　　　　　　73EJT1:66

5. ☑……☐☐佐豐移肩水候官☐☐☐☐來時長初來時登
山隧長孫君房從萬貰買執適隧長丁☑

　　任府書曰卒貰賣予吏及有吏任者爲收責有比書到願令史以
時收責迫卒且罷亟報如律令☑　　　　　　　　73EJT7:25

6. 肩水候☐☐施刑屬刪丹貧急毋它財物以償責府☑

　　☐令史不禁公令丁君房任賞從萬等貰賣狐☑

　　　　　　　　　　　　　　　　　　　　73EJT11:15

7. 易爲彊漢隧長從乘山隧卒李朔貰賣綺☑

　　　　　　　73EJT21:401+459+451[1]

8. 元始六年二月庚☐☑

　　從關嗇夫貰糴粟☑　　　　　73EJT23:201A[1]

　　肩水☑　　　　　　　　　　73EJT23:201B[1]

9. ☑貰賣皁☑　　　　　　　　73EJT23:687

10. ☑中故水門隧長尹野使水門隧卒成弱郭徒毋何貰買皁
布一匹直三百　　　　　73EJT23:503+925[2]

11. 望城隧卒成頤貰賣布一匹賈錢二百五十貸錢百卅凡直
三百九十故水門隧長尹野所　　73EJT23:488+963[3]

12. ☑賣絑一兩直錢廿三革帶二枚直六十‧凡直八十三故

---

① 楊小亮：《肩水金關漢簡綴合八則》，中國文化遺産研究院編：《出土文獻研究
（第十二輯）》，中西書局 2013 年版，第 281 頁；姚磊：《肩水金關漢簡綴合》，天
津古籍出版社 2020 年版，第 69 頁。

② 姚磊：《肩水金關漢簡綴合》，天津古籍出版社 2020 年版，第 92 頁。

③ 伊强：《肩水金關漢簡綴合十五則》，武漢大學簡帛研究中心：《簡帛（第十二
輯)》，上海古籍出版社 2016 年版，第 118 頁。

水門隧長屋蘭富昌里尹☒　　　　　　　73EJT23：964＋516①

13. 廣野隧卒勒志賈賣縹一匹隧長屋蘭富昌里尹野所亅

73EJT23：965

14. 受降卒富里宋鉗賈官練襲一令直千澡涫平旦周稚君所
稚君舍在會水候官入東門得術西入酒泉東部候

史不審里孫中卿妻秋任畢　　　　　73EJT23：969

15. ☒賈大里☒☒　　　　　　　73EJT21：372

16. 陽夏官成里陳青臂……賈賣皂複袍一領直二千六百故
箕山隧長氏池☒☒☒趙聖所又錢廿凡直二千六百廿

付☒☒二……已入八十少二千五百冊畢弓付

73EJT23：320

17. ☒領直五十五又貸幼麥二石六斗直二百六十賈買幼百
布綺一兩布袍一領　　　　　　73EJT23：374

18. 十二月己酉嗇夫☒卿☒☒☒☒市☒☒絮二枚直百冊黑
絮一兩直卅五　　　　　　　　73EJT23：898A

☒三枚☒二枚直☒☒（1）☒四直廿並直二百廿四入泉千
九十八少百一十六（2）

期還取餘泉　　　　　　　　73EJT23：898B

19. 建始二年七月丙戌朔壬寅觻得隱佗里秦俠君賈買沙頭
戍卒梁國下邑水陽里孫忠布復☒☒（右側有刻齒）

73EJT24：28②

20. ☒自言迺十二月賈賣菅草袍一領橐絮裝賈錢八觻得壽

---

① 伊強：《肩水金關漢簡綴合十五則》，武漢大學簡帛研究中心：《簡帛（第十二
輯）》，上海古籍出版社 2016 年版，第 117 頁。

② "隱""梁""復"原釋文分別爲"☒""梁""值"，根據姚磊專著改釋。姚磊：
《肩水金關漢簡釋文合校》，中國社會科學出版社 2021 年版，第 282 頁。

貴里李長君所任者執適隧長　　　　　　　　　73EJT26:54

21. 本始元年十一月戊子朔壬辰□□君貰賣戍卒□□□□
（左側有刻齒）　　　　　　　　　　　　　　73EJT26:213

22. □□里黃□貰買□□資□里高賞復縑一匹買□
□□知券齒古酒旁二斗卩□　　　　　　　　　73EJT27:4

23. 望松隧卒趙山自言貰賣官布□　　　73EJT33:56A
青□　　　　　　　　　　　　　　　　　　　73EJT33:56B

24. 明伏地再拜請
少平足下屬決不盡悉謹道明賣履一兩□□□七十明唯少平
從歲取
幸以爲明賣鮮魚五十頭即錢少平已得五十頭不得卅頭唯留
意□欲內之明　　　　　　　　　　　　　　　73EJT29:114A
叩＝頭＝（叩頭叩頭）幸甚素毋補益左右欲以細苛於治叩
＝頭＝（叩頭叩頭）唯薄怒善視黃卿
毋以事爲趣願必察之謹伏地再拜・奏
少平足下葉卿・吳幼闌　　　　　　　　　　73EJT29:114B

25. 爲貰賣八百七十五　　　　　　　　73EJC:252A
雞一隻　　　　　　　　　　　　　　　　　　73EJC:252B

26. 陽朔三年九月庚辰莫當隧卒張柱貰買官□
廿餘彙二百歸彙凡除八百餘衣□□□　　　　　73EJD:231

27. □□貰匠里李赦□　　　　　　　　　73EJC:466

28. □毋所貰買□　　　　　　　　　　　73EJD:102

29. □□陳忘自言十月中貰買□　　　　　73EJD:139

【注】

5. 注釋詳見“收債”第三簡。

6. 注釋參見“施刑”第六簡。

5、6 簡內容相關，書寫字體、字大小以及簡的木質均相似，當屬於同一簡册。惟殘缺較多，具體人物關係、事件等不够明細。

10、11、12、13 簡均與“尹野”這個人有關，值得注意。

16. 簡文記載貰買和貸錢，“畢付”當爲後來補記，表示均已結清。“弓”爲符號。

18.（1）“直”後兩字，胡永鵬指出可釋作“廿九”。[①]（2）“並直二百廿四入泉千九十八少百一十六”，胡永鵬指出計算有誤。[②] 意見可從。泉，新莽時期幣值改革錢幣稱謂。

賣、買、市

【解題】

市，作名詞時指官府設立的商品交易市場，作動詞時指買賣。[③] 這裏將含有買、賣、市行爲的資料輯録於此供參考，未作資料分類。

1.　出錢廿八買絑☐

出錢卅八買復☐尸☐（削衣）　　　　　73EJT1:233

2.　☐都吏旦食會水接莫　　　　　　　73EJT3:22A

☐☐☐買雞來願擇大者上☐☐　　　　73EJT3:22B

---

①　參見胡永鵬：《肩水金關漢簡校讀三則》，《中國古文字研究會第二十三届學術年會論文集》（2020 年）。

②　參見胡永鵬：《肩水金關漢簡校讀三則》，《中國古文字研究會第二十三届學術年會論文集》（2020 年）。

③　相關研究參見趙建平、王海宇、王春梅：《從居延漢簡看漢代居延緑洲的開發》，《絲綢之路》2013 年第 14 期。

3. 居延尉史梁襄陽朔元年九月己巳居延令博爲傳十二月
丁☑

　　市上書具長安☑　　　　　　　　　　　73EJT6:27A

　　居延……陽朔□□九月……☑

　　　　　……☑　　　　　　　　　　　　73EJT6:27B

4. □□□□□□□□□□□今傳行賈販以出入關可休遣
補令所請傳☑　　　　　　　　　　　73EJT6:34

5. ☑露三年九月壬午朔甲申都鄉嗇夫充國以私印行小官
事敢言之長秋里尚光自

　　□□□市居延謹案光年爵公乘年六十毌官獄徵事當得取傳
謁移居延過所毌苛留止　　　　　73EJT6:38A

　　☑□□令印　　　　　　　　　　　73EJT6:38B

6. □嘉①二年七月丁丑朔丁丑西鄉嗇夫政敢言之成漢里男
子孫多牛自言爲家私市居延☑

　　傳謹案多牛毌官獄徵事當得取傳謁移肩水金關居延縣索關
出入毌苛留止☑

　　七月戊寅觻得長守丞順移肩水金關居延縣索寫移書到如律
令/掾尊守□☑　　　　　　　　73EJT6:39A

　　觻得丞印☑　　　　　　　　　　73EJT6:39B

7. 使從者爲自輸穀賣肉百□□□直……☑

　　賣肚腸腎直錢百卅六□□□□□……☑

　　直七百六十予□□□□□□……☑

　　當得錢二千□□□□□□并直……☑

---

① 劉倩倩指出"□嘉"可補釋爲"鴻嘉"。劉倩倩:《〈肩水金關漢簡（壹）〉注釋
　及相關問題研究》，華東師範大學 2015 年碩士學位論文，第 83 頁。

六月候長封藏官居延□□□□……☒　　　　　73EJT6:43

8.　出粟小石二石爲御史張卿置豚二雞一隻南北食

　　　　　　　　　　　　　　　　　73EJT10:69

9.　出粟小石三石爲廷史田卿置買豚二雞一隻南北食

　　　　　　　　　　　　　　　　　73EJT10:70

10.　甘露四年正月庚辰朔乙酉南鄉嗇夫胡敢告尉史臨利里
大夫陳同自言爲家私市張掖居延界中謹案同毋

　官獄徵事當得傳可期言廷敢言之正月乙酉尉史贛敢言之謹
案同年爵如書毋官獄征

　事當傳移過所縣侯國勿苛留敢言之正月乙酉西鄂（1）守
丞樂成侯國尉如昌移過所如律令/掾干將令史章

　　　　　　　　　　　　　73EJT10:120A

　西鄂守丞印　　　　　　73EJT10:120B

11.　☒籍奉親野自言爲家賣車居延案

　☒告史

　☒寫移敢言之　皆以十二月甲子出

　☒律令/掾武令史郎　　　73EJT10:214

12.　五鳳元年六月戊子朔癸巳東鄉佐真敢言之宜樂里李戎
自言爲家私市長安張掖界中謹案

　戎毋官獄徵事當爲傳謁移廷敢言之　　73EJT10:312A

　十一月庚寅戎來　　　　　　73EJT10:312B

13.　甘露二年十二月丙辰朔庚申西鄉嗇夫安世敢言之富里
薛兵自言欲爲家私市張掖酒泉武威金城三輔大常郡中

　謹案辟兵毋官獄徵事當得以令取傳謁移過所津關毋苛留止
如律令敢言之

十二月庚申居延守令千人屬移過所如律令/掾忠佐充國

　　　　　　　　　　　　　　73EJT10：313A

居延千人

十二月丙寅□□辟兵以來　　　　　73EJT10：313B

14.　☑毋黍米願已賈請二斗黍米謹使=（使使）持錢受☑

　　　　　　　　　　　　　　73EJT10：327A

☑受教遣使錢伏前宜當自伏門下恐☑　73EJT10：327B

15.　☑爲家私市居延與子男齊葆同縣☑　73EJT10：370

16.　☑買茭十二☑（削衣）　　　　　73EJT10：415

17.　☑買茭廿☑

☑買茭卅束☑

☑買茭卅束居☑（削衣）　　　　　　73EJT10：418

18.　□□賣□則叩頭願少君爲則□□□□□賣□不宜請少
君□□□□

進

亭則幸=甚=（幸甚幸甚）謹使=（使使）奉書伏地再拜/
少君足下季少君☑　　　　　　　　73EJT15：1A

則伏地再拜請

少君足下屬見不敢陳辭因道以施恩少君毋它前則欲☑

　　　　　　　　　　　　　　73EJT15：1B

19.　稚君足下今稚君從充取車賈錢三千已入千藥

　　　　　　　　　　　　　　73EJT21：33A

迫　　　　　　　　　　　　　　73EJT21：33B

20.　☑敢具辭謹道前日中倩丈人言欲賣黑

　　　　　　　　　　　　　　73EJT21：141

21. ……

　　□吏行塞不審何☑　　　　　　　73EJT21:185A

　　□已請買鰌並歸叩☑　　　　　　73EJT21:185B

22. □□□□□☑

　　□□願東□□☑

　　持索之東□□□☑　　　　　　　73EJT21:199A

　　薄酒五錢濃酒十☑

　　買□五千□繩買☑

　　……☑　　　　　　　　　　　　73EJT21:199B

23. ・都尉舍器籍☑　　　　　　　　73EJT21:227A

　　■右所市直四千二百五十三付□☑　73EJT21:227B

24. ☑買棗十束戍十　　　　　　　　73EJT22:4

25. ☑齒十二歲賈泉四千五十卩　　　73EJT23:257

26. 出泉三百六十糴黃米一石麴三石賣人任子□□月三日
買十月四日買雅卅束直卅買蔥一直十五　　73EJT23:299

27. 居攝二年九月辛巳朔庚寅……

　　□□為家私使旁郡中市張掖……

　　願以令取傳謁移延敢言之九月……　73EJT23:319

28. 朱君□□意叩ニ頭ニ（叩頭叩頭）因白願往買茭五束

　　……☑　　　　　　　　　　　　73EJT23:324A

　　……☑　　　　　　　　　　　　73EJT23:324B

29. ・右八月所市☑　　　　　　　　73EJT23:685

30. 毋有它歸到鰈得賣魚□☑　　　　73EJT23:723A

　　□□□□□☑　　　　　　　　　73EJT23:723B

31. ☑□輔賣襲一領賈錢六百要虜隧長☑73EJT23:934

32. 出錢百買葦☒   73EJT23:1020

33. 出錢十八月七日米出錢……十一月十日☐

出錢卌君成買絮一枚出錢…………二月……

73EJT24:6A

……

出錢六十二月廿六日和傷汗出錢……

出四百八十買絮出錢……   73EJT24:6B

34. ☒隧長孫☐自言買牛一頭黑特齒四歲病傷暑不能食飲

粲☐☒   73EJT24:29

35. 五鳳二年二月甲申朔戊子北鄉佐橫敢告尉史臨渠里大

夫邱國自言取傳爲家私市張掖郡居延☐☒

當爲傳謁移過所縣邑侯國以律令從事敢告尉史/佐橫/二月

戊子尉史☐出☒   73EJT24:35A

在元年☐☐☐☐☒   73EJT24:35B

36. ☐不削增毋物可進幸寬取過幸甚少卿欲買櫝幸報即不

欲幸

……   73EJT24:142

37. 本始四年九月壬戌朔丁未西鄉有秩賢敢告尉史宜歲里

上造董賁年卅五歲正占①自言爲家私市

……   73EJT24:262

38. 地節三年正月戊午朔辛酉居延軍候世謂過所遣

私從者（1）河內郡溫犀里左通私市張掖郡中謁移過

73EJT24:267A

————————

① 占，原釋爲“令”，據劉欣寧文改釋。劉欣寧：《漢代“傳”中的父老與里正》，
《早期中國史研究》（第八卷第二期）2016 年 6 月。

章曰軍候印　　　　　　　　　　　　73EJT24：267B

39．俱買猪其主不肯乃武令□☑　　　73EJT24：318

40．轉粟大石至今死爲泉少千五百□☑

不買長……　　　　　　　　　　　　73EJT24：368

41．元始五年閏月☑

賣肉它如□□　　　　　　　　　　　73EJT24：378

42．☑爲家私市居延　　　　　　　　73EJT24：487

43．☑……自言爲家私市張掖延□□□案毋官獄事

　　　　　　　　　　　　　　　　　73EJT24：580

44．☑言繇一爲家私市當☑　　　　　73EJT24：583

45．河南故市……蘇□☑

□□年廿九長七……☑　　　73EJT25：244＋243①

46．☑□常樂爲官市藥長　　　　　　73EJT26：126

47．地節四年三月辛巳朔己丑西鄉佐昌敢言☑

私市張掖酒泉郡中□□□☑　　　　　73EJT28：46A

九月癸未左世以來☑　　　　　　　　73EJT28：46B

48．☑買皁衣者唯卿哀憐爲湯問☑　　73EJT28：106

49．廿七日六十

九月甲子召受東望隧長臨宜馬屠牛賣肉骨格鄣門外卒武經
等從宜馬買腸血及骨持

宜馬知所予主名又十月庚寅廿四日食宜馬屠牛

　　　　　　　　　　　　　　　　　73EJT30：70

---

① 綴合根據何茂活：《〈肩水金關漢簡（叁）〉釋文商定（之二）》，武漢大學簡帛研
究中心：《簡帛（第十三輯）》，上海古籍出版社2016年版，第192頁。

50. ☑□調爲官市柘器長□□□□輻車一乘

73EJT32:20

51. ☑爲郡市長安今遣從吏張武齎衣用蓬如昌乘所

73EJT32:24

52. ☑□卒賈黨買白布　　　　73EJT37:122

53. 昌武里公乘郭弘年廿七自言爲家私市張掖郡☑

七月丙戌右尉光敢言之謹案弘年爵如書毋☑

取偃師（1）長湯移過所縣邑津關毋何（2）留如律令/掾

恩令史安☑　　　　　73EJT37:692

54. 廣地卒趙國邯鄲邑里陽成未央賣賣大刀一賈錢二百五

十都倉□□□□男子平所平直百五十　　73EJT37:767

55. ☑告尉史宣平里董充自言取傳爲家賣牛長安謹案

縣邑侯國毋何留敢告尉史　　73EJT37:774

56. 始建國天鳳元年十二月☑

戍卒市藥右平郡（1）☑　　　　73EJF3:44

57. ☑襲一領賈九百□言罪取……奏記☑

☑先取二百餘刀☑　　　　73EJD:176

58. 官大奴杜得之大車一兩用牛一九月丁未出☑

73EJD:236

59. ☑□吏欲買衣者與同會

☑家市張掖居延謁移過所縣邑

☑得傳謁移過所縣邑敢言之　　73EJT9:231

60. ☑言爲家私市居延

☑肩水☑（削衣）　　　　73EJT9:248

61. ☑□家私市張掖酒泉郡中持牛一車一兩

73EJT10:21

62．言爲家私市張掖郡中毋官獄徵事☑　73EJT10:40A

　　章曰河南右尉☑　　　　　　　73EJT10:40B

63．元始六年四月己未朔辛未張掖居延騎司馬實兼行城司
馬事移過所縣道河津

　　關遣令史孫政爲官市藥酒泉郡中當舍傳舍從者如律令／令
史陽　　　　　　　　　　73EJT4H:10＋61

64．元延二年正月癸亥朔丙子居延殄北候邑移過所縣道河
津關遣尉史李鳳市席杯器鰈

　　得當舍傳舍從者如律令／掾臨令史豐正月廿二日入

　　　　　　　　　　　73EJT37:778

65．舍市杯案席薦張掖郡中當舍傳舍從者如律☑

　　　　　　　　　　　73EJT37:911A

　　大大守　　　　　　　73EJT37:911B

66．五鳳三年正月戊寅朔戊子都鄉嗇夫遂佐得敢言之長陽
里師樂自言爲家市張掖郡中謹案

　　樂毋官獄徵事當爲傳謹移過所勿苛留敢言之正月庚寅原武
右尉憙敢言之

　　謹移案樂年爵如書敢言之尉史萬正月辛卯原武守丞武移過
所如律令／掾强

　　佐異衆　　　　　　　73EJT37:1075A

　　原武丞印　　　　　　73EJT37:1075B

67．建平元年十月庚申朔戊子廣地候移肩水金關遣候長趙
審爲官市名縣

　　爵里年姓如牒書到出入如律令十一月辛卯……並入

　　　　73EJT37:964A＋1352A＋1124A

令史嘉　　　　　　　73EJT37：964B＋1352B＋1124B①

68.☑買葵韭蔥給刁將軍金將軍家屬　　　73EJF3：38

69.□吏欲買衣者與同會　　　　　　　　73EJD：238

【注】

5.肩水金關漢簡中此類"爲家私市"爲目的的過關文書很多，反映出當時邊塞地區市場交易相當活躍。

8、9簡爲穀出入簿的内容。

10.（1）西鄂，屬南陽郡。

38.（1）私從者，非官署安排的私人隨行人員。張金光認爲"吏私從者"就是向某吏做學徒的人，可得官廩。② 此説可供參考。

53.（1）偃師，屬河南郡。（2）何，同"苛"。

56.（1）右平郡，新莽時由酒泉郡改稱，後又更名爲輔平郡。③

上述簡中以"泉"作爲錢幣稱謂的均爲新莽時期簡。

同

【解題】

同，契券、公文等中剖開來以備拼合驗證，剖開部位書寫的文字。剖開後"同"字一分爲二，分屬雙方分持的兩份文書中。張俊民在考察懸泉漢簡時指出，此類文書一般"是在比較寬的簡牘上，左、右兩邊分寫相同文字，大書'同'字，

---

① 姚磊：《肩水金關漢簡綴合》，天津古籍出版社2020年版，第278頁。

② 張金光：《論秦漢的學吏制度》，《文史哲》1984年第1期，第32頁。

③ 參見肖從禮：《肩水金關漢簡所見新莽改酒泉郡爲右平郡考》，西北師範大學歷史文化學院等：《簡牘學研究（第七輯）》，甘肅人民出版社2018年版，第141—145頁。

"因爲是經手雙方分持，現在我們見到的‘同’字僅有半個"。①

1. 居延守右尉游徼安故里公乘樂禹年卅長七尺五寸同軺車一乘用馬一匹□□　　　　　73EJT9：1

2. □黑色同十二月□□　　　　　73EJT9：21

3. □同□六月己未□入

　□　　車一兩馬一匹　　　　　73EJT9：347

4. □黑色□

□同□　　　　　73EJT10：393

5. 破適隧卒糜得萬年里公乘馬□宮年廿三見責府同十二月乙卯出入　　　　　73EJT37：1082

6. 助府佐（1）李由之居延還六月丁丑同謁入關□

　　　　　73EJT10：321

7. 登受夷胡隧卒同昏時第六隧同付府門界中卅里

……　　　　　73EJT23：666

8. □□受莫當卒同　　　　　73EJT27：25

9. □□□食時□

□卒同□　　　　　73EJT32：68

【注】

1、2、3、4、5 簡中"同"字均與其他字不在同一行，"同"字均爲半字，其他字則爲全字。上述幾枚簡内容均爲過關登記，尚存有過關人員身份記載的 1 和 5 簡，均爲公職人員。推測中剖的另一半簡文由過關人員持有，作爲過關"打卡"的證

---

① 張俊民：《泉置出土刻齒簡牘概説》，武漢大學簡帛研究中心：《簡帛（第七輯）》，上海古籍出版社 2012 年版，第 237 頁。

明，證明過關的時間與地點，用作考核公職人員行程之用。

6.（1）助府佐，助吏的一種。助吏，漢代一種任職身份，身份表示爲“助＋職務名”，擔任的職務有隧長、府佐、置佐、令史等。①

6、7、8、9 簡中“同”字均不是單獨做一行獨立書寫，也不是中剖半字，而是和其他文字在一起，是全字，因此這幾枚簡雖然含有“同”字，但並非中剖分執文書。輯錄於此，僅在於比較辨別之用。

券（約）

【解題】

券，載有協議的文書。《説文解字·刀部》：“券，契也。從刀关聲。券別之書，以刀判契其旁，故曰契券。”段玉裁注：“《小宰》：‘官府之八成。’大鄭曰：‘稱責謂貸予，傅別謂券書，聽訟責者以券書決之。傅，傅箸約束於文書。別，別爲兩，兩家各得一也。書契，符書也。質劑，謂市中平價，今月平是也。’後鄭曰：‘傅別謂爲大手書於一札，中字別之。書契，謂出予受入之凡要。凡簿書之冣目，獄訟之要辭，皆曰契。《春秋傳》曰：王叔氏不能舉其契。質劑，謂兩書一札，同而別之。長曰質，短曰劑。質劑皆今之券書也。’”② 約，《説文解字·系部》：“纏束也。”③ 券（約）是協議文書，漢

---

① 參見趙寵亮：《居延漢簡所見“助吏”》，《南都學壇》2009 年第 4 期。
② （漢）許慎撰，（清）段玉裁注，許惟賢整理：《説文解字注》，鳳凰出版社 2015 年版，第 324 頁。
③ （漢）許慎撰，（清）段玉裁注，許惟賢整理：《説文解字注》，鳳凰出版社 2015 年版，第 1125 頁。

代與之相關的制度有刻齒、中分、三辨等。

1. 元康四年十一月☒

百約①至☒☒五年☒☒（右側有刻齒）　　73EJT1:123

2. 始元七年二月癸酉朔壬寅……直二百☒☒☒☒孫子約

六月畢入（1）直平石（2）一斗即有物故知責家中見在者

（3）趙季任（4）　　　　　　　73EJT21:112

3. 安陵壽陵里張閎字子威粟一石直四百在☒☒☒☒里☒

西二舍北入（竹簡）　　　　　73EJT24:16

4. 建始二年七月丙戌朔壬寅轢得隱佗里秦俠君黃買沙頭

戌卒梁國下邑水陽里孫忠布復☒☒（右側有刻齒）

73EJT24:28②

5. ☒☒冀陰利里長廣君大婢財賈錢萬二千錢畢已節有固

疾不當賣而賣逐賈錢　　　　73EJT24:275A

☒券約沽酒旁二斗　　　　　73EJT24:275B

6. ☒☒里黃☒賈買☒☒資☒里高賞復縑一匹賈☒

☒☒知券齒（1）古酒旁二斗尸☒　　73EJT27:4

7. ☒☒七百五十緯衣直二百卌約至五月畢已延陵中倩任

故（1）酒彭二斗　　　　　　73EJT28:17

8. ☒自言幸得以赦令除用卷約☒　　73EJF3:60

9. 地節四年八月十日長安平都里李子宜☒

73EJT24:566A

---

① "約"原釋文"綯"，邢義田等改釋爲"約"。邢義田：《〈肩水金關漢簡（壹）〉
初讀劄記之一》，簡帛網 2012 年 5 月 8 日，http://www.bsm.org.cn/show_article.
php?id=1686；孔德衆、張俊民：《漢簡釋讀過程中存在的幾類問題字》，《敦煌研
究》2013 年第 6 期，第 96 頁。

② ""隱""梁""復"原釋文分別爲"☒""梁""值"，根據姚磊專著改釋。姚磊：
《肩水金關漢簡釋文合校》，中國社會科學出版社 2021 年版，第 282 頁。

知責家中見在者處□□☑   73EJT24:566B

【注】

2.（1）畢入，全部支付完畢。（2）平石，趙曉軍指出東漢有"平斛""平斗""平升"等，平指"市平"所用的通用量器。[①]（3）即有物故知責家中見在者，指若出現死亡或不在等不能償債的情況，則可要求家中其他人償債，詳見"即有物故知責家中見在者"條。（4）任，保任。從本約來看，並未約定趙季的償債擔保責任。這裏的保，當爲見證、保證券約真實之意。穆芳芳指出後世唐代的情況，"根據霍存福先生統計，在76件敦煌吐魯番借貸契約中，62件具有保人代償條款"。[②]

6.（1）知券，指見證人見證券約。知券者一般即指旁人。有時稱爲"知券齒""知券約"。上面第5簡73EJT24:275B中"□券"可補釋爲"知券"。

7.（1）故，通"沽"。

即有物故知責家中見在者

【解題】

即有物故知責家中見在者，漢代契約中對違約風險的保障性規定，約定家中其他人的債務繼承責任來防範債務人死亡的風險。

物故的一般含義，王志勇指出，一可指人的亡故或物的滅

---

① 趙曉軍：《中國古代度量衡制度研究》，中國科學技術大學2007年博士學位論文，第106頁。
② 穆芳芳：《秦漢債務擔保現象探析》，東北師範大學2018年碩士學位論文，第46頁。

失。《釋名・釋喪制》云："漢以來謂死爲物故，言其諸物皆就朽故也。"[1]《史記・張丞相列傳》："深惟士之游宦所以至封侯者，微甚。然多至御史大夫即去者。諸爲大夫而丞相次也，其心冀幸丞相物故也。"[2] 二可指事故。《墨子・號令》："即有物故，鼓，吏至而止，夜以火指。"孫詒讓《墨子閒詁》："物故，猶言事故，言有事故則擊鼓也。"朱鍾頤、羅炳良《〈史記〉語辭疑義疏解例舉》一文指出，"並非任何事件都可用'物故'一詞，它是專指意外事故、非常事件"。[3] 從出土秦漢簡來看，兩種含義均有使用。如《嶽麓書院藏秦簡（肆）》簡78 有"其有物故，不得會傅"[4]，就是"因故不能按要求予以傅籍登記"的意思。"戍卒行道物故"之"物故"是死亡的意思。"即有物故知責家中見在者"之"物故"包含各類不能償還債務的情況，包括本人死亡，也包括諸如本人逃亡或本人喪失勞動能力等本人無法償債的情況。

知責，指向相關人員追索債務。《康熙字典》："知，《增韻》：喻也。"[5]《集成》（七）則認爲"知，繼續、接續。其義爲：如果負債當事人死亡，其債務由其家中現有人員承擔"。[6] 鄔文玲認爲，秦簡中有"訾責其家"，"訾責"可能

---

[1] （漢）劉熙撰，（清）畢沅疏證，（清）王先謙補，祝敏徹、孫玉文點校：《釋名疏證補・釋喪制》，中華書局 2008 年版，第 288 頁。

[2] （漢）司馬遷：《史記・張丞相列傳》，中華書局 1982 年版，第 2689 頁。

[3] 參見王志勇：《"物故"考》，《南京師範大學文學院學報》2016 年第 1 期。"物故"相關研究還有王子今：《居延漢簡所見"戍卒行道物故"現象》，《史學月刊》2004 年第 5 期。

[4] 陳松長主編：《嶽麓書院藏秦簡（肆）》，上海辭書出版社 2015 年版，第 64 頁。

[5] 《康熙字典》，同文書局 1887 年版，中華書局 1922 年印，第 824 頁。

[6] 中國簡牘集成編委會編：《中國簡牘集成》（七），敦煌文藝出版社 2001 年版，第 170 頁。

是特指向非欠債者本人所債的專有詞，至漢代演變爲"知責"。①

"家中"的範圍，應限於同户之人，即秦漢時期所稱"同居數"者。對此有不同意見。"家中"是否限於"户内"？是否包括父母兄弟姊妹等親屬？有人認爲"即有物故知責家中見在者"體現的是"父債子償，子債父還"這種以血緣關係爲紐帶的擔保的觀念。如按這種觀點，對"家中"的理解就不限於"户内"了。下面就此做些討論。秦自商鞅變法開始就提倡分户，户是以户主爲核心的家庭成員組成的獨立經濟實體，子等具備立户條件的就可以單獨立户，獨立核算人員、田宅財産等。漢初《二年律令·户律》312—313簡有："不幸死者，令其後先擇田，乃行其餘。它子男欲爲户，以爲其殺田予之。"② 漢代至少在西漢時期仍是如此。在這種背景下，這裏承擔債務責任的"家中見在者"應僅指同户的家庭成員。不能據合同條款要求不同户的父母、子女、兄弟姐妹爲其償還債務。里耶秦簡的追索債務簡，追索的"家貧弗能入"，一般没有指明是否户内，不過所見僅見對妻子的追索，若妻子無力償還，而没去向其他親人追索。如里耶秦簡 8 -60 +8 -656 +8 -665 +8 -748 簡："十二月戊寅，都府守脣敢言之：遷陵丞膻曰：少内閜言冗Ⅰ佐公士敄道西里亭貸三甲，爲錢四千卅二。自言家能入。Ⅱ爲校□□□謁告敄道受責。有追，追曰計廿八年□Ⅲ責亭妻脣亡。脣亡

① 參見鄔文玲：《敦煌漢簡中的一件買賣契約》，《文物》2020 年第 12 期，第 68 頁。
② 彭浩、陳偉、〔日〕工藤元男：《二年律令與奏讞書：張家山二四七號漢墓出土法律文獻釋讀》，上海古籍出版社 2007 年版，第 216—217 頁。

曰：貧，弗能入。謁令亭居署所。上真書謁環。□□Ⅳ 莤道
弗受計。亭讁當論，論。敢言之。☑Ⅴ（正面）/十二月己
卯，莤道郵敢告遷陵丞主，寫☑Ⅰ事，敢告主。/冰手。/六
月庚辰，遷陵丞昌告少内主，以律令□□Ⅱ手。/六月庚辰水
十一刻刻下六，守府快行少内。☑Ⅲ六月乙亥水十一刻刻下
二，佐同以來。/元手。Ⅳ（背面）"①。

在秦漢分户的背景下，不管是從民事權利的角度來講，還
是從現實情理來講，債務人應該都没有權利在合同中爲不同户
的其他親屬設定償債責任。因此若依簡文中的"即有物故，知
責家中見在者"，就認爲這體現了我國古代素有"父債子償，
子債父還"這種以血緣關係爲紐帶的擔保形式，這種看法應該
是不準確的。

其實，即使合同中没有寫這句話，個人所負的債務也是要
户來償還的。里耶秦簡中的索債路徑都是向家人索要。"家貧
弗能入"，説明家庭負有償債責任。這些債務不一定在券約中
都寫明家屬的償債責任，但即使不寫，顯然仍然可向家屬追
索。可以説，在當時，家屬償債是不言而喻的。那既然如此，
爲什麼"知責家中見在者"還是當時的合同慣用語呢？料想
是有的家屬可能會以自己不知，不是自己借貸等理由拒絕承擔
家庭成員的債務。爲避免此類爭執，故在合同中明確寫明家屬
的償債責任。

1. 始元七年二月癸酉朔壬寅……直二百□□□□孫子約
六月畢入直平石一斗即有物故知責家中見在者趙季任

73EJT21：112

---

① 陳偉主編：《里耶秦簡牘校釋（第一卷）》，武漢大學出版社 2012 年版，第 43 頁。

2. 地節四年八月十日長安平都里李子宜☐

　　　　　　　　　　　　　　　　73EJT24:566A

知責家中見在者處☐☐☐　　　　73EJT24:566B

任

【解題】

任，對某些情況提供擔保，如任除官吏、契約中的任者，證人簡的相牽任證、保任不犯罪、不逃亡等。《説文解字·人部》："任，保也。"① 此處輯録的内容主要爲契券中對債務的"任"。債務中"任"的具體擔保内容，是見證，還是有債務償還擔保責任，要根據具體情況判斷。有時由於任者爲吏的身份，官府會對債務的履行提供特別的支援（參見簡7）。于振波認爲漢代契約中的"任者""時知任者"，大概與"旁人""時臨知"一樣，只是充當見證人，並没有特別的含義。② 穆芳芳認爲漢代契約中已有"任者"，但"任者"是否有代償責任，現有漢代史料没有直接的表述。并根據"霍存福先生統計，在76件敦煌吐魯番借貸契約中，62件具有保人代償條款"，指出"可見，由保人提供擔保，並要求保人作爲從債務人承擔代償責任，是當時的常態"。彼時通常表達爲"如身無東西，一仰（或保人）償"，"若身東西不在，一仰妻兒及保人等代"。唐律也明確規定了保人之責，如唐開元二十五年令明文規定："如負債者逃，保人代償。"及至宋代，保證擔保

---

① （漢）許慎撰，（清）段玉裁注，許惟賢整理：《説文解字注》，鳳凰出版社2015年版，第658頁。

② 于振波：《秦漢法律與社會》，湖南人民出版社2000年版，第153頁。

繼續發展，南宋時"牽掣及役身折酬的債務擔保方式都已不再得到法律的承認，保人代償已成爲主要的債務擔保方式"。①另有人身方面的擔保輯録在"葆、任"條。

1. 始元七年二月癸酉朔壬寅……直二百□□□□孫子約六月畢入直平石一斗即有物故知責家中見在者趙季任

73EJT21：112

2. ☑□□□加平石一斗主人張小功任　73EJT21：156

3. 受降卒富里宋鉗賣官練襲一令直千潨涫平旦周稚君所稚君舍在會水候官入東門得術西入酒泉東部候

史不審里孫中卿妻秋任畢　　　　73EJT23：969

4. ☑□直八萬三千三百同里閻嚴任

☑□□□□□□□同里毋丘孫任　73EJT24：414

5. ☑自言迺十二月賣賣菅草袍一領橐絮裝賈錢八觕得壽貴里李長君所任者執適隧長　　　73EJT26：54

6. ☑□七百五十緯衣直二百卌約至五月畢已延陵中倩任故（1）酒彭（2）二斗　　　　73EJT28：17

7. ☑……□□佐豐移肩水候官□□□□來時長初來時登山隧長孫君房從萬賣買執適隧長丁☑

任府書曰卒賣賣予吏及有吏任者爲收責有比書到願令史以時收責迫卒且罷丞報如律令☑　　　73EJT7：25

---

① 穆芳芳：《秦漢債務擔保現象探析》，東北師範大學 2018 年碩士學位論文，第 45—46 頁。漢簡保任制度相關研究可參見徐世虹：《肩水金關漢簡〈功令〉令文疏證》，中國文化遺產研究院編：《出土文獻研究（第十八輯）》，中西書局 2019 年版；于振波：《"無任"與"五任"——漢代鄰里擔保制度舉隅》，簡帛網 2006 年 4 月 13 日，http://www.bsm.org.cn/show_article.php?id=327；吳飛雪：《長沙五一廣場簡牘法律用語續探》，中國文化遺產研究院編：《出土文獻研究（第十六輯）》，中西書局 2017 年版。

【注】

1. 從本約來看，并未約定趙季的償債擔保責任。簡中任者即見證人，保任的内容僅爲見證立約過程和立約内容的真實性，即"知券"，在日後可以作爲證人。

3. "畢"指交付完畢，但爲日後書寫。

5. "自言"説明此爲債務糾紛爰書。

6. （1）故，通"沽"。（2）彭，通"旁"，旁人，這裏即指任者"中倩"。

7. 注釋詳見"收債"3 簡。

本簡上下均有參差殘損，但通過殘存可判斷總長度應約23 釐米，右行下方"丁"後當爲兩字，之後即爲左側開頭"任"，則"執適隧長丁"即爲"任者"。"府書曰卒貰賣予吏及有吏任者爲收責有比"，此資料可以説明：一、債務人未按時履行債務，不是由任者償還債務；二、吏作爲任者時，官府爲之催討債務。就作爲任者的吏來説，他仍然僅起到見證人的作用，但是法律上却爲吏作爲任者的債權提供更多的保障，這不是任者本身的作用，而是法律給予的外在保障。如果任者不是吏，則可能不提供此種保障。

旁人、知券

【解題】

旁人，協議之見證人。有時作"旁""知券""知券齒""知券約"。"某某知券"即"旁人某某"之意。見證的内容應該包括在定約現場，瞭解券的内容是真實的，并見證定約的過程。如發生糾紛，可作爲證人作證。如五一廣場簡 CWJ1③325

-4-48 有"錢八千,即日畢,男子任仲孫、李仲升、齎仲孫證。今市有秩、佐奪明肆還次,書到,亟治決,明處言。馮闓叩頭死罪死罪,謹案文書,輒實問次、知狀男子齎仲孫、李仲升,辭皆曰:前"。

1. ☑□冀陰利里長廣君大婢財賈錢萬二千錢畢已節有固疾不當賣而賣逐賈錢　　　　　　　　　　73EJT24:275A

□券約沽酒旁二斗　　　　　　　　　　73EJT24:275B

2. ☑□里黃□賁買□□資□里高賞復縑一匹賈☑

☑□知券齒古酒旁二斗卩☑　　　　　　73EJT27:4

【注】

1. "□券"可補釋爲"知券"。

以赦令除用券約

以赦令除用卷約,以赦令免除債務。卷,通"券"。漢代常有赦免民間債務的詔書,如《漢書·元帝紀》永光四年春二月,詔曰:"朕承至尊之重,不能燭理百姓,婁遭凶咎。加以邊竟不安,師旅在外,賦斂轉輸,元元騷動,窮困亡聊,犯法抵罪。夫上失其道而繩下以深刑,朕甚痛之。其赦天下,所貸民勿收責。"[1]《漢書》記載是赦免債務的赦令。這裏的赦令當指此類詔書。

☑自言(1)幸得以赦令除用卷約　　　　73EJF3:60

【注】

(1) 自言,向官府的陳述、申請、申述等。

本簡內容爲財物糾紛中債務人的應訴言辭。

---

[1] (漢)班固:《漢書·元帝紀》,中華書局1962年版,第291頁。

庸

【解題】

庸，指受雇爲他人勞作。漢簡中的"庸"多指戍庸，指戍役本人不服役，出錢由他人代爲服役，即"取庸代戍"。漢代此制度繼承自秦代。秦代法律中對此有詳細規定。朱德貴指出，"取庸代戍"在秦律中歸入了《戍律》而非《徭律》，"屬於秦兵役制度的一項重要内容"。① 《嶽麓書院藏秦簡（肆）》182—183 簡有："·戍律曰：下爵欲代上爵、上爵代下爵及毋（無）爵欲代有爵者戍，皆許之。以弱代者及不同縣而相代，勿許。[不當相代]而擅相代，貲二甲；雖當相代而不謁書於吏，其庸代人者及取代者，貲各一甲。"② 關於"庸代"的方式，有學者認爲"庸"是本人出錢給官府，由官府雇人代爲服役。③ 不過從秦簡來看，"[不當相代]而擅相代，貲二甲；雖當相代而不謁書於吏"，似表明存在戍役者（漢簡中稱爲"身"）和"庸"直接接洽的情形。朱德貴指出，秦漢資料表明秦漢庸戍制度中"一是禁止'以弱代者及不同縣而相代'……二是在籍貫問題上，法律規定'庸代人者'和'取代者'必須爲同縣人……三在爵位問題上，法律對'庸代人者'和'取代者'並無區别對待"。④ 在肩水金關中大量庸代均爲同縣，與秦代規定相符。但出現了不同縣的一個例外

---

① 朱德貴：《嶽麓秦簡所見〈戍律〉初探》，《社會科學》2017 年第 10 期。
② 陳松長主編：《嶽麓書院藏秦簡（肆）》，上海辭書出版社 2015 年版，第 128 頁。
③ 張麗萍、張顯成：《西北屯戍漢簡中的"庸""葆""就"及相互關係考辨——兼論"作者"的含義》，《中國社會經濟史研究》2019 年第 3 期。
④ 朱德貴：《嶽麓秦簡所見〈戍律〉初探》，《社會科學》2017 年第 10 期。

（73EJT26:9 簡）。漢簡中"身"與"庸"相對。如肩水金關漢簡 73EJT26：51 "右第十車十人╱四人身╱六庸"，73EJT37：584 簡 "☐六人庸☐╱☐人身☐"。① 唐代的租庸賦法應淵源於秦漢的"取庸代戍"制度。《新唐書·食貨志》："用民之力，歲二十日，閏加二日，不役者日爲絹三尺，謂之庸。"②

1. 戍卒梁國睢陽秩里不更丁姓年廿四庸同縣駝詔里不更廖亡生年廿四　　　　　　　　　　　　　　73EJT1:81

2. ☐庸同縣屠馬里不☐　　　　　　　　　73EJT1:169

3. ☐□里不更朱舍人年廿四庸同縣東陽里不☐（削衣）
　　　　　　　　　　　　　　　　　　　73EJT2:103

4. ☐淮陽國圉□□里公乘孟漢年卅一庸同縣朝陽里公乘朱害年☐　　　　　　　　　　　　　　　73EJT4:109

---

① 相關研究如勞榦：《漢代的雇傭制度》，《中央研究院歷史語言研究所集刊》（第 23 本上册），1951 年 12 月，後收入勞榦：《勞榦學術論文集（甲編）》，藝文印書館 1976 年版；翦伯贊：《兩漢時期的雇傭勞動》，《北京大學學報（人文科學）》1959 年第 1 期；高敏：《試論漢代的雇傭勞動者》，《秦漢史論集》，中州書畫社 1982 年版；[日] 飯島和俊：《秦漢交替期の雇用關係——江陵張家山漢簡〈奏讞書〉案例 22 に見える"它縣人來乘庸"を手がかりとして》，《唐代史研究》（第 3 號）2000 年；薛英群：《居延漢簡中的雇傭勞動者試析》，《蘭州學刊》1985 年第 5 期；謝桂華：《漢簡和漢代的取庸代戍制度》，甘肅省文物考古研究所編：《秦漢簡牘論文集》，甘肅人民出版社 1989 年版；宋傑：《漢代雇傭價格辨析》，《首都師範大學學報（社會科學版）》1988 年第 2 期；朱紹侯：《對居延敦煌漢簡中庸的性質淺議》，《中國史研究》1990 年第 2 期，收入氏著《朱紹侯文集》，河南大學出版社 2005 年版；李周炫： 《秦漢時期"庸"的使用及其變化——以國家對"庸"的認識爲中心》，《第四屆簡帛學國際學術研討會暨謝桂華先生誕辰八十周年紀年座談會會議論文集》（2018 年）；石洋：《兩漢三國時期"庸"群體的歷史演變——以民間雇傭爲中心》，《中國史研究》2014 年第 3 期。

② （宋）歐陽修、宋祁撰，中華書局編輯部點校：《新唐書·食貨志》，中華書局 1975 年版，第 1343 頁。

5. 戍卒淮陽郡譙胡里上造喬相年廿六庸同縣童光里☐
　　　　　　　　　　　　　　　73EJT5：36

6. 戍卒梁國杼秋東平里士五丁延年卅四庸同縣敬上里大
夫朱定☐☐　　　　　　　　　　73EJT5：39

7. 戍卒穎川郡定陵遬①里公乘秦霸年五十庸池里公乘陳寬
年卅四☐　　　　　　　　　　　73EJT6：93

8. 戍卒趙國邯鄲東趙里士伍道忠年卅庸同縣臨川里士伍
郝☐年卅丿　　　　　　　　　　73EJT7：42

9. ☐里上造唐解年五十庸同縣射里上☐
　　　　　　　　　　　73EJT7：87 +54②

10. ☑里公乘呂利年卅二庸同縣好里公乘☑73EJT7：57

11. ☑士③夏奉世年廿八今睢陵里不更張德年廿六一
　　　　　　　　　　　　　73EJT1：150

12. ☑庸同縣北呼里公乘☑　　　　　73EJT7：99

13. ☐☐☐☐成里上造薛廣年廿四庸同縣武成里陳外年卅
八丿　　　　　　　　　　　　　73EJT21：105

14. 田卒梁國睢陽朝里寇遂年卅二庸同縣丞筐④里張遂年
廿八☐　　　　　　　　　　　　73EJT21：373

---

① 黃豔萍認爲“遬”應爲“德”。黃豔萍：《初讀〈肩水金關漢簡（壹）〉劄記》，復旦大學出土文獻與古文字研究中心網站 2013 年 5 月 30 日，http://www.gwz.fu-dan.edu.cn/Web/Show/2058。

② 綴合根據伊强：《肩水金關漢簡綴合五則》，簡帛網 2014 年 4 月 7 日，http://www.bsm.org.cn/show_article.php?id=2046。

③ 姚磊指出，釋爲“士”的字當爲上部殘斷的殘筆，可能是“里”，此處暫存疑不釋較宜。姚磊：《肩水金關漢簡釋文合校》，中國社會科學出版社 2021 年版，第 17 頁。

④ “筐”原釋文爲“全”，根據姚磊著作改釋。姚磊：《肩水金關漢簡釋文合校》，中國社會科學出版社 2021 年版，第 203 頁。

15. ☑庸高□里□□年卅～　　　　　73EJT21：428

16. ☑□孫高年廿四庸同邑□☑　　　73EJT23：83

17. ☑庸同縣大昌里簪裹趙可年卅七（竹簡）

　　　　　　　　　　　　　　　　73EJT23：147

18. ☑□六庸同邑高里公乘胡駿年廿五☑73EJT23：174

19. 戍卒河東郡臨汾□里靳孟竟廿庸同郡□☑

　　　　　　　　　　　　73EJT23：568＋846①

20. 田卒梁國睢陽館里彭廣年廿七庸樂□☑

　　　　　　　　　　　　　　　　73EJT24：541

21. ☑庸睢陵里張定年廿四☑　　　　73EJT24：544

22. ☑庸同里累乾年廿四☑　　　　　73EJT24：711

23. ☑不更黃意年廿六庸同縣□☑　　73EJT24：752

24. ☑□□五庸館里鵻廣德☑　　　　73EJT24：765

25. ☑國睢陽東弓里旅姓年廿四庸樂☑　73EJT24：791

26. ☑□□渭南里士五張廣年廿六庸同☑73EJT24：796

27. ☑薛充年廿四庸同☑　　　　　　73EJT24：799

28. ☑□年廿五庸同縣☑　　　　　　73EJT24：825

29. ☑庸同縣北□里不更陳毋害年卅☑　73EJT24：837

30. ☑庸竹里☑　　　　　　　　　　73EJT24：910

31. ☑庸同縣□☑　　　　　　　　　73EJT24：931

32. ☑庸燓里董齊年廿四☑　　　　　73EJT24：952

33. 田卒貝丘莊里大夫成常幸年廿七庸同縣曆期里大夫張
收年卅長七尺☑　　　　　　　　73EJT29：100

34. 戍卒淮陽郡陳（1）安眾里不更舒畢年廿四庸同里不

---

① 姚磊：《肩水金關漢簡綴合》，天津古籍出版社2020年版，第97頁。

更夏歸來年廿六   73EJT30:12

35. 戍卒淮陽郡陳高里不更宋福年廿四庸張過里不更孫唐
得年卅   73EJT30:13

36. 戍卒淮陽郡陳逢卿里不更許陽年廿七庸進賢不更□常
年卅三   73EJT30:15

37. 田卒淮陽郡長平北親里不更費畢年卅五庸西陽里不更
莊登年卅八   73EJT30:263

38. 田卒淮陽郡長平高閒里不更李范年廿六庸南垣不更費
充年廿五   73EJT30:267

39. ☑□六庸同縣樂昌里公乘□氣年☑   73EJT31:91

40. 濟陰郡冤句谷里呂福年廿六庸同里大夫呂怒士年廿八
長七尺二寸黑色   73EJT37:985

41. 魏郡內黃北安樂里大夫程延年五十五庸同縣同里張後
來年卅二長七尺二寸黑色   73EJT37:993

42. ☑□年廿五庸同☑   73EJC:514

43. ☑庸同縣□里不更高□年廿一☑   73EJC:626

44. ☑□五十以下欲爲戍庸☑   73EJT23:749

45. 閒憙邑唐里傅定男弟二人   □□□□☑

庸同縣魚盧里郣羌弟婦二人   同里傅孫□任☑

口八   同里傅□任☑

同里閻□任☑   73EJT24:321①

46. 田卒淮陽郡新平（1）景里上造高千秋年廿六取寧平

---

① 釋文第二行、第三行之“傅”原釋爲“傅”，第三行“口”“任”原均釋爲
“□”，根據姚磊著作改釋。姚磊：《肩水金關漢簡釋文合校》，中國社會科學出版
社 2021 年版，第 310 頁。

（2）駟里上造胡部年廿四爲庸 ノ   73EJT26:9

47. ・右第十車十人四人身

六庸   73EJT26:51

48. ☑六人庸☑

☑人身☑   73EJT37:584

48. 騂北亭卒李未央母穉婦☑   73EJT33:53A

小庸☑   73EJT33:53B

49. 錢入其縣（1） 邊（2） 以見錢（3） 取庸往者（4）

奸黠民受錢爲庸去署亡犯法不已事樂不可長諸庸卒不已事

          73EJT37:1164

【注】

34.（1）陳，縣名，淮陽郡治所在。

33、40、41 簡中庸代者信息還包括了身高信息。1 至 43 簡爲庸代名籍。庸前面爲"取庸者"，後者爲"代戍者"。除一例以外，取、代雙方均爲同縣人。

44. 本簡簡文內容含有關於戍庸的一般性規定，涉及庸代者的年齡限制。《嶽麓書院藏秦簡（肆）》182 簡規定不得"以弱代"，"弱"指體質的強弱，而從記載的取庸、代戍者的信息來看，能體現強弱的信息主要就是年齡。

45. 本簡的書寫形式，似乎爲家屬過關出入符。出入符一般有刻齒，此枚簡兩側殘破，看不出是否有刻齒。戍卒爲郅羌，被代者爲傅定，簡中其他人爲郅羌的家屬。

46.（1）新平、（2）寧平，均爲淮陽郡屬縣。此簡爲肩水金關漢簡所見庸代不同縣的唯一一例。

47. 48. "身"與"庸"相對，"身"指本人服役，"庸"

指庸代者服役。

49.（1）其縣，戍役本人户籍所在縣。（2）邊，邊地。
（3）見錢，"見"通"現"，"見錢"即"現錢"。（4）往者，
之前。

本簡是反映戍庸制度及實施中存在問題的珍貴資料。可理
解爲是説之前實行的辦法規定不能親自戍邊的，向本縣交錢，
邊郡出錢取庸，結果代戍的"庸卒"拿錢之後逃跑，使得戍
卒的工作没人完成。西北漢簡中有關戍卒逃亡的記載有不少。
鷹取祐司提出"錢入其縣，邊以見錢取庸"是現在的做法，
"往者"是相對於現在的做法而言，是内地應被徵發的人雇傭
他人爲"庸"代爲服役的時期，本簡反映前後兩種庸戍方式
的變化。① 可備一説。

就家、就人、就

【解題】

就，通僦。僦人，受雇從事運輸的人員。張俊民指出，
"河西地區直接從事運輸的人員，他們多是本地人"。② 宋真指
出，"當時官吏爲了謀求私利通過僦人運送，販賣物資。僦人
是當時從事私人運輸業的人，他們的活動很頻繁，有時官府也
雇用他們運輸物資……僦人不是單純的運送業者，他們與商業
活動也有密切的關係。特別是因爲他們有車進行專門的運送，

---

① ［日］鷹取祐司著，郭聰敏譯：《漢代長城防衛體制的變化》，周東平、朱騰主編：
《法律史譯評（第八卷）》，中西書局 2021 年版，第 160 頁。
② 張俊民：《從漢簡談漢代西北邊郡運輸的幾個問題》，《中國社會經濟史研究》
1996 年第 3 期。

所以長距離的商業活動雇用他們的可能性很大"。①

1. 甘露二年五月己丑朔甲辰朔丞相少史充御史守少史仁
以請詔有逐驗大逆無道故廣陵王胥御者惠同

産弟故長公主蓋卿大婢外人移郡大守逐得試知外人者故長
公主大奴千秋等曰外人一名麗戎字中夫前大子守觀

奴嬰齊妻前死麗戎從母捐之字子文私男弟偃居主馬市里弟
捐之姊子故安道侯奴材取不審縣里男子字游爲麗戎

　輦以牛車就載籍田倉爲事（省略）　　　　　　73EJT1：1

2. 神爵二年十二月壬申朔戊寅將轉肩水倉令史（1）☐
轉折穀就家縣名里各如牒出入復籍敢言☐ 73EJT3：113

3. ☐斤九月庚子就人陳君至付關佐賞　　73EJT3：117

4. 出錢六百就十二賦臨澤隧長王延壽自取73EJT6：65

5. 就家氏池承明里趙子平年☐　　　　　73EJT7：39

6. 就家䊮得承明里崔親☐　　　　　　　73EJT7：40

印曰張肩塞尉

7. 四月庚寅就家李幼君以來丁☐　　　　73EJT9：59A

以致籍入敢言之☐　　　　　　　　　　73EJT9：59B

8. ☐武亭長禁敢言之就人　　　　　　　73EJT9：138

9. ☐朔四年十一月丁巳朔庚辰肩水候宗移橐佗就人載穀
名☐☐　　　　　　　　　　　　　　　73EJT21：109A

---

① 宋真：《漢代的通行證制度與商人的移動》，簡帛網 2009 年 6 月 20 日，http：//
www. bsm. org. cn/show_article. php？id＝1096。相關研究還有薛英群：《居延漢簡中
的雇傭勞動者》，《蘭州學刊》1986 年第 5 期；王子今：《秦漢時期的私營運輸
業》，《中國史研究》1989 年第 1 期；蔡宜靜：《漢代居延 "就" 運探研》，簡牘
學會編輯部：《簡牘學報》（第十七期），簡牘學會 1999 年版；宋超：《吳簡所見
"何黑錢"、"僦錢"、"地僦錢" 考》，北京吳簡研討班：《吳簡研究（第一輯）》，
崇文書局 2004 年版。

☑守令史音☑　　　　　　　　　　　　73EJT21:109B

10. ……出錢百中部□□

見錢十六萬八千七百付就人・凡當三萬八千六錢・凡付就
人三百九十六錢

☑□□□□　　　　　　　　　　　　73EJT23:322A

☑□五十四尸中部六十三□百錢十一月奉三千

左前五十四尸北部六十三尸十二月奉三千六百四千五百
□□　　　　　　　　　　　　　　　73EJT23:322B

11. 徐惲叩頭白□叩頭爲□此就人徐林等皆有致（1）
　　　　　　　　　　　　　　　73EJT23:323A

叩頭幸甚＝（甚甚）再拜白□尸　　73EJT23:323B

12. 隆叩頭白君公兄數不一⌐二叩＝頭＝（叩頭叩頭）前
者屬來人告以欲爲□☑　　　　　　73EJT23:364A

史持記來言不能得就即爲就者今□□報須而☑
　　　　　　　　　　　　　　　73EJT23:364B

13. 此家（1）絫山里焦賢車一兩載粟大石廿五石就人文
德（2）清陽里楊賞年卅用牛二

肩水　　　　　　　　　　　　　　73EJT23:622

14. ☑□戴順僦人敬老里毛☑　　　73EJF3:537

15. 就人京兆尹長安富昌里大夫富充年卅五
　　　　　　　　　　　　　　　73EJT24:954

16. ☑牛車一兩爲觻得騎士功歲里孫青弓就載肩水穀小石
卅五石輸居延矛一刀一丿丿　　　　73EJT27:5

17. 僦人填戎（1）樂里下造（2）張翁年二十五大車一兩☑
用牛二頭☑　　　　　　　　　　　73EJF3:368

18．就人樂涫直里下造（1）孟忠年三十（2）五大車
一兩
　　用牛二頭　　　　　　　　　　　73EJF3：536＋424
　　19．就人扶安國圍李里黃晏年卅五用牛三爲人小短黃白色
毋須☐　　　　　　　　　　　　　　73EJF3：57A
　　四月甲寅復致入　　　　　　　　73EJF3：57B
　　20．遣就人車兩人名如牒書到出入如律令
　　　　　　　　　　　　　　　　　73EJT23：907A
　　居延城倉丞印齒夫當發　　　　　73EJT23：907B
　　21．二月乙未卒十九人　　其二人養
　　　一人守葦
　　定作十六人就車二兩載新葦百六十束率人十束起酒泉五渠
隊☐　　　　　　　　　　　　　　　73EJT23：979
　　22．肩水金關遣就人☐☐　　　　73EJT24：60A
　　居延倉丞印☐　　　　　　　　　73EJT24：60B
　　23．甘露三年三月甲申朔丁亥張掖☐
　　家輸橐他廣地候官書到☐　　　　73EJT33：54A
　　肩水千人（1）印☐
　　三月戊子就家李幼君以來☐　　　73EJT33：54B
　　24．☐癸未都鄉有秩佐忠敢言之廣成里男子閻憙自言爲居
延就謹案憙毋官
　　☐移過所……　　　　　　　　　73EJT37：151
　　25．☐延＝（延延）丞就迎鐵器大司農府移肩水金關遣就
人名籍如牒　　　　　73EJT37：182A＋1532A
　　候史丹發

君前齒夫豐　　　　　　　　73EJT37：182B＋1532B①

26．始建國二年七月乙丑朔庚午甲渠守塞尉忠將領右部轉
移卅井縣索

肩水金關遣就人車兩粟石斗人名如牒書到出入如律令
　　　　　　　　　73EJF3：334A＋299A＋492A

張掖甲渠塞尉徐裏棄冊

七月十九日入白發梁黨

延新市員同佐放　　　　　73EJF3：334B＋299B＋492B

27．入居延轉車一兩粟大石二十五石始建國二年十月丁未
肩水掌官士吏（1）惲受訾家廣都里社惲就人平明里□☑
　　　　　　　　　　　　　　　73EJF3：106

28．☑兩粟大石二十五石始建國二年十月戊申肩水掌官士
吏惲受適吏（1）李忠就人居延市陽里席便　　73EJF3：107

【注】

1．簡文詳解參見“大逆不道”條。

簡中“就載籍田倉”指在籍田倉從事載運服務。

2．（1）將轉令史，指負責糧食轉運的專職令史。

3．運輸糧食到達後的入穀登記。

11．（1）致，致籍。

13．（1）“此”通“訾”。訾家，運載貨物之雇主。（2）
文德，指文德郡治文德縣。王莽改“敦煌郡”爲“文德郡”，
後改爲“敦德郡”，縣名相應更改。②

---

①　姚磊：《肩水金關漢簡綴合》，天津古籍出版社 2020 年版，第 199 頁。
②　相關研究者有王國維、陳直、陳文豪、肖從禮等。參見任冬陽：《新出新莽簡及相關問題研究》，鄭州大學 2020 年碩士學位論文，第 45—46 頁。

14. 戴順，簡文中的身份當是甾家。

17. （1）填戎，原天水郡戎邑道，王莽曰填戎。

18. （2）三十，新莽時期"卅"的寫法。

17. （2）和 18. （1）兩處"下造"，徐佳文認爲當爲"上造"之誤，似爲同一人書寫。[1] 意見可從。

13 至 19 簡爲轉穀過關文書中所稱的"牒書"，爲轉穀名籍。

20. 出入關文書。

24. 此簡爲過關文書。"閭憙"爲"居延就"，這裏的"就"，若理解爲是名詞，似乎"居延"有一些附屬的"就人"，就人與居延有一定的管理關係。若理解爲動詞，則意爲"被雇傭爲就而載運"，就可以不包含上述管理關係。

26. 簡文爲就人過關文書，載明通過的關隘包括懸索關、肩水金關。

27. （1）掌官士吏，是目前僅見於肩水金關漢簡的一種士吏。吳方浪認爲"掌官"與"主官"有相同之處，掌管士吏在候官屬吏中居重要地位。[2]

28. 適吏，這裏指被罰運載穀物的官吏。參見"適"條詳解。

27、28 簡均爲入穀記錄。

---

① 徐佳文：《讀〈肩水金關漢簡（伍）〉劄記（貳）》，簡帛網 2017 年 3 月 8 日，http://www.bsm.org.cn/show_article.php?id=2752。
② 吳方浪：《簡牘所見"專職"士吏與漢代邊郡糧食管理（續）》，《中國農史》2020 年第 4 期。

第三章　行政法類資料

本部分對吏卒人事管理、日常事務管理、關隘管理、户民管理制度及行政責任等方面資料進行整理。肩水金關漢簡中有不少如"甚毋狀""不以時""私留擅去"等對吏卒督責的文書，可藉以瞭解漢代行政管理的一些狀況。

第一節　身份、所屬關係名詞

官（大）奴、官奴婢

【解題】

官奴婢，隶屬於官府的奴婢。

1. 居攝二年三月甲申朔癸卯居延庫守丞仁移卅井縣索肩水金關都尉史曹解掾

　　葆與（1）官大奴杜同俱移簿大守府名如牒書到出入如律令

　　　　　　　　　　　　　　　　　　　　73EJT8：51A

　　居延庫丞印嗇夫常①發（2）

　　君門下掾戎佐鳳　　　　　　　　　　73EJT8：51B

---

① 原釋爲"當"，根據馬智全文章改釋。馬智全：《肩水金關關嗇夫紀年考》，《甘肅省第三屆簡牘學國際學術研討會論文集》，上海辭書出版社 2017 年版，第 260 頁。

2. 官大奴杜同年廿三三月辛亥☐　　　　73EJT8：52A

……　　　　　　　　　　　　　　　　73EJT8：52B

3. 居延丞印・奴☐☐

肩水金關

十月壬寅官奴李☐以來　　　　　　　　73EJT6：5A

（圖畫）　　　　　　　　　　　　　　73EJT6：5B

4. 大奴同長七尺☐　　　　　　　　　73EJT29：90

5. 建平元年九月庚寅朔丁未掾音敢言之官大奴杜勝自言
與都尉五官掾（1）石博

葆俱移簿大守府願已令取傳謁移過所縣道河津關毋苛留如
律令敢言之

九月丁未居延庫守丞長移過所如律令

掾音　　　　　　　　　　　　　　73EJT37：780＋89①

6. 官大奴王便年廿六布二丈☐　　　　73EJF3：527

7. 官大奴王則年廿布二丈絮一斤　　　73EJF3：141

8. 官大奴苟憲年廿六布二丈絮一斤　　73EJF3：142

9. 教諸謹與行丞事司馬莊五官掾②並雜物賦官奴婢用布絮
如牒糸絮布餘一斤　　　　　　　　73EJF3：433＋274

10. 驪靬苑大奴尹福年卅長七尺八寸☐　73EJC：95

11. 官大奴苟壽九月丁未出丿　　　　　73EJD：10

12. 官大奴胡賀十月丁未出丿　　　　　73EJD：15

① 綴合見姚磊：《論〈肩水金關漢簡（肆）〉的簡册復原——以書寫特徵爲中心考
察》，李學勤主編：《出土文獻（第十輯）》，中西書局 2017 年版。
② 五"原釋文爲 "主"，根據王錦城文章改釋。王錦城：《肩水金關漢簡釋文勘補》，
《文獻》2020 年第 1 期，第 69 頁。

【注】

1.（1）葆，邊塞地區對人的擔保制度。詳見“葆”。邢義田認爲“葆與”爲“掾”的姓名，“文書爲居攝二年三月癸卯（3月20日）發出，附有居延都尉史曹解、掾葆與和官大奴杜同的身份、姓名和年齡名單如牒書”。① （2）發，開啟。

1簡爲過關傳，2簡爲過關名籍。邢義田指出此兩簡“原爲一編册無疑……73EJT8:52簡應即是文書中提到的牒書。同册應還有都尉史和掾的同式簡牒。8:52的‘官大奴杜同年廿三’筆迹和73EJT8:51A筆迹相同，‘三月辛亥（3月28日）’筆迹不同，應是金關吏收到後所登記的日期”。②

5.（1）都尉五官掾，當爲都尉屬吏中都理諸曹之長官。西漢中後期郡吏中開始有五官掾，《後漢書・百官志》五官掾，“署功曹及諸曹事”。一般認爲五官掾在地方屬吏中居重要地位。③

本簡爲過關文書。

6、7、8簡可能即爲9簡所稱“牒”書。

官牛

☒☐候定等六十人官牛☒   73EJT3:56

---

① 邢義田：《〈肩水金關漢簡（壹）〉初讀劄記之一》，簡帛網2012年5月8日，http://www.bsm.org.cn/show_article.php?id=1686。
② 邢義田：《〈肩水金關漢簡（壹）〉初讀劄記之一》，簡帛網2012年5月8日，http://www.bsm.org.cn/show_article.php?id=1686。
③ “五官掾”相關研究可參見孔令通：《出土文獻所見西漢時期職官材料整理與研究》，吉林大學2021年博士學位論文，第702頁。

三老

【解題】

三老，在漢代爲官方認可的民之首帥，但身份不屬於官吏，享有優待，參與政事，教化民衆。《漢書·高帝紀》："舉民年五十以上，有脩行，能帥衆爲善，置以爲三老，鄉一人；擇鄉三老一人爲縣三老，與縣令丞尉以事相教，復勿徭戍。以十月賜酒肉。"①

1. ☑六人縣三老☑   73EJT25:114

2. 地節三年六月丙戌朔甲辰尉史延年敢言之遣佐廣齎三老賜名籍對大守府乘輍車一乘牛一與從者平里紀市俱詣移過所縣道河津關毋苛留止敢言之

六月甲辰居延丞延年移過所縣道河津關毋苛留止如律令/掾延年佐長世   73EJT37:519A

章曰居延丞印

六月壬子以來   73EJT37:519B

【注】

2. 簡文注釋見"賜"條。

第二節　期會制度

期會制度，是行政行爲時限方面的規定及相應的處罰制度。漢代行政過程注重效率，《漢書·賈誼傳》有"而大臣特

---

① （漢）班固：《漢書·高帝紀》，中華書局1962年版，第33—34頁。

以簿書不報，期會之間，以爲大故"。① 注重公務行爲完成時間的傳統繼承自秦代。闡明商鞅變法措施的《商君書·墾令》載："無宿治，則邪官不及爲私利於民，而百官之情不相稽，則農有餘日。邪官不及爲私利於民，則農不敗。農不敗而有餘日，則草必墾矣。"②

會

【解題】

會，指事先規定事項在特定時間舉行或完成。可以指提交文書的時間，如 73EJT1:3 "七月壬辰張掖肩水司馬陽以秩次兼行都尉事謂候城尉寫移書到度索部界中毋有以書言會廿日如律令/掾遂守屬況／七月乙未肩水候福謂候長廣宗□寫移書到度索界中毋有以書言會月十五日須報府毋□□如律令/令史□"，簡中肩水都尉要求搜捕結果在七月二十日上報，肩水候官要求下級在七月十五日上報搜索結果。也可以是人員參與某事項的時限，如張家山漢簡《二年律令·史律》474 簡 "史、卜、祝學童學三歲，學佴將詣大（太）史、大（太）卜、大（太）祝，郡史學童詣其守，皆會八月朔日試之"，③ 指考試學童的時間應在 "八月朔日"。肩水金關漢簡 73EJT25:86 "梁國卒千九十五人戍張掖郡會甘露三年六月朔日四□☑"，指戍卒到達的時間。違反會日的要求，屬失職行爲，將被批評甚至追究法律責任。

---

① （漢）班固：《漢書·賈誼傳》，中華書局1962年版，第2244—2245頁。

② 蔣禮鴻：《商君書錐指》，中華書局1986年版，第6頁。

③ 彭浩、陳偉、［日］工藤元男：《二年律令與奏讞書：張家山二四七號漢墓出土法律文獻釋讀》，上海古籍出版社2007年版，第296頁。

1. 七月壬辰張披肩水司馬陽以秩次兼行都尉事謂候城尉寫移書到度索部界中毋有以書言會廿日如律令/掾遂守屬況

七月乙未肩水候福謂候長廣宗□寫移書到度索界中毋有以書言會月十五日須報府毋□□如律令/令史□　　73EJT1：3

2. ☑車二百五十五會月五日☑　　73EJT22：42

3. ☑□二百五十束會月十五日☑　　73EJT22：35

4. 勞賞第一候長毋舉隧長議罰書到趣作治諸舉務令□堅任用皆為□畢成言毋出

月廿八日令可覆行如律令/掾武　　73EJT23：301

5. ☑□□詣大守府有會日須☑　　73EJT23：479

6. 告執適隧☑　　73EJT23：491A

月食會今☑　　73EJT23：491B

7. 牒別言（1）會月旦（2）謹以舉書過□□□如牒敢言之　　73EJT23：796

8. 都倉還今詣傳車三乘尊并……具□馬六匹□東

望隧會月廿六日　　73EJT23：876

9. ☑□會月廿三日須以成事☑　　73EJT23：960

10. ☑□對各有會☑　　73EJT14：30

11. 為急治之使會月五日□□三日食時伏地□願必不可已叩＝頭＝（叩頭叩頭）□☑

謹再拜君游致記□☑

白幸為屬叩頭多有張□徐卿宋卿許君□韓君公王子游☑
　　73EJT24：10A

劉屬叩頭白☑

韓君孫萬去府不多云＝（云云）謹道□日去萬宛君

□□□□必□   73EJT24：10B

12. □……朔丙子直①隧長護行候長文書事敢言之廷書曰
當井隧（1）卒彭晏四月

　　□盡廿三日食書到收晏食遣吏持詣廷詣會月廿八日謹案時
廩吏壙野隧（2）長豐□   73EJT24：24A

　　□居聑二年正月□□□□□（習字）   73EJT24：24B

13. 九月庚申肩水守候欽下尉候長賽等承書從事下當用者
書到……

　　□□□無有言會今如詔書律令守令史□   73EJT24：40

14. □詣候官會□   73EJT24：858

15. 梁國卒千九十五人戍張掖郡會甘露三年六月朔日四□□
　　　　　　　　　　　　　　　　　　　73EJT25：86

16. □□□會月十六日□□爲尉丞治事 73EJT30：99A
……   73EJT30：99B

17. □會月七日官   73EJT30：161

18. □召詣官會□   73EJT32：64

19. 肩水候寫移書到驗問收責報會四月三日如大守府書律
令/掾遣卒史博   73EJT37：743

20. 六月郵書課（1）多不相應書行留遲過界中
　　□□壹尚尚伏罰今轉舉各如牒書到嚴教吏書
　　各如律令會月廿五日   73EJD：260A
　　□掾商守屬賀   73EJD：260B

---

① "隧"前面四字根據姚磊著作補釋。姚磊：《肩水金關漢簡釋文合校》，中國社會
科學出版社 2021 年版，第 282 頁。

【注】

4．簡文注解見"罰"條。

7．（1）别言，另外書寫上報。如居延漢簡 35.22 "河平五年正月己酉朔丙寅甲渠鄣候誼敢言之府移舉書曰第十三隧長解宫病背一傷右骹（A 面）／□□爰書言已乘□亭解何今移舉各如牒書到牒别言・謹案第十三　長解宫上置□□傷右骹作治（B 面）"。① 又稱爲"别書"。薛英群指出，别書"重要的是説明情況原委，或原文書不詳處、有誤處。所以'别書'則是對原文件或原報告而言"。②（2）月旦，初一。

12．（1）（2）肩水候官西部下屬有當井隧、壙野隧。③

本簡爲廩食收回的回報文書。彭晏所得廩食按天數多於已發放的廩食，要求按時收回。"謹案"表示接到要求回收廩食的文書後進行了調查核實。

19．移送的協助收債文書。

20．（1）郵書課，郵書傳遞過程以及傳遞里程、耗費時間并評定是否中程的文書。

本簡爲移送舉書的文書。

期

期，會，約定的完成時間。《説文解字・月部》："期，會也。從月其聲。"段玉裁注："會者，合也。期者，要約之意。

---

① 謝桂華、李均明、朱國炤：《居延漢簡釋文合校》，文物出版社 1987 年版，第 57 頁。

② 轉引自安忠義：《漢簡中的官文書補考》，甘肅省文物考古研究所、西北師範大學歷史系編：《簡牘學研究（第四輯）》，甘肅人民出版社 2004 年版，第 180 頁。

③ 參見郭偉濤：《肩水金關漢簡研究》，上海古籍出版社 2019 年版，第 56 頁。

所以爲會合也。"①

　　☐☐☐☐☐牛利親謹謁移武威郡期十月歸取②受封言之
　　　　　　　　　　　　　　　　　　73EJT9:251

會日不到

　　會日不到，文書或人員在指定的日期没有到达，即屬於
"失期"，如居延漢簡42・20A："謂甲渠候官寫移書到會五月
旦毋失期如律令／掾雲守屬延書佐定世"③。《二年律令・行書
律》269簡有關於行書失期的處罰規定，"若諸有期會而失期，
乏事，罰金二兩"。④ 吉仕梅指出簡牘中有上級對下級不按規
定時間完成工作任務提出質詢、檢舉、要求説明辯白理由等。⑤

　　1．月己未朔爰利親會月廿六日不到甚毋狀
　　　　　　　　　　　　　　　　　　73EJT9:102A

　　柎七枚入十八　　　　　　　　　　73EJT9:102B

　　2．☐☐隧長至今不到　　　　　　73EJT23:227

　　3．如卒至今未來記（1）到☐　　73EJT23:947A

　　發省卒會昨莫至☐　　　　　　　　73EJT23:947B

　　4．☐昨日往至今不☐　　　　　　73EJC:275

　　5．自追趣到課言・謹案禹除以來積廿五日重追（1）三不

①　（漢）許慎撰，（清）段玉裁注，許惟賢整理：《説文解字注》，鳳凰出版社2015
　　年版，第550頁。

②　"取"原釋爲"所"，根據沈思聰文章改釋。轉引自姚磊：《肩水金關漢簡釋文合
　　校》，中國社會科學出版社2021年版，第113頁。

③　謝桂華、李均明、朱國炤：《居延漢簡釋文合校》，文物出版社1987年版，第74頁。

④　彭浩、陳偉、［日］工藤元男：《二年律令與奏讞書：張家山二四七號漢墓出土法
　　律文獻釋讀》，上海古籍出版社2007年版，第202頁。

⑤　吉仕梅：《王莽改制在居延敦煌漢簡詞彙中的反映》，《學術交流》2008年第4期。

到官唯府   73EJC：140

【注】

3. （1）記，一種形式比較簡便的文書形式。李均明指出
"記"的功能與書、檄相同，但其體式更趨簡略。表現在：一、
日期簡便，有的不屬日期；二、多數未屬責任機構名稱或責任
人；三、未見起草人署名。①

5. （1）重追，指對未按時到達的文書或人再次催問、督
促。《集成》（七）："相當於今之嚴肅追查"，② 是將"重"理
解爲"嚴重"，似不恰當。"重"應作"再次、多次"講。

失不以時詣

失不以時詣，與"會日不到"相類，指没有按規定時間
到官。

☑頭良孟今旦聞子侯來也失不以時詣前死 = 罪 = （死罪死
罪）屬自□馳詣門下道蓬楊卿舍文君言子侯   73EJD：187A

☑□□南□□不爲□□□下□得令長□□□叩 = 頭 = （叩
頭叩頭）謹請文君□記再拜白   73EJD：187B

（不）以時出入、受

【解題】

不以時出入、不以時受，指不按照規定的時間發放、輸出
或收納財物。

---

① 參見李均明：《秦漢簡牘文書分類輯解》，文物出版社 2009 年版，第 111 頁。
② 中國簡牘集成編委會編：《中國簡牘集成》（七），敦煌文藝出版社 2001 年版，第
   37 頁。

1. ☑移府書曰守府都吏

☑以時入或受寄穀   73EJT3:13A

☑屬   73EJT3:13B

2. 不以時出入受☑   73EJF3:296

不以時遣

【解題】

"不以時遣"屬於長官造成的失期責任,如居延漢簡61·
3+194·12:"萬歲候長田宗坐法省治大司農茭卒不以時遣吏
將謁官失期適爲驛馬載三堠茭五石致止害"。[①]

　　□□□拜就□賢

　　忠府(1)徙(2)夷胡(3)隊長司馬章署(4)登山隧
(5)忠不以時遣章詣隧□   73EJT2:16

【注】

(1)府,太守府或都尉府。這裏當指都尉府。(2)徙,
調任。(3)(5)肩水候官東部下屬有登山隧,左前部有夷胡
隧。(4)署,任職於。

本簡當爲舉書類文書。

第三節　功勞制度

功勞制度是漢代的官吏考核任用制度。《史記·高祖功臣
侯年表》太史公曰:"古者人臣功有五品,以德立宗廟定社稷

---

① 謝桂華、李均明、朱國炤:《居延漢簡釋文合校》,文物出版社1987年版,第107頁。

曰勳，以言曰勞，用力曰功，明其等曰伐，積日曰閱。"① 功勞，漢代記錄個人工作業績的單位。漢簡中，勞是以日爲單位的工作時間的合計，因成績或工作條件等有增勞、賜奪勞等制度。功以個數計算，② 功的累積與爲吏職務、時間、業績等有關。胡平生認爲"勞"四歲計爲一"功"。③ 功勞爲吏的資歷，一定範圍的吏員按功次排列，是吏職升遷的重要依據，即所謂"以功次遷"。曹旅寧指出，陳偉、熊北生總結出功次文書兩條規律：（一）功次被記錄的順序是按功勞的多少來確定的。（二）四年勞可積爲一功……胡平生先生多年前據居延漢簡指出四年勞爲一功，現又得到里耶秦簡、睡虎地漢簡的證實。④"功令"相關內容輯錄在第四章第一節"法律形式"所列"功令"中。⑤

① （漢）司馬遷：《史記·高祖功臣侯年表》，中華書局1982年版，第877頁。
② 參見［日］大庭脩著，徐世虹等譯：《秦漢法制史研究》，中西書局2017年版，第394頁。
③ 參見胡平生：《居延漢簡中的"功"與"勞"》，《文物》1995年第4期。
④ 曹旅寧：《嶽麓秦簡（肆）〈功令〉考》，簡帛網2017年9月27日，http://www.bsm.org.cn/?qinjian/7633.html。
⑤ 功勞相關研究參見［日］大庭脩著，徐世虹等譯：《秦漢法制史研究》第六章《漢代的因功次晉升》，中西書局2017年版；胡平生：《居延漢簡中的"功"與"勞"》，《文物》1995年第4期；陳偉、熊北生：《睡虎地漢簡中的功次文書生》2018年第3期；曹旅寧：《讀〈睡虎地漢簡的功次文書〉書後》，簡帛網2017年10月11日，http://www.bsm.org.cn/show_article.php?id=2916；朱紅林：《張家山漢簡中所見的勞績制度考析》，《考古與文物》2004年增刊，又載簡帛網2005年12月31日，http://www.bsm.org.cn/?hanjian/4383.html；孫曉丹：《居延所處功勞簡研究》，河北師範大學2012年碩士學位論文；戴衛紅：《秦漢功勞制及其文書再探》，中國文化遺產研究院編：《出土文獻研究（第十六輯）》，中西書局2017年版；曹旅寧：《嶽麓秦簡（肆）〈功令〉考》，簡帛網2017年9月27日，http://www.bsm.org.cn/?qinjian/7633.html。

功勞墨將

【解題】

功勞墨將，功勞之記載。李均明指出，"功勞墨將名籍是官吏個人才能和功勞的登錄名單"，"内含現任職務、爵級、姓名、年齡、身高、家庭住地及其與所在工作單位的距離、工作能力，還有重要的一項是任職後的勞績，稱爲'功'與'勞'"。[①] 簡牘所見功勞文書有多種不同的形式，有的稱爲"閥閱簿"，有的稱爲"功勞案"（"案"表示確認核實之意），有的稱爲"自占書功勞"（"自占"爲自己申報的意思）。有一支簡記一人的詳細情況的，也有一枚簡牘上記載多人的功勞情況。其性質與用途當存在區別。此處輯録資料包括了功勞名籍的移送文書、標題簡以及名籍簡等。功勞根據多少排序，形成"功次"，是吏員任除的重要依據。[②]

1. ・右故官功墨☑　　　　　　　　　73EJT2：94

2. ☑庚申朔庚申肩水士吏漢成敢言之謹移元康三年功勞一編謁上

　　☑☐　　　　　　　　　　　　　73EJT21：127

3. ☑敢言之謹移功勞墨將名籍　　73EJT26：235

4. ☐都尉屬陳恭中功一勞三歲十月　　北部司馬令史樂音中（1）功一勞三月廿四日

　　延水嗇夫隗敞中功一勞三歲十月廿四日　　顯美令史馬戎

---

① 李均明：《秦漢簡牘文書分類輯解》，文物出版社 2009 年版，第 379—380 頁。

② 相關研究參見［日］富谷至編，張西艷譯：《漢簡語彙考證》，中西書局 2018 年版，第 125—127 頁。

中功一勞三歲三月十四日

居延令史鄭惲中功一勞三歲四月七日　　　郡庫令史崔枚中
功一勞三歲三月四日　　　　　　　　　　73EJT30:29A

居延千人令史郭良中功一勞三月　　　大城令史傅建功一勞
三歲八月十日

北部都尉屬傅博中功一勞三歲八日　　　居延都尉屬孫萬中
功一勞二歲一月

騎千人令史諸戎功一勞二歲十月　　　十一日

　　　　　　　　　　　　　　　　　73EJT30:29B①

　　5. 屬國都尉屬陳嚴中功二勞七月七日　　　北部都尉史陳
可中功一勞三月廿日

敦德置嗇夫張尊中功二勞五月十三日　　　城倉令史徐譚中
功二勞二月五日

刪丹庫嗇夫徐博中功二勞五月一日　　　刪丹令史成功並中
功一勞三歲十一月二日

肩水候官令史王嚴中功二勞四月　　　北部庫嗇夫瞿宏中功
一勞三歲十月廿日　　　　　　　　　　73EJT30:30A

　　□□□嗇夫孫忠中功三勞三歲十月　　　肩水都尉屬張並中
功二勞二歲三月十八日

屬國左騎千人令史馬陽中功三勞四月廿日　　　屋蘭候官令

---

①　釋文據相關研究改釋。參見陳偉、熊北生:《睡虎地漢簡中的功次文書》,《文物》
　　2018 年第 3 期;鄔文玲:《居延漢簡"功勞文書"釋文補遺》,中國文化遺産研究
　　院編:《出土文獻研究(第十八輯)》,中西書局 2019 年版;曹天江:《甘肅省金
　　塔縣 A32 遺址出土兩方功次木牘試探》,《簡帛研究(二〇二〇春夏卷)》,廣西
　　師範大學出版社 2020 年版。姚磊對以上意見進行了梳理,可參考。姚磊:《肩水
　　金關漢簡釋文合校》,中國社會科學出版社 2021 年版,第 368—369 頁。

史孫宏中功二勞一歲七月五日

　　兼守屬林參中功二勞九月廿一日　　延水嗇夫路興中功二勞十月一日

　　氐池令史丁彊中功二勞二歲十月十日　　居延千人令史陽召中功二勞九月

　　居延殄北令史蘇誼中功二勞二歲五月五日　　居延都尉屬王宣中功二勞十月五日　　　　　　　　　　73EJT30:30B①

　　6.　☐☐中功二勞三月十☐　　　　　　73EJT27:66

　　7.　七月奉六百候長實取已出錢二百二十四皂錢已　　計長（竹簡）

　　八月奉六百上功計已　　　　　　　　73EJT23:928

　　8.　☐候長宋萬元功勞☐　　　　　　　73EJT2:52

　　9.　凡爲吏十二歲十月廿一日☐　　　　73EJT6:116

　　10.　肩水候官主關隧長公乘郭克中勞一歲六月七能書會計治官民頗知☐　　　　　　　73EJT23:1023＋1016②

【注】

　　1　爲標題簡。2、3簡爲功勞名籍移送文書，當爲向上級報告的所屬吏員的功勞情況。

　　4.（1）中，上級審核功勞的用語，表示經審核確認達到的意思。③

_____

① 釋文根據相關研究改釋，可參考姚磊：《肩水金關漢簡釋文合校》，中國社會科學出版社2021年版，第369—370頁。

② 姚磊：《肩水金關漢簡綴合》，天津古籍出版社2020年版，第112頁。

③ 對"中"有不同意見，相關意見梳理可參見曹天江：《甘肅省金塔縣A32遺址出土兩方功次木牘試探》，鄔文玲、戴衛紅主編：《簡帛研究（二〇二〇春夏卷）》，廣西師範大學出版社2020年版，第207、213頁。

4. 5. 釋文根據鄔文玲、曹天江的文章進行了改釋。[1] 經學者研究，兩枚簡爲同一簡册中的一部分，記載了張掖郡 29 名少吏功勞情況，包括都尉府屬吏及下屬候望、屯兵系統的官吏，也包括太守府下屬各縣屬吏，還有倉、庫、置等設施的官吏。文書製作者當爲張掖郡太守府，下發到涉及的各下級機構。[2] 簡文對漢代郡内少吏功勞官吏制度等研究具有重要意義。

自占書功勞

【解題】

自占書功勞，自己申報功勞基本情況，包括履職時間、能力、特殊事項，如減勞、增勞、賜勞等情況。自占書功勞是上級審定功勞的基礎性依據。《嶽麓書院藏秦簡（肆）》347—348 簡有"功勞皆令自占。自占不實，完为城旦"。[3]

肩水候官駟望隧長公乘楊殷自占書功勞訖九月晦日

爲肩水候官駟望隧長四歲十一月十日

凡爲吏四歲十一月十日　　　　·能書會計治官民頗知律令文

其六日五鳳三年九月戊戌病盡癸卯不爲勞（1）　　　　年廿

七歲　　　　　　　　　　　　　　　　　73EJT26：88A

尉塞□☑　　　　　　　　　　　　　73EJT26：88B

---

① 鄔文玲：《居延漢簡"功勞文書"釋文補遺》，中國文化遺産研究院編：《出土文獻研究（第十八輯）》，中西書局 2019 年版，第 248—254 頁；曹天江：《甘肅省金塔縣 A32 遺址出土兩方功次木牘試探》，鄔文玲、戴衛紅主編：《簡帛研究（二〇二〇春夏卷）》，廣西師範大學出版社 2020 年版，第 196—197 頁。

② 參見曹天江：《甘肅省金塔縣 A32 遺址出土兩方功次木牘試探》，鄔文玲、戴衛紅主編：《簡帛研究（二〇二〇春夏卷）》，廣西師範大學出版社 2020 年版，第 206 頁。

③ 釋文根據周波文章改釋。周波：《〈嶽麓書院藏秦簡（肆）〉補説》，姚遠主編：《出土文獻與法律史研究（第七輯）》，法律出版社 2018 年版，第 72 頁。

【注】

（1）病不爲勞，因病未出工的日期不計爲勞。説明勞的計算項目之一爲出勤。

增勞、賜勞

【解題】

增勞、賜勞，是在常規根據履職時間等計算功勞之外，額外增加勞的情形。增勞一般是達到某種標準即予增加勞的數量，賜勞一般是在評比中成績優秀而給予勞績奬勵。賜勞需編制名册。

Ⅰ. 以律令增勞、賜勞

秦漢時律令中有關於增勞、賜勞的規定。如睡虎地秦簡《秦律十八種·廄苑律》有"以四月、七月、十月、正月膚田牛。卒歲，以正月大課之，最，賜田嗇夫壺酉（酒）束脯，爲旱〈皂〉者除一更，賜牛長日三旬；殿者，誶田嗇夫，罰冗皂者二月。其以牛田，牛減絜，治（笞）主者寸十。有（又）里課之，最者，賜田典日旬，殿，治（笞）卅"。① 居延漢簡中簡10·28有"·北邊挈令第四候長候史日迹及將軍吏勞二日皆當三日"②。陳直認爲"漢人稱接近匈奴各邊郡爲北邊，接近西域各邊郡爲西邊，見《漢書·賈誼傳》。此挈令本爲北邊而設，但西邊亦同樣使用"。③ 居延舊簡159·14有"五鳳

---

① 睡虎地秦墓竹簡整理小組：《睡虎地秦墓竹簡》，文物出版社1990年版，第22頁。
② 謝桂華、李均明、朱國炤：《居延漢簡釋文合校》，文物出版社1987年版，第16頁。
③ 陳直：《居延漢簡研究》，中華書局2009年版，第116頁。

三年十月甲辰朔甲辰居延都尉德丞延壽敢言之甲渠候漢彊書言候長賢日迹積/三百廿一日以令賜賢勞百六十日半日謹移賜勞名籍一編敢言之"，① 是以令增勞的實例。

1. ☑☑候史迹二日及吏將屯勞☑　　　73EJT10:241

2. ☑賜勞矢十五日　　　　　　　　73EJT24:913

3. ・右日迹簿二千石賜勞名籍令☑　　73EJT29:48

【注】

1. 北邊挈令令文殘簡。

2. 此爲依據功令對秋射中矢過六矢者每矢賜勞十五日。居延漢簡 45・23 有："・功令第卅五候長士吏皆試射射去埻弩力如發弩發十二矢中帶矢六爲程過六矢賜勞十五日"。73EJT10:206 簡 "☑朔庚子令史勳敢言之爰書士吏商候長光隧長昌等☑/☑□即射候賞前令史□署②發矢數於牒它如爰書敢☑" 是報送發矢數，即與賜勞有關。

3. 地方的賜勞命令均由郡級長官做出。

Ⅱ. 以詔書增勞、賜勞

肩水橐他候官勇士隧長□□孫宏肩水

☑都尉君司馬莊行丞事以詔書增宏勞十二月廿四日

73EJT37:850 +35③

---

① 謝桂華、李均明、朱國炤：《居延漢簡釋文合校》，文物出版社 1987 年版，第 261 頁。

② 李燁、張顯成指出原釋文 "辱" 當爲 "署"。李燁、張顯成：《〈肩水金關漢簡（壹）〉校勘記》，《古籍整理研究學刊》2015 年第 4 期，第 67 頁。

③ 姚磊：《〈肩水金關漢簡（肆）〉綴合考釋研究（十二則）》，李學勤主編：《出土文獻（第九輯）》，中西書局 2016 年版。

（以令）奪勞

【解題】

奪勞，扣減勞績作爲懲罰。《漢書·馮唐傳》如淳注："漢軍法曰吏卒斬首，以尺籍書下縣移郡，令人故行，不行奪勞二歲。"[1] 漢簡新簡 EPS4T2：8B："不中程百里罰金半兩過百里至二百里一兩過二百里二兩／不中程車一里奪吏主者勞各一日二里奪令相各一日"。[2] 居延新簡 EPT56：337 簡："☑☑弩發矢十二中帚矢六爲程過六若不帚六矢賜奪勞各十五日"。[3]

1. ☑☑☑☑矢奪勞☑（削衣）　　　　　　　　73EJT9：385

2. ☑長壽里家去大守府三百里

☑爲吏六歲九月廿二日

☑其卅五日永光五年……以令奪勞（削衣）73EJC：16

【注】

1. 此簡當爲依據功令對秋射達不到標準者作出的奪勞處罰。

2. 爲功勞名籍或自占書功勞名籍之類。

不爲勞

【解題】

不爲勞，指按照功令不計入功勞名籍的情況，包括患病、

---

① （漢）班固：《漢書·馮唐傳》，中華書局 1962 年版，第 2315 頁。

② 馬怡、張榮強主編：《居延新簡釋校》，天津古籍出版社 2013 年版，第 878 頁。

③ 馬怡、張榮強主編：《居延新簡釋校》，天津古籍出版社 2013 年版，第 520 頁。

歸寧請假等，作相應的日期扣除。

> 肩水候官駟望隧長公乘楊殷自占書功勞託九月晦日
>
> 爲肩水候官駟望隧長四歲十一月十日
>
> 凡爲吏四歲十一月十日 　　·能書會計治官民頗知律令文
>
> 其六日五鳳三年九月戊戌病盡癸卯不爲勞　　年廿七歲
>
> 73EJT26：88

當賜奪勞者不賜奪

> 元康二年正月辛未朔癸巳丞相相告中二=千=石=（二千
> 石二千石）郡大守諸侯相上吏郎元康三年☑
>
> 　☑□少其實年爵不相應當賜奪勞者或不賜奪☑
>
> 73EJT23：3 +619①

【注】

簡文殘缺，“少其實年爵不相應當賜奪勞者或不賜奪”，“少其實”，數量少於實際情況，“年爵不相應”，是説登記的年爵與實際不符，“當賜奪勞者或不賜奪”指未按照規定執行賜予或減損勞績。

以功（次遷）

> 1. ☑□馮明自言從□范陽以功☑　　　　73EJT24：651

---

① 綴合根據許名瑲：《〈肩水金關漢簡（貳）〉綴合一則》，簡帛網 2016 年 7 月 15 日，http://www.bsm.org.cn/show_article.php?id=2595。

第四節　行書制度

行書，指文書傳遞。秦漢有《行書律》。有關行書制度，包括多方面内容。這裏輯録的是制度方面的“中程”“騎置馳行”“更封”，以及郵書的核驗、相關違法行爲的糾舉等。①

中程

【解題】

中程，這裏指行書中程，指文書傳遞時間没有超過規定的時限。行書里程時限標準稱爲行書程。《周禮·地官·掌節》：“皆有期以有反節。”鄭玄注：“將送者執此節以送行者，皆以道里日時課，如今郵行有程矣。”②《漢舊儀》：“其驛騎也，三騎行，晝夜千里爲程。”③ 《二年律令·行書律》273 簡有：“郵人行書，一日一夜行二百里。”④ 居延漢簡 EPS4T2·8 有“一日一夜當行百六十里”。肩水金關漢簡 73EJT23：764 有“出萬世隧函二其一受入函四月乙卯日東中時起萬世隧其日下舖五分時第六隧卒同付府門界中/卌五里函行四時五分中程”。汪桂海指出，行書不符合速度以及時限要求爲“行書不中

---

① 相關研究參見高榮：《秦漢郵書管理制度初探》，《人文雜誌》2002 年第 2 期；張俊民：《居延漢簡中的郵書檔案》，《檔案》1997 年第 3 期；王錦城：《西北漢簡所見郵書的類別即相關問題考略》，《古代文明》2017 年第 3 期；王雨嘉：《漢代西北地方文書傳遞研究》，中國政法大學 2021 年碩士學位論文。

② （清）孫詒讓：《周禮正義》，中華書局 2013 年版，第 1116 頁。

③ （清）孫詒讓輯，周天佑點校：《漢官六種·漢舊儀》，中華書局 1990 年版，第 63 頁。

④ 彭浩、陳偉、［日］工藤元男：《二年律令與奏讞書：張家山二四七號漢墓出土法律文獻釋讀》，上海古籍出版社 2007 年版，第 203 頁。

程"，行書耽擱延遲爲行書"留遲"，行書所用時間超出法定時限爲行書"失期""過程"。傳遞文書速度快，提前完成文書傳遞爲"疾程""不及程"。① 唐律中有對行書制度的繼承，如《唐律·職制》規定："諸驛使稽程者，一日杖八十，二日加一等，罪止徒二年。"②

1. 出萬世隧函二其一受入函四月乙卯日東中時（1）起萬世隧（2）其日下餔五分（3）時第六隧（4）卒同付府門界中

卌五里函行四時五分中程　　　　　　　73EJT23：764

2. ☑□司馬行大尹事詣延亭大尹（1）府三月庚子起五月庚戌日餔時莫當卒受驛北卒

五月辛亥日入時顯高卒付守林卒同

界中百三十里書行十三時中程　　　73EJF3：628＋311③

【注】

1.（1）（3）"東中""下餔"均爲時段名稱。一時等於十分。（2）萬世隧，肩水候官左前部有萬世隧。（4）第六隧，肩水候官左後部有第六隧。④

本簡爲郵書課，包括郵書傳遞情況及評價。里程"卌五里"爲萬世隧與第六隧兩隧郵書傳遞的區間，兩隧用時四時五分。

2.（1）延亭，始建國天鳳二年由張掖郡分出新設置的郡，

---

① 汪桂海：《漢代官文書制度》，廣西教育出版社1999年版，第187頁。相關研究又如高恒：《漢簡牘中所見令文輯考》，李學勤、謝桂華主編：《簡帛研究（第三輯）》，廣西教育出版社1998年版，第398頁。

② 岳純之點校：《唐律疏議》，上海古籍出版社2013年版，第172頁。

③ 姚磊：《肩水金關漢簡綴合》，天津古籍出版社2020年版，第361頁。

④ 參見郭偉濤：《肩水金關漢簡研究》，上海古籍出版社2019年版，第56頁。

所轄包括了原居延都尉轄區。不晚於始建國地皇三年延亭郡廢。① 大尹，即原太守。《漢書·王莽傳》始建國元年"改郡太守曰大尹，都尉曰太尉"。②

騎置馳行

【解題】

騎置馳行，指一種單人騎乘傳遞郵書的方式。騎置，一種設置有馬匹和驛騎的郵驛機構，主要用以傳遞重要和緊急文書。③

1. 皇帝璽書一封賜使伏虜居延騎千人光

制曰騎置馳行傳詣張掖居延使伏虜騎千人光所在毋留＝（留留）二千石坐之

・從安定道元康元年四月丙午日入時界亭驛小史安以來聖□行　　　　　　　　　　　　　　　　　73EJT21：1

2. ☑上書一封/騎置馳行上/行/　　　73EJT21：409

3. 張掖肩水廣地候賓□□長昌昧死再拜□□本始元年四月己酉日蚤食時

騎置馳行上入□□□長壽隧□□□隧長妻報子□□□□

行在所公車司馬（1）以聞

□□五年四月戊申日餔時受□□□　　　73EJT24：244

【注】

1. 簡文注解見"留"條。

---

① 參見焦天然：《新莽時期張掖郡部都尉更名考》，西北師範大學歷史文化學院等：《簡牘學研究（第十一輯）》，甘肅人民出版社 2021 年版，第 69 頁。

② （漢）班固：《漢書·王莽傳》，中華書局 1962 年版，第 4103 頁。

③ 關於郵書的傳遞方式，可參見彭浩：《讀張家山漢簡〈行書律〉》，簡帛網 2015 年11 月 2 日，http：//www.bsm.org.cn/show_article.php?id=26，原載《文物》2002 年第 9 期。

簡中載明傳遞方式爲“騎置馳行”。《漢舊儀》：“奉璽書使者乘馳傳，其驛騎也，三騎行，晝夜千里爲程。”

3.（1）公車司馬，專門執掌禁宮門處接收上書進獻等的職官。《漢書·百官公卿表》顏師古注引《漢官儀》云：“公車司馬掌殿司馬門，夜徼宮中，天下上事及闕下凡所徵召皆總領之，令秩六百石。”[1]《後漢書·百官志》“衛尉”條：“公車司馬令一人，六百石。本注曰：掌宮南闕門，凡吏民上章，四方貢獻，及徵詣公車者。丞、尉各一人。”[2]

1簡爲下行的皇帝璽書，2、3簡爲上行文書，有可能是“變事告”之類的特殊文書。

校郵書

【解題】

校郵書是對郵書傳遞和登記情況的核對。郵書傳遞需以文書形式加以記錄。《嶽麓書院藏秦簡（肆）》223—224簡：“□律曰：傳書受及行之，必書其起及到日月夙莫（暮），以相報＝（報報）宜到不來者，追之。書有亡者，亟告其縣官。不從令者，丞、令＝（令、令）史主者貲各一甲。”[3]是秦律中關於傳遞文書時登記及報告制度的規定。漢代繼承了秦代的制度。關於校郵書的適用範圍，秦漢文書傳遞方式有“以郵行”和一般的“以次行”，想來這裏所校之“郵書”應包括以各種方式傳遞的文書，只要登記傳遞過程、有傳遞時限的，都屬於

---

① （漢）班固：《漢書·百官公卿表》，中華書局1962年版，第729頁。
① （漢）班固：《漢書·百官公卿表》，中華書局1962年版，第729頁。
② （南朝宋）范曄撰，（唐）李賢等注：《後漢書·百官志》，中華書局1965年版，第3579頁。
③ 陳松長主編：《嶽麓書院藏秦簡（肆）》，上海辭書出版社2015年版，第142頁。

"校郵書"的範圍。

從肩水金關漢簡來看，校郵書是一般以候官所屬區域爲單位，在一段時間内派專人對該區域郵書進行督查核校，核校時會在傳遞文書或郵書匯總文書上記上核校文字或符號。如73EJD：33簡上有"校"字及鉤校符號"○"和"﹀"。

1. 長王豐行書校郵書彙他界中宿□□□□□☑

73EJT37：41

2. ☑□客校郵書彙他界中☑　　73EJT37：949 +1349①

3. 校郵書表火（1）肩水界中出入盡十二月（2）軺車一乘用馬二匹其一匹騧牡齒七歲

南部候長薛鳳子男觻得安國里薛級年十五一馬駹牝齒八歲

73EJT37：779

4. 建平三年五月庚戌朔甲子肩水候憲謂關嗇夫豐遣守令史敞校郵書彙他書到出入如律令　　　　　73EJT37：788A

張掖肩候即日發關

五月甲子以來令史襄　　　　　73EJT37：788B

5. 令史居延孤山里常熙年冊送客校書彙他界中

73EJT37：1430

【注】

3.（1）校郵書表火，郵書傳遞登記、信號傳遞登記的核校。表，指旗幟信號，如亡人赤表。火，指烽火。這裏指各類傳遞過程記錄。（2）出入盡十二月，指該過關文書的有效期到該年年底，可多次使用。

───────────

① 姚磊：《〈肩水金關漢簡（肆）〉綴合（伍）》，簡帛網2016年1月25日，http：//www.bsm.org.cn/show_article.php?id=2455。

以上各簡均爲過關文書。保留有過關文書使用期限的簡表明這些簡是使用期爲一年的多次使用的過關文書，表明校郵書是一項持續的工作。

郵書課多不相應

【解題】

郵書課多不相應，是郵書傳遞記録、考核中存在違規情況，一般會以舉書追查相關人員責任。郵書課，郵書傳遞的考核文書，有考課評語“中程”“不中程”等。留遲，郵書的滯留、傳送延遲。

☑　　　六月郵書課多不相應書行留遲過界中

☑□壹尚尚伏　罰令轉舉各如牒書到嚴教吏書

☑　各如律令會月廿五日　　　　　　　　73EJD:260A

☑掾商守屬賀　　　　　　　　　　　　73EJD:260B

更封

【解題】

更封，指文書傳遞過程中封印破損等依照規定予以重新上封。《二年律令·行書律》275 簡：“書以縣次傳及以郵行而封毀，過縣輒劾印，更封而署其送徼（檄）曰：封毀，更以某縣令若丞印封。”[1]

☑隧長安成以令爲更封　　　　　　　　73EJT1:59

---

[1]　彭浩、陳偉、［日］工藤元男：《二年律令與奏讞書：張家山二四七號漢墓出土法律文獻釋讀》，上海古籍出版社 2007 年版，第 203 頁。

行書留、留遲

【解題】

留，指公文延遲發出、延遲傳送等。睡虎地秦簡《秦律十八種·行書律》有"行命書及書署急者，輒行之；不急者，日䀻（畢），勿敢留。留者以律論之"。① 《二年律令·行書律》269—270 簡："發徵及有傳送，若諸有期會而失期，乏事，罰金二兩。非乏事也，及書已具，留弗行，行書而留過旬，皆盈一日罰金二兩。"② 《奏讞書》案例十二中記載：郵人官大夫傳遞一份官文書，由於遲留了八天，爲逃避文書"留遲"的罪責，而私自將"檄書"上的文書收發時間記錄作了改動，因此構成"爲僞書"罪。③ 居延新簡中有"入關檄留遲推辟文書"（EPF22：125－151,EPF22：324、464），調查"留遲"情況，追究"留遲"責任。又有 EPT59:96 簡："☐坐閏月乙卯官移府行事檄留遲三時九分不以馬行適爲戍卒城倉轉一兩/☐致官會月十五日畢"。④

1. 皇帝璽書一封賜使伏虜居延騎千人光

　制曰騎置馳行傳詣張掖居延使伏虜騎千人光所在毋留＝

（留留）二千石坐之

　　·從安定道元康元年四月丙午日入時界亭驛小史安以來墾

---

① 睡虎地秦墓竹簡整理小組：《睡虎地秦墓竹簡》，文物出版社 1990 年版，第 61 頁。
② 彭浩、陳偉、〔日〕工藤元男：《二年律令與奏讞書：張家山二四七號漢墓出土法律文獻釋讀》，上海古籍出版社 2007 年版，第 202 頁。
③ 彭浩、陳偉、〔日〕工藤元男：《二年律令與奏讞書：張家山二四七號漢墓出土法律文獻釋讀》，上海古籍出版社 2007 年版，第 349 頁。
④ 馬怡、張榮强主編：《居延新簡釋校》，天津古籍出版社 2013 年版，第 575 頁。

□行　　　　　　　　　　　　　　　　　　　　73EJT21：1

2. ☑　　六月郵書課多不相應書行留遲過界中

☑□壹尚尚伏　罰今轉舉各如牒書到嚴教吏書

☑　各如律令會月廿五日　　　　　73EJD：260A

☑掾商守屬賀　　　　　　　　　73EJD：260B

【注】1. 本簡注解見罪名中的“留”條。

本簡中“毋留，留，二千石坐之”，坐之，表明行爲構成犯罪，承擔法律責任。王錦城指出此簡“所見皇帝璽書的傳遞記錄中還加了一條行書的詔令，其明確規定由騎置馳行，不得有停留，如果停留的話二千石官要坐罪”。①

失時行

【解題】

失時行，指行書不符合時間要求。符合的情況稱爲“以時行”，如肩水金關漢簡73EJT26：24簡有“走者吏以時行如律已移書酒泉大守府敢告☑”。

戊寅丁卯蚤食（1）時行有三意失時行☑　73EJT3：70

【注】

（1）蚤食，漢代時辰名之一。《淮南子·天文訓》：“至於曾泉，是謂蚤食；至於桑野，是謂晏食。”②

傳出不到府

官次傳盡莫當（1）以亭次行（2）　　　都吏詣郵候舍乃

---

① 王錦城：《西北漢簡所見郵書的類別及相關問題考略》，《古代文明》2017年第3期。

② （漢）劉安編，劉文典撰，馮逸、喬華點校：《淮南鴻烈集解·天文訓》，中華書局2013年版，第108頁。

丙寅傳南出入十餘日不到府今府持記（3）趣之□□各推
□□□□（4）（檢）　　　　　　　　73EJD:319A

　　□相付受日時（5）候長候史以檄言出部界日時官次行
□□□□□（檢）　　　　　　　　73EJD:319B

　　三月乙亥官記告駇馬亭南至莫當前府傳鹽二石少廣地候官
丿　　□上自□□（檢）　　　　　　73EJD:319C

　　教（檢）　　　　　　　　　　　73EJD:319D

【注】

（1）莫當，莫當隧。（2）以亭次行，按亭依次傳遞。《集
成》（八）："漢代文書傳遞方式之一，逐亭傳遞，常見於封檢
上。"①（3）記，漢代文書的一種形式。《集成》（九）：記，"文
書，一般指上級或長吏個人的命令，無論官事或尋常書問，并
得通用。《文心雕龍·書記篇》：後漢，稍有名品，公府奏記，
而郡將奏箋。記之言志，進己志也。其實書疏之稱'記'，不始
於後漢，前漢已有之"。②（4）推，與後缺字當組成"推辟"，
推辟，推究，追查之意。（5）相付受日時，彼此交接的時間。

本簡記載文書沒有按時到達，要求傳送路徑上的各亭隧核
查傳送時間，追究文書下落。

第五節　出入關制度

漢代在張掖郡額濟納河流域由北到南分別設置居延都尉和

肩水都尉。其主要的邊塞和烽燧防御系統基本形成一條與河西走廊主綫垂直的向北的綫路，在兩側的沙漠中，這條綠色通道是防御匈奴和與匈奴交通的重要通道。此外此地還是重要的屯田區域。漢簡表明居延地區居民的經濟活動相當活躍。肩水金關和懸索關就一南一北，位於這條通道上，執行著重要的管理過往人員和物資的職能，起著防御和交通保障的雙重作用。

肩水金關作爲過往通道關卡，對過關文書、過關人員和攜帶的物品進行查驗。關隘管理法律資料主要涉及通關的違規違法行爲，以及過關人員的保任制度等。①

不相應者毋内

【解題】

不相應者毋内，指持有的過關文書有不相合之處者，不得放行。内，《説文解字·入部》："内，入也。从冂入。自外而入也。"②

1. ☑及不相應者皆毋内檄言以　　　　　　　73EJC:131

---

① 相關研究有李均明：《漢簡所反映的關津制度》，《歷史研究》2002 年第 3 期；
［日］藤田勝久：《金關漢簡的傳與漢代交通》，武漢大學簡牘研究中心：《簡帛
（第七輯）》，上海古籍出版社 2012 年版；張玲：《秦漢關隘制度研究》，河南大學
2012 年博士學位論文；王天虎：《漢代河西"據兩關"新探》，《居延遺址與絲綢
之路歷史文化國際學術研討會論文集》（2013 年）；李燁：《略述漢簡所見之
"傳"及其與"過所"的關係》，《學行堂文史集刊》2012 年第 1 期；陶玉樂：
《肩水金關的歷史地位》，《居延遺址與絲綢之路歷史文化國際學術研討會論文集》
（2013 年）；江娜：《漢代邊防體系研究》，華中師範大學 2013 年博士學位論文；
張英梅：《試探肩水金關漢簡中"傳"的制度》，《敦煌研究》2014 年第 2 期；郭
俊然：《出土資料所見的漢代關津職官體系》，《昆明學院學報》2014 年第 1 期等。
② （漢）許慎撰，（清）段玉裁注，許惟賢整理：《説文解字注》，鳳凰出版社 2015
年版，第 396 頁。

2. 金關往者令史歆以檄書爲吏卒遣出入關止不內還道
□□   73EJC:9 +61

【注】

2. 簡文説令史歆曾簽發檄書派遣吏卒過關，關口未予放行。

獨以傳致籍出入

1. 候官案丞相板詔令第五十三過塞津關獨以傳致籍出入
                                      73EJC:590
2. 出關毋傳君兄□   73EJT24:83
3. 毋傳以符籍□   73EJT24:854

吏過府謁毋致者

□吏過府謁（1）毋致（2）者輒令城尉（3）□□
                                      73EJT8:21

【注】

（1）謁，拜見，這裏指前往官署辦理事務。《釋名》：
"謁，詣也，詣告也。書其姓名於上，以告所至詣者也。"① 過
府謁，指到太守府或都尉府辦理公務。（2）致，過關文書，這
裏是吏員持有前往其他官署辦理事務的文書，可以作爲過關文
書使用。（3）城尉，根據學者研究，張掖郡僅有肩水都尉下設
城官系統，長官爲城尉。

簡文後部殘缺。吏前面文字殘缺，不好判斷是何官署之吏。

---

① （漢）劉熙：《釋名》，中華書局 2016 年版，第 88 頁。

逾行

致官傳病逾行（1）重罰叩頭死罪敢言之☐

73EJF3：428

【注】

（1）逾，越。逾行，亦作"踰行"。指行爲越軌。《韓非子・備内》："士無幸賞，無踰行，殺必當罪不赦，則姦邪無所容其私矣。"①

簡文殘缺，似乎是因病超出了規定時限。

以罰不得取致

【解題】

以罰不得取致，似指因爲過失受到處罰，不予發給過關使用的"致書"。

河平三年四月己未朔己巳張掖肩水都尉曼丞☐☐

亭乏候望（1）今遣塞曹史禁等循行舉吏☐

至今未敢更是以罰不得取致也迫春月盡☐☐　　73EJC：444

【注】

（1）乏候望，指候望工作進行得不充分，荒疏懈怠。乏，荒廢，《康熙字典》："《左傳・成二年》：韓厥曰：敢告不敏，攝官承乏。注：猶代匱也。又廢也。"②

---

① （清）王先慎撰，鍾哲點校：《韓非子集解・備内》，中華書局1998年版，第116頁。
② 《康熙字典》，同文書局1887年版，中華書局1922年印，第82頁。

傳出不到府

官次傳盡莫當以亭次行　　都吏詣鄣候舍週丙寅傳南出入
十餘日不到府今府持記趣之□□各推□□□□
（檢）73EJD：319A

□相付受日時候長候史以檄言出部界日時官次行
□□□□□□
（檢）73EJD：319B

三月乙亥官記告騶馬亭南至莫當前府傳鹽二石少廣地候
官丿　　□上自□□
（檢）73EJD：319C

教
（檢）73EJD：319D

過關文書中的證占、任占和自占

過關文書中的證（占）、任（占），是出行人的户籍所在
地的里父老對出行人基本情况的真實性予以保任的制度。[1] 私
人出行需由户籍所在地出具“傳”等過關文書，該文書起到
身份證明的作用。該證明文書申請過程中往往需申請人所在里
的父老、里正等出具證言，表示所言情况屬實，其行爲被稱爲
“證”或“任”。除出行外，其他很多事務中父老、里正等需
起證明作用，如《二年律令·置後律》390 簡有“嘗有罪耐以
上，不得爲人爵後。諸當揲（拜）爵後者，令典若正、伍里人
毋下五人任占”。[2] 自占，是自行申報，自行對真實性負責。
《二年律令·津關令》498 簡：“御史請諸出入津關者，皆入

---

① 相關研究如劉欣寧：《漢代“傳”中的父老與里正》，《早期中國史研究》（第八
卷第二期）2016 年 6 月。

② 彭浩、陳偉、［日］工藤元男：《二年律令與奏讞書：張家山二四七號漢墓出土法
律文獻釋讀》，上海古籍出版社 2007 年版，第 241 頁。

傳，書［郡］、［縣］、里、年、長、物色、疵瑕見外者及馬職（識）物關舍人占者，津關謹閱，出入之。”①《漢律摭遺·戶律一》有“諸當占租者家長身各以其物占占不以實家長不身自書皆罰金二斤沒入所不自占物及賈錢縣官”條。②

1.　五鳳二年五月壬子朔乙亥南鄉嗇夫武佐宗敢言之北陽曲里男子☐

謹案弘年廿二毋官獄徵事當得取傳里父老丁禹（1）證謁言廷移過所☐☐

六月庚寅長安守右丞湯移過所縣邑如律令掾充令史宗☐

73EJT9：92A

三月壬辰不弘以來☐

章曰長安右丞☐

三月壬辰☐　　　　　　　　　73EJT9：92B

2.　☐☐☐☐☐☐

☐黑色正福（1）占五鳳四年七月己未……☐

☐徵事當爲傳謁言廷移過所縣道敢告尉……☐

☐☐☐☐☐☐☐☐☐☐……☐　73EJT9：162A

☐……☐　　　　　　　　　　73EJT9：162B

3.　☐☐中欲取傳謹案明年冊三毋官獄徵事當得取傳父老遠☐☐

☐長安獄丞禹兼行右丞事移過所縣邑如律令☐

73EJT10：229A

---

① 彭浩、陳偉、［日］工藤元男：《二年律令與奏讞書：張家山二四七號漢墓出土法律文獻釋讀》，上海古籍出版社 2007 年版，第 312 頁。

② （清）沈家本：《歷代刑法考》，中華書局 1985 年版，第 1636 頁。

☑長安獄右丞印　　　　　　　　　　73EJT10：229B

4.　☑□鄉佐勝敢告尉史常平里不更陽隻年冊歲正奉占
自言

　　　☑謹案隻毋官徵事當得傳□謁言廷移過所縣邑津關

　　　　　　　　　　　　　　　　　　73EJT24：563A

　　　☑□　　　　　　　　　　　　73EJT24：563B

5.　囂陵里男子楊譚自言欲取僵檢（1）客田張掖居延南□
亭部謹案譚等☑

　　　皆非亡人命者當得取僵檢父老尹襄證謁移居延□

　　　　　　　73EJT37：147＋417＋974＋1252①

6.　建平三年二月壬子朔癸丑……

之張掖郡界中謹驗問里父老王護正同皆任占（1）並毋官
獄徵事當爲傳謁移過所縣邑☑…如律令敢言之☑

　　　　　　　　73EJT37：1462A＋73EJT37：1471A

臨菑丞印　　　73EJT37：1462B＋73EJT37：1471B

7.　☑張②掖郡中正光占□☑

　　　☑☑☑☑☑☑☑　　　　　　73EJT1：69

8.　☑□牛車一兩給事令史勝之占□　　73EJT5：42

9.　☑乙酉朔壬☑

　　　☑當舍傳☑　　　　　　　　　73EJT6：78A

　　　☑自占☑

　　　☑見日未☑　　　　　　　　　73EJT6：78B

---

① 姚磊：《肩水金關漢簡綴合》，天津古籍出版社 2020 年版，第 194 頁。

② 姚磊指出整理者所釋"張"字當釋爲"長"，此處用作"張"。姚磊：《讀〈肩水金關漢簡〉劄記（二十一）》，簡帛網 2017 年 6 月 22 日，http://www.bsm.org.cn/show_article.php?id=2829。

10. 竟寧元年七月戊辰朔己卯守令史德敢言之遣亭長王敞
候史□籍落肩水都□

案所占用馬軺車一乘謁移過所縣道□關毋苛留止如律
令/……□　　　　　　　　　　　　　　　73EJT8:9

11. 五鳳四年八月己亥朔己亥守令史安世敢言之遣行左尉
事亭長安世逐命張掖酒泉敦①武威金城郡

中與從者陽里鄭常富俱乘占用馬軺車一乘謁移過縣道毋苛
留敢言之

八月己亥居延令弘丞江移過所縣道如律令/掾忠守令史安世
　　　　　　　　　　　　　　　73EJT9:104

12. □成從俱乘所占　　　　　　73EJT9:140

13. 占用馬二匹當舍郡邸從者□　73EJT9:153

14. □□□□

□舍傳舍長安乘所占用馬□兵財物□□（削衣）

　　　　　　　　　　　　　　　73EJT9:208

15. □□四年九月己巳朔己巳②佐壽敢言之遣守尉史彊上
計大守府案所占用馬一匹□

□謁移過所河津關毋苛留止如律令敢言之□

□□巳居延令守丞江移過所如律令/掾安世佐壽□□

　　　　　　　　　　　　　　　73EJT10:210A

□□□令延印

□月甲午尉史彊以來　　　　73EJT10:210B

---

① 簡文書寫者"敦"後脫漏"煌"字。
② 張俊民認爲是五鳳四年。張俊民：《肩水金關漢簡（壹）釋文補例續》，簡帛網
2012年5月8日，http://www.bsm.org.cn/?hanjian/5873.html。

16. 居延尉章☑　　　　　　　　73EJT9:271A

乘所占用☑　　　　　　　　　73EJT9:271B

17. ☑□里王步舒年卅八歲長七尺二寸黑正廣占①牛車一

兩弩一矢五十劍一　　　　　　73EJT6:53

18. ☑□長七尺二寸黑色正彊　　73EJT10:255

19. ☑□謹移所自占☑　　　　　73EJT23:463

20. □鳳四年四月辛丑朔甲寅南鄉嗇夫□敢言之□石里

□□蘇夫自言天□壽爲肩水倉丞願以令取☑

居延□□□與子男□葆延壽里段延年□□所占用馬一匹軺

車一乘・謹案户籍在鄉□□☑

夫□延年皆毋官獄徵事當以令取傳敢言之

……移過所如律令/佐定☑　　73EJT23:772A

居延令印　　　　　　　　　　73EJT23:772B

21. ☑□當爲傳謁移過所縣邑侯國以律☑73EJT24:427

22. ☑郡中乘所占用馬一匹軺車一乘☑　73EJT24:730

23. ☑長六尺黑色劍一正□☑　　73EJT25:138

24. ☑占用馬一匹軺車一乘謁　　73EJT10:133

25. ☑延廣都里陳得俱乘所占馬一匹軺車一乘謁

73EJT10:134

26. ☑丁卯北鄉有秩☑

☑正②令占案毋官☑　　　　　73EJT10:310

27. ☑康俱乘所占用☑

---

① "正廣占"原釋"劇食",根據劉欣寧文章改釋。劉欣寧:《漢代"傳"中的父老
與里正》,《早期中國史研究》(第八卷第二期) 2016 年 6 月。

② 原釋"上",劉欣寧改釋爲"正"。劉欣寧:《漢代"傳"中的父老與里正》,《早
期中國史研究》(第八卷第二期) 2016 年 6 月。

☑□月丙辰☑（削衣）　　　　　　　　　73EJT10:419

28. 建昭三年三月丁巳朔乙亥……迎受騎馬張掖郡中乘所
占用馬一匹軺車一乘

　　……都里不更……金關毋苛留止如律令敢言之

　　　　　　　　　　　　　　　　　73EJT21:113A

　　三月庚辰鄭誼以來　　　　　　　　73EJT21:113B

29. 付□長占穀千石☑

　　……☑　　　　　　　　　　　　　73EJT24:232

30. 本始四年九月壬戌朔丁未西鄉有秩賢敢告尉史宜歲里
上造董賁年卅五歲正占①自言爲家私市

　　……　　　　　　　　　　　　　　73EJT24:262

31. ☑正②定（1）占自言爲家私市張掖郡中謹案常（2）
年爵□☑　　　　　　　　　　　　　73EJT30:243A

　　☑章曰雒陽丞印☑　　　　　　　　73EJT30:243B

32. 黄龍元年六月辛未朔壬辰南鄉佐樂敢言之楊里

　　公乘冷□年廿歲小未傅爲家私市居延正彭祖

　　占移過所縣道毋苛留／六月壬辰雒陽守丞殷移過所毋苛留
如律令／掾良令史陽　　　　　　　　73EJT33:41A

　　……　　　　　　　　　　　　　　73EJT33:41B③

33. ☑始四年計乘所占畜馬一匹軺車一乘

　　　　　　　　　　　　　　　　　73EJT24:538

---

① “占”原釋爲“令”，劉欣寧改釋。劉欣寧：《漢代“傳”中的父老與里正》，《早
期中國史研究》（第八卷第二期）2016 年 6 月。

② “正”原釋爲“□”，劉欣寧改釋。劉欣寧：《漢代“傳”中的父老與里正》，《早
期中國史研究》（第八卷第二期）2016 年 6 月。

③ “正”原釋“乏”，“占”原釋“告”，劉欣寧改釋。劉欣寧：《漢代“傳”中的
父老與里正》，《早期中國史研究》（第八卷第二期）2016 年 6 月。

34. ☑所占用馬一匹軺車一乘☑　　　　　73EJT37:423

35. 占用馬☑騩牝馬齒十歲　　　　　　　73EJT37:462

36. 五鳳元年六月戊子朔己亥西鄉嗇夫樂敢言之大昌里趙延自言爲家私使居延與妻平子小男偃登大奴同婢礫綠謹案延

　　平偃登便同綠毋官獄徵事當得取傳乘家所占用馬五匹軺車四乘謁移過所肩水金關居延敢言之

　　六月己亥屋蘭守丞聖光移過所肩水金關居延毋苛留如律令/掾賢守令史友　　　　　　　　　　73EJT37:521

37. 五鳳四年十一月戊辰朔己丑居延都尉德丞延壽謂過所縣道津關遣屬常樂與行邊兵丞相史楊卿從

　　事移簿丞相府乘所占用馬二匹當舍傳舍從者如律令/掾仁屬守長壽給事　　　　　73EJT37:73EJT37:782＋836A

　　居延都尉章　　　　　　　　　　　　73EJT37:836B①

38. ☑占案毋官徵事當☐☑　　　　　　　73EJT37:884

39. ☑郡乘所占馬騂（1）

　　☑傳謁移函谷關　　　　　　　　　　73EJT37:916

40. ……

　　童弟小女貞年九長五尺一寸黑色正則占不☐☐占所乘用駹牡馬一匹齒三歲高五尺六寸正則占　　　73EJT37:1590

41. 河平四年七月辛亥朔庚午西鄉有秩嗇夫誼守斗食佐輔敢言之長安男子楊譚自言欲取偃

　　檢與家屬俱客田居延界中謹案譚等年如牒書皆非亡人命者當得取偃檢父老孫都證謁移居延如律令

---

①　姚磊：《〈肩水金關漢簡（肆）〉綴合考釋研究（十二則）》，李學勤主編：《出土文獻（第九輯）》，中西書局2016年版，第228—229頁。

敢言之七月癸酉長安令右丞萬移居延如律令/掾般令史賞
　　　　　　　　　　　　　　　　73EJT37：527

42．　所乘用騧牝馬一匹齒十歲高六尺二寸主狗占
　　　　　　　　　　　　　　　　73EJT37：999

43．　常占自言爲家私市張掖酒泉郡中謹案年爵如書
　　　　　　　　　　　　　　　　73EJT37：1014

44．　守屬員蓋之收責盜臧居延乘家所占用馬當舍傳舍從者
如律令　　　　　　　　　　　3EJT37：1097A

　　張掖大守章　　　　　　　　73EJT37：1097B

45．　……

　　屬可校居延部縣農官穀乘所占用馬當別舍傳舍☐
　　　　　　　　　　　　　　　　73EJT37：1167A

　　張掖大守章

　　……　　　　　　　　　　　73EJT37：1167B

46．　五鳳四年三月壬申朔癸酉令史登敢言☐
　　同縣故里柳廣偕乘所占騅牡馬一匹白驃左☐☐
　　侯國門亭河津勿苛留如律令
　　三月癸酉蕄平守丞寰寫移☐　　73EJT37：1184

47．　占所乘馬騧牝齒九歲高六尺軺車一乘　73EJF3：156

48．　始建國天鳳五年八月戊寅朔戊寅朔戊寅都鄉庶士（1）
惲敢言之客田宣城善居里男子程湛自
　　言爲家私使之延亭郡中謹案湛毋官獄徵事當得以令取傳謁
移過所津關毋苛如律
　　令敢言之　　　　　　　　　73EJF3：328A
　　八月己卯錄得行宰（2）事守馬丞行馬丞事守徒丞衆移過

所如律令

　　／掾齊史並　　　　　　　　　　　　　73EJF3：328B

　　49.　☑□隧長良移橐他候長獨苦善毋　　　73EJD：79A

　　　　☑……居延肩水都尉府乘所占用馬一匹軺車一乘

　　　　☑□風掾安世

　　　　☑□□如律令／掾威令史宗佐忠齊　　73EJD：79B

　　50.　☑□□敢言之遣從史杜霸從令對大守府占所乘用馬一
匹軺車一乘與□☑　　　　　　　　　　　73EJD：335

　　51.　☑陰長年里公乘吳林年廿五長七尺二寸黑色將牛車一
兩十二月己巳入

　　　　出左辨任占（1）

　　　　左勝丿（竹簡）　　　　　　　　　73EJT22：1

　　52.　卒史興妻大女桂從者同里王得願俱往遺衣用乘所占用
馬一匹・謹案延壽等毋官獄徵事當

　　　　得取傳里父老更生等皆任延壽等謁言廷移過所縣邑門亭河
津馬界關毋苛留止如律令敢言之　　　　73EJC：529A

　　　　章曰長丞安印

　　　　……　　　　　　　　　　　　　73EJC：529B

　　53.　五鳳四年六月庚子朔甲寅中鄉嗇夫廣佐敢言之囂陵里
男子習萬自言欲取傳爲家私使張掖居延界中謹案萬年

　　　　五十一毋官獄徵事當得爲傳父不尊證謁言移過所縣邑毋留
止如律令敢言之

　　　　六月己未長安守右丞世移過所縣邑毋苛留如律令掾令史奉
□　　　　　　　　　　　　　　　　　73EJT37：1076A

　　　　章曰長安右丞印□□　　　　　　73EJT37：1076B

【注】

1. （1）里父老，名丁禹。

2. （1）里正，名福。

5. （1）偃檢，注釋見"傷人"條第6簡。

6. 本簡中父老和正皆爲之任占。

31. （1）（2）定、常，均爲人名。

39. （1）騂，黑鬃紅色馬。《説文解字·馬部》："赤馬黑毛尾也。"①

48. （1）庶士，相當於"有秩"。《漢書·王莽傳》："更名秩百石曰庶士。"②（2）宰，王莽時期縣令長。《漢書·王莽傳》："縣令長曰宰。"③

51. （1）左辨任占，左半枚簡作爲憑據。本簡所見爲左右中剖的左半枚簡，即簡文中所稱"左辨"。該簡當爲關吏在出行人出關時製作，中剖之後，左半留在金關，右半出行人持有，入關時相合爲據，出行人得以入關。該簡的記載表明出行人後來已經入關。至於是什麼情況下關吏製作此類過關憑證，還不太清楚。

53. 姚磊認爲73EJT37：1076簡中"習萬"與73EJT37：1081簡"京兆尹長安囂陵里習萬年五十一長七尺三寸黑色正月丁丑入"中"習萬"當爲同一人。④

---

① （漢）許慎撰，（清）段玉裁注，許惟賢整理：《説文解字注》，鳳凰出版社2015年版，第805頁。

② （漢）班固：《漢書·王莽傳》，中華書局1962年版，第4103頁。

③ （漢）班固：《漢書·王莽傳》，中華書局1962年版，第4103頁。

④ 姚磊：《讀〈肩水金關漢簡〉劄記（十）》，簡帛網2016年10月26日，http://www.bsm.org.cn/show_article.php?id=2653。

葆、葆庸、任

【解題】

葆在文獻中有多種含義。① 西北漢簡中常見的是在出行文書中的葆，是對某些人提供出行擔保。陳直指出，"邊郡鄣塞之外，有葆之名。《墨子·號令篇》云：'葆宮之牆必三重。'又云：'樓入葆宮丈五尺，葆不得有室。'戍所葆宮之制，在戰國時，爲吏卒妻子質居之地，在漢代似即與塢壘相似，但仍包括一部分質居之家屬在内。且葆宮之制，分布各縣，生長於某縣葆宮者，其名籍上特冠以葆字"，② 解說了"葆"的由來。

---

① 關於"葆"，多位學者已做過專門研究，陳直認爲"'葆'予考爲保宮之省稱"。陈直：《兩漢經濟史料論叢》，中華書局 2008 年版。張政烺認爲應該視爲睡虎地秦簡中的葆子。張政烺：《秦律"葆子"釋義》，中華書局編輯部編：《文史》（第九輯），中華書局 1980 年版。裘錫圭認爲是一種爲他人收養保護的人，實際情況跟傭客没有多少區別。裘錫圭：《新發現居延漢簡的幾個問題》，《古文字論集》，中華書局 1992 年版。李均明認爲是擔保、保證，與今世所見出入境擔保相類。李均明：《漢代屯戍遺簡"葆"解》，中華書局編輯部編：《文史》（第三十八輯），中華書局 1994 年版。魯惟一認爲簡文中的"葆"或許是"某個較大的行政單位（如'郡'）的名稱"。〔英〕邁克爾·魯惟一著，于振波、車今花譯：《漢代行政記錄》，廣西師範大學出版社 2005 年版。林永强認爲"葆"是具有一定獨立性和區域組織性的區域組織。林永强：《"葆塞蠻夷"相關問題考論》，《西北民族大學學報》2009 年第 1 期。謝桂華認爲"每月庸價最低如《九章算術》卷三《衰分》'今有取保一歲，價錢二千五百。今先取一千二百，問當作日幾何？'……《太平經》卷一一四：'時以行客，賃作富家，爲其奴使，一歲數千，衣出其中，餘可少視，積十餘歲，可得自用，還故鄉……'"。謝桂華：《漢簡簡牘論叢》，廣西師範大學出版社 2014 年版，第 163 頁。相關研究還有沈剛：《西北漢簡中的"葆"》，卜憲群、楊振紅主編：《簡帛研究（二○一一）》，廣西師範大學出版社 2013 年版；馬智全：《肩水金關漢簡中的"葆"探論》，《西北師大學報（社會科學版）》2013 年第 1 期；張英梅：《肩水金關漢簡中"葆"再探討》，《居延遺址與絲綢之路歷史文化國際學術研討會論文集》（2013 年）；賈麗英：《西北漢簡"葆"及其身份試論》，《魯東大學學報》2014 年第 5 期。

② 陳直：《居延漢簡研究》，中華書局 2009 年版，第 310 頁。

西北漢簡中反映人與人關係的"葆"，馬智全認爲包括吏對民的擔保、吏對官奴的擔保、民對民的擔保以及家庭成員間的擔保，認爲肩水金關漢簡中的"葆"，主要是一種爲通關而進行的擔保以及由此産生的身份特徵。① 被"葆"之人與擔保人之間可能存在的關係有私從關係、官奴管理關係、雇傭關係、家屬關係等。所葆的内容包括被葆人所述身份真實，憑傳等過關事由真實，會按時返回等。有時這種葆也可能用"任"來表示。五一廣場東漢簡中 CWJ③:325 -1 -15 簡在司法中的"保任"可供參照。②

I. 民葆民

1. ☑葆同縣安定里公乘張忠年卅五長七尺 73EJT2:36
2. ☑保同縣臨池里大夫潘忠年廿三長七尺二寸入

                             73EJT6:31

3. □□丞葆同里大夫王威年廿七歲黑色☑

                             73EJT10:245

4. ☑爲家私市居延與子男齊葆同縣☑　　73EJT10:370

5. 本始五年五月戊辰朔辛巳平鄉☑

保同里男子橋定廣年五十四☑

廷移過所縣邑門亭毋苛留如律令☑　　73EJT23:385

6. ☑大夫鄭衆年卅六葆市北里□□☑　　73EJT23:675

7. □鳳四年四月辛丑朔甲寅南鄉嗇夫□敢言之□石里

---

① 馬智全：《肩水金關漢簡中的"葆"探論》，《西北師大學報（社會科學版）》2013 年第 1 期。

② 長沙市文物考古研究所等編：《長沙五一廣場東漢簡牘選釋》，中西書局 2015 年版，第 186 頁。

□□蘇夫自言天□壽爲肩水倉丞願以令取□

居延□□□與子男□葆延壽里段延年□□所占用馬一匹軺車一乘・謹案戶籍在鄉□□

夫□延年皆毋官獄徵事當以令取傳敢言之

……移過所如律令/佐定□   73EJT23：772A

居延令印   73EJT23：772B

8. □葆同縣□里□上時□

9. 地節三年二月戊子朔庚子東鄉有秩□王佐赦敢告尉史溫①城（1）陬里大夫張恢自言群父騎將爲居延司馬取傳與葆

平都里解延壽郭里葛赦往遺衣用乘家所占畜馬二匹案毋官獄徵事當爲傳謁移過所縣邑

侯國以律令從事敢告尉史/有秩□王

                 73EJT24：872A＋249

章曰溫之丞印   73EJT24：872B②

10. □里公乘孫宣年七十葆觻得當富里公乘任賞年卅軺車二□

用馬三□   73EJT24：374

11. 地節二年八月辛卯朔壬辰西鄉有秩安敢告尉史溫夕阿里上造桃禹與葆同里冀縣自言取傳爲家私市張掖郡中

案毋官獄徵事當爲傳謁移過所縣邑侯國以律令從事敢告尉史/有秩安八月壬辰尉史弘敢言之   73EJT25：7A

---

① 趙海龍認爲原釋"湿"字應當"溫"字的變形。趙海龍：《〈肩水金關漢簡（貳）〉"湿城陬里"釋讀》，簡帛網 2014 年 8 月 28 日，http://www.bsm.org.cn/show_article.php?id=2063。

② 綴合據伊强：《肩水金關漢簡綴合十五則》，武漢大學簡帛研究中心：《簡帛（第十二輯）》，上海古籍出版社 2016 年版。

章曰溫之丞印 　　　　　　　　　73EJT25：7B

12.　褒纔得富里陳聖公乘年卅六☑　　73EJT26：133

13.　纔得廣穹里公乘虞良年卅　　葆兄子嘉年十五三月辛
未北嗇夫豐出

方箱車一乘馬一匹騅牝齒十歲高六尺二寸73EJT30：20

14.　永光二年五月辛卯朔己未都鄉嗇夫禹敢言之始樂里女
子惠青辟自言爲家私使之居延與

小奴同（1）葆同縣里公乘徐毋方偕謹案青辟毋方更賦給
毋官獄事當得取傳敢言之

五月己未刪丹長賀守丞禁移過所寫移毋苛留止如律令／兼
掾嘉令史廣漢　　　　　　　　　73EJT33：40A

刪丹長印　　　　　　　　　　　73EJT33：40B

15.　河南郡緱氏縣東昌里大夫杜葆年卅五以九月出☑

　　　　　　　　　　　　　　73EJT37：64

16.　☑年廿五　　葆西鄉成漢里公乘張望年卅　　車三兩

葆同縣敬老里公乘侯歆年五十　　牛☐頭73EJT37：69

17.　史章敢言之大昌里男子……自言……

☐毋官獄徵事當得取傳☐葆同縣誼☐里男子李望

　　　　　　　　73EJT37：427＋298①

18.　安葆同里公乘馮未央年十九歲長七尺二寸黑色

　　　　　　　　　　　　73EJT37：802

19.　葆同縣長息里上造張惲年卅長七尺寸黑色

　　　　　　　　　　　73EJF3：137

---

① 姚磊：《〈肩水金關漢簡（肆）〉綴合及釋文訂補（十一則）》，中國文化遺産研究
院編：《出土文獻研究（第十六輯）》，中西書局2017年版，第268—269頁。

20. ▢觻得宜樂里楊猛年卅字君公作者同縣壽貴里男子侯
並年廿五▢　　　　　　　　73EJT37:1027＋186①

21. 觻得宜安里不更郝尊年卅葆作者同縣樂就里公▢
車二兩牛四頭　　　　　　　73EJT37:1036

22. 觻得萬年里姚宮年卅字子胥已出葆作者步利里李就年
卅字子威已出　　　73EJT37:1324＋73EJT37:1192②

23. 聞憙邑唐里傅定男弟二人　　□□□□□
庸同縣魚盧里邔羌弟婦二人　　同里傅孫□任□
口八　　同里傅□任□
同里閻□任□　　　　　　　73EJT24:321③

【注】

9.（1）溫城，即溫縣，屬河內郡。

14.（1）同，人名。

16. 本簡被葆者爲二人。可知一人可葆二人，或者更多。

20、21、22 三簡，均是前半句一人，後半句另一"作者"。其中後兩簡中皆稱"葆作者"，這裏的"作"可能即爲庸作。每支簡中前面的人爲雇傭者，後面的作者爲被雇傭者，在外出過關中前者爲後者承擔擔保責任。20 簡"作者"前沒有"葆"，或爲省略或漏寫，簡文反映的關係應與 21、22 簡相同。

① 姚磊：《肩水金關漢簡綴合》，天津古籍出版社 2020 年版，第 281 頁。
② 謝坤：《〈肩水金關漢簡（肆）〉綴合及考釋八則》，武漢大學簡帛研究中心：《簡帛（第十四輯）》，上海古籍出版社 2017 年版，第 71 頁。
③ 釋文第二行、第三行之"傅"原釋爲"傳"，第三行"口""任"原均釋爲"□"，根據姚磊著作改釋。姚磊：《肩水金關漢簡釋文合校》，中國社會科學出版社 2021 年版，第 310 頁。

Ⅱ. 吏葆民、官奴

1. 永光五年正月乙巳朔壬申肩水城尉奉世行☐
   成宣等自言遣葆☐☐☐之官如牒書到出入如☐

   73EJT3:109

2. 萬歲里公乘藉忠年卅八爲姑臧尉徐嚴葆與嚴俱之官正
   月庚午入 丿 73EJT6:52

3. 居攝二年三月甲申朔癸卯居延庫守丞仁移卅井縣索
   肩水金關都尉史曹解掾
   葆與官大奴杜同俱移簿大守府名如牒書到 出入如律

   73EJT8:51A

   居延庫丞印 嗇夫常①發

    君門下 掾戎佐鳳 73EJT8:51B

4. ☐敢言之遣葆氏池（1）大昌里鮑順等☐☐☐

   73EJT8:78

5. 葆王孫記書翁叔幸爲精（1）
   致肩水廄吏徐少儒所 73EJT9:13

6. ☐將卒館陶安樂長
   ☐葆深上里范安世
   ☐國毋留如律令 73EJT9:69

7. 肩水都尉屬令狐賞葆屋闌大昌里孫聖年廿八長七尺五
   寸黑色 73EJT14:3

8. 始建國元年二月癸卯朔庚午肩水候謂關嗇夫欽吏所葆

---

① 原釋爲"當"，根據馬智全文章改釋。馬智全：《肩水金關嗇夫紀年考》，《甘肅
省第三屆簡牘學國際學術研討會論文集》，上海辭書出版社2017年版，第260頁。

如牒　　　　　　　　　　　　　　　73EJT23:290

9.　□□□□郡中當舍傳舍從者如律令・葆三泉里上造同
爲□□　　　　　　　　　　　　　　73EJT24:180

10.　……

□吏所葆名縣爵里年姓如牒書到□　　73EJT24:525

11.　□隧長鳴葆氏池益城里上□　　　　73EJT28:118

12.　□掾葆居延利上里不更左延□□　　73EJT31:27

13.　毋官徵事當爲傳移所過縣邑毋何留敢言之

□□睢陽丞忠移所過縣邑毋何留如律令掾上葆令史建乘馬
一匹　　　　　　　　　　　　　　　73EJT33:77

14.　居延令史薛宣葆居延當遂里男子張武十月□

軺車一乘馬一匹　　　　　　　　　　73EJT37:32

15.　永始四年九月辛丑朔戊辰都鄉嗇夫恭敢言之三泉里男
子□咸自言爲騎士從史何歆葆□□

……　　　　　　　　　　　　　　　73EJT37:38

16.　都倉置佐程譚葆屋闌大昌里趙勤年卌八十二月癸亥北
嗇夫豐出已入　　　　　　　　　　　73EJT37:129

17.　彙他守尉延陵循葆從者居延□　　　73EJT37:135

18.　□□令史成故自言遣所葆爲□　　　73EJT37:197

19.　永光三年十一月壬午朔丁未酒泉北部千人禹移過所河
津關遣葆平陵宜利里韓則年卌五杜陵華陽里

公乘呂義年廿九乘軺車一乘牡馬一匹之居延收責毋苛留如
律令　　　　　　　　　　　　　　　73EJT37:525

20.　□葆俱之角得（1）對大司空史願以律取傳謹案

73EJT37:537＋948①

---

①　姚磊：《肩水金關漢簡綴合》，天津古籍出版社2020年版，第237頁。

21. 建平元年四月癸亥朔□□□水守城尉賞移肩水金關居
延縣索關☑

吏自言遣所葆爲家私使居延名縣里年姓如牒書出入如律
令☑   73EJT37:640A＋707A

佐忠☑   73EJT37:640B＋707B

22. 觻得始樂里公大夫封賢年五十長七尺二寸黑色　　十
月壬辰出　　十月庚子入

爲平利里侯畢成葆卩   73EJT37:745

23. 廣地士吏護葆觻得都里公乘張徙年卅五歲

長七尺五寸黑色（右側有刻齒）   73EJT37:759

24. 建平元年九月庚寅朔丁未掾音敢言之官大奴杜勝自言
與都尉五官掾石博

葆俱移簿大守府願已令取傳謁移過所縣道河津關毋苛留如
律令敢言之

九月丁未居延庫守丞長移過所如律令

掾音   73EJT37:780＋89①

25. 居延都尉書佐陳嚴葆觻汗里徐襃年☑

軺車一乘馬一匹駹☑   73EJT37:837

26. 守屬隨詡葆頻陽南昌里公乘李鳳年廿五正月庚午北出
                            73EJT37:989

27. 廣地　　毋患隧長安世葆居延中宿里公乘徐孺

年七十歲長七尺一寸黑色   73EJT37:1057A

□金關符   73EJT37:1057B

---

① 綴合根據姚磊：《論〈肩水金關漢簡（肆）〉的簡册復原——以書寫特徵爲中心考
察》，李學勤主編：《出土文獻（第十輯）》，中西書局2017年版。

28. 建平元年十二月己未朔辛酉橐他塞尉立移肩水金關候
長宋敞自言

　　與葆之觻得名縣里年姓如牒書到出入如律令

　　　　　　　　　　　　　　　73EJT37：1061A

　　張掖橐他候印　　即日嗇夫豐發

　　十二月壬戌令史義以來門下　　　73EJT37：1061B

29. 綏和二年四月己亥朔癸卯守城尉賞移肩水金關卅井縣
索關吏自言遣所葆

　　……　　　　　　　　　　73EJT37：1067A

　　四月乙巳北白發君前（1）　　　73EJT37：1067B

30. ☑守令史段武葆之武威金城張掖居延酒泉郡界中河津

　　　　　　　　　　　　　　　73EJT37：1132

31. ☑葆雲里上造曹丹年十七　　二月癸丑出

　　☑三月癸酉入南與吏俱吏入　　73EJT37：1217＋1140①

32. ……年□月□子朔戊寅東鄉嗇夫宗敢言之富里周護自
言爲金城允吾左尉樊立葆願☑

　　與立俱之官謹案户籍護士伍年廿五毋官獄徵事當得以令☑

　　　　　　　　　　73EJT37：401A＋857A＋1473A

　　居延丞印　　　73EJT37：401B＋857B＋1473B②

33. ☑寅朔己酉都鄉嗇夫武敢言之龍起里房則自言願以令
取傳爲居延倉令史徐譚葆俱迎錢

　　上河農・謹案户籍臧鄉者則爵上造年廿歲毋它官獄徵事當

---

① 綴合據姚磊：《〈肩水金關漢簡（肆）〉綴合考釋研究（十二則)》，李學勤主編：
　　《出土文獻（第九輯）》，中西書局 2016 年版。
② 姚磊：《肩水金關漢簡綴合》，天津古籍出版社 2020 年版，第 221 頁。

得以令取傳與譚俱謁移過所縣道河津關

　　毋苛留止如律令敢言之

　　九月庚戌居延令強守丞宮寫移過所如律令／兼掾臨守令史襃

73EJT37:1491

　34.　居延司空佐張黨葆卅井里九百同

　　軺車一乘馬一匹十月壬午北嗇夫豐出　　73EJT37:1509

　35.　居延廷掾衛豐年卌葆居延平明里劉弘年十九十月癸未
北嗇夫豐出

　　軺車一乘用馬一匹騮牡齒五歲高五尺八寸

73EJT37:1584

　36.　居延守令史董並葆居延始至里男子徐嚴十月壬午北嗇
夫豐出

　　軺車一乘馬一匹　　　　　　　　73EJT37:1588

　37.　建武三年五月丙戌朔壬子都鄉嗇夫宮敢言之金城里
任安

　　自言與肩水候長蘇長俱之官謹案安縣里年姓所葆持如牒

　　毋官獄徵事得以令取傳謁移過所毋苛留如律令敢言之

73EJF1:25

　38.　☐朔乙卯肩水城尉畢移肩水金關千人令史李忠等自言
遣葆

　　☐……　　　　　　　　　　73EJF2:45A

　　☐☐☐☐　　　　　　　　　73EJF2:45B

　39.　功曹史宋敞葆觻得定國里楊☐☐☐

　　子小男小子☐☐

　　同縣成☐☐　　　　　　　　73EJF3:65

40. ☑張掖城司馬印葆從者龍起里趙彭年二十十月二十五日南齒夫昌内☑　　　　　　73EJF3:109

41. 廣地候史□□葆……年□會赦歸昭武 73EJF3:207

42. 置佐孫宏葆幸朋故廣里公乘王尚年三十五☑

從者觻得富昌里公士張惲年十二□☑

773EJF3:511＋306＋291

43. 前遂大夫史魯陽尚里龐道葆樂官丞印從者尚里王偉年三十八月丁未北齒夫昌出

輻車一乘用馬一匹騅駂齒五歲高六尺　　73EJF3:344

44. 廣利隧長魯武葆觻得當富里成彭年卌三　大車一兩
　　用牛二頭　　　　　　　　　73EJF3:373

45. 廣利隧長魯武葆觻得悉意里丁業年六十丿

73EJF3:376

46. ……謁移所……　　　　　　　73EJD:6

47. 建始四年十一月癸卯朔癸丑廣地候仁移肩水金關遣葆爲家私市

酒泉郡中書到出入如律令皆十二月癸未出 73EJD:43A

張掖廣地候印　　　　　　　　73EJD:43B

48. 鴻嘉四年二月丁卯朔辛未肩水守候長謂關齒夫吏督蓬史（1）張卿葆從者

名縣爵里年姓各如牒書到出入如律令　73EJC:2A

君印　　齒夫譚發丿

二月辛未鄲以來　　君前　　守令史宣　73EJC:2B

49. 收葆亭長紀尊車一乘馬二四十月甲申出

73EJC:337

50. ☐博葆博爲丞從史

☐過所縣道河津　　　　　　　　　73EJC：360

51. ☐候官彙他士吏閭章迎奉府自言葆如牒書到出入如

律☐　　　　　　　　　　　　　　73EJC：523

52. 並山隧長屯詡葆作者觻得廣穿里公乘　　莊循年卅

　　　　　　　　　　　　　　　　　73EJF3：95

53. 始建國三年五月庚寅朔壬辰肩水守城尉萌移肩水金關

吏所葆名如牒書

到出入如律令　　　　　　　　73EJF3：155A

／置與凤　　　　　　　　　73EJF3・155B

【注】

3. 本簡爲過關文書。辦理公務的官吏之隨行人員爲官大

奴。該簡與肩水金關漢簡 73EJT8：52 簡 "官大奴杜同年廿三

三月辛亥" "原爲一編册無疑"①。

4. （1）氐池，張掖屬縣。

5. （1）糒，乾飯。《康熙字典》："《廣韻》《集韻》《韻

會》：乾飯也。《書・費誓》疏：糧糒是行軍之粮。《史記・大

宛傳》：載糒給貳師。"②

8. 肩水候簽發的過關文書。

19. 簡中被葆人爲二人，過關目的爲收債。

20. （1）角得，即觻得縣，漢武帝元鼎六年（前111年）

置，屬張掖郡。昭帝始元六年（前81年）後，爲張掖郡治。

———————

① 邢義田：《〈肩水金關漢簡（壹）〉初讀劄記之一》，簡帛網 2012 年 5 月 8 日，ht-
tp：//www.bsm.org.cn/show_article.php?id =1686。

② 《康熙字典》，同文書局 1887 年版，中華書局 1922 年印，第 911 頁。

24. 本簡與肩水金關漢簡 73EJT37：615 ＋494 "建平元年九月庚寅朔丁未居延都尉雲城騎千人……/遣五官掾石博對會大守府當舍傳舍從者如律令"① 當屬同一簡册。前簡稱移簿大守府，後簡稱 "對會大守府"，可知移簿是按會日要求前往太守府。

27. 本簡圖版 B 與 A 面所示形制不符，爲置錯簡。A 面 "廣地" 下有孔，左側有刻齒 " ＞"（代表數 "十"），簡長約 12.3 釐米，② 形制屬於過關符。

29.（1）發，開啟。《集成》（七）："同封相對，意爲打開文書。漢代封書、發書有制。"③ 君前，在長官當面。發君前，即在長官面前開啟的文書。公務記錄中的常用語。

41. 昭武，張掖屬縣。

本簡爲過關文書。昭武當爲過關者原籍所在地。

48.（1）督烽史，郡或都尉府派遣到候官的負責督查區域內候官、部、隧的工作的官員，重點監督烽火器物的管理、使用的情況。其上有督烽掾。④

---

① 綴合據姚磊：《〈肩水金關漢簡（肆）〉綴合（十三）》，簡帛網 2016 年 2 月 29 日，http://www.bsm.org.cn/show_article.php?id ＝2478。

② 齊繼偉指出該簡 "刻齒下 '金關' 二字清晰可見。即指示兩枚簡（73EJT37：1057、73EJT28）的屬性爲金關出入符，用此標示該簡的用途，或單純爲了防僞"。齊繼偉：《西北漢簡所見吏及家屬出入符對比研究》，《敦煌研究》2018 年第 6 期，第 124 頁。

③ 中國簡牘集成編委會編：《中國簡牘集成》（七），敦煌文藝出版社 2001 年版，第 198 頁。

④ 相關研究參見黃今言：《西漢 "都吏" 考略》，《中華文史論叢》2015 年第 1 期；王俊梅：《簡牘所見 "督烽掾" 試説》，《蘭州學刊》2007 年第 5 期。

Ⅲ. 吏葆家屬

1. 廣地後起隧長逢尊妻居延廣地里逢廉年卅五

子小女君曼年十一歲　　　大車一兩

葆聟（1）居延龍起里王都年廿二　　　用馬二匹

用牛二

（左側有刻齒）　　　　　　　　　　73EJT6：41A

……　　　　　　　　　　　　　　　73EJT6：41B

2. ☐葆妻觻得里孫嚴年十八　　　　73EJT6：51

3. 鴻嘉五年吏妻子

及葆出入關

名籍　　　　　　　　　　　　　　73EJT21：35A

鴻嘉五年五月

吏妻子出入關

及葆名籍　　　　　　　　　　　　73EJT21：35B

4. 橐佗候官與肩水金關爲吏妻子葆庸出入符齒十從一

至百左居官右移金關符合以從事（右側有刻齒）

　　　　　　　　　　　　　　　　73EJT22：99

5. ☐辰朔癸巳廣地候欽移居延卅井縣索肩水金關部吏所

葆家屬爲

……　　　　　　　　　　　　　　73EJT23：15A

☐·令史誼||　　　　　　　　　　73EJT23：15B

6. ☐之弟爲葆也少須我報候及令史福具言候福曰得即封

　　　　　　　　　　　　　　　　73EJT23：978

7. 平樂隧長毛武葆子男觻得敬老里公乘毛良年廿三丿

出入三月癸丑北出

三月癸酉南入   73EJT37:83

8. 橐他候官與肩水金關爲吏妻子葆庸出入符齒十

從第一至百左居官右移金關葆合以從事第卅一（左側有
刻齒）   73EJT24:19

9. ☑建平四年正月家屬符出入盡十二月妻大女昭武宜春
里辛遷年廿七

☑子男詡年九車一兩

☑子小男黨年七牛二頭

☑子小男級年二

☑葆弟昭武宜春里辛昌年廿四歲 73EJT37:177＋687①

10. ☑所葆收責橐☑   73EJT37:261

11. ☑豐葆   子男

☐☐   73EJT37:297

12. ☑葆䍥☐☑

☑立妻大☑   73EJT37:517

13. 馭馬亭長封並葆孫昭武久長里小男封明年八歲丿三月
甲子入

明弟乃始年四   73EJT37:787

14. 橐他野馬隊長趙何葆妻䍥得長壽里趙吳年廿七

子小女佳年十三

子小男章年十一   73EJT37:846

15. ……城尉平移肩水金關居延縣索關吏使居延所葆各

<hr />

① 綴合根據姚磊：《〈肩水金關漢簡（肆）〉拾遺》，武漢大學簡帛研究中心：《簡帛
（第十四輯）》，上海古籍出版社 2017 年版，第 84 頁。

如牒   73EJT37:913A

　書到出入如律令……

　嗇夫黨   73EJT37:913B

　16. 謹案户籍臧鄉者市陽里有大女張倩君年卅七子女襄年
廿子男可丘年三葆富里□□☑   73EJT37:1047A

　昭武長印   73EJT37:1047B

　17. 建平四年正月丁未朔癸丑肩水候憲謂關嗇夫吏據書葆
妻子收責橐他界中名縣爵里

　官除年姓如牒書到出入盡十二月如律令

　　　　　　　　　73EJT37:1378＋1134①

　18. 亭長閭得葆昭武破胡里公乘王延年=（年年）廿八歲
長七尺五寸

　五鳳四年六月戊申葆觻得承明里大夫王賢年十五歲長七尺
皆黑色

　橐他故駁亭長符葆昭武破胡里大女秋年十八歲入出止

　（左側有刻齒）   73EJT37:656＋1376②

　19. 充保魏郡陰安倉正里士五張武年卅□□☑

　　　　　　　　　　　73EJT37:1394

　20. ……乀   馬一匹驃牝齒十五歲高六尺乀

　大婢益息長七尺乀   葆……   73EJT37:1405

---

① 姚磊：《〈肩水金關漢簡（肆）〉綴合（叁）》，簡帛網 2016 年 1 月 22 日，http://
　www.bsm.org.cn/show_article.php?id=2452。
② 謝坤：《讀肩水金關漢簡劄記（叁）》，簡帛網 2016 年 1 月 13 日，http://www.
　bsm.org.cn/show_article.php?id=2426。

21. 謹移葆出入關符一編敢言之

　　　　　　　　　　　73EJT37:1410＋1480①

22. 彙他隧長吾惠葆妻屋蘭宜春里大女吾阿年卅

阿父昭武萬歲里大男胡良年六十九□☒ 73EJT37:1463

23. 事謂關嗇夫吏＝（吏吏）所葆縣里年姓如牒書到出入

盡十二月☒　　　　　　　　73EJT37:1519

24. 始建國元年二月癸卯朔乙巳彙他守候孝移肩水金關居

延卅井縣索關吏所葆家

屬私使名縣爵里年始牒書到出入盡十二月令史順

　　　　　　　　　　73EJF3:117A

張掖彙他候印　　　　　　　73EJF3:117B

25. 累山亭長富隆葆昭武安信里房君實年三十五　　大車

一兩☒

子女遠年十二丿　　用牛二頭☒

子女置年三歲丿　　　　　73EJF3:140

26. 吏所葆□□□□□名縣爵里年姓如牒□□☒

　　　　　　　　　　73EJF3:208A

……☒　　　　　　　　73EJF3:208B

27. 右大尉書吏耿昌葆　　妻昭武久長里耿經年二十八月

十六日北嗇夫博出　　　73EJF3:245＋479

28. 葆子男鞮汗里上造鄭並年十三☒　　73EJF3:255

29. 居延西道里男子王放年十七步廣地遮隊長王弘子也弘

---

① 姚磊：《肩水金關漢簡綴合》，天津古籍出版社 2020 年版，第 311 頁。

葆八月己丑南嗇　　　　　　　　73EJF3：271＋473①

30．廣利隧長魯武葆　從弟昭武便處里魯豐年卅☐丿

73EJF3：278

31．井縣索關吏所葆名縣爵里年姓名如牒書到出入如律令

73EJF3：322A

……印　　　　　　　　　　73EJF3：322B

32．・右大尉屬韓況葆昭武便處里公乘韓放年五十丿大車
一兩牛二入丿二月一日卒李

母廉年三十五丿普弟玄年十二丿用牛二頭　　譚入

況弟普年十五丿羊二入丿　　　　73EJF3：326

33．始建國二年八月甲午朔丙辰肩水庫有秩良以小官印
行☐

城尉文書事移肩水金關居延三十井縣索關吏所葆名縣☐

73EJF3：327

34．津關吏所葆名縣爵里年姓如牒書到出入如律令

73EJF3：341A

肩水☐　　　　　　　　　73EJF3：341B

35．☐☐☐☐☐☐朔丙辰南部候長長敢言之謹移妻子葆☐

☐敢言之☐　　　　　　　73EJC：653

【注】

1．（1）聟，婿之俗字。②

2．簡中“鱳得里”，應該是里名當時不確定，空出，後來

---

① 姚磊：《〈肩水金關漢簡（伍）〉綴合（叁）》，簡帛網年2016年9月5日，http：//
www.bsm.org.cn/show_article.php？id＝2626。

② 相關研究參見邢義田：《〈肩水金關漢簡（壹）〉初讀劄記之一》，簡帛網2012年
5月8日，http：//www.bsm.org.cn/show_article.php？id＝1686。

就没有填寫了。

3. 標題簡。

4. 出入符。根據類似的完整出入符文例，"符合以從事"之後殘缺文字當爲"第××"，表示簡的標號。

17. 本簡爲在有效期內可多次使用的過關文書，過關事由爲收債，同行攜帶有家屬。

27. （1）右大尉，這裏指張掖右太尉，即之前的肩水都尉。《漢書·王莽傳》始建國元年"改郡太守曰大尹，都尉曰太尉"。① 始建國元年秋（不晚於九月），肩水都尉改稱張掖右太尉。②（2）書史，新莽時期書佐的稱謂。

Ⅳ. 因殘缺不能明確葆與被葆之間關係的簡

1. ☒葆居延肩水里公乘史樂宗年卅二歲長七尺二寸☒

73EJT9：228

2. ☒☒☒☒☒牛利親謹謁移武威郡期十月歸取③受封言之

73EJT9：251

3. 葆日勒☒……☒　　　　　73EJT10：33

4. 葆淮陽國陽夏北陽里公乘張不武④年廿三長七尺二寸黑色☒　　　　　73EJT10：118A

---

① （漢）班固：《漢書·王莽傳》，中華書局1962年版，第4103頁。

② 參見焦天然：《新莽時期張掖郡部都尉更名考》，西北師範大學歷史文化學院等：《簡牘學研究（第十一輯）》，甘肅人民出版社2021年版，第69頁。

③ "取"原釋爲"所"，根據沈思聰文章改釋。轉引自姚磊：《肩水金關漢簡釋文合校》，中國社會科學出版社2021年版，第113頁。

④ 何茂活認爲"武"字當釋爲"識"，何茂活：《〈肩水金關漢簡（壹）〉釋文訂補》，復旦大學出土文獻與古文字研究中心網站2014年11月29日，http://www.gwz.fudan.edu.cn/Web/Show/2392。

丿已入☐   73EJT10:118B

5. 葆廣德里公乘☐   73EJT10:194

6. 葆轢得安國里大夫韓禹年廿☐   73EJT10:288

7. ☐葆氏池安漢里男子馬閻☐   73EJT11:11

8. ☐☐葆會水延年里大夫①☐   73EJT15:6

9. 轢得千乘里孫陽廿五轢得丞印弟胥年十八右二人郑
程葆   73EJT23:341＋813②

10. 保河內曲陽里孫朋年七十長七尺五寸☐

                                    73EJT23:867

11. ☐☐葆俱之長安迎

☐☐謁移過所縣道   73EJT24:431

12. 充漢葆屋蘭千秋里蘇仁年十五☐   73EJT37:225

13. 葆河南都里廉望☐☐   73EJT37:361

14. ☐水關   73EJT37:587A

葆俱名☐☐   73EJT37:587B

15. 葆茂陵萬延里陳廣漢年卅二長七尺六寸☐

                                    73EJT37:669

16. 葆扶風槐里東回里李可年卅   73EJT37:741

17. 葆東郡荏平邑始里公乘呂壽王年廿長六尺七寸☐☐

                                    73EJT37:844

18. 千秋葆京兆新豐西宮里官大夫被長壽年廿一長七尺三
寸黑色六月乙亥出丿   73EJT37:1002

---

① "夫"原釋爲"☐"，根據周豔濤、李黎文章改釋。周豔濤、李黎：《讀〈肩水金
關漢簡（貳）〉劄記二十則》，《昆明學院學報》2014年第1期。

② 姚磊：《肩水金關漢簡綴合》，天津古籍出版社2020年版，第85頁。

19. 葆鰈得步里公乘趙明年十八　　　大車一兩　　　二月丙
申出□

　　　用牛二頭　　　　　　　　　　73EJT37:1195

20. ☑葆梁樂成里蔡臨年廿丿☑　　　73EJT37:1566

21. 葆揟次（1）富里夏侯荞□☑　　　73EJT24:63

【注】

21.（1）揟次，漢元狩二年（前 121 年）設立揟次縣。
太初四年（前 101 年）屬武威郡。

第六節　計、校、賦、徭等制度

計，這裏指與上計相關的制度。爲上計需要，漢代對各項
錢財、物品都要定期審計、核校。校，除了指計之校，還包括
很多種工作的核對、監督環節，可分爲兩個方面：一方面是文
書與實際的核校，包括錢財、物品的賬簿以及實物的核校，也
包括對履行職務的行爲與規定是否相符的校；另一方面是文書
之間的核對。校、計制度是秦漢時期文書行政制度的重要內
容，是文書行政制度正常運行的保障。校郵書制度歸入本章第
四節中。

計、上計

上計，各種行政資料的上報匯總制度。上計之制，早在戰
國初期的三晉即已有之。漢制“郡守歲盡遣上計掾史各一人，
條上郡內衆事，謂之計簿”。[1]

———————————

① （宋）徐天麟：《西漢會要・職官》，中華書局 1955 年版，第 376 頁。

1. ☑☑收吏計以☑責如記上☑① 　　　73EJT1：85A

　　☑☑至輠得迎奉候☑當☑ 　　　73EJT1：85B

2. ☑☑王嚴　　河平二年九月壬子居延庫守丞賀爲轉九月☑

　　上計大守府☑ 　　　73EJT4：99

3. ☑☑四年（1）九月己巳朔己巳②佐壽敢言之遣守尉史彊上計大守府案所占用馬一匹☑

　　☑謁移過所河津關毋苛留止如律令敢言之☑

　　☑☑巳居延令守丞江移過所如律令／掾安世佐壽☑☑

　　　　　　　　　　　　73EJT10：210A

　　☑☑☑令延印

　　☑月甲午尉史彊以來 　　　73EJT10：210B

4. 永光五年計餘漆擣 　　　73EJT14：10

5. ……

　　居耺三年十月甲戌朔丁丑左前守候長……

　　長詣廷☑☑行計事言出入食司馬舍☑☑送豆謹☑☑行☑☑國食…… 　　　73EJT23：291A

　　良當送胡☑後稟車行尉事不使吏送肩司馬舍☑☑忘言☑☑毋☑☑

　　坐敢言之 　　　73EJT23：291B③

---

① 李燁、張顯成指出“上”後當爲“錢”字，可釋爲草寫形式。李燁、張顯成：《〈肩水金關漢簡（壹）〉校勘記》，《古籍整理研究學刊》2015 年第 4 期，第 66 頁。

② 張俊民認爲是五鳳四年。張俊民：《肩水金關漢簡（壹）釋文補例續》，簡帛網 2012 年 5 月 8 日，http://www.bsm.org.cn/?hanjian/5873.html。

③ 釋文根據姚磊著作進行了多處改釋。姚磊：《肩水金關漢簡釋文合校》，中國社會科學出版社 2021 年版，第 232 頁。

6. ☑卿取計今☐☑　　　　　　　　　73EJT23:526

7. 日計筭一直十八贛☐一直六十☑　　73EJT23:663A

麗實一半三錢　　　　　　　　　　　73EJT23:663B

8. ☑始四年計乘所占畜馬一匹輜車一乘　73EJT24:538

9. 五鳳二年計毋餘布復絝☑　　　　　73EJT28:86

10. 八月庚申橐佗候賢謂南部候長定昌寫移書到逐捕驗問
害奴山柎等言案致收責

☐記以檄言封傳上計吏它如都尉府書律令／尉史明

　　　　　　　　　　　　　　　73EJT30:26

11. 八月奉六百上功計已　　　　　　73EJT23:928

12. 八月言之縣=（縣縣）當給麥毋使犁長卿毋麥大事=
（事事）　　　　　　　　　　　73EJT21:125A

肩水有女子今☐粟備☐願有記　　　73EJT21:125B

【注】

2. 簡中九月上計太守府，值得注意。

3. （1）張俊民認爲是五鳳四年（前54年）。①

本簡是上計吏過關文書。本簡内容涉及是居延縣九月上計
太守府。

9. 本簡殘斷，没有封泥槽。居延舊簡14·1A："肩水候
地節四年計餘兵穀財物簿毋餘朒毋餘芡"②，該簡有兩個封泥
槽，是封泥題署。

---

① 張俊民：《肩水金關漢簡（壹）釋文補例續》，簡帛網2012年5月8日，http://
www.bsm.org.cn/?hanjian/5873.html。

② 謝桂華、李均明、朱國炤：《居延漢簡釋文合校》，文物出版社1987年版，第
21頁。

校

【解題】

校，通"效"，核對。秦漢律有《效律》，主要是糧食物資保管與付受等的核對。嶽麓秦簡有《獄校律》。各類核校制度廣泛存在，尚有作簿校、户籍校、校兵等。核校時一般會在文書上記上核校文字或符號。

1．・鴻嘉五年田校穀☑　　　　　　　73EJT23：142

2．城倉（1）受稟或多或少肩水未推校候不能曉知戍遣令史章持簿　　　　　　　73EJF3：54＋512①

3．校肩水三時簿甲鎧二百一十三☑　　　73EJF3：520

4．月卒一旦有□校兵者欲何應之　　　73EJT1：14A
　□□□□齧夫　　　　　　　　　　73EJT1：14B②

5．元始六年正月庚寅朔庚戌橐他候秉移肩水候官出粟給令史官吏

如牒前移先校連月不爲簿入令府卻出書到願令史簿入
　　　　　　　　　　　　　　　　　73EJT24：32

【注】

2．（1）城倉，指肩水城倉。73EJT24：510有"肩水城倉出入"。肩水候官屬吏卒有時從城倉廩食。簡文似乎是説城倉廩食發放的情況肩水候不能掌握，派人前往核對。

---

① 綴合根據姚磊：《〈肩水金關漢簡（伍）〉綴合劄記》，武漢大學歷史學院主編：《珞珈史苑（2016年卷）》，武漢大學出版社2017年版，第35頁。

② 黃艷萍認爲73EJT1：14未釋字爲"來"。黃艷萍：《初讀〈肩水金關漢簡（壹）〉劄記》，復旦大學出土文獻與古文字研究中心網站2013年5月30日，http://www.gwz.fudan.edu.cn/Web/Show/2058。

3. 校兵文書。

對會、對

【解題】

對會，有時單稱"對"，指按要求到上級部門報送文書。其中可能具有上報之文書與上級收到的其他文書對比核校的性質。肩水金關漢簡中最常見的是"對會太守府"，有時稱對太守府、對府。

1. ☑對會大守府敢言之

☑廣地里前以詔書　　　　　　　73EJT24:59＋312①

2. 綏和二年九月丙申朔丙辰居延令强丞循移過所縣道河津關令對會大府當□☑

從者如律令/兼掾宮守令史隆□□　　　73EJT31:62

3. 橐他候官䐠得安漢里公乘任由年卅四對府十月己酉入☑　　　　　　　　　　　　　73EJT37:862＋136②

4. ☑葆俱之角得（1）對大司空史願以律取傳謹案

　　　　　　　　　　　　　　　　73EJT37:537＋948③

5. 建平元年九月庚寅朔丁未居延都尉雲城騎千人……

遣五官掾石博對會大守府當舍傳舍從者如律令

　　　　　　　　　　　　　　　　73EJT37:615＋494④

---

① 姚磊：《肩水金關漢簡綴合》，天津古籍出版社 2020 年版，第 115 頁。
② 綴合據姚磊：《〈肩水金關漢簡（肆）〉綴合及釋文訂補（十一則）》，中國文化遺產研究院編：《出土文獻研究（第十六輯）》，中西書局 2017 年版，第 275 頁。
③ 綴合據姚磊：《肩水金關漢簡綴合》，天津古籍出版社 2020 年版，第 237 頁。
④ 綴合據姚磊：《〈肩水金關漢簡（肆）〉綴合（十三）》，簡帛網 2016 年 2 月 29 日，http://www.bsm.org.cn/show_article.php?id=2478。

6. 建平元年九月庚寅朔丁未掾音敢言之官大奴杜勝自言與都尉五官掾石博

葆俱移簿大守府願已令取傳謁移過所縣道河津關毋苛留如律令敢言之

九月丁未居延庫守丞長移過所如律令

掾音　　　　　　　　　　　73EJT37：780 ＋89①

7. 建平元年九月癸丑居延令彊守丞宮移過所縣道河津關遣司空佐張

黨以令對會□月……　　　　　73EJT37：1045

8. 元延三年九月甲寅朔壬午城司馬（1）兼行居延令事守丞義移過所津關遣亭長朱宣載

簿書與府五官掾□俱對會大守府從者如律令／兼掾臨守令史豐佐昌　　　　73EJT37：276A ＋1501

居延左尉　　　　　　　　　73EJT37：276B ＋1501②

9. ☑之遣廏佐輔對會大守☑　　73EJT37：1530

10. ☑□□敢言之遣從史杜霸從令對大守府占所乘用馬一匹軺車一乘與□□　　　　　73EJD：335

11. 元鳳六年二月甲☑

令與尉丞對□☑　　　　　　73EJC：452

【注】

4.（1）角得，即觻得縣。“角”通“觻”。

---

① 綴合據姚磊：《論〈肩水金關漢簡（肆）〉的簡册復原——以書寫特徵爲中心考察》，李學勤主編：《出土文獻（第十輯）》，中西書局2017年版。
② 綴合據姚磊：《〈肩水金關漢簡（肆）〉綴合及釋文訂補（十一則）》，中國文化遺產研究院編：《出土文獻研究（第十六輯）》，中華書局2017年版，第276—277頁。

5、6 兩簡爲同一日同一事的過關文書，前者爲五官掾石博的過關文書，後者爲官大奴杜勝的過關文書，官大奴杜勝爲石博所葆。

8.（1）城司馬，爲居延城司馬，可能是居延都尉之屬下。漢簡中多見居延城司馬行都尉事。[①]

連月不爲簿入

【解題】

連月不爲簿入，是不按照規定製作和上報簿籍，將對各類統計造成影響，影響上計和文書體系的運行。《漢書·賈誼傳》：“而大臣特以簿書不報，期會之間，以爲大故。”師古注：“特，徒也。言公卿大臣特以簿書期會爲急，不知正風俗、厲行義。”[②] 恰恰表明了當時對簿書的重視。

元始六年正月庚寅朔庚戌橐他候秉移肩水候官出粟給令史官吏

如牒前移先校連月不爲簿入令府卻出書到願令史簿入

73EJT24：32

算

【解題】

算，又作“筭”，數量詞，計數單位。《説文解字·竹部》：“算，數也。從竹具。讀若筭。”[③] 算在漢代作爲計數單

---

① 相關研究參見陳安然：《西北漢簡所見“城官系統”》，鄔文玲、戴衛紅主編：《簡帛研究（二〇二〇春夏卷）》，廣西師範大學出版社 2020 年版。

② （漢）班固：《漢書·賈誼傳》，中華書局 1962 年版，第 2244—2246 頁。

③ （漢）許慎撰，（清）段玉裁注，許惟賢整理：《説文解字注》，鳳凰出版社 2015 年版，第 353 頁。

位，在不同的事項上代表的具體内容不同。《漢書·惠帝紀》：
"女子年十五以上至三十不嫁，五算。"應劭曰："漢律，人出
一算，算百二十錢。"① 其中一算指一般人的口賦稅單位。張
家山漢簡《奏讞書》72 簡有"醫程曰：醫治病者得六十筭
（算）□負廿筭（算）"②，是對醫者的考核。肩水金關漢簡中
的算是官吏考績計數單位，"得算""負算"分别表示"加分"
和"減分"，③ 被稱爲"功算"，如居延漢簡 270·11 有"謹案
吏功算"④。其中"減分"的情形或可稱爲"劾算"，如居延新
簡 EPT48：61A 有"候長當持劾算詣官"⑤。在秦代即有算作
爲考評計算單位。里耶古城 1 號井出土簡 16—521 有"歲並縣
官見、積户數，以負筭以爲程·課省甲十一"⑥。另外，角谷
常子指出，漢簡中"算"還有專門用作表示賬簿、文書數量
的情形，如居延漢簡 214·22A 有"四時簿算"。⑦ 可供參考。

1. ☑□負八百算☑

　☑□□率所負百卅三算奇二算☑　　　　　73EJT6：143

2. 肩水禽寇隧長韓武彊弩一右淵死二分負五算凡負七算

① （漢）班固：《漢書·惠帝紀》，中華書局 1962 年版，第 91 頁。

② 張家山二四七號漢墓竹簡整理小組：《張家山漢墓竹簡二四七號墓》（釋文修訂
　本），文物出版社 2006 年版，第 141 頁。

③ 相關研究參見于振波：《漢簡"得算""負算"考》，李學勤主編：《簡帛研究
　（第二輯）》，法律出版社 1996 年版；李均明：《秦漢簡牘文書分類輯解》，文物出
　版社 2009 年版，第 308 頁；田佳鷺：《〈肩水金關漢簡（壹）〉數量詞研究》，《學
　行堂文史集刊》2012 年第 1 期。

④ 謝桂華、李均明、朱國炤：《居延漢簡釋文合校》，文物出版社 1987 年版，第 454 頁。

⑤ 馬怡、張榮強主編：《居延新簡釋校》，天津古籍出版社 2013 年版，第 206 頁。

⑥ 張春龍：《里耶秦簡所見的户籍和人口管理》，《里耶古城·秦簡與秦文化研
　究——中國里耶古城·秦簡與秦文化國際學術研討會論文集》，科學出版社 2009
　年，第 188 頁。

⑦ ［日］冨谷至編，張西艷譯：《漢簡語彙考證》，中西書局 2018 年版，第 144—147 頁。

☑矢一差折負二算　　　　　　　　73EJT10:131

3. ☑塢南面哷呼（1）五尺以上二所負五算　　大黃弩辟
衣紟非物負一算皮宵不事用負一算

☑堠南面哷呼五尺負二算　　鞿瞀紟短各三寸負二算
冠二紟非物不事用負一算

☑連廷一右隨枝負一算　　木面衣哷呼一尺負一算　　　輔
嬰破負五算

☑二紟皆短七寸負二算　　鞿一卷絕負一算　　毋連表負
一算

☑靳干二負索非物負二算　　　服扁白負一算　　　·凡負
卅算

☑大黃弩辟橐衣紟非物負一算　　芳馬矢橐幣負二算
　　　　　　　　　　　　　　　　73EJC:119

4. ☑主隧六所負四百八十算☑　　73EJT23:565

5. ☑負十六負十四☑　　　　　　73EJT23:720

6. 駟北亭元始元年八月盡晦郵書算　　73EJT23:787

7. ·巍氏射得負□品　　　　　　73EJT24:5

8. ☑□□二千石長史丞□召告□等□□

☑□□年月□□□□□□☑　　73EJT25:149A

☑南卒少行令一數算□□　　　73EJT25:149B

9. 執適桌承弦三挈□四尺負十算　　鼓一毋柜負五算
毋□禁當□☑

塢中不掃除負三算　　布蓬一作治未成負三算　　　毋大刀
負五算☑

塢上不塗塈（1）負三算　　　□二不□□負十算☑
　　　　　　　　　　　　　　　73EJT26:107A

（圖畫）　　　　　　　　　　　　　73EJT26:107B

10.　城官橐佗廣地算　　　　　　　73EJT27:17A

　　今餘錢卅六萬五百八十九　　　　73EJT27:17B

11.　☑□酒三升算卅☑

　　☑□□□□□☑　　　　　　　　73EJT27:57

12.　☑長斧四刃皆毋繩其一刃破負十二算

　　　　　　　　　　　　　　　　73EJT28:105

13.　☑候長廣宗主隧六所負二□□□第九□☑（削衣）

　　　　　　　　　　　　　　　　73EJT31:138

14.　□□長□敢見卒一人見六石弩（1）一不正負四算□

　　轉射皆不承長辟

　　枱柱一楯負二算

　　·右新舉　　　　　　　　　　73EJT30:214

15.　☑□□□□□□□堊□☑

　　☑堊中不□革穿一負□蓬火☑（削）　73EJT30:261

16.　卅步得六自如負七☑　　　　　73EJT33:82

17.　第三負十五負十三負十一負九負七負五負三負一得二
得四得六得八　　　　　　　　　　73EJT23:54

【注】

3.　（1）哷呼，破損。

6.　簡是"郵書算"，角谷常子認爲此"算"爲賬簿、文
書數量的用例。是否也可能是諸如"校郵書"時，記載郵書
行爲"得算""負算"而形成的簿籍呢？

9.　堲，通"塓"，塗白粉或泥。

14.　（1）六石弩，六石指弩的拉力。弩以拉力的强度分爲

若干等級，如十石、八石，最常見的爲六石。即居延新簡EPT53：138："甘露二年八月戊午朔丙戌甲渠令史齊敢言之第十九隧長敞自言當以令秋射署功勞即石力發弩矢/口弩臂皆應令甲渠候漢彊守令史齊署發中矢數于牒它如爰書敢言之"[1] 中的"石力"。

上述簡中多數是對隧的設施等的考核，不合標準的計爲"負算"。可能用於隧長的考功等。4、13 簡均爲"主隧六所"的負算，13 簡的責任人爲"候長"。5、17 簡僅寫爲"負""得"，表示"負算"或"得算"。17 簡中的"第三"可能表示的是第三隧。

逋不算不給更繇口算賦

【解題】

逋不算不給更繇口算賦，是逃避官方勞役賦稅的行爲。《説文解字・辵部》："逋，亡也。"[2] 逋可指逃避各種官方勞役或賦稅等。《睡虎地秦墓竹簡・法律答問》："可（何）謂'逋事'及'乏繇（徭）'？律所謂者，當繇（徭），吏、典已令之，即亡弗會，爲'逋事'；已閱及敦（屯）車食若行到繇（徭）所乃亡，皆爲'乏繇（徭）'。"[3]《史記・貨殖列傳》有"更繇""租賦"并舉。

☑逋不算不給更繇口算賦☑

---

① 馬怡、張榮强主編：《居延新簡釋校》，天津古籍出版社 2013 年版，第 454 頁。
② （漢）許慎撰，（清）段玉裁注，許惟賢整理：《説文解字注》，鳳凰出版社 2015 年版，第 51 頁。
③ 彭浩、陳偉、〔日〕工藤元男：《二年律令與奏讞書：張家山二四七號漢墓出土法律文獻釋讀》，上海古籍出版社 2007 年版，第 153—154 頁。

☑當收直謁移屬國居延☐☑　　　　　73EJT24:134

年賦筭皆給

【解題】

年賦筭皆給，指某（些）年的稅賦都已繳納完備。肩水金關漢簡中爲持偄檢前往客田地的出行文書中的常用語。"賦筭皆給"等往往是官方爲其提供出行證明等的條件。

1. 初元四年正月辛亥朔癸酉東鄉嗇夫敢言之昌德里郭賞自言田北☐☐☐☐☐舍王亭西

三舍北入☐☐☐三年賦等①給毋官☐☐☐☐☐☐☐☐敢言之

正月甲戌茂陵令熹丞勳移☐☐/掾☐令史☐
　　　　　　　　　　　　　　　73EJT32:16A

章曰茂陵令印　　　　　　　　73EJT32:16B

2. 五鳳二年二月甲申朔壬戌鄉嗇夫順敢言之道德里周欣自言客田張掖

郡觻得縣北屬都亭部（1）元年賦筭皆給謁移觻得至八月☐檢

二月辛亥茂陵令守左尉親行丞事/掾充　73EJT37:523A

茂陵左尉　　　　　　　　　　　73EJT37:523B

【注】

2.（1）都亭部，即都亭。陳直指出漢代人稱亭爲亭部，田畝土地以亭爲單位劃分。建寧二年王未卿買地券："從河南

① 張俊民認爲"等"可能爲"筭"。張俊民：《〈肩水金關漢簡（叁）〉釋文獻疑》，簡帛網 2015 年 1 月 19 日，http://www.bsm.org.cn/?hanjian/6313.htm。

河南街郵部男子袁叔威，買皋門亭部仟三佰西袁田三畝。"①

復縣（徭）

復，免除賦稅徭役。復縣（徭），指免除徭役。《漢書·高帝紀》："蜀漢民給軍事勞動，復勿租稅二歲。"師古曰："復者，除其賦役也。"②

　　☑柴棻忠年卅五復縣毋官☑　　　　　　　73EJT7：164

訾

【解題】

訾，量。《康熙字典》："《前漢·枚乘傳》：舉吳兵以訾于漢。李奇曰：量也。《商子·墾令篇》：訾粟而稅。注：量也。又限也。《管子·君臣篇》：吏嗇夫盡有訾程事律。注：訾，限。程，準也。又病也。"③ 漢簡中的訾家指被徵用車牛爲官運送糧食的車主。

　　1. ☑湯以訾家爲吏迎事驎得☑　　　　　　73EJT1：57

　　2. ☑☑將訾家車廣都☑　　　　　　　　　73EJT1：173

　　3. ☑九月五日以訾☑詣　　　　　　　　　73EJT23：632

　　4. 訾家☑☑☑☑　　　　　　　　　　　　73EJT23：722

　　5. ☑辰朔乙丑肩水候尹敢言之☑☑☑　　73EJT27：2A

　　☑舉籍吏民奴婢畜產財物訾直☑　　　　73EJT27：2B

　　6. ☑☑粟大石廿五石始建國二年十月甲寅肩水掌官士吏

---

① 陳直：《居延漢簡研究》，中華書局 2009 年版，第 80 頁。

② （漢）班固：《漢書·高帝紀》，中華書局 1962 年版，第 33—34 頁。

③ 《康熙字典》，同文書局 1887 年版，中華書局 1922 年印，第 1153 頁。

惲受賁家居延萬歲里衣戎就人西道里王竟　　73EJF3：101

7. 入居延轉車一兩粟大石二十五石始建國二年十月丁未肩水掌官士吏惲受訾家廣都里社惲就人平明里☐☐

　　　　　　　　　　　　　　　　　73EJF3：106

8. ☐兩粟大石二十五石始建國二年十月戊申肩水掌官士吏惲受適吏李忠就人居延市陽里席便　　73EJF3：107①

9. 訾家鉼庭里魯護　　車一兩　　載粟大石廿五石就人肩水里郅憲年廿八用牛二

囊他　　不入　　　　　　　　　　73EJF3：170

10. 入居延轉車一兩粟大石二十五石始建國二年十月甲寅肩水掌官士吏惲☐☐☐☐　　73EJF3：192

11. 入居延轉車一兩粟大石二十五石始建國二年十月丁未肩水掌官士☐　　　　　73EJF3：405

12. 入居延轉車一兩粟大石二十五石始建國二年十月戊申肩水☐　　　　　73EJF3：459

13. 入居延轉車一兩粟大石二十五石始建國二年十月丁未肩水掌官士吏惲受☐☐　　73EJT21：145＋73EJF3：463②

14. 入居延轉車一兩粟☐　　73EJF3：474

15. ·舉長吏深憂垂念小民處業貧毋訾尤有意者☐

　　　　　　　　　　　　　　　　　73EJF3：522

---

① 雷海龍指出從轉車記録可推知 73EJF3：474 和 73EJF3：553 缺失部分很可能有 "始建國二年……" 等文字，還可補全其他簡所缺的大致内容，如 73EJF3：107 缺失部分中很可能是 "入居延轉車一"。雷海龍：《〈肩水金關漢簡（伍）〉釋文補正及殘簡新綴》，武漢大學簡帛研究中心：《簡帛（第十四輯）》，上海古籍出版社 2017 年版，第 92 頁。

② 雷海龍：《〈肩水金關漢簡（伍）〉釋文補正及殘簡新綴》，武漢大學簡帛研究中心：《簡帛（第十四輯）》，上海古籍出版社 2017 年版，第 92 頁。

16. 入居延轉車一兩粟大☐   73EJF3：553

17. 訾家常安夏陽里閻尚車一兩☐

　☐☐☐☐☐   73EJT4H：58

【注】

5. 簡與户籍登記有關。可知户籍登記包含的各項内容。

以上多枚簡與轉輸穀物的入穀登記有關。訾家轉運糧食物資出納的一般文書樣式爲：（1）入粟××石，車×兩，×月××，官×受訾家（×縣）×里××就人×里××；（2）出粟××石，車×兩，×月××，訾家（×縣）×里××就人×里××付××置令史長××。

以令占田

【解題】

占田，指從官府領受田地。以令占田，這裏的令内容是異地客田，但具體内容尚不得而知。不過所見兩枚比較完整的"以令占田"過關傳均不是"偃檢"形式，也不見"縣次續食"的待遇，與其他"客田"的過關文書不同。

1. 五鳳三年十月甲辰朔癸酉西鄉嗇夫安世敢言之隴西：（西西）始昌里知實自言以令占田居延以令予傳與大奴謹從者平里季奉

家市田器張掖武威金城天水界中車一乘馬二匹謁移過所河津關毋苛留止如律令

敢言之

十月癸酉居延令弘守丞安世移過所如律令／掾忠佐定

73EJT37：524

2. 神爵二年十二月壬申朔辛卯東鄉嗇夫生敢言之昌樂里韓忠自言以令占田居延與子女婢温小男

……乘占用馬四匹軺車三乘謁移肩水金關出入復傳毋苛留止如律令敢言之　　　　　　　　73EJT37：871

3. 子女呈配年六小☐

神爵五年二月庚寅朔辛卯駿鄉嗇夫仁敢言之道德里樵威自言田張掖郡居延界中☐

……☐　　　　　　　　73EJT37：1380A

印曰霸陵右尉☐　　　　　　　　73EJT37：1380B

4. 居延二年田占五百餘家田四百餘頃☐

今年占田三百餘家田五百餘頃☐　　　　72EDIC：3

【注】

1、2、3 簡均爲外地客田居延者的過關文書，4 簡有居延年度客田户數和畝數。

券

【解題】

一些公務性質的券以及不太清楚内容的券，暫輯録於此，供參考。

肩水候官元康三年正月關吏奏券☐　　　　73EJD：149

長賓遠虜事願　　　　　　　　73EJT6：68A

☐第一方券冊二廿券入☐第十一方券冊五卅七券入

第二方券冊六・十二車卅四入第十二方券冊五粟十券廿三券入　　　　　　　　73EJT6：68B

☐☐☐得駒爲☐☐☐☐

☒爲响駒緣・謂毋有爲☐☐☐牝馬雍券☐☒（削衣）

第七節　表火制度

表火制度，指信號傳遞制度。表，指旗幟類信號。程喜霖指出，漢代烽號有烽、表、煙、苣火、燔積薪。依敵情多少舉一至三次，對應滅亦應爲一至三通。“表與烽相似，亦分赤、白等色，依表的形制和置的方位分爲大表、小表、塢上表、地表等。表是白晝與烽配合使用的烽號，它不僅與烽一樣可以報警，而且有特殊用途”。[①] 火指煙火類信號。本節的表火制度主要涉及表火傳遞制度、表火種類等内容。烽火品約見第四章第一節法律形式中“品約”條。

亡人赤表、闌入表、詬表

【解題】

表，旗幟類信號。亡人赤表，表示轄區内有人逃亡，警示其他部隧注意逐捕的紅色旗幟類信號。程喜霖認爲“亡人赤表”“是用赤色的表告示烽塞警戒追索逃人”。[②] 也有不同看法。陳邦懷認爲“此乃搜捕出亡人之函。‘赤表’，言函之表面爲赤色。函表作赤色者，要求傳遞奔赴應速也……違法之人出亡，恐其遠逃隱匿，故用赤表函移它郡縣，以示追捕至急

[①] 程喜霖：《漢唐烽堠制度研究》，三秦出版社 1990 版，第 95—96 頁。
[②] 程喜霖：《漢唐烽堠制度研究》，三秦出版社 1990 版，第 57 頁。

也"。① 闌人表，表示有非法進入轄區人員的信號。關於詬表，初師賓認爲"詬，作斥責、辱罵解。用表號詬責，并需傳遞，月是警告、責問某種違法行爲，最可能是對烽火滯留失誤的都責、催促"。② 信號傳遞要求迅速、準確，符合規定的時限要求。

1. 三月乙亥亡人赤表☑　　　　　　　　73EJT7∶124

2. 鴻嘉元年六月庚午東部候史長敢言之謹碎問☑（觚）

　　　　　　　　　　　　　　　　73EJT22∶11A

日出三分闌入表一通時椑付萬福卒工（觚）

　　　　　　　　　　　　　　　　73EJT22∶11B

六月己巳府告官聞居延有亡入廣地北界隧舉赤表或留遲府曰☑自今以來廣地北界隧舉表☑☑（觚）　　73EJT22∶11C

……橐佗肩水各令界中傳相付受移報府如詬表火☑☑（觚）　　　　　　　　　　　　　　　　73EJT22∶11D

橐佗□□（觚）　　　　　　73EJT22∶11E

3. ☑出亡赤三奄（桓）（1）通南☑　　73EJT23∶27

4. 執胡隧長田□二月乙丑病卒王臨三③月壬寅病居延蓬堅

（1）卑一尺戶更西鄉汲垂少一

卒□惲炅　　　闌入表堅卑小　　　弩皆不□持

賦藥各五齎　　　亡人赤表堅單垣不齎壺

狗少一圍韭五畦　　　　　　　　73EJT23∶765

① 陳邦懷：《居延漢簡考略》，《歷史教學》1964 年第 2 期。
② 初師賓：《居延烽火考述》，甘肅省文物工作隊、甘肅省博物館編：《漢簡研究文集》，甘肅人民出版社 1984 年版，第 369 頁。
③ 三，原釋爲"二"，根據姚磊著作改釋。姚磊：《肩水金關漢簡釋文合校》，中國社會科學出版社 2021 年版，第 254 頁。

5. 元始四年五月庚午朔乙未東部候長放敢言之謹移亡人火出入界

　　相付日時一編敢言之　　　　　　　　　73EJT23:855A

　　牟放印令史發

　　五月乙未以來君前　　　　　　　　　　73EJT23:855B

6. 元始五年五月乙酉日西中五分禁姦隧卒☑☑☑

　☑☑☑表二奁（桓）① 通南半分當利隧卒兼付安樂隧卒馮界中卅五☑

　　程　　　☑　　　　　　　　　　　　　73EJT23:991

7. 入亡人赤表一奁（桓）② 通南正月癸巳日下鋪八分時萬福隧卒同受平樂隧卒同即日 = （日日）入一分半時東亡隧卒☑☑

　　完軍隧長音界中卅五里表行三分半分中程☑

　　　　　　　　　　　　　　　　　　　73EJT24:46

8. 萬福隧負一分半分☑　　　　　　　73EJT37:98

9. 左後部（1）初元四年四月己卯盡癸未堠上表出入界課☑　　　　　　　　　　　　　　　73EJT10:127

10. 入亡人赤表函二其一起廣地守林隧元延三年七月丁巳夜食五分騂北卒賀受莫當卒同

　　一起橐他亭顯隧　　　　　73EJT37:918＋1517③

11. ☑朱黨誤絕亡人赤表一　　　73EJT4H:9

---

① 原釋爲“壹”，本書作者改釋。

② 原釋爲“壹”，本書作者改釋。

③ 綴合根據姚磊：《〈肩水金關漢簡（肆）〉綴合考釋研究（十二則）》，李學勤主編：《出土文獻（第九輯）》，中西書局 2016 年版。

【注】

2. 本簡爲調查核實表相付受情況的報告文書。針對"舉赤表或留遲"的情況，上級要求將表火傳遞情況上報。

3. （1）亘，原釋爲"壹"，一般認爲原字是"壹"的異體字①。初師賓認爲該字爲"桓"的古文。② 其説可從。73EJT23:27 簡該字圖版爲 ，73EJT23:991 簡該字圖版爲 ，73EJT24:46 簡該字圖版爲 。《説文解字・二部》："亘，求回也。從二從回。回，古文回。"③ 《説文解字・木部》："桓，亭郵表也。"段玉裁注："《檀弓》注曰：'四植謂之桓。'按，二植亦謂之桓；一柱上四出，亦謂之桓。《漢書》：'瘞寺門桓東。'如淳曰：'舊亭傳於四角面百步，築土四方。有屋，屋上有柱，出高丈餘。有大板，貫柱四出。名曰桓表。縣所治，夾兩邊各一桓。陳宋之俗言桓聲如和，今猶謂之和表。'師古曰：'既華表也。'《孝文紀》：'誹謗之木。'服虔曰：'堯作之。橋梁交午柱。'崔浩以爲木貫柱四出名桓。"④ 桓本義是用以支撐"表"的木框，因此以桓作爲表的量詞。

4. （1）埊，指烽、表等的支撐框架。⑤

5. 表出入界刺移送文書。

---

① 參見黃艷萍：《〈肩水金關漢簡（壹—肆）〉異體字研究》，華東師範大學 2016 年博士學位論文，第 163、175 頁。

② 初師賓：《居延烽火考述》，甘肅省文物工作隊、甘肅省博物館編：《漢簡研究文集》，甘肅人民出版社 1984 年版，第 342—343 頁。

③ （漢）許慎撰，（清）段玉裁注，許惟賢整理：《説文解字注》，鳳凰出版社 2015 年版，第 1184 頁。

④ （漢）許慎撰，（清）段玉裁注，許惟賢整理：《説文解字注》，鳳凰出版社 2015 年版，第 452 頁。

⑤ 參見初師賓：《居延烽火考述》，甘肅省文物工作隊、甘肅省博物館編：《漢簡研究文集》，甘肅人民出版社 1984 年版，第 363 頁。

6、7、8 爲表出入界課，是表在不同責任區間傳遞行爲的考評記録。9 爲表出入界課移送文書。

9.（1）左後部，肩水候官所轄部。

本簡爲己卯到癸未四天的表出入界課。

誤絶亡人赤表

【解題】

絶，撕裂。《康熙字典》："《説文》：斷絲。從糸從刀從卩，象不連體絶二絲。"① 誤絶亡人赤表，失誤撕裂了用於傳遞亡人資訊的紅色信號旗。

☑朱黨誤絶亡人赤表一　　　　　　　　　　73EJT4H:9

舉表火留遲

【注】

留，指公文延遲發出、延遲傳送等。"舉表火留遲"指在烽火傳遞系統中未按照規定時限傳遞布表、烽火信號。

1. 鴻嘉元年六月庚午東部候史長敢言之謹辟問☑（觚）

　　　　　　　　　　　　　　73EJT22:11A

日出三分蘭入表一通　　　時楟付萬福卒　　工☑（觚）

　　　　　　　　　　　　　　73EJT22:11B

六月己巳府告官聞居延有亡入廣地北界隧舉赤表或留遲府曰☑自今以來廣地北界隧舉表☑☑（觚）　73EJT22:11C

　　……囊佗肩水各令界中傳相付受移報府如詬表火☑☑（觚）　　　　　　　　　　73EJT22:11D

---

① 《康熙字典》，同文書局 1887 年版，中華書局 1922 年印，第 944 頁。

橐佗□□☑（舩）   73EJT22：11E

2. 燔薪舉地一蓬即虜攻鄣亭隧留不□以攻亭鄣品約和
之☑   73EJT24：955＋911①

【注】

1. 簡文注解見"亡、逃"條。

刍火不和

亭長□□九月甲辰丁夜盡時刍火不和適二百錢

73EJT22：27②

【注】

參見"適"條注解。

第八節　行塞制度

行塞制度是循行檢查邊塞的制度。《漢官儀》："邊郡太守
各將萬騎，行鄣塞烽火追虜。"③ 李天虹指出從居延簡來看，
行塞的職責主要由都尉府和候官承擔，都尉府巡視所轄各候
官，候官巡視所轄各部隧。候長、候史則負責循行其部。④ 關

---

① 姚磊：《肩水金關漢簡綴合》，天津古籍出版社 2020 年版，第 148 頁。
② 筆者撰文認爲"錢"當釋爲"里"。丁義娟：《〈肩水金關漢簡（貳）〉73EJT22：
　27 簡釋文訂正一則》，簡帛網 2018 年 5 月 5 日，http：//www. bsm. org. cn/show_ar-
　ticle. php?id＝3074。但姚磊持不同觀點，認爲是"錢"的草寫形式，原釋文不
　誤。姚磊：《肩水金關漢簡釋文合校》，中國社會科學出版社 2021 年版，第 211
　頁。不過筆者認爲"適二百錢"語義較難通。這裏暫保持原整理者釋文不變。
③ （清）孫詒讓輯，周天佑點校：《漢官六種・漢舊儀》，中華書局 1990 年版，第
　48 頁。
④ 李天虹：《居延漢簡簿籍分類研究》，科學出版社 2003 年版，第 2 頁。

於行塞的内容，可參見居延新簡 EPF22：236—239 簡："·新始建國地皇上戊三年七月行塞省兵物録/省候長鞍馬追逐具吏卒皆知蓬火品約不/省蓬干鹿盧索完堅調利候卒有席薦不☐/省守衛具塢户調利有狗不☐"。①

本節僅簡要輯録了行塞、舉書兩個條目。另有"行塞不審"收在第一章的"罪名"一節中。

行塞

1. 五鳳元年十一月乙卯朔辛酉肩水候福謂

關嗇夫光候行塞光兼行候事真官到☐ 　　　73EJT8：8

2. 竟寧元年十一月丙寅朔癸酉肩水候☐②☐

候行塞書到賞兼行候事……☐ 　　　73EJT10：204

3. 地節五年正月丙子朔戊寅肩水候房以私印

行事謂士吏平候行塞書到平行　　　73EJT21：42A

印曰候房印

正月戊寅郵卒福以來　　　73EJT21：42B

4. 元康二年九月丁酉朔己未肩水候房以私

行事謂候長 =（長長）生候行塞書到行候事

　　　73EJT21：43A

令史利尉史義　　　73EJT21：43B

【注】

以上四簡均是肩水候授權屬吏在候行塞期間代行候事的

---

① 馬怡、張榮强主編：《居延新簡釋校》，天津古籍出版社 2013 年版，第 776—777 頁。

② "肩水"後面兩字"候☐"原釋文爲"金關"，根據郭偉濤文章改釋。郭偉濤：《漢代張掖郡肩水塞研究》，清華大學 2017 年博士學位論文，第 302 頁。

文書。

舉書

【解題】

舉書，對吏卒違法違紀行爲糾舉的文書。李均明、劉軍指出，簡牘文書所見“舉”字，多指上級對下級的糾舉。行塞過程中多產生舉書。[1] 李天虹指出，上級官員巡視烽塞時，對違法瀆職的吏卒進行檢舉彈劾，并形成書面材料，即所謂“舉書”。“行塞舉吏卒名”就是因犯有過失而被行塞官員檢舉的吏卒名冊。從居延簡來看，行塞的職責主要由都尉府和候官承擔，都尉府巡視所轄各候官，候官巡視所轄各部隧。候長、候史則負責循行其部。[2]

關於舉書的形式、内容及程序，徐世虹指出，“漢簡中所見舉書，是上級官員在檢查工作中糾察問題而形成的文字記錄，其格式爲上書當事人職務姓名，下分數欄詳細記載失職細節。對於守禦器具、烽火設備等可直接判斷其損壞、缺失的失職行爲，無須調查，以‘負算’作爲處罰；對不在署、留遲等行爲，則需要調查後確認是否失職……驗問結果産生後，遂逐級上報，若所糾舉屬實，上級即以檄行使處罰權”。[3]

關於舉書的種類，陳直指出，“舉類有卒兵舉、行塞舉、

---

① 李均明、劉軍：《漢簡舉書與行塞考》，甘肅省文物考古研究所、西北師範大學歷史系編：《簡牘學研究（第二輯）》，甘肅人民出版社 1998 年版。

② 李天虹：《居延漢簡簿籍分類研究》，科學出版社 2003 年版，第 2 頁。

③ 徐世虹：《額濟納漢簡法律用語零拾》，載孫家洲主編：《額濟納漢簡釋文校本》，文物出版社 2007 年版，第 237—238 頁。

吏去署舉"，"惟舉之名，不見於其他文獻"。① 高恒歸納漢簡中的"舉書"主要有四類：甲，卒兵舉，是對戍卒兵器損壞、丟失的糾舉；乙，吏去署舉；丙，烽火舉，即糾舉傳遞烽火不合規定，如"烽不相及""不以時通"；丁，行書舉，即檢舉"行書"不合規定的文書。②

1. 七月丙戌張掖肩水都尉安世丞循謂候官寫移及史遷行塞舉

書到務備少數（1）它如大守府書律令掾漢昌屬遷助府令史充光　　　　　　　　　　　　　73EJT5:76

2. 所……二年秋行塞□□□□及上積薪毋蹉（1）署吏卒被兵簿多繆誤蓬表白（2）　　　　　　73EJT23:280

3. 神爵四年七月癸亥朔辛未右後□長□敢言之府移表火舉□□

言會月七日謹以表火舉書逐辟相驗問□□如牒敢言□
　　　　　　　　　　　　　73EJT29:11

4. □□舉吏卒不知蓬火□　　　　73EJT23:135

5. 牒別言會月旦謹以舉書過□□□如牒敢言之
　　　　　　　　　　　　　73EJT23:796

6. □□午朔癸丑張掖肩水都尉悍丞謂候往者③亭隧□

---

① 陳直：《居延漢簡研究》，中華書局 2009 年版，第 119—120 頁。另外相關研究還有裘錫圭：《漢簡零拾》，中華書局編輯部編：《文史》（第十二輯），中華書局 1981 年版，第 17 頁。

② 高恒：《漢簡所見舉、劾、案驗文書輯釋》，李學勤、謝桂華主編：《簡帛研究（二〇〇一）》，廣西師範大學出版社 2001 年版，第 292 頁。

③ 原釋"告"，張俊民改釋"者"。張俊民：《〈肩水金關漢簡（叁）〉釋文獻疑》，簡帛網 2015 年 1 月 19 日，http://www.bsm.org.cn/?hanjian/6313.htm。

☑循行廢不以爲意甚不稱前遺丞行塞所舉如牒☑

73EJT30:204

7. ☑中恭三月十八日從行塞封戶去至月二十日莫不知何人

73EJF3:523

8. ☑朔廿九日乙巳關亭☑　　　　72EBS9C:2A

☑塢不任用 （1） 案☑☑　　　　72EBS9C:2B

9. 襄澤隧　　……塢上☑鹿盧不調利已利

塢南面呼以作治　　六石弩一傷淵中已作治　　　臨澤隧長

趙印兼

狗少一今以具　　辛未章不知蓬火今以知

73EJT37:1069

10. 東部候長則以府表舉書道官六月七日戊子騂北亭卒福

表七通辛卯……　　　　73EJT25:156 ＋174 ＋122[①]

登山隧弩辟緯各二子惠移被兵各一少一平樂弩辟二子惠移

被兵一少一☑　　　　　73EJT30:35A

願遣使告偃其解☑　　　　73EJT30:35B

11. ☑☑月尉丞行塞舉☑　　　　73EJT30:188

12. □□長□敞見卒一人見六石弩一不正負四算□☑

轉射皆不承長辟☑

枪柱一棓負二算☑

・右新舉☑　　　　　73EJT30:214

13. 橐佗候官行者走　　　行塞舉　　　73EJT32:33

----

① 綴合根據姚磊：《〈肩水金關漢簡（叁）〉綴合（伍）》，簡帛網2016 年12 月11 日，
http://bsm. org. cn/show_article. php?id ＝2680。許名瑲認爲爲宣帝五鳳二年，許名
瑲：《肩水金關漢簡73EJT25:156 ＋174 ＋122 考年》，簡帛網2016 年12 月26 日，
http://www. bsm. org. cn/show_article. php?id ＝2688。

14. 府君行塞

舉栥   73EJT32:36A

鴻嘉三年三月

府君行塞   73EJT32:36B

15. □亡長斧刃一枚破瓦斗少一枚四户毋戌龠嬰少一枚汲

瓴毋   73EJF3:289

16. …金城、安定、武威、張掖、酒泉、敦煌大守屬國

……聞能頗不如實盜賊發多民自言留不決 73EJT28:8

【注】

1.（1）務備少數，務必將舉書中所列明的守御器等不完備者補充齊備。

2.（1）踶，通"題"，題識。睡虎地秦簡《秦律十八種·倉律》22—23 簡有"見雜封者，以隄（題）效之，而復雜封之"。整理小組注："題，題識，這裏指倉上記載貯糧數量的題記。"①（2）表白，指赤表顏色淡。

1、2、3 三簡行塞或行塞舉書提出時間爲七月，或曰秋行塞。《漢官儀》曰："八月……邊郡太守各將萬騎，行鄣塞烽火追虜。"② 《集成》（十二）："漢制，太守以七、八月行塞。"③ 沈剛則認爲行塞"多指臨時性的巡視活動"，簡中的七月行塞不能説明這是定制。④ 筆者認爲，肩水金關漢簡中七月

---

① 睡虎地秦墓竹簡整理小組：《睡虎地秦墓竹簡》，文物出版社 1990 年版，第 25—26 頁。

② （清）孫詒讓輯，周天佑點校：《漢官六種·漢舊儀》，中華書局 1990 年版，第 48 頁。

③ 中國簡牘集成編輯委員會編：《中國簡牘集成》（十二），敦煌文藝出版社 2001 年版，第 207 頁。

④ 沈剛：《居延漢簡詞語匯釋》，科學出版社 2008 年版，第 2 頁。

行塞和別的月份的行塞均有，上面 73EJT29：11 簡中"秋行塞"，結合文獻記載，可能漢代存在七月、八月秋季行塞的制度。不過平時月份的行塞也是存在的。

8.（1）不任用，慣用語，不能發揮正常功用。《集成》（六）："不堪使用。"①

9. 此爲根據舉書糾舉的問題進行更改後的彙報文書。

16. 似乎是對某官吏的舉書。

<h2 style="text-align:center">第九節　雜項</h2>

此處輯録與行政管理有關的一些事項。

發財物若留難

【解題】

發財物若留難，指履行與財務有關的職務時故意刁難，意圖克扣。留難，張伯元釋爲"阻攔爲難"。②《鹽鐵論・本議》："間者，郡國或令民作布絮，吏恣留難，與之爲市。"③《晉書・刑法志》張斐《律注表》："輸入呵受爲留難。"④留難也可指在非財務有關的事項上的阻攔爲難。如敦煌漢簡"輒以聞。非所謂留難變事，當以留奉□□□□□律令。吏用□疑，

---

① 中國簡牘集成編輯委員會編：《中國簡牘集成》（六），敦煌文藝出版社 2001 年版，第 233 頁。

② 張伯元：《出土法律文獻研究》，商務印書館 2005 年版，第 205 頁。

③ 聶濟東：《鹽鐵論集釋》，鳳凰出版社 2018 年版，第 30 頁。

④ （唐）房玄齡等：《晉書・刑法志》，中華書局 1974 年版，第 929 頁。

或不以聞，爲留變事，滿半月”。①

1. 發財物若留難☒   73EJF3:68

2. 多□發財物若□☒   73EJF3:75

留難商賈

☒□聞往時關吏留難商賈   73EJF3:297

戍卒待遇

此處輯録了有關戍卒歸養、寧歸、取衣等事項資料。

Ⅰ．歸養

【解題】

歸養，指因符合一定條件戍卒歸家贍養父母。《史記·魏公子列傳》：“勒兵下令軍中曰：‘父子俱在軍中者，父歸；兄弟俱在軍中，兄歸；獨子無兄弟，歸養。’”②

1. 隧長轉關中夫持馬四匹畜牛八用牛一輻車一乘牛車一兩歸養   73EJT5:64

2. 弟幼弱∟不勝願 =（願願） 乞骸骨歸養父病☒

73EJT23:692

Ⅱ．寧歸、取急

寧歸，或稱歸寧、取寧、取急，指告喪家返家。《史記·高祖本紀》：“常告歸之田。”《集解》：“李斐曰：休謁之名也。

---

① 白軍鵬：《“敦煌漢簡”整理與研究》，吉林大學 2014 年博士學位論文，第 69 頁。

② （漢）司馬遷：《史記·魏公子列傳》，中華書局 1982 年版，第 2381 頁。

吉曰告，凶曰寧。"①《漢書·哀帝紀》："博士弟子父母死，予寧三年。"顏師古注："寧謂處家持喪服。"②《後漢書·陳忠傳》載"孝文皇帝定約禮之制，光武皇帝絕告寧之典。元初三年有詔，大臣得行三年喪，建光中復光武故事"。除爲父母寧歸外，漢簡中有"同産姊死寧""爲妻取寧"等。寧歸當有時間限制，時間也與歸家的路途有關。漢簡中常見吏卒"家去官×里"的記載，之所以作此記載，可能在歸家時可作爲所用時間的計算依據。秦律有歸寧之制可參考。《嶽麓書院藏秦簡（肆）》184—185 簡："·戍律曰：（省略）戍在署，父母、妻死，遣歸葬。告縣，縣令拾日╚。繇（徭）發，親父母、泰父母、妻、子死，遣歸葬。已葬，輒聶（躡）以平其繇（徭）。"③《嶽麓書院藏秦簡（伍）》295 簡："·令曰：吏父母死、已葬（葬）一月，子、同産，旬五日；泰父母及父母同産死、已葬（葬），五日之官。官去家五百里以上、父母妻死。"④《嶽麓書院藏秦簡（伍）》286—287 簡："·令曰：吏及宦者·群官官屬╚、冗募群戍卒及黔首繇（徭）使、有縣官事，未得歸，其父母、泰父母不死而謾吏曰死以求歸者，完以爲城旦；其妻子及同産、親父母之同産不死而謾吏曰死及父母不病而〔謾吏〕曰病以求歸，皆罷（遷）之。·令辛"。⑤

---

① （漢）司馬遷：《史記·高祖本紀》，中華書局 1982 年版，第 346 頁。
② （漢）班固：《漢書·哀帝紀》，中華書局 1962 年版，第 336—337 頁。
③ 陳松長主編：《嶽麓書院藏秦簡（肆）》，上海辭書出版社 2015 年版，第 129 頁。
④ 陳松長主編：《嶽麓書院藏秦簡（伍）》，上海辭書出版社 2017 年版，第 196 頁。
⑤ 陳松長主編：《嶽麓書院藏秦簡（伍）》，上海辭書出版社 2017 年版，第 193 頁。

沈家本《漢律摭遺》有"寧告科"。[1]

1. ☑孫憲年廿三寧歸昭武☑　　　　　　73EJD：150

2. 廣利隧長成倉詣府取急☑　　73EJT37：603＋595[2]

3. 建平二年六月丙辰朔甲戌廣地觻得守塞尉博兼行候事
移肩水金關

候長趙審寧歸屋蘭名縣爵里年姓如牒書到出入如☑
　　　　　　　73EJT37：651A＋716A＋727A

觻得塞尉印候史丹發☑

君前守令史忠　　　　73EJT37：651B＋716B＋727B[3]

3. ☑願取急□　　　　　　　73EJF3：620

Ⅲ. 遺衣用、取衣用

【解題】

"遺衣用"指家屬前往官署送衣用。"取衣用"是關於吏
卒任職內允許回家次數和時間的有關制度。《嶽麓書院藏秦簡
（肆）》278—279 簡："·□律曰：冗募群戍卒及居貲贖責
（債）戍者及冗佐史、均人史，皆二歲壹歸，取衣用，居家卅
日，其□□□以歸寧，居室卅日外往來，初行，日八十里，之

---

① （清）沈家本：《歷代刑法考》，中華書局 1985 年版，第 1736—1737 頁。相關研
　究有程博麗：《秦漢時期吏卒歸寧制度新探》，《湖南大學學報（社會科學版）》
　2017 年第 5 期；朱錦程：《秦制新探》，湖南大學 2017 年博士學位論文；［日］冨
　谷至編，張西艷譯：《漢簡語彙考證》，中西書局 2018 年版，第 132—134 頁；曹
　旅寧：《說嶽麓秦簡（肆）0349 簡中的"歸寧"》，簡帛網 2019 年 11 月 28 日，
　http：//www.bsm.org.cn/show_article.php?id＝3305。

② 顏世鉉：《〈肩水金關漢簡〉（肆）綴合第 3—4 組》，簡帛網 2016 年 1 月 13 日，ht-
　tp：//www.bsm.org.cn/?hanjian/6591.html。

③ 姚磊：《肩水金關漢簡綴合》，天津古籍出版社 2020 年版，第 251 頁。

署，日行七十里。當歸取衣用，貧，毋（無）以歸者，貸日，令庸以逋。"①

1. 地節三年二月戊子朔庚子東鄉有秩□王佐敢告尉史溫②城㢣里大夫張恢自言群父騎將爲居延司馬取傳與葆

平都里解延壽郭里蔦敢往遺衣用乘家所占畜馬二匹案毋官獄徵事當爲傳謁移過所縣邑

侯國以律令從事敢告尉史/有秩□王　73EJT24：872A＋249

章曰溫之丞印　　　　　　　　　　73EJT24：872B③

2. ☑□安樂里白延壽與從者長樂里蘇奉親俱隨取衣用張掖

　☑□毋河留止敢言之

　☑毋河留止如律令/掾延年令史可置　　73EJT24：250

3. ☑□歸安定取衣用五月辛丑北出□月壬辰南入

　　　　　　　　　　73EJT37：608＋683④

葆養

【解題】

葆養，或作"保養"，保任飼養馬匹等，若出現死亡等情

---

① 陳松長主編：《嶽麓書院藏秦簡（肆）》，上海辭書出版社 2015 年版，第 160 頁。

② 趙海龍認爲"湿"字應爲"溫"字的變形。趙海龍：《〈肩水金關漢簡（貳）〉"湿城㢣里"釋讀》，簡帛網 2014 年 8 月 28 日，http://www.bsm.org.cn/show_article.php?id=2063。

③ 綴合據伊强：《肩水金關漢簡綴合十五則》，武漢簡帛研究中心：《簡帛（第十二輯）》，上海古籍出版社 2016 年版。

④ 綴合及釋文據姚磊：《〈肩水金關漢簡（肆）〉綴合及釋文訂補（十一則）》，中國文化遺産研究院編：《出土文獻研究（第十六輯）》，中華書局 2017 年版，第 272—273 頁。

況，要承擔飼養不周的責任。《漢書·食貨志》："令公卿以下至郡縣黃綬吏，皆保養軍馬。"師古注曰："保養，不許其死傷。"① 懸泉漢簡ⅡT0115③:80："甘露二年七月戊子朔壬寅，敦煌太守千秋、長史憙、丞破胡謂縣，律曰：諸乘置其傳不爲急及乘傳者驛駕□令葆馬三日，三日中死負之。郡當西域空道，案殿置九所，傳馬員三百六十匹。計以來死者。"② Ⅰ91DXT0309③:275簡中的葆養者爲殿御，"殿御廷壽里王延年告曰所葆養傳馬一匹"。③

弘農郡陝倉□里蔡青葆養車騎馬一匹驄牡左剽齒五歲高五尺八寸名曰張中大奴□昌马（竹簡）　　　　　　73EJT1:54

年長物色

【解題】

年長物色，年齡、身高、面貌、膚色等外部特徵。張家山漢簡《二年律令·津關令》498簡："御史請諸出入津關者，皆入傳，書［郡］、［縣］、里、年、長、物色、疵瑕見外者及馬職（識）物關舍人占者，津關謹閱，出入之。"④ "年長物色"等字樣常用於緝捕文書、過關文書等中，爲概括性用語，一般需在對應的名牒簡中具體化。肩水金關漢簡中所見"年長物色"字樣文書均爲過關文書。

---

① （漢）班固：《漢書·食貨志》，中華書局1962年版，第1185頁。
② 張俊民：《對漢代懸泉置馬匹數量與來源的檢討》，《簡牘學論稿——聚沙篇》，甘肅教育出版社2014年版，第459頁。
③ 郝樹聲、張德芳：《懸泉漢簡研究》，甘肅文化出版社2009年版，第43頁。
④ 彭浩、陳偉、［日］工藤元男：《二年律令與奏讞書：張家山二四七號漢墓出土法律文獻釋讀》，上海古籍出版社2007年版，第312頁。

1. ☑……

☑里年長物色所乘用　　　　　　　　　73EJT4:66

2. 神爵四年二月己未朔丁☐☐☐☐

衣用謹踈年長物色謁移☐　　　　　　　73EJT5:22

3. 書年長物色各如書皆毋官獄徵事當得取傳謁言廷移過

所縣道河津金關毋苛留如律令敢言之　　73EJT23:165

4. 元康二年十二月乙丑朔庚☐

年長物色如牒謁移肩水金☐☐　　　　　73EJT23:930A

……　　　　　　　　　　　　　　　　73EJT23:930B

5. 收責橐佗候官名縣爵里年姓長物色如牒書到出入

　　　　　　　　　　　　　　　　　73EJT32:3

6. ☐☐☐☐之礫得移年長物色☐　　　73EJT37:386A

☐十二月戊子☐☐　　　　　　　　　　73EJT37:386B

7. 居延都尉卒史居延平里徐通大奴宜長七尺黑色髭頭十

一月丙辰出

五鳳元年十月丙戌朔辛亥居延守丞安世別上計移肩水金關

居延都尉卒史居延平里徐通

自言繇之隴西還買礫得敬老里丁韋君大奴宜今踈書宜年長

物色書到出入如律令　　　　　　　　73EJT37:522A

印曰居延丞印

十一月丙辰佐其以來　　　　　　　　73EJT37:522B

8. 建平三年正月癸未朔……夫假佐恭敢言之善居里男子

莊湮自言取傳乘馬三匹

……張掖酒泉……年長馬齒物色各如牒過所津關毋苛留如

律令

☑過所如律令　　／掾承守令史就

　　　　　　　　　　　　73EJT37：1207 ＋806 ＋816①

9. ☑敢言之□□長……

☑以令取傳謹踈年長物色謁移肩水金關出來復傳敢言之

☑水金關如律令　　／掾延年佐宣 73EJT37：1133

10. 毋官獄徵事謁□書嬰齊等年長物色謁移肩水金關以致籍出來

復傳入如律令敢言之（下側有鑽孔）

　　　　　　　　　　　　73EJT37：4 ＋1172②

---

① 綴合據姚磊：《〈肩水金關漢簡（肆）〉綴合考釋研究（十二則）》，李學勤主編：《出土文獻（第九輯）》，中西書局 2016 年版。
② 姚磊：《肩水金關漢簡綴合》，天津古籍出版社 2020 年版，第 183 頁。

第四章　法律形式與法律運行資料

從靜態角度講，在一個時期，一個國家有效力的法律會有不同的形式，如詔書、律、令等，各種形式會有不同的效力等級和效力範圍。

同時，法律的存在又是一個動態運行過程，包括法律的制定、修改，法律的執行運用等。

第一節　法律形式

一般認爲，漢代主要法律形式包括律、令、科、品、比等。《後漢書·安帝紀》元初五年詔曰："舊令制度，各有科品，欲令百姓務從節約。"肩水金關漢簡中包含律文、詔令、令、品約，以及地方法規、文書規範樣式等。

律

1. 河平四年二月甲申朔丙午倉嗇夫望敢言之故魏郡原城陽宜里王禁自言二年戍屬居延犯法論會正月甲子赦

令免爲庶人願歸故縣謹案律曰徒事已毋糧謹故官爲封偓檢縣次續食給法所當得謁移過所津關毋

苛留止原城收事敢言之

二月丙午居令博移過所如律令掾宣嗇夫望佐忠

73EJT3：55

2．以傳出者得人馬牛食穀毋過廿斗及田關外以符出者得
以頃畝出☑　　　　　　　　　　　73EJT34：11

3．☑□□□韶①（1）傳兩馬再封（2）之一馬一封諸乘
韶傳者乘一封及以律令乘傳起□☑　　73EJT23：623

4．言既可許臣請除貸錢它物律詔書到縣道官得貸錢
□□☑

縣官還息與貸者它不可許它別奏臣方進臣光愚憨頓＝首＝
死＝罪＝（頓首頓首死罪死罪）☑　　　73EJF1：7

制可☑　　　　　　　　　　　　　73EJF1：8

【注】

1．簡文注釋參見第一章第一節"犯罪"中"犯法"條。

"律曰徒事已毋糧謹故官爲封偃檢縣次續食給法所當得"
是漢簡中常見的刑徒歸鄉以偃檢縣次續食的法律依據。睡虎地
秦簡《秦律十八種》有《傳食律》。《嶽麓書院藏秦簡（肆）》
"内史郡二千石官共令"中也有關於傳食的内容，如313簡有
"縣官毋得過騶乘，所過縣以律食馬及禾之"。②《二年律令》
有《傳食律》。

2．本簡是關於過關者攜帶穀物限額的規定，分爲"以傳
出者"和"以符出者"兩種標準。傳世文獻中有關於過關物
資限制的規定。《史記·汲黯傳》應劭注："律，胡市，吏民

---

① 原釋爲"□"，曾磊補釋爲"韶"。曾磊：《肩水金關漢簡所見〈廄律〉遺文續
探》，《第四屆簡帛學國際學術研討會暨謝桂華先生誕辰八十周年紀念座談會會議
論文集》（2018年），第374頁。

② 陳松長主編：《嶽麓書院藏秦簡（肆）》，上海辭書出版社2015年版，第198頁。

不得持兵器出關。雖於京師市買，其法一也。"① 張家山《二年律令·津關令》有關於馬匹、黃金、銅及製品的津關管理制度。居延新簡 EPT5：149 有 "·甲渠言毋羌人入塞買兵鐵器者"。② 敦煌漢簡中有關於羌人買鐵器、穀物的規定，如 Ⅱ90DXT0216②：39 簡 "聞羌人買穀民間，持出塞甚眾，長史廢不以爲意，未有坐者，務禁防之"③。此類規定針對邊關的物資管制，涉及對周邊少數民族的防務問題。

本簡是關於過關者攜帶穀物限額的規定，包括兩方面：一是人畜口糧飼料用穀的數量限制；二是到關外種田攜帶種子的，按田的頃畝數計算限額。此內容爲以往資料所無有，惜後一項資料殘缺不全。

3.（1）輻，輻車，小車、輕車。《集成》（五）："漢代人常用的輕便馬車，通常駕一馬。"④（2）再封，封緘兩次。

曾磊指出本簡內容屬《廄律》，并引《漢書·平帝紀》注如淳曰："律，諸當乘傳及發駕置傳者，皆持尺五寸木傳信，封以御史大夫印章。其乘傳參封之。參，三也。有期會累封兩端，端各兩封，凡四封也。乘置、馳傳五封也，兩端各二，中央一也。輻傳兩馬再封之，一馬一封也。"⑤

4. 此處收錄 "永始三年詔書册" 簡册（73EJF1：1—16）中的兩枚簡，簡册完整內容見本章第二節中的 "除律詔書"。

---

① （漢）司馬遷：《史記·汲鄭列傳》，中華書局 1982 年版，第 3110 頁。
② 馬怡、張榮强主編：《居延新簡釋校》，天津古籍出版社 2013 年版，第 40 頁。
③ 郝樹聲、張德芳：《懸泉漢簡研究》，甘肅文化出版社 2009 年版，第 167 頁。
④ 中國簡牘集成編委會編：《中國簡牘集成》（五），敦煌文藝出版社 2001 年版，第 63 頁。
⑤ 曾磊：《肩水金關漢簡所見〈廄律〉遺文續探》，《第四屆簡帛學國際學術研討會暨謝桂華先生誕辰八十周年紀念座談會會議論文集》（2018 年），第 374—378 頁。

"貸錢它物律"不見於其他文獻，"貸"的標的物爲"錢"或
"物"。

詔令

【解題】

詔，《康熙字典》："《説文》告也。《廣韻》：上命也。秦
漢以下，天子獨稱之。"[1] 如果詔書適用於不特定多人，則其
具法律性質。《漢書·宣帝紀》地節四年文穎注："天子詔所
增損，不在律上者爲令。"[2] 詔令其實不是表示一類法令的專
有名詞，在這裏我們可以泛指由詔書而來的令。有些開始以單
條詔書形式存在，後來則編纂入各類專門的令之集合中。漢簡
中所見詔令，有些可知其所屬的編纂門類，有些則很難判斷所
屬類別。因此，我們將不能判斷所屬編纂類別的令輯錄於此，
對能知道專門所屬的令，則輯入到相應的類別中去。"永始三
年詔書册"簡册（73EJF1：1—16）也與法律有關，收在本章第
二節中的"除律詔書"里，這裏不再重復收錄。

1. 皇天上帝隆顯大右成命統序符絜（契）圖文金匱策書
神明詔告屬予以天下兆民　　　　　　　　　73EJT23：767[3]
2. ☐入春時其令郡諸侯皆通道溝渠及衝術（1）其有離格
（2）枯木☐☐☐
　☐二月甲午下☐　　　　　　　　　　　　73EJT30：202

---

① 《康熙字典》，同文書局1887年版，中華書局1922年印，第1188頁。
② （漢）班固：《漢書·宣帝紀》，中華書局1962年版，第235頁。
③ "符絜"原釋文爲"梁國"，"神明詔告屬予以天下兆民"原釋爲"……"，根據
劉樂賢文章改補釋。劉樂賢：《肩水金關漢簡補釋一則》，簡帛網2013年7月28
日，http：//www.bsm.org.cn/?hanjian/6053.html。

3. 孝武皇帝兄弟子有屬籍在郡國者賜馬各一匹駟資馬錢
十四萬　　　　　　　　　　　　　　73EJT26：31

4. 爵左庶長中都官及宦者吏千石以下至六百石爵五大夫
孝者爵人二級吏民爵人一級四年以前吏□□　73EJT26：32

5. □務平獄毋苛刻煩擾奪民時所察毋過詔條（1）□
　　　　　　　　　　　　　　　　　73EJT26：65

6. □讕不予或逃匿不可見乃自言丞□御＝史＝（御史御
史）爲趣郡收責不能備得所責主名縣或報毋令

　　　　　　　　　73EJT23：677＋658①

7. 調有餘給不足不民所疾苦也可以便安百姓者問計長吏
守丞條對□

臣光奉職無狀頓＝首＝死＝罪＝（頓首頓首死罪死罪）臣
方進臣光前對問上計弘農大守丞□□　　73EJF1：2

8. 常制曰可孝元皇帝初元四年十一月丙午下

　　　　　　　　　　　　　　73EJT37：223

9. 制曰可高皇帝七年七月乙丑下　　73EJT37：772

10. ·樂府卿言齋□後殿中□□以不行……迫時入行親以
爲□常諸侯王謁拜正月朝賀及上計餝鐘張虡（1）從樂人及興
卒制曰可孝文皇帝七年（2）九月乙未下　　73EJT37：1573

11. ·舉長吏深憂垂念小民處業貧毋訾尤有意者□

　　　　　　　　　　　　　　73EJF3：522

【注】

1. 簡文內容爲《漢書·王莽傳》記載的王莽登基詔書。

---

① 姚磊：《〈肩水金關漢簡（貳）〉綴合（六）》，簡帛網2016年11月17日，http：//
www. bsm. org. cn/show_article. php？id ＝2663。

本簡殘存内容不涉及法律内容，不過原詔書與"改正朔、易服色"等制度變更有關。①

2．（1）衝，圖版爲""，該字當改釋爲"衞"。《嶽麓書院藏秦簡（肆）》簡124有"衞術"，睡虎地秦簡《法律答問》101簡原釋文"有賊殺傷人衝術"，復旦大學古文字研究讀書會和中國政法大學中國法制史基礎史料研讀會改釋"衝"爲"衞"字。② 衞術，通道。（2）離格，通"籬落"，籬笆。楊建在考釋張家山漢簡《二年律令·津關令》時指出"籬落"指籬笆。《國語·晉語八》："以藩爲軍。"韋昭注："藩，籬落也。不設壘壁。"③

3．本簡釋文見"賜、賞"條。

本簡是對屬籍在郡國者的皇族子弟賞賜馬、錢的詔書或詔書的實施細則。劉釗指出，《漢書》載漢元帝、哀帝時期有類似的賜宗室子的詔書。④

4．簡文注解見第一章"賜、賞"條。

5．（1）詔條，分條文的詔書。《漢書·百官公卿表》："武帝元封五年初置部刺史，掌奉詔條察州。"⑤

---

① 參見劉樂賢：《肩水金關漢簡補釋一則》，簡帛網2013年7月28日，http://www.bsm.org.cn/?hanjian/6053.html。

② 中國政法大學中國法制史基礎史料研讀會：《睡虎地秦簡法律文書集釋（八）：〈法律答問〉61—110簡》，中國政法大學法律古籍整理研究所：《中國古代法律文獻研究（第十三輯）》，社會科學文獻出版社2019年版，第56頁。

③ 轉引自彭浩、陳偉、［日］工藤元男：《二年律令與奏讞書：張家山二四七號漢墓出土法律文獻釋讀》，上海古籍出版社2007年版，第310頁。

④ 劉釗：《漢簡所見官文書研究》，吉林大學2015年博士學位論文，第152—153頁。相關研究參見高一致：《讀〈肩水金關漢簡（叁）〉筆記（貳）》，簡帛網2014年8月23日，http://www.bsm.org.cn/?hanjian/6238.html。

⑤ （漢）班固：《漢書·百官公卿表》，中華書局1962年版，第741頁。

6. 此似爲要求官府協助收取債務的詔書。

7. 本簡爲永始三年詔書簡文（73EJF1：1—16）之一部分，完整内容參見本章第二節中“除律詔書”條。“奉職無狀”爲上行文書中的謙辭慣用語。

10.（1）虞，古代懸掛鐘或磬的架子兩旁的柱子。“飭鐘張虞”是將鐘、磬按順序懸掛。（2）七年，爲孝文帝前元七年（前173年）。

8、9二簡由臣下提出申請，皇帝詔書批准的方式制定規範。“高皇帝”“孝文”“孝元”均爲諡號，2、8、9三簡皆爲某年某月下，表明文書是對之前詔書的整理。[①] 三詔書均出土自同一探坑，值得注意。

赦令

赦令内容見第一章第二節“刑罰”之“二、刑罰適用與執行”中“赦”條。

板詔令

【解題】

板詔令，與之相關的資料，如《後漢書·應劭傳》有“廷尉板令”[②]，但無事可證。懸泉漢簡有版詔，簡Ⅱ T0115[③]：

---

① 相關研究參見彭浩：《肩水金關漢簡所見漢景帝初年的一條令文》，《出土文獻》2021年第2期，第89頁；裴永亮：《肩水金關漢簡中漢文帝時期樂府詔書考證》，鄔文玲、戴衛紅主編：《簡帛研究（二○一八春夏卷）》，广西師範大學出版社2018年版；張英梅：《漢文帝七年〈朝儀〉詔書補考——以〈肩水金關漢簡〉（肆）所見簡牘爲依據》，《敦煌研究》2019年第3期。
② （南朝宋）范曄撰，（唐）李賢等注：《後漢書·百官志》，中華書局1965年版，第1613頁。

78 有："鞫論，非盜受賕所監臨，以縣官事賊傷吏、吏父母、（吏）妻子、（吏）同産及賊傷人、繼人、盷人、折積、齒、指、體，斷決鼻、耳，它皆得入錢贖罪，免爲庶人，如前版詔品。大司農調給邊"①。居延漢簡553.1 簡有"☑版詔令男子狗大勿論毋輒上廷尉以爲常"。② 另有觀點認爲《廷尉挈令》又稱《廷尉板令》。③

1. 中御府板詔令第卌四☑　　　　　　　73EJT31:142
2. 候官案丞相板詔令第五十三過塞津關獨以傳致籍出入

73EJC:590

令乙

【解題】

令乙，以天干命名之漢令集。《漢書·宣帝紀》："令甲，死者不可生，刑者不可息。"文穎曰："令甲者，前帝第一令也。"如淳曰："令有先後，故有令甲、令乙、令丙。"師古曰："如說是也。甲乙者，若今之第一、第二篇耳。"④ 《晉書·刑法志》云："又漢時決事，集爲令甲以下三百餘篇。"⑤ 天干令名下又有數字編號及相應的名稱。《後漢書·律曆志》："案官所施漏法《令甲》第六《常符漏品》，孝宣皇帝三年十

---

① 張俊民：《懸泉漢簡所見律令文與張家山〈二年律令〉》，梁安和、徐衛民主編：《秦漢研究（第五輯）》，陝西人民出版社2011年版，第60頁。
② 謝桂華、李均明、朱國炤：《居延漢簡釋文合校》，文物出版社1987年版，第652頁。
③ 參見徐世虹主編：《中國法制通史（第二卷·戰國秦漢卷）》，法律出版社1999年版，第270—271頁。
④ （漢）班固：《漢書·宣帝紀》，中華書局1962年版，第252—253頁。
⑤ （唐）房玄齡等：《晉書·刑法志》，中華書局1974年版，第922頁。

二月乙酉下，建武十年二月壬午詔書施行。"① 又如武威旱灘坡東漢簡中有"令在乙第廿三"。紀南松柏漢簡有"令丙第九"②。與部門或地方彙編的"挈令"不同，此類令"在性質上屬於由國家統一頒布、適用全國的法規"。③ 關於此類令，陳夢家結合居延漢簡 5·3＋10·1＋13·8＋126·12 簡詔書目錄的的復原，認爲"令分甲、乙、丙不是因時代先後相承而分的三章，而是依事類性質不同而分的三集"，"其各自編集，亦應按年排比先後"。④

　·令乙第☐　　　　　　　　　　　　73EJT3：84

功令

【解題】

功令，是與官吏功勞的評定、賜奪、上報及官吏升遷的次序、條件等有關的法令。陳直指出，"功令二字，始見於《史記·儒林傳》序云：'太史公曰：余讀功令，至於廣厲學官之路，未嘗不廢書而歎也。'後敘公孫弘奏文，末尾亦有：'備員請著功令，佗如律令'之文。《史記索隱》：'謂學者課功，

---

① （南朝宋）范曄撰，（唐）李賢等注：《後漢書·律曆志》，中華書局 1965 年版，第 3032 頁。

② 朱江松：《罕見的松柏漢代木牘》，荊州博物館：《荊州重要考古發現》，文物出版社 2009 年版，第 210 頁。

③ 參見徐世虹主編：《中國法制通史（第二卷·戰國秦漢卷）》，法律出版社 1999 年版，第 270 頁。相關研究參見彭浩：《讀松柏出土的四枚西漢木牘》，武漢大學簡帛研究中心：《簡帛（第四輯）》，上海古籍出版社 2009 版，第 333—343 頁；楊眉：《居延新簡所涉漢律分類》，《甘肅省第二屆簡牘學國際學術研討會論文集》（2011 年）。

④ 陳夢家：《漢簡綴述》，中華書局 1980 年版，第 280—281 頁。相關研究如 ［日］大庭脩著，徐世虹等譯：《秦漢法制史研究》，中西書局 2017 年版，第 192—197 頁。

著之於令，即今學令是也。'顏師古注《漢書》云：'功令篇名，若今選舉令。'"。陳直指出，從漢簡可知"功令爲考績賜勞之法令，在唐時已經亡佚。故《索隱》解謂學令，故屬非專用，顏師古解爲選舉令，亦屬不全面。今從漢簡可以得其大概"。①

　　張家山336號漢墓出土有《功令》。西北漢簡中明確屬於《功令》的是有關功勞上報的肩水金關漢簡73EJT31：163簡以及與秋射賜奪勞有關的"功令第卅五"（居延舊簡45·23簡、285·17簡等）。居延新簡EPT53：138"甘露二年八月戊午朔丙戌甲渠令史齊敢言之第十九隧長敵自言當以令秋射署功勞即石力發弩矢/□弩臂皆應令甲渠候漢彊守令史齊署發中矢數于牒它如爰書敢言之"，其中"以令秋射署功勞"之"令"即指"功令第卅五"的内容。

　　另外學者們還注意到同樣涉及功勞計算的如562·19簡"北邊挈令第四北邊候長候史迹二日當三日"等，其與《功令》的關係有待考察。②

　　關於《功令》與令甲、令乙、令丙形式的區別，陳夢家認爲"令甲"等收録的具體内容，如"符令""篝令"等，皆單一詔書，之下不再分若干章，而《功令》則爲專行之令，其下分若干章，如《功令》第四十五。③

---

① 陳直：《居延漢簡研究》，中華書局2009年版，第116—117頁。
② 相關研究參見徐世虹：《肩水金關漢簡〈功令〉令文疏證》，中國文化遺産研究院編：《出土文獻研究（第十八輯）》，中西書局2019年版；鄔勖：《讀金關簡劄記（三則）》，王沛主編：《出土文獻與法律史研究（第四輯）》，上海人民出版社2015年版；曹旅寧：《張家山336號漢墓〈功令〉的幾個問題》，《史學集刊》2012年第1期。
③ 陳夢家：《漢簡綴述》，中華書局1980年版，第281頁。

在有了漢簡資料之後，再回過來看《史記·儒林列傳》的内容，公孫弘乃請曰："謹與太常臧、博士平等議曰……爲博士官置弟子五十人，復其身。太常擇民年十八已上，儀狀端正者，補博士弟子。郡國縣道邑有好文學，敬長上，肅政教，順鄉里，出入不悖所聞者，令相長丞上屬所二千石，二千石謹察可者，當與計偕，詣太常，得受業如弟子。一歲皆輒試，能通一藝以上，補文學掌故缺；其高第可以爲郎中者，太常籍奏。即有秀才異等，輒以名聞。其不事學若下材及不能通一藝，輒罷之，而請諸不稱者罰……請選擇其秩比二百石以上，及吏百石通一藝以上，補左右内史、大行卒史；比百石已下，補郡太守卒史；皆各二人，邊郡一人。先用誦多者，若不足，乃擇掌故補中二千石屬，文學掌故補郡屬，備員。請著功令。佗如律令。"制曰："可。"[1] 可知《功令》包含根據職位設置選舉標準的内容，如顏師古所説之"選舉令"，還包含漢簡所見功勞考績之法。則《功令》下分爲不同的章節條目，規定多方面内容。沈家本《漢律摭遺》列有"功令"條。[2]

此外漢簡中還見有"施刑屯居延作一日當二日"，其作日折算與"北邊挈令第四"有類似之處，不過其主體爲"施刑"，故不可能屬《功令》，但是否屬《北邊挈令》則未可知。

1.·功令諸自言功勞皆記其歲與計俱（1）初視事若有物故（2）後其等（3）不上功（4）來歲并數上73EJT31：163[3]

---

① （漢）司馬遷：《史記·儒林列傳》，中華書局1982年版，第3119頁。
② （清）沈家本：《歷代刑法考》，中華書局1985年版，第1722—1723頁。
③ 釋文中"訖""初""物故"原釋文分別爲"證""新""相前"，根據張俊民文章改釋。張俊民：《金關漢簡73EJT31：163解讀》，簡帛網2014年12月3日，http://www.bsm.org.cn/?hanjian/6283.html。

2. ☐䩮（1）矢六爲程過六矢賜勞矢十五日 73EJT24:771
+913①

3. ·右日迹簿二千石賜勞名籍令☐　　　73EJT29:48

【注】

1.（1）訖其歲與計俱，歲終與上計一同上報。《後漢書·百官志》：“歲盡遣使上計。”②（2）初視事若有物故，指新上任或者有其他（合理）原因的情況。（3）後其等，指排列功勞等級時排在後面。後，使……靠後。等，指功勞等次的先後順序。（4）上功，上報功勞評定情況。不上功，不在上報之列。

本簡以“·功令”開頭，是《功令》條文，前半句是上功時間的一般規定，後半句是特殊規定。一般功勞應在歲終與上計一同報送，過時則不計爲勞。居延漢簡20. 3簡有“爲吏十一歲二月十二日☐／其七歲十二日過時不上不爲勞”。③ 若因上任時間不足一年等原因導致計算功勞等級會排在後面的特殊情況，當年不報送功勞，待第二年合併功勞上報。因爲功勞等級排序會涉及獎懲制度，某些特殊原因會導致計算功勞少，如果也和別人同等排列是不合理的，因此《功令》專門作了合理化規定。表明《功令》規定周詳，具有很强的操作性。

2.（1）䩮，箭靶。

簡文爲“功令第卌五”殘簡。漢簡中多見“功令第卌五”，如居延舊簡45·23“·功令第卌五候長士吏皆試射射去

---

① 姚磊：《肩水金關漢簡綴合》，天津古籍出版社2020年版，第136頁。
② （南朝宋）范曄撰，（唐）李賢等注：《後漢書·律曆志》，中華書局1965年版，第3621頁。
③ 謝桂華、李均明、朱國炤：《居延漢簡釋文合校》，文物出版社1987年版，第33頁。

埻帣弩力如發弩發十二矢中帣矢六爲程過六矢賜勞十五日"[1]，
EPT56:337 "☐☐弩發矢十二中帣矢六爲程過六若不帣六矢賜
奪勞各十五日"[2]。

比

【解題】

比，由最初針對特定事項的詔書或者判例等形成的具普遍
性的法律形式。傳世文獻見"決事比"。《周禮·秋官·大司
寇》："凡庶民之獄訟，以邦成弊之。"鄭司農注云："邦成，
謂若今時決事比也。"[3] 沈家本敏銳地指出，"周之八成爲成
法，與漢之決事似不甚同。先鄭取以爲況，似漢之決事比即視
爲成法矣"。[4] 指出漢代決事比不限於成案，而有的爲成法。
漢代文獻中尚缺乏進一步的證據。但從秦簡來看，秦代的比有
的包含事例內容，有的則已不見事例，簡化爲規範條文形式。[5]

☐……☐☐佐豐移肩水候官☐☐☐☐來時長初來時登山隧
長孫君房從萬蕢買執適隧長丁☐

任府書曰卒蕢賣予吏及有吏任者爲收責有比書到願令史以
時收責迫卒且罷丞報如律令☐　　　　　　　73EJT7:25

【注】

注釋詳見"收債"第3簡。

---

① 謝桂華、李均明、朱國炤：《居延漢簡釋文合校》，文物出版社1987年版，第79頁。
② 馬怡、張榮強主編：《居延新簡釋校》，天津古籍出版社2013年版，第520頁。
③ （清）孫詒讓：《周禮正義》，中華書局2013年版，第2757頁。
④ （清）沈家本：《歷代刑法考》，中華書局1985年版，第1767頁。
⑤ 相關研究參見歐揚：《嶽麓秦簡所見秦比行事初探》，中國文化遺産研究院編：
　　《出土文獻研究（第十四輯）》，中西書局2015年版。

品約

【解題】

品，關於事物的數量、規格等具體標準的規定。李均明指出：科、品，爲法規事條，是對律、令的補充。凡是法律對有關事項級次的規定稱"品"。[1] 如敦煌漢簡1390簡"守御器品"，居延新簡56·280有"徒及復作品"。西北漢簡中最常見的爲"烽火品約"，如敦520"敦煌郡烽火品約"。肩水金關所見品約均爲烽火品約。有學者指出，烽火品約中"品"是烽火信號中關於匈奴進犯人數、時間和進犯程度等級的一般性規定，"約"是邊郡部都尉根據本防區具體情況制定與具體位置相對應的信號體系，品和約的規定配合使用，才能獲得全面準確的信息。[2] 也有學者提出不應分爲"品""約"。[3] 沈家本《漢律撫遺·目錄》有"品式"，認爲"品式者，凡品物之法是也"。[4] 簡牘資料則表明品、式當爲不同形式的規範。

---

[1] 李均明：《古代簡牘》，文物出版社2003年版，第188頁。

[2] 初師賓：《居延烽火考述》，甘肅省文物工作隊、甘肅省博物館編：《漢簡研究文集》，甘肅人民出版社1984年版，第342—343頁；特日格樂：《簡牘所見漢朝烽火制度——兼談匈奴的對應》，齊木德道爾吉等編：《蒙古史研究（第十輯）》，內蒙古大學出版社2010年版。相關研究有何雙全：《〈塞上烽火品約〉詮釋》，《考古》1985年第9期；薛英群：《居延〈塞上烽火品約〉冊》，《考古》1979年第4期；吳礽驤：《漢代蓬火制度》，甘肅省文物工作隊、甘肅省博物館編：《漢簡研究文集》，甘肅人民出版社1984年版；初師賓、李永平：《學術界對居延新簡部分簡冊研究的現狀》，簡帛網2006年1月6日，http://www.bsm.org.cn/show_article.php?id=169；［日］冨谷至編，張西艷譯：《漢簡語彙考證》，中西書局2018年版。

[3] 李智令、安忠義：《居延所出〈塞上蓬火品約〉性質再探》，《魯東大學學報（哲學社會科學版）》，2011年第4期。

[4] （清）沈家本：《歷代刑法考》，中華書局1985年版，第1389頁。

1. □□望見塞外苣（1）□　　　　　　　　73EJT1：242

2. □□受肩水蓬火節有驚□　　　　　　　73EJT4：69

3. □□馬千屬國騎千五百留□

□苣 = （苣苣）火即舉追毋出塞□□（1）　73EJT7：93

4. 舉表苣火如品約　　　　　　　　　　　73EJT9：100

5. 虜入張掖郡界倉石（1）伏虜隧以東積薪舉蓬通北郡界
以北（2）通報□□□□　　　　　　　　73EJT9：101

6. □舉蓬……佗以莫當隧（1）以北和（2）以蓬苣火毋
燔積薪□□　　　　　　　　　　　　　　73EJT15：3A

□……士吏候長隧長□□□□□□□□□□止至明（3）□
　　　　　　　　　　　　　　　　　　　73EJT15：3B

7. 正月癸巳肩水候房以私印行事告尉謂士吏平候長章等
寫移書到除前書以後書品約從事毋忽如律令/尉史義
　　　　　　　　　　　　　　　　　　　73EJT21：103

8. 見匈奴人塞外盡日上二蓬

匈奴人入塞及金關以北塞外丁□見匈奴人盡界十二

匈奴人守亭鄣不得下燔積薪盡

□□□□　　　　　　　　　　　　　　　73EJT23：914A

□君□候長狗少一

卒□□食　　　　　　　　　　　　　　　73EJT23：914B

9. □舉二蓬晝舉二煙（1）夜舉二苣火　73EJT24：743

10. 燔薪舉地一蓬（1）即虜攻鄣亭隧（2）留不□以攻
亭鄣品約（3）和（4）之　　　　　73EJT24：955＋911①

11. □□十步能諷蓬火品約 亅　　　73EJT37：1129

---

① 姚磊：《肩水金關漢簡綴合》，天津古籍出版社2020年版，第148頁。

12. 甘露三年正戊戌□□□

迎逢表苣火約各如牒檄到候尉□□

假天陰風雨不見蓬表苣火人走傳相告□　73EJT28:13A

正月庚子肩水候福謂候長廣宗□

誤亂它如尉丞卿檄書律令□　　　　　73EJT28:13B

13. 見虜塞外舉亭上一蓬火一苣火虜去輒下（1）□□

虜入□□金關以北塞外亭隧見虜燔一積薪□□

　　　　　　　　　　　　　73EJT29:89

14. □蓬火品田官民塢辟（1）舉蓬和毋燔薪□

□鄣塢辟田官舉蓬燔三積薪和者皆如其部蓬火品□

□葆部界中民田官畜牧者見赤幡各便走近亭鄣塢辟葆□

□馬馳以急疾爲故□　　　　　73EJF3:81+80

【注】

1.（1）苣，《説文解字》：“苣，束葦燒也。”段玉裁注：“《後漢書·皇甫嵩傳》：‘束苣乘城。’俗作炬。”① 即一般是將葦等捆紮成大、中、小規格的蘆葦把供燒舉。甲渠塞第四隧發現兩件則是茇茇草苣。②《史記·周本紀》正義曰：“烽燧二音。晝日燃烽以望火煙，夜舉燧以望火光也。烽，土魯也；燧，炬火也。皆山上安之，有寇舉之。”③ 漢簡所見苣火爲夜間信號，適用數額往往與晝間使用的“烽”數額相應。根據敵情不同，有一苣火、二苣火、三苣火之别。如“望見虜一人

———————

① （漢）許慎撰，（清）段玉裁注，許惟賢整理：《説文解字注》，鳳凰出版社 2015年版，第 76 頁。
② 甘肅省居延考古隊：《居延漢簡遺址的發掘和新出土的簡册文物》，《文物》1978年第 1 期。
③ （漢）司馬遷：《史記·周本紀》，中華書局 1982 年版，第 149 頁。

以上入塞，燔一積薪，舉二烽；夜二苣火。見十人以上在塞外，燔舉如一人□。望見虜五百人以上若攻亭鄣，燔一積薪，舉三烽；夜三苣火……"。①

本簡是規定夜間見虜在塞外的烽火信號。

3.（1）追毋出塞，是對戍守人員追擊的限制性規定，主要是爲避免輕舉妄動帶來損失。如果違反規定因此受到損失，責任人要被追究責任。

5.（1）倉石，肩水都尉所屬候官。（2）通北郡界以北，何茂活認爲當釋爲"通北部界止北"。"北部"爲候名，"止北"爲隧名。居延漢簡52. 19有"止北隧長居延累山里公乘葉道年廿八"。②

6.（1）莫當隧，屬肩水都尉下的橐他塞，是肩水金關向北1.6公里的第一座烽燧，也是該塞南部候長治所。橐他、肩水二塞的分界在金關、莫當隧之間。③ "佗"前應有"橐"。（2）和，去聲，應和，指此隧按彼隧所發之號依品約的規定應和相應的信號。④ 以北和，指肩水金關北面的莫當隧以北橐他塞各隧，按照烽火品約的規定，將烽火信號傳遞下去。（3）止至明，前缺字當爲"毋"。居延新簡《塞上烽火品約》中多見"毋絕至明"，用於夜間有虜入或發現虜夜入或聽到匈奴的人

① 吳礽驤、李永良、馬建華：《敦煌漢簡釋文》，甘肅人民出版社1991年版，第233頁。
② 何茂活：《〈肩水金關漢簡（壹）〉釋文訂補》，復旦大學出土文獻與古文字研究中心網站2014年11月19日，http://www.gwz.fudan.edu.cn/Web/Show/2392。
③ 甘肅居延考古隊：《居延漢代遺址的發掘和新出土的簡册文物》，《文物》1978年第1期。距離據吳礽驤著作。吳礽驤：《河西漢簡調查與研究》，文物出版社2005年版，第159—160頁。
④ 參見初師賓：《居延烽火考述——兼論古代烽號的演變》，甘肅省文物工作隊、甘肅省博物館編：《漢簡研究文集》，甘肅人民出版社1984年版，第381頁。

馬舉苣火時的規定。本簡中"毋止至明"應與"毋絕至明"含義相同。

7. 本簡爲舊品約的廢除和新品約的頒布。參見本章第二節"一、法律的制定與修改"。

9. 煙，烽火信號中的"煙"適用較少，似乎是在緊急情況下晝間使用的信號。以往出土簡中使用"煙"的情形有"虜守亭障"。居延舊簡 14·11 簡"·虜守亭鄣不得燔積薪晝舉亭上蓬一煙夜舉離合苣火次亭燔積薪如品約"，① 似指無法燔積薪的緊急情況，在亭上通過灶突等設施施煙。

10.（1）舉地一烽，地烽，設置於地面上的烽火燃放設施。漢簡中又有"亭上烽"，是設置在亭上的烽火燃放設施。一般用於特殊緊急情況。（2）虜攻鄣亭隧，居延新簡 EPF16：14"·匈奴人即入塞千騎以上舉蓬燔二積薪其攻亭鄣塢壁田舍舉蓬燔二積薪和如品"②。《漢簡西陲木簡彙編》中敦煌漢簡 56·4："·望見虜一人以上入塞燔一則（積）薪舉二蓬夜二苣火見十人以上在塞外燔舉如一人須楊望見虜五百人以上若功（攻）亭障燔一賁（積）薪舉三蓬夜三苣火不滿千人以上燔舉如五百人同品"。（3）"攻亭鄣品約"，可知漢代的確將敵情分爲幾種類別，對應各種敵情稱爲"××品約"。除"攻亭鄣品約"外，應還有"虜在塞外品約""虜守亭障品約"等。（4）和，附隨應和。

13.（1）"虜去輒下"，是敵虜離開則撤烽滅火。

該簡兩行，右行爲"見虜在塞外"的情況。關於"見虜

---

① 謝桂華、李均明、朱國炤：《居延漢簡釋文合校》，文物出版社 1987 年版，第 22 頁。
② 馬怡、張榮强主編：《居延新簡釋校》，天津古籍出版社 2013 年版，第 744 頁。

在塞外"的品約信號，居延新簡 EPF16：11 簡："・夜即聞匈奴人及馬聲若日且入時見匈奴人在塞外各舉部蓬次亭晦不和夜入舉一苣火毋絕盡日夜減火"[1]。該簡吳礽驤疑晝間舉烽爲"一蓬"[2]。肩水金關本條中的"舉亭上一蓬火一苣火"，應指晝間舉亭上一烽火，夜間舉一苣火。該簡左行爲有"虜入塞"情況。

14.（1）塢辟，即塢壁、塢堡。一種可以閉門守衛的防御建築設施，有時與周圍區域配合，兼具生產、生活、防御功能。可參考嘉峪關市新城 1 號墓的畫像磚，左側繪一小城，上題"塢"，塢外有馬牛羊等吃草（見圖一）。

圖一　嘉峪關長城博物館藏嘉峪關市新城 1 號墓魏畫像磚[3]

① 馬怡、張榮强主編：《居延新簡釋校》，天津古籍出版社 2013 年版，第 744 頁。
② 吳礽驤：《漢代蓬火制度探索》，甘肅省文物工作隊、甘肅省博物館編：《漢簡研究文集》，甘肅人民出版社 1984 年版，第 230 頁。
③ 李重蓉、孫祥：《河西畫像磚上的魏晉風度》，《文物天地》2021 年第 9 期，第 47 頁。

科

【解題】

科，漢代法律形式的一種。和律令相比，科是關於某一方面區分不同情況加以具體詳細規定的規範。"科的作用在於具體規範、禁約某種對象行爲，是對律令的具體詮釋與補充。"① 《説文解字》："科，程也。從和斗。斗者，量也。"段玉裁注："程也。《廣韻》曰：'程也，條也，本也，品也。'又：'科，斷也。'按，實一義之引伸耳。"② 漢簡中所見科如"購賞科"。③

其所共捕得若斷斬首三百騎以上者皆錫（1）爵高功一人附城食邑户　　　　　　　　　　　72EBS7C:4

【注】

（1）錫，賜。《康熙字典》："《爾雅·釋詁》：賜也。《易·師卦》：王三錫命。《左傳》莊元年，王使榮叔來錫桓公命。注：錫，賜也。《禮·緯文》：九錫，一曰輿馬，二曰衣服，三曰樂器，四曰朱户，五曰納陛，六曰虎賁，七曰弓矢，八曰鈇鉞，九曰秬鬯。"④

本簡屬於購賞科別、令之類的文書。購賞的内容包括賜爵、食邑等。

---

① 徐世虹主編：《中國法制通史（第二卷·戰國秦漢卷）》，法律出版社 1999 年版，第 279 頁。

② （漢）許慎撰，（清）段玉裁注，許惟賢整理：《説文解字注》，鳳凰出版社 2015 年版，第 572 頁。

③ 相關研究參見張忠煒：《漢科研究：以購賞科爲中心》，《南都學壇》2012 年第 3 期。

④ 《康熙字典》，同文書局 1887 年版，中華書局 1922 年印，第 1328 頁。

府書

【解題】

府書，指太守府、都尉府下發的公文，其中具一般規範性的文書具地方法規屬性。

1. ☑……□□佐豐移肩水候官□□□□來時長初來時登山隧長孫君房從萬貰買執適隧長丁☑

任府書曰卒貰賣予吏及有吏任者爲收責有比書到願令史以時收責迫卒且罷巫報如律令☑　　　　　　73EJT7：25

2. ☑令史受報如府書律令　　　　　　73EJT3：60

3. ☑守府書律令☑　　　　　　73EJC：35

【注】

1. 注釋詳見"收債"3簡。

式

式，樣式、制式。《康熙字典》："制也。《前漢·宣帝紀》：'樞機周密，品式備具。'"[1] 南玉泉指出，資料所見秦漢式主要有品物之式、文書樣式、程式之式[2]。"式"是標準，但并不規定違反"式"的相應處罰。雖輯錄於此，但它不是嚴格意義上的法律規範。沈家本《漢律摭遺·目錄》有"品

---

[1] 《康熙字典》，同文書局1887年版，中華書局1922年印，第355頁。

[2] 南玉泉：《論秦漢式的性質與種類》，中國政法大學法律古籍整理研究所：《中國古代法律文獻研究（第六輯）》，社會科學文獻出版社2012年版。相關研究如邢義田：《從簡牘看漢代的行政文書範本——式》，李學勤、謝桂華主編：《簡帛研究（第三輯）》，廣西教育出版社1998年版，并收在《嚴耕望先生紀念論文集》，稻香出版社1998年版；張俊民：《懸泉置遺址出土簡牘文書功能性質初探》，《簡牘學研究（第四輯）》，甘肅人民出版社2004年版。

式"，認爲"式，法也。品式者，凡品物之法是也"。① 這裏沈家本所説"法"，理解爲是一種標準比較好。

    1. ☒☐☐☐高若干丈尺堞高若干丈尺厚若干尺並高若干

丈尺　　　　　　　　　　　　　　　　　　73EJT11:19

    2. ☒所高下札薄厚繩☐☒　　　73EJT37:905A

   ☒出穀若干石☒　　　　　　　73EJT37:905B

【注】

    1. 此簡爲文書樣式之式。重要的文書樣式資料如敦煌懸泉Ⅰ T0309③：49A"自占書功勞"的文書樣式簡牘："敦煌縣斗食令史萬乘里大夫王甲自占書功勞/爲敦煌少內嗇夫十月/爲敦煌斗食令史一歲/凡爲吏一歲十月應令/大凡勞一歲十月/今爲敦煌縣斗食令史一歲十月（以上爲第一欄）/能書會計治官民頗知律令文/年若干歲/長若干用二尺牘/敦煌萬乘里（以上爲第二欄）/不告歸某年/某年某月以修行書次初爲某官佐歲月日/某年某月日以功次遷爲少內嗇夫十月某年某月/某日令甲以能換爲令史·產某郡某縣/列上各案/占本始四年功勞迄十月晦某日（以上爲第三欄）"。②

第二節　法律的制定與實施

    法律的制定是法律實施的前提。在歷代《刑法志》中我們可以見到制定和修改律令的詔書、經過記述等。在肩水金關

---

① （清）沈家本：《歷代刑法考》，中華書局1985年版，第1389頁。

② 張俊民：《敦煌懸泉置探方T0309出土簡牘概述》，長沙市文物考古研究所編：《長沙三國吳簡暨百年來簡帛發現與研究國際學術研討會論文集》，中華書局2005年版，第396—397頁。

漢簡中發現有修律詔書殘簡，還發現了以往未見的舊品約的廢除與新品約的頒布等內容。而制定出來的法律，還需要司法者、司法理念、執法者職業素養等多方面制度和思想文化的支撐。

一、法律的制定與修改

法律的制定與修改屬於立法活動。肩水金關漢簡中，有修律詔書，以及烽火品約的頒布與廢除有關的資料。特別是烽火品約新舊更替的規定，是以往的文獻資料中所沒有的，加深了我們對漢代軍事烽火制度的認識。

修律詔書

律令者議減死刑及可蠲除約省者令較然易智條奏（1）書不云乎維刑之卹其審哀之務淮古法朕將盡心覽焉

73EJC:291

【注】

（1）議……條奏，皇帝表達立法意願，命令官員履行立法程式的立法用語。①

尉侯凱指出，上述簡文出自漢成帝河平年間頒布的詔書，《漢書·刑法志》云：“至成帝河平中，復下詔曰：《甫刑》云‘五刑之屬三千，大辟之罰其屬二百’，今大辟之刑千有餘條，律令煩多，百有餘萬言，奇請它比，日以益滋，自明習者不知所由，欲以曉喻眾庶，不亦難乎！于以羅元元

---

① 參見徐世虹主編：《中國法制通史（第二卷·戰國秦漢卷）》，法律出版社 1999 年版，第 261 頁。

之民，夭絶亡辜，豈不哀哉！其與中二千石、二千石、博士及明習律令者議減死刑及可蠲除約省者，令較然易知，條奏。《書》不云乎：‘惟刑之恤哉！’其審核之，務准古法，朕將盡心覽焉。”顔師古注：“《虞書·舜典》之辭。恤，憂也，言當憂刑也。”①

除律詔書

丞相方進御史臣光昧死言☒

明詔哀閔元=（元元）臣方進御史臣光往秋郡被霜冬無大雪不利宿麥恐民☒☒   73EJF1:1

調有餘給不足不民所疾苦也可以便安百姓者問計長吏守丞
(1) 條對☒

臣光奉職無狀頓=首=死=罪=（頓首頓首死罪死罪）臣方進臣光前對問上計弘農大守丞☒☒   73EJF1:2

郡國九穀最少可豫稍爲調給立輔既言民所疾苦可以便安☒

弘農大守丞立山陽行大守事湖陵☒☒上谷行大守事☒

         73EJF1:4

☒☒作宜可益倍☒☒☒☒☒

☒……長假貧民物☒☒☒   73EJF1:16

☒令堪對曰富民多畜田出貸☒☒

☒……☒   73EJF1:3

治民之道宜務興本廣農業☒☒☒☒☒

來出貸或取以賈販愚者苟得逐利☒☒   73EJF1:6

---

① 尉侯凱：《讀〈肩水金關漢簡〉零劄七則》，《西華大學學報（哲學社會科學版）》2017年第1期。

來去城郭流亡離本逐末浮食者浸□……☑

與縣官並稅以成家致富開並兼之路陽朔年間☑

73EJF1：5

言既可許臣請除貸錢它物律詔書到縣道官得貸錢□□☑

縣官還息與貸者它不可許它別奏臣方進臣光愚憨頓＝首＝
死＝罪＝（頓首頓首死罪死罪）☑　　　　　73EJF1：7

制可☑　　　　　　　　　　　　　　73EJF1：8

永始三年七月戊申朔戊辰御☑

下當用者☑　　　　　　　　　　　　73EJF1：9

七月庚午丞相方進下小府衛將＝軍＝二＝千＝石＝（將軍
二千石將軍二千石）部刺史諸侯……☑

下當用者書到言☑　　　　　　　　　73EJF1：12

八月戊戌丞相方進重（2）今長安男子李參索輔等自言占
租貸☑

又聞三輔豪黠吏民復出貸受重質（3）不止疑郡國亦然書
到☑　　　　　　　　　　　　　　　73EJF1：10

賞得自責母息毋令民辨鬭相殘務禁絕息貸☑

令☑　　　　　　　　　　　　　　　73EJF1：11

十月己亥張掖大守□守部司馬宗行長史……☑

書從事下當用者明扁鄉亭顯見處令吏民皆知之如詔書☑

73EJF1：13

十一月己酉張掖肩水都尉譚丞平下官下當用者如☑

73EJF1：14

十一月辛亥肩水候憲下行尉事謂關嗇夫吏承書從事明扁亭
隧關☑

處如詔書士吏猛☒   73EJF1：15①

【注】

（1）問計長吏守丞，"計"指上計，"問計長吏守丞"指向到長安城上計的郡之長吏、守丞詢問民情。（2）重，《康熙字典》："《博雅》：重，再也。"② 李均明指出："重，復、再次，簡文指丞相方進再次進書。"③ 該解釋可將上下文層次貫通，唯句子結構上"重"似爲副詞，似缺少動詞。（3）重質，《說文解字》："重，厚也。""質，以物相贅。"段玉裁注："以物相贅，如春秋交質子是也。"④ 質，即爲用於擔保債務之抵押物，如債務不能按時清償，債主可將質物作爲債務抵償。重質，指遠高於債務價值的抵押物。

此組 16 枚簡被稱爲"永始三年詔書簡册"，⑤ 李均明指出，該簡册內容分爲五部分，一爲丞相和御史的奏文，二爲皇帝批示，三爲傳達詔書的下行文，四爲丞相方進的補充報告，五爲張掖郡太守府、肩水都尉府、肩水候官各層次的下行文書。⑥ 可供參考。

---

① 根據姚磊著作對此詔書册有改釋。姚磊：《肩水金關漢簡釋文校讀》，中國社會科學出版社 2021 年版，第 445—455 頁。
② 《康熙字典》，同文書局 1887 年版，中華書局 1922 年印，第 1291 頁。
③ 李均明、劉軍：《漢代屯戍遺簡法律志》，《中國珍稀法律典籍集成（甲編）》（第 2 册），科學出版社 1994 年版，第 46 頁。
④ （漢）許慎撰，（清）段玉裁注，許惟賢整理：《說文解字注》，鳳凰出版社 2015 年版，第 479、496 頁。
⑤ 此組簡是肩水金關漢簡中較早刊簿的簡册，研究者較多，相關研究可參見姚磊：《肩水金關漢簡〈永始三年詔書〉校讀》，《中國文字研究（第二十四輯）》，上海書店出版社 2016 年版。
⑥ 李均明、劉軍：《漢代屯戍遺簡法律志》，《中國珍稀法律典籍集成（甲編）》（第 2 册），科學出版社 1994 年版，第 43 頁。

73EJF1:7 簡中"貸錢它物律"，未見於其他文獻。"貸錢它物律"不太可能爲律篇名稱，可能是與"貸"有關的一些律文的概稱。丞相和御史奏文中提到"富民多畜田出貸"，"三輔豪黠吏民復出貸受重質"，并提出"縣官還息與貸者"等措施，因此推測所稱"貸錢它物律"應與"貸錢物"活動中的利息、質押等制度有關。其中應該是允許收息受質的，因此此詔書針對出現的社會問題廢除相關律文。

除前書以後書品約從事

1.　正月癸巳肩水候房以私印行事告尉謂士吏平候長章等
寫移書到除前書以後書品約從事毋忽如律令/尉史義

　　　　　　　　　　　　　　　73EJT21:103

2.　甘露三年正戊戌☐☐☐

迎逢表苣火約各如牒檄到候尉☐☐

假天陰風雨不見蓬表苣火人走傳相告☐ 73EJT28:13A

正月庚子肩水候福謂候長廣宗☐

誤亂它如尉丞卿檄書律令☐　　　　　　73EJT28:13B

【注】

1.　本簡爲舊品約的廢除和新品約的頒布，時間爲正月。似乎存在一年的開始會以新品約頒布代替舊品約的做法。這應當是出於保密的需要。

2.　簡中"迎逢表苣火約各如牒"，是接收新發布的烽火品約。時間也是一年的正月。與上面的 73EJT21:103 有共同之處。

二、法律及相關文書的公布

政令法令的傳達公布歷來受到重視。《周易·姤卦》象曰：“后以施命誥四方”。孔穎達《正義》曰：“后以施命誥四方者，風行草偃，天之威令，故人君法此以施教命誥於四方也。”① 1976 年出土的牆盤銘文對成王的頌辭是“憲聖成王”，徐中舒先生認爲這裏的憲指的是“公布政令教令也。古代政令教令合一，政令教令皆公布之，是爲憲”。②《周禮·秋官·司寇》：“布憲掌憲邦之刑禁。正月之吉，執旌節以宣布于四方，而憲邦之刑禁，以詰四方邦國及其都鄙，達于四海。” 鄭注：“憲，表也，謂之縣也。”③ 需要注意的是，這裏所説“公布”指法律政令的布告，使人知悉，範圍包括新的政令法律的發布，也包括以往政令法律的重申。現代法學中法的“公布”含義範圍則窄得多，僅是新法的發布，屬於“立法”中的一個特定環節。

明扁書顯處令吏民盡知之

【解題】

扁書，書於門户之間。《集成》（十二）：“《説文·册部》：‘扁，署也。’《後漢書·百官志五》：‘皆扁表其門，以興善行。’漢代凡詔令書教職等須吏民周知者，每署書木板，懸鄉市里門亭顯見處。《風俗通》佚文：‘光武中興以來，五曹詔

---

① （清）阮元校刻：《十三經注疏·周易正義》，中華書局 2009 年版，第 117 頁。

② 徐中舒：《西周牆盤銘文箋釋》，《考古學報》1978 年第 2 期。

③ （清）孫詒讓：《周禮正義》，中華書局 2013 年版，第 2889—2890 頁。

書題鄉亭壁，歲補正，多有闕誤。（順帝）永建中，兗州刺史過翔，箋傳卷別，改著版上。'"① "明（白）扁書顯處令吏民盡知之"是漢代公文中的常用語。高恒指出漢簡中凡須"令民盡知之"的政令，則引用此令文，令有關機關將文書公布之。②

1. 閏月己亥張掖肩水都尉政丞下官承書從事下當用者書到明扁書顯處令吏民盡知之

嚴敕如詔書律令　　／掾豐屬敢書佐鳳　　73EJT31：64

2. 十月己亥張掖大守譚守部司馬宗行長史……☒

書從事下當用者明扁鄉亭顯見處令吏民皆知之如詔書☒

73EJF1：13

3. 十一月辛亥肩水候憲下行尉事謂關嗇夫吏承書從事明扁亭隊關☒

處如詔書士吏猛　　　　　　　　　　73EJF1：15

4. 移書到明白扁書鄉官亭里市里謁善令吏民皆知之督遣部吏……捕部

界中□得穀歸二千石以下反□□□重事＝（事事）當奏聞毋忽如律令

茂陵第八鄣候破胡等購錢□□　　　　73EJT21：114

---

① 中國簡牘集成編委會編：《中國簡牘集成》（十二），敦煌文藝出版社2001年版，第258頁。

② 參見高恒：《漢簡牘中所見令文輯考》，李學勤、謝桂華主編：《簡帛研究（第三輯）》，廣西教育出版社1998年版，第400頁。相關研究如馬怡：《"扁書"試探》，《額濟納漢簡釋文校本》，文物出版社2007年版，第170頁；胡平生：《"扁書""大扁書"考》，中國文物研究所編：《敦煌懸泉月令詔條》，中華書局2001年版，第53頁。

【注】

2、3 簡爲 "永始三年詔書册" 中的内容。簡册可參看本節 "一" 中的 "除律詔書" 條。

4．本簡爲緝捕文書的公布。

三、法律的實施

《孟子・離婁上》有 "徒法不能以自行"。[①] 除了制定法律規範以外，要真正發揮法律作用，離不開法律實施者的素質、法律實施體制、人們的法律意識等。

奉詔書遵法令

大守并力奉詔書遵法令與□□☑　　　　　73EJT23:244

司法者（執法使者）

筍□執法使者☑　　　　　73EJT23:48A

司□執法使者☑　　　　　73EJT23:48B

司法指導思想（務平獄）

【解題】

平獄，公正判案。《漢書・賈山傳》："平獄緩刑，天下莫不説喜。"[②]

務平獄毋苛刻煩擾奪民時所察毋過詔條　　73EJT26:65

---

① （宋）朱熹：《四書章句集注》，中華書局 1983 年版，第 280 頁。
② （漢）班固：《漢書・賈山傳》，中華書局 1962 年版，第 2335 頁。

職業中法律技能要求

Ⅰ. 能書會計頗知律令文

【解題】

頗知律令文，指通曉法律法令，能領會法律法令含義。張金光指出，常用語爲“能書會計頗知律令文”，表明文吏“文”的標準可分爲三個具體方面。第一，能書。《睡虎地秦簡·秦律十八種》有“下吏能書者，毋敢從史之事”。第二，能辦理官事、民事。第三，知曉律令。居延漢簡吏員登記册上都注明某吏“能書、會計、治官民，頗知律令”，概括了對於文吏業務上的總要求。①

1. ☐頗知律令文觻得壽貴里家去大守府一里產觻得縣
   ☐爲吏☐歲二月一日觻得縣人　　　　73EJT4：182＋64②

2. 肩水候官主關隧長公乘郭克中勞一歲六月七能書會計
治官民頗知☐　　　　　　　　73EJT23：1023＋1016③

3. 肩水候官駟望隧長公乘楊殷自占書功勞訖九月晦日
   爲肩水候官駟望隧長四歲十一月十日
   凡爲吏四歲十一月十日　　　　·能書會計、治官民頗知律
令文
   其六日五鳳三年九月戊戌病盡癸卯不爲勞　　　年廿七歲
　　　　　　　　　　　　　　　73EJT26：88

---

① 張金光：《論秦漢的學吏制度》，《文史哲》1984 年第 1 期，第 33 頁。
② 姚磊：《肩水金關漢簡綴合》，天津古籍出版社 2020 年版，第 43 頁。
③ 姚磊：《肩水金關漢簡綴合》，天津古籍出版社 2020 年版，第 112 頁。

4. ☒☐能書會計治官民頗知☒　　　　　　73EJH2:37

Ⅱ. 能諷烽火品約

【解題】

能諷烽火品約,是候望吏卒的一項基本技能要求。巡行人員要經常檢查,不合格的予以糾舉。

1. ☒☐十步能諷蓬火品約丿　　　　　73EJT37:1129

2. ☒☐舉吏卒不知蓬火☒　　　　　　　73EJT23:135

3. 襄澤隧　　……塢上☐鹿盧不調利已利

塢南面呼以作治　　六石弩一傷淵中已作治　　臨澤隧長趙印兼

狗少一今以具　　辛未章不知蓬火今以知

　　　　　　　　　　　　　　73EJT37:1069

【注】

2、3簡與舉書有關。其中2簡"吏卒不知烽火",後可補釋"品約"二字。不知烽火,指吏卒不能記誦烽火舉降傳遞的規定,是行塞巡查糾舉常用語。相反含義用語即爲"能諷烽火品約"。可知"知烽火品約"是對戍守吏卒的共同要求。3簡是對舉書指出問題的整改彙報。

附　錄

從“通道廄穀出入簿”看
肩水金關早期經濟管理制度

　　漢代邊塞肩水金關遺址位於今甘肅省酒泉市金塔縣境內。20 世紀 30 年代居延舊簡中包含肩水金關遺址 A32 出土八百余枚漢簡。1973、1974 年間出土的居延新簡中包含肩水金關遺址出土一萬余枚漢簡，收入 2011—2016 年出版的《肩水金關漢簡（壹—伍）》。其中第 10 探方出土“通道廄穀出入簿”相關簡册七十餘枚。“所見‘通道廄’的稱謂及相關資料，乃以往新舊居延漢簡所未聞，彌足珍貴，對研究漢代交通體系的結構乃至金關的功能皆有幫助。”① 目前對簡文中“通道廄”相關問題如“通道廄”的位置是否在金關遺址，如果在，“通道廄”與“金關”爲何關係等，尚未取得共識。發掘簡報對“通道廄穀出入簿”進行了介紹，數位學者專門撰

---

① 李均明：《通道廄考——與敦煌縣泉廄的比較研究》，李學勤主編：《出土文獻（第二輯）》，中西書局 2011 年版，第 256 頁。

文研究。① 已有研究多從簡册編聯、簡册直接記載内容以及出土地點等信息，探尋通道廄本身的性質及其與金關的關係，但因資料有限，難以達成共識。本文擬分析穀出入簿反映的簿籍制度，在此基礎上對肩水金關遺址早期機構作一探討。

一、通道廄穀出入簿反映的簿籍制度

出土《簡報》稱"通道廄穀出入簿"簡册有 72 枚，未給出具體簡號，姚磊認爲第 10 探方簡中至少 78 枚簡屬於該簡册。② 我們在前人研究基礎上進行討論。

（一）通道廄穀出入簿的構成

通道廄穀出入簿簡文主要包括以下幾類：

1. 標題簡

包含有通道廄元鳳五年九月、十月、十一月、十二月，元鳳六年穀出入標題簡。從標題簡可知這些出入簿均爲月簿。如：

---

① 甘肅居延考古隊：《居延漢代遺址的發掘和新出土的簡册文物》，《文物》1978 年第 1 期。李均明探討了金關與通道廄的關係，是從金關遺址有馬廄、金關與通道廄的稱謂在漢簡中同時存在，認爲金關與通道廄并存，位於同一地點。李均明：《通道廄考——與敦煌懸泉廄的比較研究》，李學勤主編：《出土文獻（第二輯）》，中西書局 2011 年版。姚磊的文章主要涉及"通道廄穀出入簿"簡册的編聯，并就廩食對象和簡文誤書問題進行探討。姚磊：《肩水金關漢簡"通道廄穀出入簿"編連與研究》，《文獻》2020 年第 1 期。吳礽驤：《河西邊塞調查與研究》，文物出版社 2005 年版。日本學者青木俊介主張通道廄是附屬於纍他候官所屬的通道亭，是從外部向 A32 輸送的機構。［日］青木俊介：《漢代肩水地區 A32 所在機關とその業務關係—肩水金關と肩水東部を中心に—》，高村武幸編：《周緣領域からみた秦漢帝國》，東京六一書房 2017 年版，轉引自姚磊：《肩水金關漢簡"通道廄穀出入簿"編連與研究》，《文獻》2020 年第 1 期，第 72 頁。

② 參見姚磊：《肩水金關漢簡"通道廄穀出入簿"編連與研究》，《文獻》2020 年第 1 期，第 72—77 頁。

通道廄元鳳五年十月穀出入簿☐　　　　73EJT10：62

通道廄佐謹元鳳五年十一月穀出入簿　　73EJT10：107

2. 受餘穀簡

爲記録承受上月餘穀的簡文。如：

受二月餘穀五百八十石六斗九升其二百一十石四斗五升粟

三百七十石二斗四升麥　　　　　　　73EJT10：73

受九月餘穀百七十三石二斗四升其百六十四石二斗四升粟

九石麥　　　　　　　　　　　　　　73EJT10：113

3. 今餘穀簡

爲記載本月目前實有穀量的簡文。如：

今餘穀五百卅九石四升其二百八石八斗五升粟

三百卅石一斗九升糜☐　　　　　　　73EJT10：96

今餘穀百七十八石二斗四升其百六十八石二斗四升麥☐

九石粟　　　　　　　　　　　　　　73EJT10：101

4. “出”簡

按出穀對象，可分爲：

（1）出粟以食過客

出粟小石二石爲御史張卿置豚二雞一隻南北食

　　　　　　　　　　　　　　　　　73EJT10：69

出粟小石一石五斗以食廷史田卿張掖卒史野凡三人往來五

日食積十四匹匹食四斗　　　　　　　73EJT10：71

（2）出穀以食月食者

月食，指對部門常駐人員按月供給糧食。睡虎地秦簡《秦

律十八種·倉律》簡46“月食者已致稟而公使有傳食，及告

歸盡月不來者，止其後朔食，而以其來日致其食；有秩吏不

止"。整理小組注："月食者，按月領取口糧的人。"①

a. 吏

出入簿中有時載"吏一人"，有時爲"廄佐一人"。可知所謂的"吏一人"指的就是"廄佐"。

粟小石六石以食吏一人一月食	73EJT10:86②
出粟小石三石以食吏一人一月食☑	73EJT10:170
☑石以食吏一人一月食☑	73EJT10:187
☑以食吏一人一月☑	73EJT10:317
出粟小石三石以食吏一人☑	73EJT10:316
出糜小石三石以食廄佐一月食☑	73EJT10:95

b. 御

出粟小石九石以食御同等三人人一月食	73EJT10:74
出粟小石六石以食御□等二人人一月食	73EJT10:91
出粟小石六石以食卿〈御〉□等二人一月食☑	
	73EJT10:165③
出粟小石三石以食御一人一月食	73EJT10:167＋93④
出粟小石三石以食御一人一月食☑	

---

① 睡虎地秦墓竹簡整理小組：《睡虎地秦墓竹簡》，文物出版社1990年版，第31頁。

② 食吏原釋爲"亭吏"。根據魯家亮文改釋。魯家亮同時指出"小石六石以食吏一人一月食"與標準不符，系"小石三石"之誤抄。魯家亮：《肩水金關漢簡釋文校讀六則》，中國古文字研究會等編：《古文字研究（第二十九輯)》，中華書局2012年版，第777—781頁。

③ 原釋文"舛□"，根據胡永鵬文改釋爲"卿〈御〉□"。胡永鵬：《肩水金關漢簡校讀劄記》，《漢字文化》2015年第3期，第28頁。

④ 根據魯家亮文綴合。魯家亮：《肩水金關漢簡釋文校讀六則》，中國古文字研究會等編：《古文字研究（第二十九輯)》，中華書局2012年版，第777—781頁。

73EJC:481 +73EJT10:308①

c. 卒

☐……以食通道卒三人人一月食　　　　　73EJT10:97

d. 傳馬

出糜小石十二石以食傳馬二匹一月食　　　　73EJT10:80

出粟小石廿四石以食傳馬四匹一月食☐　73EJT10:296

出粟小石廿［四］石以食傳馬四匹一月食

73EJT10:342 +417②

出粟小石廿四石以食傳馬四匹一月食☐　73EJT10:171

出穀小石卅四石四斗一升其四石六斗五升粟

廿九石七斗六升麥以食傳馬六匹一月其二匹縣馬

73EJT10:67

5. "入"簡

今粟小石百六十一石二斗元鳳五年十一月癸卯受紀子移

73EJT10:116

入穀小石六百一十一石六斗其其四百九石六斗粟

二百二石麥受紀子杜☐　　　　73EJT10:277 +174③

6. "凡"簡

·凡出穀小石六石斗一升其卅石八斗五升粟

·廿九石七斗六升麥　　　　　　73EJT10:85

---

① 綴合根據姚磊文。姚磊:《〈肩水金關漢簡（伍）〉綴合（八）》,簡帛網2017年9月14日,http://www.bsm.org.cn/show_article.php?id=2884。

② 綴合根據伊強文。伊強:《〈肩水金關漢簡（壹）〉綴合補遺二則》,簡帛網2017年5月12日,http://www.bsm.org.cn/?hanjian/7541.html。

③ 張顯成、張文建:《〈肩水金關漢簡（壹）〉綴合七則》,李學勤主編:《出土文獻（第十一輯）》,中西書局2017年版,第341頁。

凡穀小石七百八十八石四升其四百一十八石六斗粟

三百七十石二斗四升麥　　　　　　　73EJT10:68

肩水穀已頗廩食過客傳馬御及當食者凡☐

　　　　　　　　　　　　　　　73EJT10:99①

7. 呈報文書

所有的通道廐穀出入簿均由廐佐起草。如：

元鳳五年十二月乙巳朔癸卯通道廐佐敢言之謹移穀出入簿

一編敢言之　　　　　　　　　73EJT10:200②

元鳳六年正月乙亥朔癸卯通道廐佐敢言之謹移穀出入

簿一編敢言之　　　　　　　　73EJT10:209

（二）通道廐穀出入簿的製作單位

通道廐穀出入簿的製作單位是通道廐，這是一個什麼單位呢？

首先，通道廐是一個穀保管單位。穀出入簿記載出穀、入穀、餘穀情況。基層的穀出入簿製作者必然是一個穀保管單位，負有接收、支付和保存穀物職能。秦漢簡中有保管物資設施的機構被稱爲"實官"。睡虎地秦簡《秦律十八種·內史雜》195 簡"有實官高其垣牆。它垣屬焉者，獨高其置芻廥及

---

① 原釋文"頤廩"，根據張俊民文改釋。張俊民：《肩水金關漢簡（壹）釋文補例》，簡帛網 2014 年 12 月 16 日，http://www.bsm.org.cn/show_article.php?id=2112。

② 曹方向指出按照圖版原釋文"癸亥"當爲"癸卯"，且 73EJT10：203A 有相同文例。曹方向：《初讀〈肩水金關漢簡（壹）〉》，簡帛網 2011 年 9 月 16 日，http://www.bsm.org.cn/show_article.php?id=1549。何茂活又指出乙巳朔不能有癸卯，應該是寫手誤書。何茂活：《〈肩水金關漢簡（壹）〉釋文訂補》，復旦大學出土文獻與古文字研究中心網站 2019 年 11 月 29 日，http://www.gwz.fudan.edu.cn/Web/Show/2392。

倉茅蓋者"。① 《嶽麓書院藏秦簡（肆）》169 簡有："内史襦律曰：努藁廥、倉、庫實官，積垣高毋下丈四尺"。② 整理小組注"實官"："貯藏穀物的官府。"③ 張家山漢簡《二年律令·效律》349 簡有"實官史免、徙，必效代☐"，整理小組注："實，《國語·晉語》注：'穀也'。"④ 而陳偉、朱紅林、謝坤等指出，"實官"實指廥、倉、庫等官署。⑤ 結合秦漢簡律文來看，秦漢簡中的"實官"當指設有保管物資設施的機構。如簡 73EJT24：510 有"肩水城倉出入"。城倉爲一種典型的穀出入保管機構。"通道廄穀出入簿"的存在說明"通道廄"也屬於"實官"之類。

通道廄是"廄"。《説文解字》："廄，馬舍也……《周禮》曰：'馬有二百十四匹爲廄，廄有僕夫。'段注：'四當爲六字之誤也。'"⑥ 沈剛："廄的基本含義是養馬之所，如《釋名》曰：'廄，勼也，勼聚也。牛馬之所聚也。'"⑦ 由於沒有更多關於通道廄的信息，我們只能從通道廄穀出入簿本身來考察通道廄的人員構成及其職能。

---

① 睡虎地秦墓竹簡整理小組：《睡虎地秦墓竹簡》，文物出版社 1990 年版，第 64 頁。
② 陳松長主編：《嶽麓書院藏秦簡（肆）》，上海辭書出版社 2015 年版，第 124 頁。
③ 陳松長主編：《嶽麓書院藏秦簡（肆）》，上海辭書出版社 2015 年版，第 168 頁。
④ 彭浩、陳偉、〔日〕工藤元男：《二年律令與奏讞書：張家山二四七號漢墓出土法律文獻釋讀》，上海古籍出版社 2010 年版，第 228 頁。
⑤ 陳偉：《嶽麓秦簡肆校商（貳）》，簡帛網 2016 年 3 月 28 日，http：//www.bsm.org.cn/show_article.php?id＝2504；朱紅林：《〈嶽麓書院藏秦簡（肆）〉補注六》，姚遠主編：《出土文獻與法律史研究（第七輯）》，法律出版社 2018 年版，第 53—54 頁；謝坤：《出土簡牘所見秦代倉、廥的設置與管理》，《中國農史》2019 年第 3 期。
⑥ （漢）許慎撰，（清）段玉裁注，許惟賢整理：《説文解字注》，鳳凰出版社 2015 年版，第 775 頁。
⑦ 沈剛：《漢代中央的廄》，《吉林師範大學學報（人文社會科學版）》2015 年第 4 期。

通道厩穀出入簿中"月食者"一般爲通道厩所屬人員，因此可據此考察通道厩的人員構成。其成員主要包括厩佐一人、御三人（通常）、卒三人，另有傳馬四匹。

厩佐。通道厩穀出入簿僅見厩佐一人，未見厩嗇夫。李均明認爲通道厩的成員包括厩嗇夫。① 該穀出入簿中，有時寫作"吏一人"，有時寫作"厩佐一人"，吏一人無疑指厩佐。通道厩穀出入簿無一例外均由厩佐簽發。郭偉濤在考察西北漢簡中"置"時指出，"置嗇夫"出現較少，而"置佐"却頻頻出現，"睡虎地秦簡顯示，秦代即存在'小官無嗇夫'的現象。尹灣漢簡顯示，成帝元延年間東海郡另有的 38 個縣邑侯國中就有 17 個設官佐而無嗇夫"。② 通道厩規模小，僅設厩佐，未設厩嗇夫符合上述規律。肩水金關確實出土一枚含有"厩嗇夫"的簡：

☑廣利里宋德自言以故吏請詔詣居延將☐☑

父/二月丁亥厩嗇夫福兼行尉事敢言☑　　　73EJT5：7

該簡年號殘缺，但這裏的"厩嗇夫"當爲後來的建置，不是"通道厩"之時的厩嗇夫。

御。通道厩有駕車的御 1—3 人，3 人似爲常員。御，又稱"司御"。王錦城指出："《説文》，'御'義爲'使馬也'，古文作'馭'。本義當爲駕馭車馬，引申爲駕馭車馬的人。'御'爲古代六藝之一，《周禮·地官·大司徒》：'三曰六藝：禮、樂、射、御、書、數。'又《禮記·王制》：'凡執技以事上

---

① 參見李均明：《通道厩考——與敦煌懸泉厩的比較研究》，李學勤主編：《出土文獻（第二輯）》，中西書局 2011 年版，第 257—260 頁。

② 郭偉濤：《肩水金關漢簡研究》，上海古籍出版社 2019 年版，第 182 頁。

者，祝、史、射、御、醫、卜及百工。'孫希旦《集解》：'此皆爲執技之賤人，非《周禮》大祝、大史、射人、大馭、醫師、大卜等之官也。'"① 出土通道廏穀出入簿的同一探方也出土一枚簡：

牒書除爲司御三人＝（人人）一牒☑

元鳳四年四月甲寅朔甲寅尉史眞敢言之牒書［除］爲司御者三人☐☑

謁署敢言之☑   73EJT10：311＋260②

發文時間比通道廏穀出入簿略早，幾乎同一時期，很可能是通道廏司御的批准文書。可知廏御需經官府任命。但其身份並非官吏，也不同於卒、徒。睡虎地秦簡《秦律雜抄》有"駕騶除四歲不能駕御貲教者一盾，免，貲（償）四歲（繇）戍"。整理小組："駕騶，即廏御，爲長官駕車的人。"③ 孫聞博認爲這"顯示任駕騶本是折抵繇戍的。"④ 王錦城指出，"懸泉漢簡所見統計懸泉漢簡的懸泉置全部人員時，分爲官、卒、徒、御四種"，睡虎地秦簡"規定驛傳供應飯食時，司御和爵爲上造以下到官府中沒有爵位統一級別的佐、使等，享用同樣的食物，亦可佐證司御之不同於義務服務的卒、徒等"。⑤ 通道廏穀出入簿中御和吏、卒等分別統計，與懸泉漢簡做法一致。有廏御，可知通道廏應配有傳車。只是通道廏相關簡僅見有"穀

① 王錦城：《西北漢簡所見"司御錢"考》，《敦煌研究》2018 年第 6 期，第136 頁。
② 姚磊：《肩水金關漢簡綴合》，天津古籍出版社 2020 年版，第 59 頁。
③ 睡虎地秦墓竹簡整理小組：《睡虎地秦墓竹簡》，文物出版社 1990 年版，第 79 頁。
④ 孫聞博：《秦及漢初"繇"的内涵與組織管理——兼論"月爲更卒"的性質》，《中國經濟史研究》2015 年第 5 期，第 97 頁。
⑤ 王錦城：《西北漢簡所見"司御錢"考》，《敦煌研究》2018 年第 6 期，第137 頁。

出入簿"，未涉及傳車內容。懸泉置大約有十到十五輛"傳車"。懸泉置"見傳馬卌三匹。其十三匹留置，卅匹傳車十乘遣吏御持□☑（Ⅰ91DXT0309③:289）"，"十二月余傳車十五乘"（Ⅵ92DXT1222②:28）。① 覃曉嵐指出，"使用'傳車'的官吏並非簡單完成與郵驛相關的公務，應該來說很大一部分並非如此。例如新官上任、官吏巡行、迎送各國使客等，這些公務嚴格來說與郵驛關係并不大，但却有著非常濃重的政務色彩，正是這些因素使得'傳車'較之其他郵驛工具更爲復雜"。②

卒及傳馬。通道廄穀出入簿反映出通道廄有卒三人，傳馬通常爲四匹。

通道廄的規模和功能。通道廄在規模上與懸泉漢簡中的騎置相類。懸泉漢簡中騎置是常見郵驛機構，"一般情況下有吏一人，馬三匹、驛騎三人"。③ 不過騎置似乎不配置御。騎置的主要功能在於以騎行方式文書傳遞。從通道廄穀出入簿我們可以看出，通道廄比騎置功能更多，設在交通要道上，主要負責過往人員飲食和人員護送，也兼行文書傳遞事務。這與懸泉漢簡所見懸泉置功能相類，不過懸泉置的規模要大得多，附屬多個機構，而通道廄則功能雖全，但不具體細分爲各部門，穀出入簿顯示通道廄並沒有專門的廄廚、傳舍部門，估計通道卒三人會分工完成這些事務。

---

① 張德芳、郝樹聲：《懸泉漢簡研究》，甘肅文化出版社 2008 年版，第 33—34 頁。
② 覃曉嵐：《秦漢傳車考略》，湖南大學 2014 年碩士學位論文，第 56 頁。
③ 張經久、張俊民：《敦煌漢代懸泉置遺址出土的"騎置"簡》，《敦煌學輯刊》2008 年第 2 期，第 59 頁。

（三）通道廄穀出入簿的功能

李均明指出“入出帳，即在帳簿中不僅登録收入品名、數額與來源，亦反映支出數額與用途，收支不平衡産生的結餘數等也在帳面署名。入出帳中通常是收入項目在前，支出項目在後，是較完整的會計帳”。① 穀出入簿主要記載和統計穀量和收支情况。通道廄穀出入簿以月爲時間段，包括“上月結餘”“入穀”“出穀”“本月餘穀”幾項内容，已屬於“四柱結算法”。

月穀出入簿的第一個功能是記載“本月餘穀”量這一個事實。在糧食保管設施所在地，會有餘穀量的具體記載。如睡虎地秦簡《秦律十八種·倉律》簡24有“出禾，非入者是出之，令度之，度之當堤（題），令出之”。② 簡文中的“堤（題）”，就是“題識，這裏指倉上記載貯糧數量的題記”。③ “度之當題”，就是稱量結果與題識符合。穀出入簿記載的“今餘穀”量應與糧食保管設施中的記載相同，表徵穀的實物數量。

穀出入簿的第二個功能是要説明餘穀量的來由。賬簿反映餘穀量是由“上月結餘”“入穀”“出穀”而最終形成。睡虎地秦簡《效律》27—31簡：“入禾，萬石一積而比黎之爲户，及籍之曰：‘某廥禾若干石，倉嗇夫某、佐某、史某、稟人某。’……其出禾，有（又）書其出者，如入禾然……終歲而

---

① 李均明：《漢簡“會計”考》（上），胡厚宣主編：《出土文獻研究（第三輯）》，中華書局1998年版，第126頁。
② 睡虎地秦墓竹簡整理小組：《睡虎地秦墓竹簡》，文物出版社1990年版，第25頁。
③ 睡虎地秦墓竹簡整理小組：《睡虎地秦墓竹簡》，文物出版社1990年版，第26頁。

爲出凡曰：‘某廥出禾若干石，其餘禾若干石。’”① 以律文的形式詳細規定倉出入穀物時的記賬要求。可供參考。

“上月結餘”應該與上個月的穀出入簿中的“今餘穀”數量相符，也就是需要各個月穀出入簿的連續、協調來加以印證。

“出穀”“入穀”需要逐筆載明。如：

出粟小石二石爲御史張卿置豚二雞一隻南北食

73EJT10：69

出粟小石九石以食御同等三人人一月食　　73EJT10：74

出糜小石十二石以食傳馬二匹一月食　　　73EJT10：80

說明了出穀的數量和用途。不過簡中這裏的出穀記載并不是有關出穀的全部關鍵信息，比如出穀日期，出穀經辦人以及收受人等，並不是要全部一一載明。73EJT10：69 簡御史張卿没有寫明名字。73EJT10：74 簡廩食三人但僅寫“同等三人”，僅舉一人之名。何人何時領取均没有記載。73EJT10：80 中並没有載明是哪兩匹馬。之所以這樣，是因爲出入簿中的出入賬記録主要功能是在於將出穀數量和具體的出穀事實連接起來，具體出穀事實還應由原始記賬憑證證明。試比較以下兩組的記載。第一組，穀出入簿中的出穀記賬簡。

出粟糜小石三石以食廄佐一月食　　　　　73EJT10：95

出粟小石三石以食吏一人一月食　　　　　73EJT10：170

出粟小石六石以食舞富弁□等二人一月食

73EJT10：165

出粟小石九石以食御同等三人人一月食　　73EJT10：74

① 睡虎地秦墓竹簡整理小組：《睡虎地秦墓竹簡》，文物出版社 1990 年版，第 73 頁。

第二組，廩食名籍簡。

穀二斗以廩驛北亭卒李甲十二月食　　　73EJT22：77

出糜一石九斗三升少以食逆寇隧卒王廣國二月食

73EJT30：40

兩組簡文存在區別。前者無具體姓名，或者僅舉數人中一人。因此不是名籍簡，而屬於穀出入簿簡。永田英正認爲籍是以人爲對象的名單，簿則是以物或行爲爲對象。① 穀出入簿簡重點在於記錄穀出入數量，標注出入原因，但具體人物沒必要一一列明。如需校核，可與相應的名籍簡、費簿、致籍文書等相驗證。

穀出入簿的第三個功能是將穀出入簿中的每筆出入穀記賬與其他出入穀憑證連接。穀出入簿中的記載雖不是出入穀的全部信息，但可以此爲綫索，將出入穀記賬與出入穀原始憑證相連接，從而爲出入穀記錄提供客觀證據。

（四）穀出入簿與其他文書的配合使用

僅一個穀出入簿不能單獨起證明作用，需與其他文書配合使用。《周禮·天官·司會》："以參互考日成，以月要考月成，以歲會考歲成。"② "參互"，指的就是查看涉及同一事物的各種文書是否協調一致。李均明指出，簡牘多見的經濟憑證形式繁多，常見的包括具有經濟憑證作用的官方律令文書，調撥通知書，券約、具有原始憑證作用的名籍等。并指出秦漢簡牘所見經濟憑證，大多數爲自製憑證，一般都是以實際發生的

---

① ［日］永田英正著，張學鋒譯：《居延漢簡研究》（上），廣西師範大學出版社 2007 年版，第 256—257 頁。

② （清）孫詒讓：《周禮正義》，中華書局 2013 年版，第 477 頁。

經濟業務爲依據直接填制的，但也有少量外來憑證。① 永田英正指出，"候官在進行審核的時候，肯定有多種簿籍存在，供相互對照核實，否則候官無法確認其正誤……正由於審核需要通過多種簿籍來進行對照，因此，對過去的簿籍必需作最低限度的保存"，甚至"在一些場合下有必要直接到現場去審查考核"實物與記錄是否相符。②

能夠對出入簿起證明作用的文書，還可分爲直接證明和間接證明。直接證明是直接就能證明穀出入客觀事實的原始記賬憑證，間接證明則爲直接證據的副本或對原始憑證統計整理所得文書。下文我們將列舉幾種對穀出入簿起證明作用的文書。需説明的是，本部分主要爲説明出入簿與其他文書的關係，所舉文書不限於肩水金關漢簡；漢代會計簿籍憑證種類繁多，文中并非完全列舉，僅列舉數項説明各類文書間聯繫。

1. 自行文書

李均明指出"書檄類的重要特徵是自身可運行，亦能够搭載同類别或其他類别的文書運行，其作用猶今之通用文書"。③這類根據此類文書的典型特徵，徑稱其爲"自行文書"。

甘露三年七月壬午朔壬辰肩水城尉利親移肩水候官出穀食吏六月七月石斗各如牒
書到構校簿入八月報毋令繆如律令

　　　　　　　　　　　　　86EDT1:1A(地灣)
印曰肩水城尉　　　　　　86EDT1:1B(地灣)

---

① 參見李均明：《秦漢簡牘文書分類輯解》，文物出版社 2009 年版，第 403—407 頁。
② ［日］永田英正著，張學鋒譯：《居延漢簡研究》（上），廣西師範大學出版社 2007 年版，第 313—314 頁。
③ 李均明：《秦漢簡牘文書分類輯解》，文物出版社 2009 年版，第 8 頁。

元始六年正月庚寅朔庚戌橐他候秉移肩水候官出粟給令史官吏

如牒前移先校連月不爲簿入令府卻出書到願令史簿入

73EJT24：32

86EDT1：1 簡是肩水城尉向肩水候官撥付吏廩穀的穀轉移文書。73EJT24：32 是橐他候關向肩水候官轉移穀物的文書。此類文書指揮著穀物的流動方向，移出方的出穀記載和接受方的入穀記載相配合，可起到證明穀出入簿記載事項真實性的作用。兩文書中都有"如牒"字樣，説明文書同時搭載了記載每項穀轉移細節內容的文書。

入狗一枚元康四年二月己未朔己巳佐建受右前部禁姦卒充輸子元受致書在子元所

5.12（地灣）

居延漢簡 5.12 簡本身是狗的入帳記錄，簡文中提到的"致書"，是輸出單位向接收單位發出的送達通知書，屬於物資轉移文書。"致書在子元所"明確入狗登記內容需要用致書來進一步證明和説明。

關遣都阿亭長徐光以詔書送徒上河當舍傳舍從者如律令

三月壬申出尸掾陽守令史陽佐賢　　　73EJT37：1070

河平四年二月甲申朔丙午倉嗇夫望敢言之故魏郡原城陽宜里王禁自言二年戍屬居延犯法論會正月甲子赦

令免爲庶人願歸故縣謹案律曰徒事已毋糧謹故官爲封偃檢縣次續食給法所當得謁移過所津關毋苛留止原城收事敢言之

二月丙午居令博移過所如律令　　掾宣嗇夫望佐忠

73EJT3：55

城旦五百人□皆施刑詣居延屯作一日當二日□□□□□施

刑□□淮陽郡城父幸里□□作

    日備謁移過所縣邑侯國津關續食給法所當得毋留如律令敢

言之　　　　　　　　　　　　　　　　73EJT30：16①

以上各簡均爲過關文書。共同點是持有過關文書均享有傳食待

遇。其中有過往官吏（73EJT37：1070）、返鄉歸途無糧的刑滿

刑徒（73EJT3：55和73EJT30：16）等。這些人員依法可享沿途

被提供食物的待遇。

    這些過關文書是製作"所食過客簿、過界中費簿等"簿

書的部分依據，是簿籍記載事項某方面的原始憑證或副本。

《嶽麓書院藏秦簡（伍）》290簡有一則以往不見的規定，"·

令曰：諸以傳食稟貣者，人馬牛羊有死亡廌及別者，將吏輒自

言縣官，縣官以實署當稟者數於傳，其"，② 簡文説傳文書中

載明的人員、馬牛羊等在途中若死、逃亡或因事不再同行等，

要將這種情況向當地申報，由當地在傳文書上注明變更情況。

此後沿途則依變更後的傳文書提供稟食。這雖是秦代規定，但

可幫我們理解漢代稟食制度。

    2.簿書

    ·七月戊午關佐則所食過客簿☐　　　　73EJT1：295

    ·勞邊使者過界中費　　　　　　　　　73EJT21：2

    梁米八斗直百六十　　　　　　　　　　73EJT21：3

    即米三石直四百五十　　　　　　　　　73EJT21：4

    羊二直五百　　　　　　　　　　　　　73EJT21：5

---

①   張俊民：《〈肩水金關漢簡（叁）〉釋文獻疑》，簡帛網2015年1月19日，http：//
www.bsm.org.cn/?hanjian/6313.htm。

②   陳松長主編：《嶽麓書院藏秦簡（伍）》，上海辭書出版社2017年版，第194頁。

酒二石直二百八十　　　　　　　　　　　　73EJT21:6

鹽豉各一斗直卅　　　　　　　　　　　　　73EJT21:7

薺將薑直五十　　　　　　　　　　　　　　73EJT21:8

·往來過費凡直千四百七十　　　　　　　　73EJT21:9

·肩水見吏廿七人率人五十五　　　　　　　73EJT21:10

始元五年六月所受城官穀簿　　　　　　204.3(金關)

糴盡正月入錢從賓畢移得穀簿前調部官縣糴石斗各有數往
時不部吏　　　　　　　　　　　　　　　　73EJF3:386

　　簿書是在原始登記基礎上的統計，均爲間接證據，如所食
過客簿、過界中費簿、受穀簿等。73EJT1:295 簡是對七月份
向過關人員提供食物的統計。通道廄出入簿中所記載的過往用
食人員，應與對應月份"所食過客簿"對應才可。不過"所
食過客簿"也不是第一手記載資料，是一種間接證據，此簿應
與糧食保管處的出穀記錄等相對應，還要與過關登記相吻合。
就 74EJT21：2—10"勞邊使者過界中費"簡册，李均明指出，
"當時已經産生用於核算專門費用的會計帳簿，如《勞邊使者
過界中費》，這份帳簿，不僅準確記載使用實物的種類和數量，
還列出每類所值金額，最後以總金額反映總開支"。[1] 勞邊使
者過界中費是費用折算賬簿，其中所記載的出穀内容應與"穀
出入簿"中相應出穀事項記載相協調。居延舊簡 204.3 簡出
土地爲金關遺址，是對一月内受城官穀的記賬與統計。
73EJF3：386 提到"得穀簿"。漢簡中各類簿書還很多，從不
同角度進行統計，這些賬簿之間需相互呼應。

---

① 李均明：《漢簡"會計"考》（上），胡厚宣主編：《出土文獻研究（第三輯）》，
　　中華書局 1998 年版，第 123 頁。

3. 穀出入環節登記形成的各類“籍”

各種緣由的穀出入情形登記如下：

（1）貸穀之用

☑入貸穀五石次澤渠八月丙子城倉掾況受客民枚習

73EJF2：7

出中舍穀一斗貸水門卒張咸二月丁酉嗇夫訥付

73EJF3：382A

攜子行嫁者如此矣擔菌菜　　　　73EJF3：382B

娶蠱洛男子蘇從戶一種六石自取卩

口三　　　　　　　　　　　　　73EJT7：16

73EJF2：7 和 73EJF3：382 簡均詳細記載了出入穀數量、時間、經手人及交付對象，爲原始記載或副本。73EJT7：16 有自取字樣，應爲原始記載。

（2）轉車入穀之用

入居延轉車一兩粟大石二十五石始建國二年十月丁未肩水掌官士吏惲受訾家廣都里社惲就人平明里口☑ 73EJF3：106

☑兩粟大石二十五石始建國二年十月戊申肩水掌官士吏惲受適吏李忠就人居延市陽里席便　　　73EJF3：107

上述簡詳細登載了穀出入的時間、經手人，是出穀入穀的原始記載或副本。

（3）廩食之用

前文已指出穀出入簿中出粟登記未記載發放對象姓名、發放時間及領取人等關鍵信息。與此部分記賬對應的有廩食記錄。廩食領取的原始名籍需詳細記錄每個人的姓名，即使是馬匹也會落實到具體的馬匹。如：

☑史辛佐如意侍佐拓奴十月盡七月積十月食自取☑

73EJT7:88

☑稟當谷隧卒王明十一月食　十一月辛酉令史宏付候長譚

86EDT22:7（地灣）

兩簡均詳載出穀具體信息，均起到載明交付事實的作用，73EJT7:88 簡載明自取，當是月食者稟食原始記錄。86EDT22:7 簡不好判斷是原始記載還是副本。關於稟食之用的名籍，學者們常常討論的名稱有"稟名籍"和"食名籍"。

元始元年八月丙戌朔壬子西部候史武敢言之謹

移吏卒稟名籍一編敢言之　　　　　　　73EJT21:108

建平三年六月庚辰朔戊申萬歲候長宗敢言之謹移部吏卒

稟七月食名籍一編敢言之　　　　　　　EPT43:6

冨谷至認爲有"稟名籍"和"食名籍"，認爲前者爲稟食發放之前申請所用名籍，後者爲稟食發放完畢彙報所用名籍。[①] 郭偉濤認爲，兩種名籍很可能實際是一種文書，尚無法判斷是事前申請還是事後彙報。[②] 本文贊同郭偉濤的觀點，這裏不就此展開討論。

　　不過需要指出的是，這并不等於説所有的稟名籍（或食名籍）的作用和功能都相同。不管是事前申請，還是發放時登記，還是事後另行製作的名籍，可能都稱爲"稟名籍"或"食名籍"，但不同階段，具體内容和形式會有變化，會有不同的功能與作用。這一點永田英正已有所注意。他認爲存在

---

① 參見［日］冨谷至著，刘恒武、孔李波譯：《文書行政的漢帝國》，江苏人民出版社 2013 年版，第 314—316 頁。

② 郭偉濤：《肩水金關漢簡研究》，上海古籍出版社 2019 年版，第 19 頁。

"由'廩名籍'到'當食者案'，再到'穀出入簿這一簿籍作成的程式'"。① 也就是最初是領取資格的名籍，領取時在上面簽上名字，就變成了已經領取糧食的名籍了。永田英正從動態角度描述了簿籍的形成，是有一定道理的。不過他沒有注意到簿籍的副本問題。出土於候官的廩領取名籍很多是原始記錄，原始記錄一般應只有一份，一般由候官留取保存，以備日後查對。而要上報的穀出入簿和當食者案②當是根據原始記錄製作的。"廩食名籍"可處於不同階段，有不同功用。

其一，廩食發放之前的廩食名籍，起到申報廩食、上級審核批准作用。儘管廩食名籍申報時間是在上個月還是本月存在分歧，但廩食時需基層編制一份廩食名籍并報上級或糧食發放部門審核，這一點毋庸置疑。吏卒經常有變化，包括死亡、外出、歸家省親、逃亡等，因此每月編制廩食名籍是非常必要的。確定的廩食名籍是糧食發放機關發放糧食的依據。

其二，廩食發放階段的廩食名籍，起到發放糧食名單作用。糧食發放至個人要按名單進行。包括自取、代領等幾種形式。

通望隧戍卒宋晏迎穀肩水丿廩五月廿六日入

505.14（大灣）

以食安竟隧卒尹不信五月食卒揚甲取

124.12 +126.4（地灣）

其三，廩食發放之後的廩食名籍，供會計之用。與穀出入

---

① 參見［日］永田英正著，張學鋒譯：《居延漢簡研究》（上），廣西師範大學出版社 2007 年版，第 283 頁。
② 一種核證廩食者人員和廩食數量的文書。

簿等配合，用以説明穀出入情況。《秦律十八種》37 簡 “縣上食者籍及它費大（太）倉，與計偕。都官以計時讎食者籍。倉”① 即表明秦代上計時要提交廩食名籍，可供參考。這時，如果糧食領取名籍原件需保留在候官的話，需製作副本與穀出入簿協同上報。

以上不同階段的廩食名籍，僅從形式和内容看，有時很難分清處於何階段。特別是出土文獻，簡册已散亂，沒有上下文的情況下，單一枚出穀或入穀簡，很難分清是事前還是事後情形。而當時的人則根據名籍使用的階段即可判斷其性質及功能。

（4）入還禄之用

因各種原因已發放廩食可能需收回，在出入簿中爲入賬，相關證明文書如以下兩簡，其中 73EJF3：116 簡入還禄的原因是已經廩食的吏去世。

入粟黍石三斗二升○受獲胡隧長尹崩積一月二十三日還入禄☑　　　　　　　　　　　　　　　　73EJF3：110

☑建國六年二月甲戌朔庚寅肩水城尉畢移肩水金關居延三十井縣索關

……名縣爵里年姓如牒書到……　　　　73EJF3：116A

□□□斛六斗

張欽五斛六斗

☑……受物故吏還入禄三十九斛六升大史宏五斛六斗

許成五斛六斗　　　　　　　　　　　73EJF3：116B

4. 券

月壬辰朔己酉效穀丞　　　縣泉置嗇夫孟丹☑

---

① 睡虎地秦墓竹簡整理小組：《睡虎地秦墓竹簡》，文物出版社 1990 年版，第 28 頁。

□粟石斗如券齒爲參辦左移左農前宰官右移□□☑

Ⅲ T0807④:11①

出麥大石□廿八石二斗元鳳四年十一月☑（左側有刻齒）

73EJT21:140A

甲反 73EJT21:140A

入麥小石卅石三月乙酉宋少翁受張功（左側有刻齒四）

73EJT7:15

Ⅲ T0807④:11 是穀券轉移文書，説明穀的轉移交付有時以券的形式。該簡所提到的是三辦券。張俊民指出該簡"作爲記録粟出入的參辦券，左移左農前宰官，右移某某處。中券不明，應是類似簡 111 的'居官'"。② 三辦券表明券分別由三方面相關人員保管。"粟石斗如券齒"所説的券，當如 73EJT21:140、73EJT7:15 所示。③ 里耶秦簡 8—1551 簡"粟米二斗。廿七年十二月丁酉，倉武、佐辰、稟人陵出以稟小隸臣益。/令史戎夫監"，④ 左側刻齒爲"二斗"。可見，秦漢時期出土物品、馬匹等常常使用帶刻齒的券，以防僞造篡改、確保證明效力。

（五）月簿與日記、四時簿、年簿等的關係

《周禮·司會》："以參互考日成，以月要考月成，以歲會考歲成。"《周禮》這裏除强調不同種類的賬簿文書參互，還指出會計還有不同時期之分。賈疏云："司會鉤考之官，以司

---

① 張俊民：《懸泉置出土刻齒簡牘概説》，武漢大學簡帛研究中心：《簡帛（第七輯）》，上海古籍出版社 2012 年版，第 253 頁。

② 張俊民：《懸泉置出土刻齒簡牘概説》，武漢大學簡帛研究中心：《簡帛（第七輯）》，上海古籍出版社 2012 年版，第 254 頁。

③ 張俊民：《懸泉置出土刻齒簡牘概説》，武漢大學簡帛研究中心：《簡帛（第七輯）》，上海古籍出版社 2012 年版，第 248 頁。

④ 陳偉主編：《里耶秦簡牘校釋（第一卷）》，武漢大學出版社 2012 年版，第356 頁。

書之等，相參交互考一日之中計筭文書也。月計爲要，亦與諸職參互考一月成事文書也。歲計曰會，以一歲之會計，考當歲成事文書。"① 睡虎地秦簡《秦律十八種·廏苑律》簡 13—14 有 "以四月、七月、十月、正月膚田牛。卒歲，以正月大課之"，② 是每季度和年度要進行考核。

　　☑移府書曰守府都吏
　　☑以時入或受寄穀　　　　　　　　73EJT3：13A
　　☑屬　　　　　　　　　　　　　　73EJT3：13B

　　簡中 "以時" 是隨時，或符合時限要求出入穀并計入賬簿。除了日常即時記録，每月會計有月簿。本文討論的 "通道廏簿穀出入簿" 均爲 "月簿"。又如：

　　·七月戊午關佐則所食過客簿☑　　　73EJT1：295
　　·西部河平四年五月吏卒稟城官名籍☑　73EJC：182
　　元始元年八月丙戌朔壬子西部候史武敢言之謹
　　移吏卒廩名籍一編敢言之　　　　　73EJT21：108

　　"四時簿" 如：

　　出米三斗六升二月三日食輔平司馬進佐子四人再食人用入

正月四時　　　　　　　　　　　　　　53.2③

　　校肩水部移元年十月盡十二月四時·凡出糜五百六石二升

校中實得四百六石二升☑☑　　　　　　73EJT23：887

　　·肩水候官居耶三年四月盡六月磑四時出入簿肩水候官居

耶三年四月盡六月鹽四時　　　　　　　73EJT24：7

---

① （清）孫詒讓：《周禮正義》，中華書局 2013 年版，第 477—478 頁。
② 睡虎地秦墓竹簡整理小組：《睡虎地秦墓竹簡》，文物出版社 1990 年版，第 22 頁。
③ 謝桂華、李均明、朱國炤：《居延漢簡釋文合校》，文物出版社 1987 年版，第 93 頁。

"四時簿"即季度報表。53.2 簡還注明了這筆賬簿入"正月四時"簿，因爲以月簿爲基礎製作"四時簿"時，有一些記賬根據需要或法律的規定，納入到某個"四時簿"中，還有時間上可能與實際的出入時間有所調整。如《秦律十八種》70—71 簡有"官相輸者，以書告其出計之年，受者以入計之。八月、九月中其有輸，計其輸所遠近，不能逮其輸所之計，□□□□□□□移計其後年，計毋相繆。工獻輸官者，皆深以其年計之。金布律"。① "書告其出計之年"，就是説明賬簿記載在那個年度的賬簿中。入賬時間一般與實際對應，但有一些特殊情况，一般是跨年度的行爲，法律要求"移計其後年"，直接在跨年中的後一年的賬簿中反映整個出入的情况。秦簡《金布律》有"受（授）衣者，夏衣以四月盡六月稟之，冬衣以九月盡十一月稟之，過時者勿稟後計冬衣來年"。② 由於冬季發衣跨越兩個財政年度，規定冬衣發放情况統一載入來年賬簿中。

年度簿籍如：

肩水候官地節三年十月以來盡四年九月吏卒廩食名☑

13.1（地灣）

·肩水候官初元四年吏卒一歲用食度簿　73EJT33:42

秦漢時期"計斷九月"③，從秦簡律文中可看到相關規定。漢簡中如居延漢簡5·14有"元康三年十月盡四年九月戍卒簿"。

總之，秦漢時期除了不同名目構成橫向的各類簿籍文書，

① 睡虎地秦墓竹簡整理小組：《睡虎地秦墓竹簡》，文物出版社1990年版，第37頁。
② 睡虎地秦墓竹簡整理小組：《睡虎地秦墓竹簡》，文物出版社1990年版，第66頁。
③ 參見張榮强：《從計斷九月到歲終爲斷——漢唐間財政年度的演變》，《北京師範大學學報（社會科學版）》2005年第1期。

又有不同時間段的縱向的簿籍文書等，兩相交錯，縱橫交互，形成較嚴密的文書制度、會計制度。

二、從通道廄穀出入簿看肩水金關遺址的早期機構

通道廄穀出入簿年代爲"昭帝之元鳳五年、元鳳六年通道廄的記載……又見同時期或稍早的簡有'金關'的稱謂"，"簡文可證，昭帝時期金關與通道廄已同時存在"。[①] 的確如此。不過在金關和通道廄的關係上學者們存在分歧。第一種觀點，認爲金關又名通道廄。發掘簡報認爲"金關地區早在武帝時期即有政治軍事活動，昭帝時，已稱金關或金關隧，同時又名通道廄（簡73EJT10元鳳四年至六年通道廄'財物出入''穀出入'簿簡册），這與金關地處交通要道，現存大量廄圈等情況相符。可見，當時這裏至少有三個單位，兼有關卡、斥候、驛廄等多種職能"。[②] 第二種觀點認爲通道廄與金關同時并存，貫穿始終，通道廄是金關的一個部門。李均明根據"金關遺址存在同時期的塢牆、房屋和馬廄"，認爲"足以證明'金關'和'通道廄'在同一個地點"，而且"此狀況貫穿始終"。[③] 第三種觀點，"通道廄"設立在先，金關是在通道廄基礎上發展起來的。薛英群指出"還有一種觀點認爲……河西建政不久，'通道廄'是最初的建置，而後隨著交通咽喉地理地

---

① 李均明：《通道廄考——與敦煌懸泉廄的比較研究》，李學勤主編：《出土文獻（第二輯）》，中西書局2011年版，第256頁。

② 甘肅居延考古隊：《居延漢代遺址的發掘和新出土的簡册文物》，甘肅省文物工作隊、甘肅省博物館編：《漢簡研究文集》，甘肅人民出版社1984年版，第483—488頁。

③ 參見李均明：《通道廄考——與敦煌懸泉廄的比較研究》，李學勤主編：《出土文獻（第二輯）》，中西書局2011年版，第256—257頁。

位的日漸重要，在此基礎上發展成建關、置隧，規模日大，地位遂顯，始稱金關，而"通道廄"既不可能廢除，舊名依然沿用"。① 第四種觀點認爲通道廄附屬於橐他候官所屬的通道亭，是從外部向 A32 輸送的機構。②

以往上述觀點主要依據簡牘出土地點、通道廄名稱以及金關遺址處有馬廄設施這些情況，但由於無更多信息，每種觀點都不足以讓人完全信服。下面我們從簿籍制度角度來對這一問題作一探討。

首先，穀出入簿一般最低由候官製作，但通道廄穀出入簿的情況與此不符。永田英正指出，根據居延漢簡，"穀出入簿"一般是由候官做出，當然，此外還有倉等有糧食儲存機構可以有穀出入簿。③ 也就是部候、隧一般都不作爲糧食保管出納機構。有的部、隧有同名倉，糧食保管出納是倉的職能。而一個規模很小的通道廄顯然不能和候官級單位相比擬。但通道廄却制定了自己的穀出入簿。從通道廄穀出入簿來看，通道廄具有糧食保管和收支功能。這與一般的認識是不同的。

其次，根據已有研究，吏卒廩食一般是在候官處發放。有時是由隧卒直接去領取，有時是部候統一領取再去發放。但部候代領的話也只是起到一個代發的角色，可能會有一個廩食名籍。但部候或隧不會再就廩食作自己的穀出入簿。而通道廄穀出入簿中有本廄吏卒的廩食發放的出穀登記，說明該廄吏卒的

① 薛英群：《居延漢簡通論》，甘肅教育出版社 1991 年版，第 91—92 頁。
② ［日］青木俊介：《漢代肩水地區 A32 所在機關とその業務關係—肩水金關と肩水東部を中心に—》，《周緣領域からみた秦漢帝國》，東京六一書房 2017 年版。
③ 參見［日］永田英正著，張學鋒譯：《居延漢簡研究》（上），廣西師範大學出版社 2007 年版，第 300 頁。

廩食是由廏本身保管的糧食發放的。這與一般的認識也是不同的。

通道廏穀出入簿是否可能是金關下屬的一個部門"廏"的穀出入簿呢？肩水金關遺址出土簡 73EJC：299 簡"出茭廿石建始二年九月庚戌關嗇夫賞付屋闌廏佐就"，關嗇夫參與飼料的支出，表明關嗇夫與廏存在密切聯繫，如學者們指出，金關遺址所見馬廏當屬於金關的一部分。廏會涉及糧食和飼料的使用，也會有一個物品出入登記。肩水金關漢簡中有：

陽朔元年五月丁未朔丁卯肩水候丹移轢得出穀付廏佐丁充食柱馬石斗如牒

　　書到願令史簿入六月四時報如律令已入

　　　　　　　　　　　　　　　　　73EJT21：102A

　　伏伏地再拜

　　伏地再拜請令史臨尉史音　　　　73EJT21：102B

説明廏會直接保管一定的糧食、飼料等，但這些僅限於其職務中使用的部分。作為金關附屬部門的廏，不可能從其保管的糧食中對其所屬吏卒發放廩食。因為從一般的情況來看，金關作為肩水候官下屬機構，金關的吏卒廩食，都需要由肩水候官撥付。如果通道廏是金關的一個部門，通道廏吏卒的廩食也是由候官發放，通道廏不會有自己的廩食出穀賬簿。因此，所見通道廏穀出入簿的存在，表明通道廏不可能是金關的附屬部門。

通道廏有穀出入簿説明通道廏是一個相對獨立的穀物收支單位。而我們看到的成熟期的邊塞組織系統中，候官級的單位才會有穀出入簿，部候和隧都是沒有的。對這一特殊情形，我們或可以從通道廏所處的時間來找尋答案。需特別注意的是，通道廄穀出入簿的時期在漢昭帝元鳳五年（前76年）、元鳳六年（前75年）。當時肩水候官的情況如何？關於肩水都尉及所屬候官肩水候官等最初建置，尚未確切瞭解。肩水都尉不見於史籍，《鹽鐵論·復古篇》有"扇水都尉"，陳直認爲"扇水都尉西漢無此官名，當爲肩水都尉傳寫之誤字……《漢書·地理志》漏注肩水都尉，或後來傳說之脫誤"。① 李振宏等認爲根據肩水都尉府大灣遺址出土90·11和肩水候官駐地地灣遺址出土的562·15簡，太始二年（前95年）的"候陳橫"是肩水候，則此時已有肩水候官。② 不過這是一種間接推導。肩水金關遺址出土的73EJT21∶111有始元二年（前85年）"候長"，郭偉濤認爲："此時應該在A32遺址設立了候望系統，可惜無法明確判定屬於哪個候官塞。"③ 地灣遺址出土263·6簡有元鳳元年（前80年）"候長齊"。還是不能完全確定已有肩水候官。明確有肩水塞的最早紀年是居延舊簡36.9中的昭帝元鳳三年（前78年）。可知，通道廄穀出入簿製作時期（前76—75年）肩水塞已經存在，不過又處於設立早期。

漢簡顯示額濟納河流域邊塞組織體系有一個發展完善的過程。早期的組織系統和內在運行機制顯然與後來的成熟時期的情形有很大不同。比如，根據學者研究，一般情況下穀出入簿是候官及倉等才會製作的文書。不過漢簡中也有亭製作"穀出入簿"的例外，時間也是在開塞早期。瓦因托尼（A10）出土的"通澤第二亭月食簿"簡冊（實際內容即爲後來的"月穀

---

① 陳直：《〈鹽鐵論〉存在問題的新解》，《文史哲》1962年第4期，第70頁。

② 李振宏、孫英民：《居延漢簡人名編年》，中國社會科學出版社1997年版，第1頁。

③ 郭偉濤：《肩水金關漢簡研究》，上海辭書出版社2019年版，第15頁。

出入簿"），也不屬於候官或倉的情況。紀年可以確定的"通澤第二亭月食簿"從征和三年（前90年）到始元七年（前80年）。學者已指出，該簿籍反映的糧食來源，在始元元年（前86年）以前來源很廣，通澤第二亭糧食來源於却適隧長、代田長、將軍從吏、部農第四長、第六長等。從始元二年十月份以後，至始元五年間，糧食來自斥胡倉、代田倉兩處。説明"到始元二年十月建倉以後，糧食完全由倉來供應"。[①] 通澤第二亭糧食的供應對象方面，在後元元年（前88年）以前，除第二亭本身以外，尚包括第七亭與居延農亭，還有屬國的百長千長等。從後元元年以後，付出糧食的對象，只限於第二亭。[②] 也就是通澤第二亭曾起到糧食中轉發放的職能。這與後來的邊塞系統成熟階段的廩食在候官、倉等處領取的情形不同。根據學者研究，"通澤第二亭"是"珍北第二隧"的前身，在周邊建立倉之前，通澤第二亭負責轉發一部分糧食給居延農亭、第七亭和居延屬國百長千長等，因此負責貯存和保管這部分糧食。這項工作到倉建立以後才取消。[③]

比照通澤第二亭的情形，通道廄穀出入簿反映的也爲邊塞組織系統成熟之前的情形。通道廄坐落於交通綫上，有傳馬、傳車、傳舍等設施，有廄佐一人，卒三人，御三人。雖然規模不大，但承擔著文書傳遞、送迎客人使者、提供過客食宿等功

---

① 陳公柔：《瓦因托尼出土廩食簡的整理與研究》，《先秦兩漢考古學論叢》，文物出版社2005年版，第239頁。
② 陳公柔：《瓦因托尼出土廩食簡的整理與研究》，《先秦兩漢考古學論叢》，文物出版社2005年版，第235頁。
③ 陳公柔：《瓦因托尼出土廩食簡的整理與研究》，《先秦兩漢考古學論叢》，文物出版社2005年版，第244頁。

能。從職能上看，懸泉漢簡所見“置”的職能與此類似，但相比之下通道廄規模比較小。① 從通道廄穀出入簿來看，當時的經濟賬簿管理和廩食發放上，和後來的候官統一管理的模式不同。即使元鳳五年、六年時肩水候官已經存在，通道廄在當時仍是一個經濟核算上相對獨立的基層單位。它與金關不是互相隸屬的關係。通道廄和後來的金關附屬的廄機構的性質根本不同。隨著邊塞系統的日趨完備，吏卒廩食逐漸由候官統一掌管。金關遺址裏面的廄、廚等機構可能都成爲金關的附屬部門，與肩水候官等體現爲我們在漢簡中常見的肩水候官、關、廄等之間的關係。

當然，通道廄是否可能不坐落在金關遺址？目前仍也不能完全排除這種可能。不過不管它是否在金關遺址，通道廄穀出入簿反映的經濟管理體系和後來的管理體系都是不同的。

總之，通道廄穀出入簿反映的是邊塞組織系統成熟之前的情形，當時的簿籍制度、廩食制度與後來成熟時期的典型制度不同。

肩水金關漢簡研究文獻目錄

簡牘資料與發掘報告

甘肅簡牘保護研究中心等：《肩水金關漢簡（壹）》，中西書局 2011 年版。

甘肅簡牘保護研究中心等：《肩水金關漢簡（貳）》，中西

---

① 此外，根據郭偉濤的考證，居延都尉、肩水都尉轄區内設立多個置。郭偉濤：《肩水金關漢簡研究》，上海辭書出版社 2019 年版，第 163—186 頁。

書局 2012 年版。

甘肅簡牘博物館等：《肩水金關漢簡（叁）》，中西書局 2013 年版。

甘肅簡牘博物館等：《肩水金關漢簡（肆）》，中西書局 2015 年版。

甘肅簡牘博物館等：《肩水金關漢簡（伍）》，中西書局 2016 年版。

［瑞典］弗克·貝格曼著，黃曉宏等譯：《內蒙古額濟納河流域考古報告》，學苑出版社 2014 年版。

王新春：《中國西北科學考查團考古學史研究》，蘭州大學 2012 年博士學位論文。

甘肅居延考古隊：《居延漢代遺址的發掘和新出土的簡册文物》，《文物》1978 年第 1 期。

甘肅居延考古隊：《居延漢代遺址的發掘和新出土的簡册文書》，甘肅省文物工作隊、甘肅省博物館編：《漢簡研究文集》，甘肅人民出版社出版 1984 年版。

甘肅省文物工作隊居延簡整理組：《居延簡〈永始三年詔書〉册釋文》，《敦煌學輯刊》1984 年第 2 期。

論文集

甘肅省文物工作隊、甘肅省博物館編：《漢簡研究文集》，甘肅人民出版社 1984 年版。

中共金塔縣委等：《金塔居延遺址與絲綢之路歷史文化研究》，甘肅教育出版社 2014 年版。

張德芳主編：《甘肅省第三屆簡牘學國際學術研討會論文

集》，上海辭書出版社 2017 年版。

專著

丁義娟：《肩水金關漢簡初探》，中國農業科學技術出版社 2019 年版。

郭偉濤：《肩水金關漢簡研究》，上海古籍出版社 2019 年版。

何茂活：《河西漢簡考論——以肩水金關漢簡爲中心》，中西書局 2021 年版。

黃豔萍、張再興：《肩水金關漢簡字形編》（全六册），學苑出版社 2018 年版。

姚磊：《肩水金關漢簡綴合》，天津古籍出版社 2020 年版。

姚磊：《肩水金關漢簡釋文合校》，中國社會科學出版社 2021 年版。

釋讀與文字①

白海燕：《"居延新簡"文字編》，吉林大學 2014 年博士學位論文。

曹方向：《初讀〈肩水金關漢簡（壹）〉》，簡帛網 2011 年 9 月 16 日，http://www. bsm. org. cn/show_article. php？id=1549。

戴裕洲：《肩水金關習字簡牘初探》，中央美術學院 2017 年碩士學位論文。

方勇：《讀金關漢簡小劄（二則)》，《魯東大學學報（哲

---

① 文字校讀和綴合的成果非常多，這裏不一一列出。其中郭偉濤《肩水金關漢簡綴合成果一覽表》對綴合成果有較全面收錄。

學社會科學版)》2012 年第 2 期。

方勇：《讀肩水金關漢簡劄記二則》，簡帛網 2011 年 9 月 16 日，http://www.bsm.org.cn/show_article.php?id=1550。

高一致：《讀〈肩水金關漢簡（叁）〉劄記（十八則）》，武漢大學歷史學院主編：《珞珈史苑（2015 年卷）》，武漢大學出版社 2016 年版。

郭偉濤：《肩水金關漢簡綴合成果一覽表》，清華大學出土文獻研究與保護中心網站 2018 年 6 月 25 日，https://www.ctwx.tsinghua.edu.cn/info/1082/2097。

何立民：《“簡牘古文書學”研究的扛鼎之作——讀日本學者永田英正氏〈居延漢簡研究〉》，《南方文物》2011 年第 3 期。

何茂活：《〈肩水金關漢簡（叁）〉釋文商訂（之一）》，中國文化遺產研究院編：《出土文獻研究（第十五輯）》，中西書局 2016 年版。

何茂活：《〈肩水金關漢簡（貳）〉釋文訂補》，《敦煌研究》2018 年第 4 期。

何茂活：《〈肩水金關漢簡（叁）〉釋文商訂（之二）》，武漢大學簡帛研究中心：《簡帛（第十三輯）》，上海古籍出版社 2016 年版。

何茂活：《〈肩水金關漢簡（壹）〉釋文訂補》，復旦大學出土文獻與古文字研究中心網站 2014 年 11 月 29 日，http://www.gwz.fudan.edu.cn/Web/Show/2392。

何茂活：《肩水金關漢簡〈所寄張千人舍器物記〉名物詞語考釋——兼補胡永鵬〈讀肩水金關漢簡（貳）劄記〉文

意》，《魯東大學學報（哲學社會科學版）》2014 年第 6 期。

胡永鵬：《肩水金關漢簡校讀劄記》，《漢字文化》2015 年第 3 期。

黃文傑：《秦漢文字的整理與研究》，社會科學文獻出版社 2015 年版。

黃豔萍：《〈肩水金關漢簡（壹—肆）〉釋文校補》，西北師範大學歷史文化學院等編：《簡牘學研究（第七輯）》，甘肅人民出版社 2018 版。

黃豔萍：《〈肩水金關漢簡（壹—肆）〉異體字研究》，華東師範大學 2016 年博士學位論文。

黃豔萍：《居延漢簡語言文字研究綜述——兼論居延簡語言文字研究新趨勢》，《浙江海洋學院學報（人文科學版）》2014 年第 3 期。

黃豔萍、李振宇：《肩水金關漢簡的書體類型》，《中國書法》2017 年第 16 期。

雷海龍：《〈肩水金關漢簡（伍）〉釋文補正及殘簡新綴》，武漢大學簡帛研究中心：《簡帛（第十四輯)》，上海古籍出版社 2017 年版。

雷海龍：《肩水金關漢簡綴合一則》，簡帛網 2016 年 8 月 25 日，http：∥www. bsm. org. cn∕show_article. php？id＝2616。

李洪財：《〈肩水金關漢簡〉（壹）校讀劄記》，復旦大學出土文獻與古文字研究中心網站 2012 年 9 月 17 日，http：∥www. gwz. fudan. edu. cn∕SrcShow. asp？Src_ID＝1929。

李洪財：《漢簡草字整理與研究》，吉林大學 2014 年博士學位論文。

李潔瓊：《西北漢簡量詞研究》，《語文研究》2019 年第 2 期。

李燁、張顯成：《〈肩水金關漢簡（壹）〉校勘記》，《古籍整理研究學刊》2015 年第 4 期。

李穎梅：《〈肩水金關漢簡（貳）〉校釋六則》，《昆明學院學報》2018 年第 1 期。

林宏明：《漢簡試綴第二則》，中國社會科學院歷史研究所先秦史研究室網站 2016 年 11 月 9 日，http://www.xianqin.org/blog/archives/7418.html。

林獻忠：《〈肩水金關漢簡（貳）〉考釋六則》，《敦煌研究》2016 年第 5 期。

劉倩倩：《〈肩水金關漢簡（壹）〉注釋及相關問題研究》，華東師範大學 2015 年碩士學位論文。

劉釗：《近出西北屯戍漢簡研讀四則》，中國文化遺產研究院編：《出土文獻研究》（第十三輯），中西書局 2014 年版。

馬智全：《〈肩水金關漢簡（壹）〉校讀記》，《考古與文物》2012 年第 6 期。

［日］籾山明：《秦漢出土文字史料の研究》，創文社 2015 年版。

秦鳳鶴：《〈肩水金關漢簡〉（壹）（貳）釋文校訂》，《漢字漢語研究》2018 年第 2 期。

裘錫圭：《關於新出土甘露二年御史書》，《考古與文物》1981 年第 1 期。收入氏著《古文字論集》，中華書局 1992 年版，以及《裘錫圭學術文集·簡牘帛書卷》，復旦大學出版社 2012 年版。

裘錫圭：《新發現的居延漢簡的幾個問題》，《古文字論集》，中華書局1992年版。

裘錫圭：《再談甘露二年御史書》，《考古與文物》1987年第1期。收入氏著《古文字論集》，中華書局1992年版，以及《裘錫圭學術文集·簡牘帛書卷》，復旦大學出版社2012年版。

任達：《〈肩水金關漢簡（壹）〉文字編》，吉林大學2014年碩士學位論文。

孫樹山：《〈甘露二年丞相御史書〉再商榷》，《文教資料》2015年第34期。

田炳炳：《肩水金關漢簡綴合兩則》，簡帛網2014年9月1日，http://www.bsm.org.cn/show_article.php?id=2066。

田佳鷺：《〈肩水金關漢簡（壹）〉數量詞研究》，《學行堂文史集刊》2012年第1期。

尉侯凱：《“外人”解詁》，《古籍整理研究學刊》2017年第3期。

尉侯凱：《肩水金關漢簡綴合十三則》，李學勤主編：《出土文獻（第十一輯）》，中西書局2017年版。

尉侯凱：《讀〈肩水金關漢簡〉零劄七則》，《西華大學學報（哲學社會科學版）》2017年第1期。

魏璐夢：《〈肩水金關漢簡（貳）〉詞彙專題研究》，華東師範大學2016年碩士學位論文。

謝坤：《〈肩水金關漢簡（肆）〉綴合六則》，李學勤主編：《出土文獻（第九輯）》，中西書局2016年版。

謝坤：《〈肩水金關漢簡（肆）〉綴合及考釋八則》，武漢大學簡帛研究中心：《簡帛（第十四輯）》，上海古籍出版社

2017 年版。

謝坤：《〈肩水金關漢簡（肆）〉綴合十一則》，《敦煌研究》2018 年第 1 期。

謝坤：《讀肩水金關漢簡劄記（伍）》，簡帛網 2016 年 1 月 16 日，http://www.bsm.org.cn/show_article.php?id＝2442。

邢義田：《〈肩水金關漢簡（壹）〉初讀劄記之一》，武漢大學簡帛研究中心：《簡帛（第七輯）》，上海古籍出版社 2012 年版。

邢義田：《〈肩水金關漢簡（壹）〉初讀劄記之一》，簡帛網 2012 年 5 月 8 日，http://www.bsm.org.cn/?hanjian/5872.html。

許名瑲：《肩水金關漢簡（肆）綴合第 8 組》，簡帛網 2016 年 1 月 15 日，http://www.bsm.org.cn/show_article.php?id＝2439。

許青松：《"甘露二年逐驗外人簡"考釋中的一些問題》，《中國歷史博物館館刊》1986 年第 8 期。

楊媚：《〈甘露二年丞相御史律令〉册釋文輯校》，甘肅省考古研究所：《簡牘學研究（第四輯）》，甘肅人民出版社 2004 年版。

楊小亮：《金關簡牘編聯綴合舉隅——以簡牘書體特徵考察爲中心》，中國文化遺産研究院編：《出土文獻研究（第十三輯）》，中西書局 2014 年版。

姚磊：《肩水金關漢簡〈永始三年詔書〉校讀》，《中國文字研究》2016 年第 2 期。

姚磊：《〈肩水金關漢簡（肆）〉綴合考釋研究（十二

則)》，李學勤主編：《出土文獻（第九輯)》，中西書局 2016 年版。

姚磊：《〈肩水金關漢簡（貳)〉綴合及考釋十則》，王捷主編：《出土文獻與法律史研究（第六輯)》，法律出版社 2017 年版。

姚磊：《〈肩水金關漢簡（肆)〉拾遺》，武漢大學簡帛研究中心：《簡帛（第十四輯)》，上海古籍出版社 2017 年版。

姚磊：《〈肩水金關漢簡（肆)〉綴合劄記》，張德芳主編：《甘肅省第三屆簡牘學國際學術研討會論文集》，上海辭書出版社 2017 年版。

姚磊：《〈肩水金關漢簡（伍)〉綴合劄記》，武漢大學歷史學院主編：《珞珈史苑（2016 年卷)》，武漢大學出版社 2017 年版。

姚磊：《讀〈肩水金關漢簡〉劄記（三十三)》，簡帛網 2018 年 1 月 1 日，http://www.bsm.org.cn/show_article.php? id =2963。

姚磊：《論〈肩水金關漢簡（肆)〉的簡冊復原——以書寫特徵爲中心考察》，李學勤主編：《出土文獻（第十輯)》，中西書局 2017 年版。

姚磊：《〈肩水金關漢簡（肆)〉綴合與釋文補正》，《敦煌研究》2017 年第 6 期。

伊强：《〈肩水金關漢簡（貳)〉綴合五則》，中國文化遺産研究院編：《出土文獻研究（第十五輯)》，中華書局 2016 年版。

伊强：《肩水金關漢簡綴合十五則》，武漢大學簡帛研究中心：《簡帛（第十二輯）》，上海古籍出版社 2016 年版。

張東東：《西北屯戍漢簡四種所見詞語與〈漢語大詞典〉訂補——僅以少量"增補詞條"爲例》，《唐山師範學院學報》2015 年第 1 期。

張國豔：《居延漢簡虛詞通釋》，中華書局 2012 年版。

張俊民：《漢簡釋讀過程中存在的幾種問題文字》，《居延遺址與絲綢之路歷史文化國際學術研討會論文集》（2013 年）。

張俊民：《〈肩水金關漢簡（壹）〉釋文》，簡帛網 2011 年 9 月 23 日，http://www. bsm. org. cn/show_article. php? id =1555。

張俊民：《肩水金關漢簡劄記二則》，簡帛網 2011 年 9 月 23 日，http://www. bsm. org. cn/show_article. php? id =1558。

張俊民：《金關漢簡 73EJT31：163 解讀》，簡帛網 2014 年 12 月 3 日，http://www. bsm. org. cn/show_article. php? id =2105。

張俊民：《金關漢簡劄記》，簡帛網 2011 年 10 月 15 日，http://www. bsm. org. cn/show_article. php? id =1565。

張顯成：《簡帛文字編纂的現狀與展望》，卜憲群、楊振紅主編：《簡帛研究（二〇一二）》，廣西師範大學出版社 2013 年版。

趙寵亮：《〈甘露二年丞相御史書〉册考釋補議》，張德芳主編：《甘肅省第二屆簡牘學國際學術研討會論文集》，上海古籍出版社 2012 年版。

趙葉：《〈肩水金關漢簡（叁）〉文字整理與相關專題研究》，聊城大學 2016 年碩士學位論文。

周豔濤、李黎：《讀〈肩水金關漢簡（貳）〉劄記二十則》，《昆明學院學報》2014 年第 1 期。

周豔濤：《〈肩水金關漢簡（貳）〉釋文補正四則》，《敦煌研究》2015 年第 2 期。

黃艷萍、張再興：《肩水金關漢簡校讀叢札》，《簡帛》2018 年第 2 期。

趙爾陽：《肩水金關 F3（73EJF3）所出騎士簡册探析》，李學勤主編：《出土文獻（第十三輯)》，中西書局 2018 年版。

韓鵬飛：《〈肩水金關漢簡（肆・伍)〉文字整理與釋文校訂》，吉林大學 2019 碩士學位論文。

葛丹丹：《〈肩水金關漢簡（貳）（叁)〉文字編》，吉林大學 2019 年碩士學位論文。

沈思聰：《讀肩水金關漢簡劄記》，武漢大學簡帛研究中心：《簡帛（第十八輯)》，上海古籍出版社 2019 年版。

張麗萍、張顯成：《釋西北屯戍漢簡中的"緹績""緹行勝"》，《敦煌研究》2019 年第 4 期。

謝坤：《〈肩水金關漢簡字形編〉評介》，《中國文字研究》2019 年第 2 期。

郭偉濤：《金關簡第五册 73EJD 部分簡牘出土地獻疑》，李學勤主編：《出土文獻（第十三輯)》，中西書局 2018 年版。

郭偉濤：《金關簡始建國二年騎士通關册書整理與研究》，中國文化遺産研究院編：《出土文獻研究（第十八輯)》，中西書局 2019 年版。

姚磊：《肩水金關漢簡"通道廄穀出入簿"編連與研究》，《文獻》2020 年第 1 期。

王錦城：《肩水金關漢簡釋文勘補》，《文獻》2020 年第 1 期。

姚磊：《〈肩水金關漢簡〉散簡編連八例》，武漢大學簡帛研究中心編：《簡帛（第二十輯）》，中西書局 2020 年版。

姚磊：《〈肩水金關漢簡（肆）〉斷簡綴合十則》，《江漢考古》2020 年第 5 期。

周豔濤、張顯成：《〈肩水金關漢簡（貳）〉釋文校補四則——兼論西北屯戍漢簡文字釋讀中應注意的兩個問題》，《中國文字研究》2018 年第 1 期。

胡永鵬：《肩水金關漢簡校讀四則》，《安陽師範學院學報》2020 年第 6 期。

胡永鵬：《西北漢簡校讀叢劄》，《出土文獻》2021 年第 1 期。

孟嬌：《西漢出土文獻中的地名通假用字考察》，中國文字學會《中國文字學報》編輯部編：《中國文字學報》，商務印書館 2020 年版。

郭麗華：《釋西北屯戍漢簡中的"辱"》，《漢字文化》2021 年第 13 期。

秦鳳鶴：《〈肩水金關漢簡（叄）〉釋文校訂》，《中國文字研究》2021 年第 2 期。

沈思聰：《肩水金關漢簡人名校劄（貳）》，《中國文字研究》2021 年第 2 期。

行政制度

曹方向：《初讀肩水金關漢簡（壹）》，簡帛網 2011 年 9 月 16 日，http://www.bsm.org.cn/show_article.php?id=1549。

曾磊：《肩水金關漢簡所見〈廄律〉遺文續探》，《第四屆簡帛學國際學術研討會暨謝桂華先生誕辰八十周年紀念座談會會議論文集》（2018 年）。

［日］大庭脩：《肩水金關出土的永始三年詔書冊》，《關西大學文學論集》第 32 卷第 2 號。

［日］大庭脩著，姜慶鎮譯：《論肩水金關出土的〈永始三年詔書簡冊〉》，《敦煌學輯刊》1984 年第 2 期。

［日］大庭脩著，徐世虹譯：《漢簡研究》，廣西師範大學出版社 2001 年版。

杜鵬姣：《試論漢簡中的"致"和"致籍"》，《牡丹江大學學報》2013 年第 9 期。

方勇：《讀肩水金關漢簡劄記二則》，簡帛網 2011 年 9 月 16 日，http://www.bsm.org.cn/show_article.php?id=1550。

高天霞、何茂活：《漢代"守令""令史""守令史"考辨——兼論〈肩水金關漢簡〉中的相關官稱》，《西華師範大學學報（哲學社會科學版）》2015 年第 5 期。

郭俊然：《出土資料所見的漢代地方倉官考》，《江西教育學院學報》2013 年第 5 期。

郭偉濤：《漢代肩水塞部隧設置研究》，《文史》2018 年第 1 輯。

郭偉濤：《漢代的出入關符與肩水金關》，西北師範大學歷史文化學院等編：《簡牘學研究（第七輯）》，甘肅人民出版社 2018 版。

郭偉濤：《漢代肩水金關關吏編年及相關問題》，李學勤主編：《出土文獻（第十輯）》，中西書局 2017 年版。

郭偉濤：《漢代肩水塞東部候長繫年初編》，張德芳主編：

《甘肅省第三届簡牘學國際學術研討會論文集》，上海辭書出版社 2017 年版。

郭偉濤：《漢代橐他塞部隧設置研究》，《敦煌研究》2019年第 1 期。

郭偉濤：《漢代張掖郡廣地塞部隧設置考》，中國文化遺産研究院編：《出土文獻研究（第十六輯）》，中西書局 2017年版。

韓華：《肩水金關遺址所出封檢形制小考》，張德芳主編：《甘肅省第三届簡牘學國際學術研討會論文集》，上海辭書出版社 2017 年版。

洪尚毅：《張家山漢簡〈二年律令〉與邊塞漢簡所見漢代的塞尉與城尉》，臺灣大學歷史學研究所 2014 年碩士學位論文。

侯旭東：《西漢張掖郡肩水候繫年初編——兼論候行塞時人事安排與用印》，甘肅簡牘博物館等：《簡牘學研究（第五輯）》，甘肅人民出版社 2014 年版。

侯旭東：《漢代西北邊塞他官兼行候事如何工作?》，張德芳主編：《甘肅省第三届簡牘學國際學術研討會論文集》，上海辭書出版社 2017 年版。

侯旭東：《西漢張掖郡肩水候繫年初編：兼論候行塞時的人事安排與用印》，甘肅簡牘博物館等：《簡牘學研究（第五輯）》，甘肅人民出版社 2014 年版。

侯宗輝：《肩水金關漢簡所見"從者"探析》，《敦煌研究》2014 年第 2 期。

侯宗輝：《肩水金關漢簡中的"作者"》，張德芳主編：

《甘肅省第三屆簡牘學國際學術研討會論文集》，上海辭書出版社 2017 年版。

　　胡永鵬：《西北漢簡所見居延令繫年初編》，《紀念于省吾先生誕辰 120 周年、姚孝遂先生誕辰 90 周年學術研討會》（2016 年）。

　　黃浩波：《居延漢簡所見士卒家屬廩名籍再考索》，簡帛網 2012 年 5 月 29 日，http://www. bsm. org. cn/show_article. php?id =1705。

　　黃豔萍：《漢代邊境的家屬出入符研究——以西北漢簡爲例》，《理論月刊》2015 年第 1 期。

　　黃豔萍：《〈肩水金關漢簡〉所見 "隧" 及其命名探析》，《敦煌研究》2016 年第 1 期。

　　黃展嶽：《居延烽燧遺址的發掘和簡牘的新發現》，中國社會科學院考古研究所：《新中國的考古發現和研究》，文物出版社 1984 年版。

　　江滿琳：《〈肩水金關漢簡（壹）—（伍）〉文書分類及相關問題研究》，華東師範大學 2019 年博士學位論文。

　　吉仕梅：《王莽改制在居延敦煌漢簡詞彙中的反映》，《學術交流》2008 年第 4 期。

　　紀向軍：《居延漢簡中的張掖鄉里及人物》，甘肅文化出版社 2014 年版。

　　賈麗英：《肩水金關漢簡爵稱年齡反映的社會制衡》，張德芳主編：《甘肅省第三屆簡牘學國際學術研討會論文集》，上海辭書出版社 2017 年版。

　　賈麗英：《西北漢簡 "葆" 及其身份釋論》，《魯東大學學報》2014 年第 5 期。

金蓉、侯宗輝：《漢簡所見河西邊郡 "作者" 考》，《敦煌研究》2019 年第 1 期。

靳國丹：《漢代邊塞候望系統史類屬吏研究》，西北師範大學 2018 年碩士學位論文。

樂游：《"建武五年赦令詔書" 册復原與研究——兼論漢代赦令的結構和下達方式》，《紀念于省吾先生誕辰 120 周年、姚孝遂先生誕辰 90 周年學術研討會》（2016 年）。

樂游：《漢簡 "折傷兵木物楬" 試探——簡論漢邊塞折傷兵器的管理》，武漢大學簡帛研究中心：《簡帛（第十一輯)》，上海古籍出版社 2015 年版。

李均明：《漢簡所反映的關津制度》，《歷史研究》2002 年第 3 期。

李均明：《漢簡所見出入符、傳與出入名籍》，中華書局編輯部：《文史》（第十九輯），中華書局 1983 年版。

李曉偉：《秦漢通行憑證研究》，河南大學 2016 年碩士學位論文。

李燁：《略述漢簡所見之 "傳" 及其與 "過所" 的關係》，《學行堂文史集刊》2012 年第 1 期。

李燁：《秦胡別釋》，《內江師範學院學報》2012 年第 5 期。

梁馨予：《河西漢塞屯戍士卒籍貫管理研究》，西北師範大學 2018 年碩士學位論文。

林劍鳴：《秦漢時代的丞相和御史——居延漢簡解讀筆記》，《蘭州大學學報（社會科學版)》1983 年第 3 期。

凌文超：《肩水金關漢簡罷卒名籍與庸之身份》，張德芳主編：《甘肅省第三屆簡牘學國際學術研討會論文集》，上海辭書出版社 2017 年版。

劉樂賢：《肩水金關漢簡中的王莽登基詔書》，《文物》2015 年第 3 期。

劉樂賢：《金關漢簡中的翟義同黨陳伯陽及相關問題》，《中國史研究》2014 年第 1 期。

劉樂賢：《釋金關漢簡中與“過大公”有關的兩枚封檢》，李學勤主編：《出土文獻（第七輯）》，中西書局 2015 年版。

劉樂賢：《讀肩水金關漢簡〈張宣與稚萬書〉》，中國文化遺產研究院編：《出土文獻研究（第十七輯）》，中西書局 2018 年版。

劉欣寧：《漢代“傳”中的父老與里正》，《早期中國史研究》（第八卷第二期）2016 年 6 月。

劉新全：《〈金關簡〉中田戍卒的姓氏與地理來源關係探微》，《昆明學院學報》2018 年第 5 期。

劉釗：《漢簡簽牌偶識二則》，中共金塔縣委等：《金塔居延遺址與絲綢之路歷史文化研究》，甘肅教育出版社 2014 年版。

劉釗：《漢簡所見官文書研究》，吉林大學 2015 年博士學位論文。

羅仕傑：《居延漢簡甲渠候官令史、尉史人名整理及任期復原》，《嶺東通識教育研究學刊》2015 年第 6 卷。

馬智全：《肩水金關漢簡中的“葆”探論》，《西北師大學報（社會科學版）》2013 年第 1 期。

馬智全：《漢簡“學師”小考》，《魯東大學學報（哲學社會科學版）》2017 年第 2 期。

馬智全：《肩水金關關嗇夫紀年考》，張德芳主編：《甘肅省第三屆簡牘學國際學術研討會論文集》，上海辭書出版社2017 年版。

彭浩：《居延和肩水金關漢簡中的“獄計”文書》，《第七屆“出土文獻與法律史研究”學術研討會論文集》（2017 年）。

齊繼偉：《西北漢簡所見吏及家屬出入符對比研究》，《敦煌研究》2018 年第 6 期。

秦進才：《肩水金關“趙國尉文”簡再探》，《邯鄲學院學報》2018 年第 3 期。

裘錫圭：《關於新發現的居延漢簡的幾個問題》，《中國史研究》1979 年第 4 期。

沈剛：《西北漢簡所見騎士簡二題》，中國文化遺產研究院編：《出土文獻研究（第十一輯）》，中西書局 2012 年版。

沈剛：《金關漢簡中的“葆”》，卜憲群、楊振紅主編：《簡帛研究（二〇一一）》，廣西師範大學出版社 2013 年版。

士史猛：《〈永始三年詔書〉簡册釋文》，《西北師大學報（社會科學版）》1983 年第 4 期。

宋豔萍：《漢簡所見“以私印行事”研究》，中共金塔縣委等：《金塔居延遺址與絲綢之路歷史文化研究》，甘肅教育出版社 2014 年版。

孫銘：《秦漢簡牘所見“畏奰”行爲芻論》，張德芳主編：《甘肅省第三屆簡牘學國際學術研討會論文集》，上海辭書出版社 2017 年版。

孫富磊：《簡牘所見秦漢郡府卒史設置及職掌》，張德芳主編：《甘肅省第三屆簡牘學國際學術研討會論文集》，上海辭書出版社 2017 年版。

孫家洲：《〈肩水金關漢簡〉所見漢武帝"茂陵邑"探微》，《中國人民大學學報》2018 年第 3 期。

孫曉丹：《居延所出功勞簡研究》，河北師範大學 2013 年碩士學位論文。

特日格樂：《簡牘所見漢匈關係史料整理與研究》，北京交通大學出版社 2015 年版。

［日］藤田勝久：《肩水金關與漢代交通——傳與符之用途》，中共金塔縣委等：《金塔居延遺址與絲綢之路歷史文化研究》，甘肅教育出版社 2014 年版。

［日］藤田勝久：《肩水金關的交通與"出入"通行證》，武漢大學簡帛研究中心：《簡帛（第十七輯)》，上海古籍出版社 2018 年版。

［日］藤田勝久：《金關漢簡的傳與漢代交通》，武漢大學簡帛研究中心：《簡帛（第七輯)》，上海古籍出版社 2012 年版。

［日］藤田勝久：《中國古代國家と情報達——秦漢簡牘の研究》，汲古書院 2016 年版。

田家溧：《漢簡所見"致籍"與"出入名籍"考辨——以肩水金關簡爲中心》，《史學集刊》2014 年版。

田家溧：《肩水金關漢簡所見出入文書運行復原研究》，中共金塔縣委等：《金塔居延遺址與絲綢之路歷史文化研究》，甘肅教育出版社 2014 年版。

萬堯緒：《肩水金關漢簡考證三則》，《魯東大學學報（哲學社會科學版）》2018 年第 3 期。

汪華龍：《再論漢簡中的"省卒"及相關問題》，中共金塔縣委等：《金塔居延遺址與絲綢之路歷史文化研究》，甘肅教育出版社 2014 年版。

王文濤、苑苑：《漢代西北傳置的傳馬》，張德芳主編：《甘肅省第三屆簡牘學國際學術研討會論文集》，上海辭書出版社 2017 年版。

王文濤、苑苑：《漢代西北地方傳置的幾個問題》，張德芳主編：《甘肅省第三屆簡牘學國際學術研討會論文集》，上海辭書出版社 2017 年版。

王曉光：《秦漢簡牘具名與書手研究》，人民美術出版社 2016 年版。

王彥輝：《聚落與交通視閾下的秦漢亭制變遷》，張德芳主編：《甘肅省第三屆簡牘學國際學術研討會論文集》，上海辭書出版社 2017 年版。

魏德勝：《西北屯戍簡牘中身高表達法》，張德芳主編：《甘肅省第三屆簡牘學國際學術研討會論文集》，上海辭書出版社 2017 年版。

魏學宏、侯宗輝：《肩水金關漢簡中的"家屬"及其相關問題》，《敦煌研究》2017 年第 4 期。

魏振龍：《肩水金關漢簡所見過所類文書種類初探——兼論門亭的作用》，張德芳主編：《甘肅省第三屆簡牘學國際學術研討會論文集》，上海辭書出版社 2017 年版。

伍德煦：《新發現的一份西漢詔書——〈永始三年詔書簡

册〉考釋和相關問題》，《西北師大學報》1983 年第 4 期。

肖從禮：《西北漢簡所見"偃檢"蠡測》，張德芳主編：《甘肅省第二屆簡牘學國際學術研討會論文集》，上海古籍出版社 2012 年版。

謝文奕：《肩水金關漢簡所見廩食及相關問題》，中國文化遺産研究院編：《出土文獻研究（第十七輯)》，中西書局 2018 年版。

楊延霞：《肩水金關漢簡所見戍卒名籍考》，《黑龍江史志》2013 年第 17 期。

姚磊：《〈肩水金關漢簡〉所見戍卒史料考略》，《中國邊疆史地研究》2018 年第 4 期。

姚磊：《〈肩水金關漢簡〉所見田卒史料探析》，《中國農史》2016 年第 4 期。

［日］鷹取祐司：《秦漢官文書基礎的研究》，汲古書院 2015 年版。

［日］鷹取祐司：《肩水金關遺址出土の通行證》，簡帛網 2017 年 5 月 25 日，http://www.bsm.org.cn/show_article.php?id=2813。

袁雅潔：《肩水金關漢簡所見主要官吏編年及相關問題研究》，西北師範大學 2018 年碩士學位論文。

袁延勝：《肩水金關漢簡家屬符探析》，中共金塔縣委等：《金塔居延遺址與絲綢之路歷史文化研究》，甘肅教育出版社 2014 年版。

袁延勝：《秦漢簡牘户籍資料研究》，人民出版社 2018 年版。

袁延勝：《肩水金關漢簡家屬符探析》，張德芳主編：《甘肅省第三屆簡牘學國際學術研討會論文集》，上海辭書出版社2017年版。

張德芳：《兩漢時期的敦煌太守及其任職時間》，甘肅簡牘博物館等：《簡牘學研究（第五輯）》，甘肅人民出版社2014年版。

張宏偉：《漢簡所見居延地區的人口構成》，《甘肅廣播電視大學學報》2018年第2期。

張俊民：《漢代簡牘文書記録的漢塞往事》，《檔案》2015年第3期。

張開正：《兩漢時期的居延都尉初探——以肩水金關漢簡爲中心》，《文史博覽（理論）》2016年第12期。

張文瀚：《漢代邊郡候官研究——以甲渠候官的日常運轉爲中心》，首都師範大學2013年博士學位論文。

張文瀚：《漢代甲渠候官的後勤管理》，《河南師範大學學報（哲學社會科學版）》2016年第4期。

張文瀚：《漢代甲渠候官的日常管理》，《史學月刊》2015年第7期。

張英梅：《肩水金關漢簡中"葆"再探討》，《居延遺址與絲綢之路歷史文化國際學術研討會論文集》（2013年）。

張英梅：《〈肩水金關漢簡〉所見"傳"的制度補（一）》，《敦煌研究》2018年第3期。

張英梅：《試探肩水金關漢簡中"傳"的制度》，《敦煌研究》2014年第2期。

張鵬飛：《西北漢簡所見"傳"文書研究》，河南大學

2019 碩士學位論文。

張英梅：《漢文帝七年〈朝儀〉詔書補考——以〈肩水金關漢簡（肆）〉所見簡牘爲依據》，《敦煌研究》2019 年第 3 期。

張英梅：《西漢陵縣制度考》，張德芳主編：《甘肅省第三屆簡牘學國際學術研討會論文集》，上海辭書出版社 2017 年版。

趙蘭香：《從出土文獻看漢代河西邊塞官吏的出行活動》，張德芳主編：《甘肅省第三屆簡牘學國際學術研討會論文集》，上海辭書出版社 2017 年版。

鄭威：《簡牘文獻所見漢代的縣級政區 "邑"》，武漢大學簡帛研究中心：《簡帛（第十一輯）》，上海古籍出版社 2015 年版。

［日］佐元康夫著，王啟發譯：《關於居延漢簡所見肩水金關》，李學勤、謝桂華主編：《簡帛研究（二〇〇一）》，廣西師範大學出版社 2001 年版。

［日］畑野吉則：《秦漢時代的郵書記錄所見記錄格式的統一和變化》，張德芳主編：《甘肅省第三屆簡牘學國際學術研討會論文集》，上海辭書出版社 2017 年版。

孫寧：《肩水金關漢簡所見私傳原抄件判斷》，《長江叢刊》2019 年第 1 期。

孫寧：《金關漢簡私傳所見西漢王朝對人口流動的管理》，西北師範大學 2019 年碩士學位論文。

謝文奕：《漢簡所見肩水地區廩食與倉廩體系研究》，湖南大學 2019 年碩士學位論文。

牛忠菁、方琦：《肩水金關漢簡所見田卒與戍卒之別》，《赤峰學院學報（漢文哲學社會科學版）》2019 年第 7 期。

孫寧：《從金關漢簡私傳申請程式簡化看西漢後期縣尉職能的弱化》，西北師範大學歷史文化學院等編：《簡牘學研究（第八輯）》，甘肅人民出版社 2019 年版。

李迎春：《論肩水金關出入關符的類型和使用》，鄔文玲、戴衛紅主編：《簡帛研究（二○一九春夏卷）》，廣西師範大學出版社 2019 年版。

李迎春：《金關漢簡〈甘露二年丞相御史書〉政治史信息再探——兼談漢代貴族家奴（婢）的政治參與》，西北師範大學歷史文化學院等編：《簡牘學研究（第八輯）》，甘肅人民出版社 2019 年版。

韓華：《肩水金關遺址所出封檢及相關問題考證》，《地方文化研究》2019 年第 4 期。

吳方浪：《簡牘所見“專職”士吏與漢代邊郡糧食管理》，《中國農史》2020 年第 3 期。

曹天江：《甘肅省金塔縣 A32 遺址出土兩方功次木牘試探》，鄔文玲、戴衛紅主編：《簡帛研究（二○二○春夏卷）》，廣西師範大學出版社 2020 年版。

陳安然：《西北漢簡所見“城官系統”》，鄔文玲、戴衛紅主編：《簡帛研究（二○二○春夏卷）》，廣西師範大學出版社 2020 年版。

王蕾：《肩水金關的機構與職能考》，《敦煌研究》2020 年第 4 期。

蘇家寅：《漢代的典屬國》，《復旦學報（社會科學版）》

2021 年第 2 期。

李麗紅：《西北漢簡所見省作制度研究》，西北師範大學 2021 碩士學位論文。

韋佳敏：《西北漢簡所見"四時簿"及相關問題研究》，西北師範大學 2021 碩士學位論文。

高佳莉：《西北漢簡所見肩水塞倉廩問題研究》，西北師範大學 2021 碩士學位論文。

馬智全：《肩水金關漢簡中的"宣曲校尉"》，《商丘師範學院學報》2021 年第 7 期。

孔令通：《出土文獻所見西漢時期職官材料整理與研究》，吉林大學 2021 年博士學位論文。

魏振龍：《肩水塞出土漢簡整理與研究》，武漢大學 2021 年博士學位論文。

吳方浪：《肩水候官屬吏規模考——以士吏爲考察中心》，《出土文獻》2021 年第 4 期。

淩文超：《秦漢注籍身份異同論——以簿籍分類爲前提》，《中國史研究》2022 年第 1 期。

曆譜年代

陳侃理：《出土秦漢曆書綜論》，《"簡牘與早期中國"學術研討會論文集》（2012 年）。

陳侃理：《序數紀日的産生與通行》，《文史》2016 年第 3 輯。

程少軒：《〈肩水金關漢簡（壹）〉曆譜簡初探》，復旦大學出土文獻與古文字研究中心網站 2011 年 9 月 1 日，http://

www. gwz. fudan. edu. cn∕SrcShow. asp? Src_ID =1634。

程少軒：《肩水金關漢簡"元始六年（居攝元年）"曆日復原》，李學勤主編：《出土文獻（第五輯)》，中西書局 2014 年版。

程少軒：《肩水金關漢簡"元始六年（居攝元年）曆日"的最終復原》，復旦大學出土文獻與古文字研究中心網站 2016 年 8 月 27 日，http:∕∕www. fdgwz. org. cn∕Web∕Show∕2886。

程少軒：《肩水金關漢簡中的端午節》，《文匯報》2016 年 6 月 3 日第 15 版。

何茂活：《肩水金關出土的環讀式曆譜》，《文史知識》2015 年第 1 期。

何茂活：《肩水金關出土〈漢居攝元年曆譜〉綴合與考釋》，《考古與文物》2015 年第 2 期。

何茂活：《肩水金關漢簡（叁）曆譜簡零綴》，復旦大學出土文獻與古文字研究中心網站 2015 年 12 月 9 日，http:∕∕www. fdgwz. org. cn∕Web∕Show∕2675。

侯旭東：《西漢張掖郡肩水候系年初編：兼論候行塞時的人事安排與用印》，簡帛網 2014 年 5 月 23 日，http:∕∕www. bsm. org. cn∕show_article. php? id =2023，又載甘肅簡牘博物館等：《簡牘學研究（第五輯)》，甘肅人民出版社 2014 年版。

胡永鵬：《〈肩水金關漢簡（貳)〉中與曆表不合諸簡考證》，武漢大學簡帛研究中心：《簡帛（第九輯)》，上海古籍出版社 2014 年版。

胡永鵬：《西北邊塞漢簡編年》，福建人民出版社 2017 年版。

胡永鵬：《西北邊塞漢簡編年及相關問題研究》，吉林大學 2016 年博士學位論文。

黃豔萍：《〈肩水金關漢簡（叁）〉紀年簡校考》，《敦煌研究》2015 年第 2 期。

黃豔萍：《〈肩水金關漢簡（壹）〉紀年簡校釋》，甘肅簡牘博物館等：《簡牘學研究（第五輯）》，甘肅人民出版社 2014 年版。

紀寧：《〈肩水金關漢簡（伍）〉非紀年新莽簡輯證 20 例》，《長江大學學報（社科版）》2017 年第 2 期。

李健雄、邢藝譞：《〈肩水金關漢簡（伍）〉非紀年新莽簡輯證 20 例》，《殷都學刊》2017 年第 1 期。

李天虹：《秦漢時分紀時制綜論》，《考古學報》2012 年第 3 期。

李忠林：《秦至漢初（前 246 至前 104）曆法研究——以出土曆簡爲中心》，《中國史研究》2012 年第 2 期。

劉樂賢：《肩水金關漢簡所見新莽代漢史料》，《居延遺址與絲綢之路歷史文化國際學術研討會論文集》（2013 年）。

羅見今、關守義：《〈肩水金關漢簡（壹）〉紀年簡考釋》，《敦煌研究》2013 年第 5 期。

羅見今、關守義：《〈肩水金關漢簡（壹）〉八枚曆譜散簡年代考釋》，《敦煌研究》2012 年第 5 期。

羅見今：《論干支紀日的計數性質及其在漢簡曆譜考釋中的應用》，《咸陽師範學院學報》2014 年第 6 期。

羅見今、關守義：《〈肩水金關漢簡（貳）〉曆簡年代考釋》，《敦煌研究》2014 年第 2 期。

羅見今、關守義：《〈肩水金關漢簡（叁）〉曆簡年代考釋》，《敦煌研究》2015 年第 4 期。

馬智全：《肩水金關關嗇夫紀年考》，張德芳主編：《甘肅省第三屆簡牘學國際學術研討會論文集》，上海辭書出版社 2017 年版。

王丹鳳：《秦漢簡帛曆譜研究綜述》，西南大學 2015 碩士學位論文。

肖從禮：《金關漢簡所見新舊年號并用現象舉隅》，《魯東大學學報（哲學社會科學版）》2012 年第 5 期。

辛德勇：《漢宣帝地節改元事發微》，《文史》2012 年第 3 輯。

許名瑲：《肩水金關漢簡 73EJT25∶156 ＋174 ＋122 考年》，簡帛網 2016 年 12 月 26 日，http：//www. bsm. org. cn/show_ar-ticle. php？id ＝2688。

許名瑲：《〈肩水金關漢簡（貳）〉簡 73EJT24∶253 考年》，復旦大學出土文獻與古文字研究中心網站 2016 年 10 月 12 日，http：//www. fdgwz. org. cn/Web/Show/2918。

楊小亮：《西漢〈居攝元年曆日〉綴合復原研究》，《文物》2015 年第 3 期。

張文瀚、劉鳳麗：《肩水金關漢簡所見"小時"試解》，鄔文玲、戴衛紅主編：《簡帛研究（二〇一九春夏卷)》，廣西師範大學出版社 2019 年版。

何茂活：《漢武帝征和年號"亦作延和"説辨議》，西北師範大學歷史文化學院等編：《簡牘學研究（第十輯)》，甘肅人民出版社 2019 年版。

地理

楊劍虹：《秦漢簡牘研究存稿》，廈門大學出版社 2013 年版。

方勇：《讀金關漢簡小劄（二則）》，中共金塔縣委等：《金塔居延遺址與絲綢之路歷史文化研究》，甘肅教育出版社 2014 年版。

郭偉濤：《漢代肩水候駐地移動初探》，武漢大學簡帛研究中心：《簡帛（第十四輯）》，上海古籍出版社 2017 年版。

郝二旭：《"肩水"小考》，《中國歷史地理論叢》2010 年第 1 期。

侯旭東：《西漢張掖郡肩水候官騂北亭位置考》，《湖南大學學報（社會科學版）》2016 年第 4 期。

黃浩波：《〈肩水金關漢簡（壹）〉所見淮陽簡》，中國地理學會歷史地理專業委員會《歷史地理》編輯委員會：《歷史地理（第二十七輯）》，上海人民出版社 2013 年版。

姜守誠：《〈抱樸子內篇·登涉〉中所見的辟虎狼之術》，《弘道》2013 年第 1 期。

蔣波、周世霞：《〈肩水金關漢簡（肆）〉中的"南陽簡"試釋》，《洛陽考古》2016 年第 4 期。

孔祥軍：《肩水金關漢簡所見"太常郡"初探》，《中國歷史地理論叢》2012 年第 3 期。

李均明：《通道廄考——與敦煌懸泉廄的比較研究》，李學勤主編：《出土文獻（第二輯）》，中西書局 2011 年版。

李曄：《〈肩水金關漢簡（壹）〉研究三題》，西南大學

2013 碩士學位論文。

羅仕傑：《漢代居延遺址調查與衛星遙測研究》，臺灣古籍出版有限公司 2003 年版。

馬孟龍：《西漢存在"太常郡"嗎？——西北政區研究視野下與太常相關的幾個問題》，《中國歷史地理論叢》2013 年第 3 期。

馬孟龍：《談肩水金關漢簡中的幾個地名（貳)》，《中國歷史地理論叢》2014 年第 2 期。

馬夢龍：《居延漢簡地名校釋六則》，《文史》2013 年第 4 期。

馬孟龍：《談肩水金關漢簡中的幾個地名》，《中國歷史地理論叢》2012 年第 3 期。

秦進才：《肩水金關"趙國尉文"簡探微》，中共金塔縣委等：《金塔居延遺址與絲綢之路歷史文化研究》，甘肅教育出版社 2014 年版。

沈剛：《西北地方出土的漢代竹簡問題》，《居延遺址與絲綢之路歷史文化國際學術研討會論文集》（2013 年)。

孫曉丹：《漢簡所見趙國資料研究》，《邯鄲學院學學報》2013 年第 2 期。

孫兆華：《〈肩水金關漢簡（貳)〉所見里名及相關問題》，《居延遺址與絲綢之路歷史文化國際學術研討會論文集》（2013 年)。

孫兆華：《〈肩水金關漢簡（貳)〉所見里名及相關問題》，《魯東大學學報》2014 年第 3 期。

王天虎：《漢代河西"據兩關"新探》，《居延遺址與絲綢之路歷史文化國際學術研討會論文集》（2013年）。

鄔文玲：《居延漢簡釋文補遺》，中共金塔縣委等：《金塔居延遺址與絲綢之路歷史文化研究》，甘肅教育出版社2014年版。

閻盛國：《近三十年來有關出土簡牘與民族問題研究綜述》，《中國史研究動態》2013年第3期。

晏昌貴：《增補漢簡所見縣名與里名》，中國地理學會歷史地理專業委員會《歷史地理》編輯委員會：《歷史地理（第二十六輯）》，上海人民出版社2012年版。

楊小亮：《〈敞致子涇業君書〉——金關簡綴合補釋一則》，《居延遺址與絲綢之路歷史文化國際學術研討會論文集》（2013年）。

趙開山：《從金塔"三城一關"遺址看河西漢塞長城》，中共金塔縣委等：《金塔居延遺址與絲綢之路歷史文化研究》，甘肅教育出版社2014年版。

趙志强：《説"太常郡"》，《中國歷史地理論叢》2013年第3輯。

周波：《説肩水金關漢簡、張家山漢簡中的地名"贊"及其相關問題》，中國文化遺産研究院編：《出土文獻研究（第十二輯）》，中西書局2013年版。

李學勤：《談"張掖都尉棨信"》，《文物》1978年第1期。

徐蘋方：《居延考古發現的新收穫》，《文物》1978年第1期。

黃浩波：《〈肩水金關漢簡（壹）〉所見郡國縣邑鄉里》，簡帛網2011年12月1日，http://www.bsm.org.cn/show_article. php? id ＝1586。

黃豔萍：《初讀〈肩水金關漢簡（壹）〉劄記》，復旦大學出土文獻與古文字研究中心網站 2013 年 5 月 30 日，http：//www. gwz. fudan. edu. cn/SrcShow. asp? Src_ID ＝2058。

劉樂賢：《肩水金關漢簡補釋一則》，簡帛網 2013 年 7 月 28 日，http：//www. bsm. org. cn/? hanjian/6053. html。

黃浩波：《〈肩水金關漢簡（貳）〉所見"河東定陽"簡試釋》，中國地理學會歷史地理專業委員會《歷史地理》編輯委員會：《歷史地理（第二十九輯）》，上海人民出版社 2014 年版。

劉樂賢：《金關漢簡中的翟義同黨陳伯陽及相關問題》，《中國史研究》2014 年第 1 期。

田炳炳：《説〈肩水金關漢簡（壹）〉中的"陝"》，簡帛網 2014 年 6 月 7 日，http：//www. bsm. org. cn/? hanjian/6208. html。

紀向軍：《居延漢簡中的張掖鄉里及人物》，甘肅文化出版社 2014 年版。

趙海龍：《〈肩水金關漢簡（貳）〉"洇城陬里"釋讀》，簡帛網 2014 年 8 月 27 日，http：//www. bsm. org. cn/? hanjian/6241. html。

趙爾陽：《肩水金關漢簡濟陰郡及其所屬桂邑考》，《簡帛》2019 年第 1 期。

高榮：《西漢居延郡縣建置考》，張德芳主編：《甘肅省第三屆簡牘學國際學術研討會論文集》，上海辭書出版社 2017 年版。

何茂活：《居延漢簡所見隧名命意證解（之一）》，張德芳主編：《甘肅省第三屆簡牘學國際學術研討會論文集》，上海辭書出版社 2017 年版。

張英梅：《西漢陵縣制度考》，張德芳主編：《甘肅省第三屆簡牘學國際學術研討會論文集》，上海辭書出版社 2017 年版。

趙爾陽：《小議〈肩水金關漢簡〉中的地名"熒陽"》，張德芳主編：《甘肅省第三屆簡牘學國際學術研討會論文集》，上海辭書出版社 2017 年版。

馬智全：《漢簡所見漢代肩水地區水利》，《中國社會經濟史研究》2013 年第 2 期。

黎明釗：《肩水金關漢簡的趙地戍卒》，《邯鄲學院學報》2014 年第 4 期。

肖從禮：《肩水金關漢簡中新莽西海郡史料勾稽》，強躍主編：《陝西歷史博物館論叢》（第 25 輯），三秦出版社 2018 年版。

秦進才：《肩水金關"趙國尉文"簡初探》，《邯鄲學院學報》2020 年第 1 期。

崔建華：《肩水金關漢簡"河東定陽"辨正——兼論宋人著錄"周陽侯齔鍑"的真偽》，《中國歷史地理論叢》2020 年第 2 期。

焦天然：《新莽時期張掖郡部都尉更名考》，西北師範大學歷史文化學院等編：《簡牘學研究（第十輯）》，甘肅人民出版社 2019 年版。

法律

初師賓：《居延簡册〈甘露二年丞相御史律令〉考述》，《考古》1980 年第 2 期。

平曉婧：《漢代斬首捕虜購賞問題淺析——以出土文獻爲中心》，《環球人文地理》2014 年第 14 期。

鄥勖：《讀金關簡劄記三則》，王沛主編：《出土文獻與法律史研究（第四輯）》，上海人民出版社 2015 年版。

伍德煦：《居延出土〈甘露二年丞相御史律令〉簡牘考釋》，《甘肅師範大學學報》1979 年第 4 期。

徐世虹、支强：《秦漢法律研究百年（三）——1970 年代中期至今：研究的繁榮期》，中國政法大學法律古籍整理研究所：《中國古代法律文獻研究（第六輯）》，社會科學文獻出版社 2012 年版。

徐世虹：《出土簡牘法律文獻的性質及其類別》，《中國優秀傳統法文化與國家治理學術研討會暨慶祝研究院（所/中心）成立三十周年論文集》（2015 年）。

徐元邦、曹元尊：《居延新出土的"詔所逐驗"簡考釋》，《考古與文物》1980 年第 3 期。

楊振紅、王安宇：《秦漢訴訟制度中的"覆"及相關問題》，《史學月刊》2017 年第 12 期。

伊强：《肩水金關漢簡中的"囚録"及相關問題》，李學勤主編：《出土文獻（第七輯）》，中西書局 2015 年版。

張朝陽：《漢代民事訴訟新論——以居延簡爲核心》，中共金塔縣委等：《金塔居延遺址與絲綢之路歷史文化研究》，甘肅教育出版社 2014 年版。

張朝陽：《由肩水金關漢簡解讀居延漢簡一案例》，簡帛網 2011 年 10 月 26 日，http：//www. bsm. org. cn/show_article. php? id ＝1570。

張朝陽：《〈由肩水金關漢簡解讀居延漢簡一案例〉補考：兼回答商榷文》，簡帛網 2011 年 11 月 18 日，http：//www. bsm. org. cn/show_article. php? id ＝1581。

張琮軍：《漢代簡牘文獻刑事證據材料考析》，《現代法學》2013 年第 6 期。

張俊民：《西北漢簡所見"施刑"探微》，《石河子大學學報（哲學社會科學版）》2015 年第 2 期。

張小鋒：《〈甘露二年丞相御史書〉探微》，《首都師範大學學報（社會科學版）》2000 年第 5 期。

張瑛：《河西漢簡所見〈漢律〉散簡輯證》，《西北師大學報（社會科學版）》2016 年第 4 期。

張玉林：《漢簡所見軍隊盜竊問題研究》，《居延遺址與絲綢之路歷史文化國際學術研討會論文集》（2013 年）。

朱紹侯：《對〈居延簡册甘露二年丞相御史律令考述〉的商榷》，《河南師範大學學報（社會科學版）》1982 年第 4 期。

陳冰倩：《西北漢簡中的弛刑徒研究》，西北師範大學 2019 年碩士學位論文。

張英梅：《漢文帝七年〈朝儀〉詔書補考——以〈肩水金關漢簡（肆）〉所見簡牘爲依據》，《敦煌研究》2019 年第 3 期。

姚磊：《肩水金關漢簡所見赦令研究》，《社會科學》2019

年第 10 期。

[日] 青木俊介著，蘇俊林譯：《漢代關所中馬的通行規制及其實態——來自肩水金關漢簡的分析》，周東平、朱騰主編：《法律史譯評（第七卷）》，中西書局 2019 年版。

徐世虹：《肩水金關漢簡〈功令〉令文疏證》，中國文化遺産研究院編：《出土文獻研究（第十八輯）》，中西書局 2019 年版。

曾磊：《肩水金關漢簡中的〈廄律〉遺文》，鄔文玲、戴衛紅主編：《簡帛研究（二〇一九秋冬卷)》，廣西師範大學出版社 2019 年版。

彭浩：《肩水金關漢簡所見漢景帝初年的一條令文》，《出土文獻》2021 年第 2 期。

經濟文化

常燕娜：《居延書籍簡分類整理與研究》，西北師範大學 2015 年碩士學位論文。

陳晨：《肩水金關漢簡所見〈詩〉類文獻輯證》，簡帛網 2017 年 10 月 20 日，http://www.bsm.org.cn/show_article.php?id=2928。

陳晨：《肩水金關漢簡所見〈詩〉類文獻輯考》，中國社會科學院簡帛研究中心等主編：《簡帛研究（二〇一八秋冬卷)》，廣西師範大學出版社 2019 年版。

丁邦友：《試探肩水金關漢簡所載的河西地區糧價》，《秦漢史研究會 2017 年年會會議論文集》（2017 年）。

桂發榮：《肩水金關漢簡中的經濟貿易初探》，《居延遺址與絲綢之路歷史文化國際學術研討會論文集》（2013 年）。

桂霞：《淺談肩水金關漢簡中的文化與醫藥》，《居延遺址與絲綢之路歷史文化國際學術研討會論文集》（2013 年）。

韓華：《金關漢簡中的幾個農業問題考論》，中共金塔縣委等：《金塔居延遺址與絲綢之路歷史文化研究》，甘肅教育出版社 2014 年版。

郝樹聲：《漢代〈論語〉在邊疆的傳播》，《光明日報》2016 年 11 月 28 日，http://www. wenming. cn/gxt_pd/gxdt/201611/t20161128_3908336. shtml。

何茂活：《居延漢簡〈相劍刀〉冊釋讀析疑所寄張千人舍器物記》，甘肅簡牘博物館等：《簡牘學研究（第五輯）》，甘肅人民出版社 2014 年版。

黄浩波：《肩水金關漢簡所見典籍殘簡》，簡帛網 2013 年 8 月 1 日，http://www. bsm. org. cn/? hanjian/6055. html。

蔣波、周世霞：《〈肩水金關漢簡（肆）〉所見甘肅人身高》，《蘭州文理學院學報（社會科學版）》2017 年第 2 期。

劉樂賢：《肩水金關漢簡〈張宣與稚萬書〉》，中國文化遺產研究院編：《出土文獻研究（第十七輯）》，中西書局 2018 年版。

劉樂賢：《肩水金關漢簡所見書籍簡例釋》，張德芳主編：《甘肅省第三屆簡牘學國際學術研討會論文集》，上海辭書出版社 2017 年版。

劉樂賢：《王莽"戒子孫"書考索——也談金關漢簡中一種與〈孝經〉有關的文獻》，李學勤主編：《出土文獻（第九輯)》，中西書局 2016 年版。

劉雪梅：《從出土簡牘看漢代河西商業貿易》，《絲綢之路》2016 年第 24 期。

馬怡：《〈趙憲借襦書〉與〈趙君勢存物書〉——金關漢簡私文書釋考二則》，甘肅簡牘博物館等：《簡牘學研究（第五輯）》，甘肅人民出版社 2014 年版。

馬智全：《肩水金關漢簡〈論語〉簡論》，中共金塔縣委等：《金塔居延遺址與絲綢之路歷史文化研究》，甘肅教育出版社 2014 年版。

馬智全：《漢簡所見漢代肩水地區水利》，《中國社會經濟史研究》2013 年第 3 期。

裴永亮：《肩水金關漢簡中的漢文帝樂府詔書》，《音樂研究》2018 年第 2 期。

孫春葉：《西北書信漢簡研究》，鄭州大學 2016 碩士學位論文。

孫占宇：《居延新簡數術殘簡再探》，甘肅簡牘博物館等：《簡牘學研究（第五輯）》，甘肅人民出版社 2014 年版。

田芸：《從居延借貸簡看漢代河西移民社會經濟狀況》，西北師範大學 2015 年碩士學位論文。

陶玉樂：《肩水金關的歷史地位》，《居延遺址與絲綢之路歷史文化國際學術研討會論文集》（2013 年）。

汪受寬：《肩水金關漢簡 "黑色" 人群體研究》，《中華文史論叢》2014 年第 3 期。

王楚寧、張予正：《肩水金關漢簡〈齊論語〉整理》，《中國文物報》2017 年 8 月 11 日第 6 版。

王强：《肩水金關漢簡所見數術內容拾補》，李學勤主編：

《出土文獻（第十四輯）》，中西書局 2019 年版。

王子今：《肩水金關簡“馬謀祝”祭品用“乳”考》，中共金塔縣委等：《金塔居延遺址與絲綢之路歷史文化研究》，甘肅教育出版社 2014 年版。

王子今：《漢代河西的蜀地織品——以“廣漢八稷布”爲標本的絲綢之路史考察》，《四川文物》2017 年第 3 期。

王子今：《説肩水金關“清酒”簡文》，中國文化遺産研究院編：《出土文獻研究（第四輯）》，中西書局 2013 年版。

肖從禮、趙蘭香：《金關漢簡“孔子知道之易”爲〈論語·知道〉佚文蠡測》，《簡帛研究（二〇一三）》，廣西師範大學出版社 2014 年版。

肖從禮：《河西邊塞遺址所出典籍類漢簡零拾》，中共金塔縣委等：《金塔居延遺址與絲綢之路歷史文化研究》，甘肅教育出版社 2014 年版。

肖從禮：《河西數術類漢簡劄記二則》，《魯東大學學報（哲學社會科學版）》2014 年第 3 期。

肖從禮：《秦漢簡牘所見“清酒”的祭祀功能考》，西北師範大學歷史文化學院等編：《簡牘學研究（第六輯）》，甘肅人民出版社 2015 年版。

邢義田：《一種漢晉河西和邊塞使用的農具“鑡（樏）”》，武漢大學簡帛研究中心：《簡帛（第十一輯）》，上海古籍出版社 2015 年版。

楊永生：《對居延遺址金塔段考古發掘與文物保護的歷史辨析》，張德芳主編：《甘肅省第三屆簡牘學國際學術研討會論文集》，上海辭書出版社 2017 年版。

尤濤：《金塔居延遺址的内涵、價值與構成初探》，《居延遺址與絲綢之路歷史文化國際學術研討會論文集》（2013 年）。

金蓉、侯宗輝：《漢簡所見河西邊郡“作者”考》，《敦煌研究》2019 年第 1 月。

王强：《肩水金關漢簡所見數術内容拾補》，《出土文獻（第十四輯）》，中西書局 2019 年版。

李建雄：《漢代西北邊塞糧食轉運簿書研究》，《農業考古》2019 年第 3 期。

［日］高村武幸、尚宇昌：《往來肩水金關的人們與西漢後期的邊郡、内郡》，西北師範大學歷史文化學院等編：《簡牘學研究（第八輯）》，甘肅人民出版社 2019 年版。

楊芳：《漢簡所見河西“歸義”少數民族及其管理》，西北師範大學歷史文化學院等編：《簡牘學研究（第八輯）》，甘肅人民出版社 2019 年版。

王貴元、李雨檬：《從出土漢代書信看漢代人的禮節用語與生活關切》，《學術研究》2019 年第 8 期。

王强：《肩水金關漢簡“推天乙所理法”復原》，《周易研究》2019 年第 4 期。

孫寧：《金關簡私傳申請所見漢王朝對人口流動的控制》，《河西學院學報》2019 年第 4 期。

侯宗輝：《漢代西北邊疆屯戍系統中的雇傭人口——以西北漢簡爲中心的考察》，《軍事歷史研究》2019 年第 6 期。

黃浩波：《肩水金關漢簡所見〈孝經〉經文與解説》，《中國經學》2019 年第 2 期。

張慶路：《簡牘所見漢代西北邊郡的駱駝》，《農業考古》

2020 年第 1 期。

張英梅：《試探〈肩水金關漢簡（叁）〉中所見典籍簡及相關問題》，《敦煌研究》2015 年第 4 期。

莊小霞：《西北漢簡所見漢代居室什物考》，中共金塔縣委等：《金塔居延遺址與絲綢之路歷史文化研究》，甘肅教育出版社 2014 年版。

韓華：《西北漢簡中的"牛"資料再探討》，《石家莊學院學報》2019 年第 2 期。

王玉瑩：《兩漢時期的居延邊塞賈買（賣）研究》，陝西師範大學 2019 年碩士學位論文。

楊柳青：《肩水金關漢簡隸書藝術研究與臨創實踐》，西北師範大學 2019 碩士學位論文。

賈强：《漢簡所見河西邊塞戍卒死亡原因考》，《青海師範大學學報（哲學社會科學版）》2019 年第 3 期。

肖從禮：《金關漢簡所見新莽"錯田"三解》，鄔文玲、戴衛紅主編：《簡帛研究（二〇一九春夏卷)》，廣西師範大學出版社 2019 年版。

張麗萍、張顯成：《西北屯戍漢簡中的"庸""葆""就"及相互關係考辨——兼論"作者"的含義》，《中國社會經濟史研究》2019 年第 3 期。

時曉蕾：《西北屯戍漢簡典籍簡研究綜述》，《四川圖書館學報》2020 年第 2 期。

常城：《漢代西北邊境地區倉政的若干問題研究》，鄭州大學 2020 年碩士學位論文。

任冬陽：《新出新莽簡及相關問題研究》，鄭州大學 2020

年碩士學位論文。

王元一：《簡牘所見漢代河西流動人口及相關問題研究》，鄭州大學 2020 年碩士學位論文。

惠丹陽：《漢邊塞出土衣橐檢研究》，西北師範大學 2020 碩士學位論文。

王輝：《肩水金關漢簡所見〈急就篇〉人名考析》，《檔案》2020 年第 8 期。

曾令傑：《漢簡所見"私市"研究》，《絲綢之路》2020 年第 3 期。

郭妙妙：《西北漢簡中的牛》，南京師範大學 2020 年碩士學位論文。

王子今：《漢簡與河西社會交往史新識》，《中國社會科學》2021 年第 1 期。

韓蓓蓓：《簡牘所見漢代河西邊塞農官考論》，鄔文玲、戴衛紅：《簡帛研究（二〇二〇秋冬卷)》，廣西師範大學出版社 2021 年版。

祁萌：《西北漢簡家屬出入符所見姓的著録——兼論漢代與户籍相關事務中姓的使用》，《出土文獻》2021 年第 1 期。

苗潤潔：《西北漢簡所見"爲家私市"考》，《河北大學學報（哲學社會科學版)》2021 年第 3 期。

李晶：《河西地區出土漢代簡牘書信研究》，西北師範大學 2021 碩士學位論文。

周豔濤、張顯成：《西北屯戍漢簡中的"居令延印"現象及其相關問題研究》，《江漢考古》2021 年第 3 期。

江志：《新出簡牘所見"治渠卒"與漢代張掖地區水利建

設》,《西安文理學院學報（社會科學版）》2021 年第 3 期。

劉紹剛：《隸書成熟到"解散隸體粗書之"——〈肩水金關漢簡書法〉所見書體演變》,《書法》2021 年第 10 期。

王子今：《漢代河西戍卒的"除沙"勞作》,《重慶師範大學學報（社會科學版）》2021 年第 5 期。

軍事

江娜：《漢代邊防體系研究》,華中師範大學 2013 年博士學位論文。

淺析：《淺析漢代肩水塞防禦體系》,李國民主編：《金塔文化遺産研究文集》,甘肅文化出版社 2014 年版。

孫聞博：《秦漢軍制演變史稿》,中國社會科學出版社 2016 年版。

陶玉樂：《淺析漢代肩水塞防禦體系》,中共金塔縣委等：《金塔居延遺址與絲綢之路歷史文化研究》,甘肅教育出版社 2014 年版。

尹亮：《從河西簡牘看漢代對匈奴的軍事防禦體系》,蘭州大學 2016 年碩士學位論文。

裴永亮：《漢簡"亡人越塞"與西漢河西地區邊塞防禦》,《敦煌研究》2019 年第 4 期。

高鵬：《西漢北邊形勢研究》,西北大學 2021 年碩士學位論文。

綜述、目錄類

［日］草野友子、中村未來、海老根量介：《2015 年日本

學界中國出土簡帛研究概述》，武漢大學簡帛研究中心編：《簡帛（第十四輯）》，上海古籍出版社 2017 年版。

韓華、薛洪波：《肩水金關漢簡研究綜述》，《魯東大學學報（哲學社會科學版）》2016 年第 3 期。

魯家亮：《2014 年秦漢魏晉簡牘研究概述》，武漢大學簡帛研究中心：《簡帛（第十一輯）》，上海古籍出版社 2015 年版。

馬智全：《近年來肩水金關漢簡研究綜述》，西北師範大學歷史文化學院等：《簡牘學研究（第六輯）》，甘肅人民出版社 2016 年版。

沈剛：《秦漢魏晉簡帛論文目錄——集刊、論文集之部出土文獻》，中西書局 2017 年版。

魏振龍：《近年來肩水金關漢簡研究論著目錄》，西北師範大學歷史文化學院等：《簡牘學研究（第六輯）》，甘肅人民出版社 2016 年版。

趙堉燊：《近三十年西漢簡牘與政區地理研究綜理》，吉林大學 2020 年碩士學位論文。

張德芳：《弱水流域的兩漢文明——金塔漢塞遺址和出土漢簡的過去、現在和未來》，《絲綢之路》2021 年第 4 期。

參考文獻

一、材料類

睡虎地秦墓竹簡整理小組：《睡虎地秦墓竹簡》，文物出版社 1990 年版。

中國文物研究所、湖北省文物考古研究所：《龍崗秦簡》，中華書局 2001 年版。

湖南省文物考古研究所：《里耶秦簡（壹）》，文物出版社 2010 年版。

湖南省文物考古研究所：《里耶秦簡（貳）》，文物出版社 2017 年版。

陳偉主編：《里耶秦簡牘校釋（第一卷）》，武漢大學出版社 2012 年版。

陳偉主編：《里耶秦簡牘校釋（第二卷）》，武漢大學出版社 2018 年版。

朱漢民、陳松長：《嶽麓書院藏秦簡（叁）》，上海辭書出版社 2013 年版。

陳松長：《嶽麓書院藏秦簡（肆）》，上海辭書出版社 2015 年版。

陳松長：《嶽麓書院藏秦簡（伍）》，上海辭書出版社 2017 年版。

張家山二四七號漢墓整理小組：《張家山漢墓竹簡〔二四七號墓〕》（釋文修訂本），文物出版社 2006 年版。

彭浩、陳偉、〔日〕工藤元男：《二年律令與奏讞書：張家山二四七號漢墓出土法律文獻釋讀》，上海古籍出版社 2007 年版。

中國社會科學院考古研究所：《居延漢簡甲乙編》，中華書局 1980 年版。

謝桂華、李均明、朱國炤：《居延漢簡釋文合校》，文物出版社 1987 年版。

臺灣"中央研究院"歷史語言研究所簡牘整理小組：《居延漢簡》（1—4），"中央研究院"歷史語言研究所 2017 年版。

張德芳主編：《居延新簡集釋》（1—7），甘肅文化出版社 2016 年版。

馬怡、張榮強主編：《居延新簡釋校》，天津古籍出版社 2013 年版。

甘肅簡牘保護研究中心等：《肩水金關漢簡（壹）》，中西書局 2011 年版。

甘肅簡牘保護研究中心等：《肩水金關漢簡（貳）》，中西書局 2012 年版。

甘肅簡牘博物館等：《肩水金關漢簡（叁）》，中西書局 2014 年版。

甘肅簡牘博物館等：《肩水金關漢簡（肆）》，中西書局 2015 年版。

甘肅簡牘博物館等：《肩水金關漢簡（伍）》，中西書局 2016 年版。

胡平生、張德芳：《敦煌懸泉漢簡釋粹》，上海古籍出版社 2001 年版。

白軍鵬：《敦煌漢簡校釋》，上海古籍出版社 2017 年版。

二、著作類

陳直：《居延漢簡研究》，中華書局 2009 年版。

陳夢家：《漢簡綴述》，中華書局 1980 年版。

陳槃：《漢晉遺簡識小七種》，上海古籍出版社 2009 年版。

郭偉濤：《肩水金關漢簡研究》，上海古籍出版社 2019 年版。

曹旅寧：《張家山漢律研究》，中華書局 2005 年版。

程政舉：《漢代訴訟制度研究》，法律出版社 2010 年版。

郭偉濤：《肩水金關漢簡研究》，上海古籍出版社 2019 年版。

裘錫圭：《古文字論集》，中華書局 1992 年版。

唐作藩：《上古音手冊》（增訂版），中華書局 2013 年版。

勞榦等：《漢簡研究文獻四種》，北京圖書館出版社 2007 年版。

羅振玉、王國維：《流沙墜簡》，中華書局 1993 年版。

李均明、劉軍：《漢代屯戍遺簡法律志》，《中國珍稀法律典籍集成（甲編）》（第 2 冊），科學出版社 1994 年版。

李均明：《古代簡牘》，文物出版社 2003 年版。

李均明：《簡牘法制論稿》，廣西師範大學出版社 2011 年版。

李均明：《秦漢簡牘文書分類輯解》，文物出版社 2009

年版。

李均明、劉軍：《簡牘文書學》，廣西教育出版社 1999 年版。

李天虹：《居延漢簡簿籍分類研究》，科學出版社 2003 年版。

高恒：《秦漢簡牘中法制文書輯考》，社會科學文獻出版社 2008 年版。

劉樂賢：《睡虎地秦簡日書研究》，文津出版社 1994 年版。

郝樹聲、張德芳：《懸泉漢簡研究》，甘肅文化出版社 2009 年版。

裘錫圭：《裘錫圭學術文集・簡牘帛書卷》，復旦大學出版社 2012 年版。

沈剛：《居延漢簡語詞匯釋》，科學出版社 2008 年版。

王子今：《秦漢稱謂研究》，中國社會科學出版社 2014 年版。

薛英群：《居延漢簡通論》，甘肅教育出版社 1991 年版。

閆曉君：《秦漢法律研究》，法律出版社 2012 年版。

袁延勝：《秦漢簡牘户籍資料研究》，人民出版社 2018 年版。

楊健：《西漢初期津關制度研究》，上海古籍出版社 2010 年版。

姚磊：《肩水金關漢簡綴合》，天津古籍出版社 2020 年版。

姚磊：《肩水金關漢簡釋文合校》，中國社會科學出版社 2021 年版。

于振波：《秦漢法律與社會》，湖南人民出版社 2000 年版。

朱紅林：《張家山漢簡〈二年律令〉研究》，黑龍江人民出版社 2008 年版。

張建國：《帝制時代的中國法》，法律出版社 1999 年版。

張伯元：《出土法律文獻研究》，商務印書館 2005 年版。

張德芳、孫家洲主編：《居延敦煌漢簡出土遺址實地考察論文集》，上海古籍出版社 2012 年版。

張功：《秦漢逃亡犯罪研究》，湖北人民出版社 2006 年版。

張顯成、周群麗：《尹灣漢墓簡牘校理》，天津古籍出版社 2011 年版。

張春樹：《漢代邊疆史論集》，食貨出版社 1977 年版。

張俊民：《簡牘學論稿聚沙篇》，甘肅教育出版社 2014 年版。

［日］大庭脩著，徐世虹譯：《漢簡研究》，廣西師範大學出版社 2001 年版。

［日］籾山明著，李力譯：《中國古代訴訟制度研究》，上海古籍出版社 2009 年版。

［日］宮宅潔著，楊振紅等譯：《中國古代刑制史研究》，廣西師範大學出版社 2016 年版。

［日］永田英正著，張學鋒譯：《居延漢簡研究》，廣西師範大學出版社 2007 年版。

［意］桑德羅・斯契巴尼著，丁玫譯：《契約之債與准契約之債》，中國政法大學出版社 1998 年版。

三、論文類

黃豔萍：《漢代邊境的家屬出入符研究——以西北漢簡爲

例》，《理論月刊》2015 年第 1 期。

李均明：《漢簡所見時限與延期》，中國政法大學法律古籍整理研究所：《中國古代法律文獻研究（第十輯）》，社會科學文獻出版社 2016 版。

劉樂賢：《金關漢簡中的翟義同黨陳伯陽及相關問題》，《中國史研究》2014 年第 1 期。

樂游：《漢簡"折傷兵物楬"試探——兼論漢邊塞折傷兵器的管理》，武漢大學簡帛研究中心：《簡帛（第十一輯）》，上海古籍出版社 2015 年版。

馬智全：《肩水金關漢簡中的"葆"探論》，《西北師大學報（社會科學版）》2013 年第 1 期。

馬智全：《肩水金關漢簡所見罷卒》，《絲綢之路》2015 年第 20 期。

［日］藤田勝久著，肖雲曉譯：《金關漢簡的傳與漢代交通》，武漢大學簡帛研究中心：《簡帛（第七輯）》，上海古籍出版社 2012 年版。

［日］藤田勝久：《肩水金關與漢代交通——傳與符之用途》，中共金塔縣委等：《金塔居延遺址與絲綢之路歷史文化研究》，甘肅教育出版社 2014 年版。

沈剛：《金關漢簡中的"葆"》，李學勤、謝桂華主編：《簡帛研究（二〇〇一）》，廣西師範大學出版社 2001 年版。

賈麗英：《西北漢簡"葆"及其身份試論》，《魯東大學學報》2014 年第 5 期。

田家溧：《肩水金關漢簡所見出入關文書運行復原研究》，中共金塔縣委等：《金塔居延遺址與絲綢之路歷史文化研究》，甘肅教育出版社 2014 年版。

鄔勖：《讀金關簡劄記三則》，王沛主編：《出土文獻與法律史研究（第四輯）》，上海人民出版社 2015 年版。

鄔文玲：《〈甘露二年御史書〉校讀》，中國政法大學法律古籍整理研究所：《中國古代法律文獻研究（第五輯）》，社會科學文獻出版社 2012 年版。

徐世虹：《出土簡牘法律文獻的性質及其類別》，《中國優秀傳統法文化與國家治理學術研討會暨慶祝研究院（所/中心）成立三十周年論文集》（2015 年）。

伊強：《肩水漢簡中的"囚錄"及相關問題》，李學勤主編：《出土文獻（第七輯）》，中西書局 2015 年版。

伊強：《肩水金關漢簡 73EJT23：878 與相關史事的考察》，簡帛網 2015 年 3 月 5 日，http://www. bsm. org. cn/show_article. php? id =2169。

袁延勝：《肩水金關漢簡家屬符探析》，中共金塔縣委等：《金塔居延遺址與絲綢之路歷史文化研究》，甘肅教育出版社 2014 年版。

張朝陽：《由肩水金關漢簡解讀居延漢簡一案例》，簡帛網 2011 年 10 月 26 日，http://www. bsm. org. cn/show_article. php? id =1570。

張朝陽：《〈由肩水金關漢簡解讀居延漢簡一案例〉補考——兼回答商榷文》，簡帛網 2011 年 11 月 18 日，http://www. bsm. org. cn/show_article. php? id =1581。

張俊民：《肩水金關漢簡劄記二則》，簡帛網 2011 年 9 月 30 日，http://www. bsm. org. cn/show_article. php? id =1558。

張俊民：《西北漢簡所見“施刑”探微》，《石河子大學學報（哲學社會科學版）》2015 年第 2 期。

張俊民：《金關漢簡 73EJT31：163 解讀》，簡帛網 2014 年 12 月 3 日，http://www.bsm.org.cn/show_article.php?id＝2105。

張朝陽：《漢代民事訴訟新論：以居延漢簡爲中心》，中共金塔縣委等：《金塔居延遺址與絲綢之路歷史文化研究》，甘肅教育出版社 2014 年版。

張英梅：《肩水金關漢簡中“葆”再探討》，中共金塔縣委等：《金塔居延遺址與絲綢之路歷史文化研究》，甘肅教育出版社 2014 年版。

田家溧：《漢簡所見“致籍”與“出入名籍”考辨——以肩水金關簡爲中心》，《史學集刊》2014 年第 6 期。

張英梅：《試探肩水金關漢簡中“傳”的制度》，《敦煌研究》2014 年第 2 期。

伍德煦：《新發現的一份西漢詔書——〈永始三年詔書簡册〉考釋和相關問題》，《西北師大學報》1983 年第 4 期。

［日］大庭脩著，姜慶鎮譯：《論肩水金關出土的〈永始三年詔書簡册〉》，《敦煌學輯刊》1984 年第 2 期。

姚磊：《肩水金關漢簡〈永始三年詔書〉校讀》，《中國文字研究》2016 年第 2 期。

後　記

　　本書爲作者 2020 年承擔的河北省社會科學基金項目
（HB20LS001）之最終成果，是在博士後工作基礎上的擴展與
深入，具體內容如前言所述。自立項以來撰寫和修訂書稿已近
三年，也正是新冠疫情暴發以來的三年。其間往往居家多時，
出門看到樹上不知何時早已零落的秋葉、春華，常有恍然之
感。不過，與疫情共度的特殊時期也讓我獲得一些特別的
體會。

　　一是從我自身發現的与民族有關的一點心理變化。2020
年 1 月疫情暴發，那個春節，世界还都可静观武漢停擺的中
國。但到 2021 年春節，情形發生了變化，其他國家已普遍淪
陷於新冠，忽然發現想回國的人已是一票難求。從那時起，中
國被公認爲疫情防控最有效的國家。也是從那一刻起，我突然
第一次感到非常慶幸自己處在這個國度，不羨慕任何一個別
國，雖然我們在很多方面還是落後的。這之於我，實在是內心
底的第一次。在此之前，雖我熱愛我們的祖國，但內心底裏還
是一直有我不如人的自卑。這自卑是帶有民族性的，也許可以
上溯到鴉片戰爭，從清末以來。一百多年以來，中國人背負落
後的標籤，包括對傳統文化的否定。錢穆先生在《中國歷代政
治得失》一書中說過："若全部傳統文化被推翻，一般人對其

國家以往傳統之一種共尊共信之信心也沒有了。"喪失共尊共信的表現，一個是不自信，一個就是崇洋。一百多年裏，中國人基本都分別在這兩種情緒裏面，其根源就在這裏。有時候，民族心理的變化比外在的物質條件變化還要滯後一些。雖然近些年中國人已在世界各地出手闊綽，中國已有很多舉世矚目的成績，但我們的內心裏還是嚮往、贊歎著國外。但就在那幾天，我明顯感到我的與民族有關的心理調整了一個角度，在我的心底裏終於可平視別國了。這種感覺非常突然，又異常真切。它非常微妙，從外在看我仍一切如常。這只是我個人的體會，不知別人有沒有同樣的感受。心理平等之後呢？希望開放友好的心態可繼續，堅持走出去、引進來的做法，平等對待天下各族之人。

　　另一點感受有關社區組織結構的變化。在中國城市化過程中，人們早已明顯感受到鄉村"熟人"社會向城市"陌生人"社會的轉變。就大多數城市社區來說，除了有很多時間在小區內活動的小孩、老年人之外，年輕人的生活圈以工作關係、朋友關係爲主而非以社區爲基礎，導致居民間的交流不多。不過這種情況，隨著微信群等通信技術的支撐及疫情封控的催化等，社區已開始走向可信息共享、資源共享，互助、交流的社會生活共同體。城市社區散沙有可能再一次成爲有血有肉有共同意識的有機組織體。這對於改變人際交往方式，乃至改變社會基本組織結構，都將有重要意義。許倬雲先生在《萬古江河（續編）》"後言"裏說："在北歐，每一個社區却是社會福利的共同體。在社區之內，大家共用資源、分擔責任。由於較小的社區人數不多，他們可以隨時根據需要，修正這種權利與責任之間的調配。這種社會福利國家，不是根據教條，也不是根據歷史發展的使命，乃是根據實際的情況，努力組織一個人人參與、權利和義務相對的公平社會。"也是在講社區作爲社會組織的形式。當然，我們這裏的社區組織會有自己的特點，這裏不再展開討論。不過我同時也感到，不同社區間及社區内成員的經濟條件及價值觀念的差別也是值得進一步關注的問題。

最後，還是回到本書。感謝恩師在百忙中辛苦爲我撰寫序言，其實我因擔心老師太忙在提出請求前頗爲躊躇。老師的序言對我具最珍貴的意義。感謝老師領我入簡牘學習之門，及多年來在學習、做人等方面給我以重要影響。

還有很多引領、教導我的老師，在此不一一單獨致謝。也感謝各位同人及一路走來的所有朋友。感謝爲本書順利出版提供幫助的學校及學院、科研處領導和同事，以及燕山大學出版社裴立超主任和各位老師。本書資料繁雜，校訂排版工作量很大，責任編輯柯亞莉老師，她嚴謹專業又善良真誠，糾正我諸多錯誤，給我很多幫助，在此表示衷心感謝。當然最不能缺少的是感謝始終給我最大支持的家人。

2022 年 5 月 30 日於秦皇島家中